吴增基 吴鹏森 苏振芳 主 编

现代社会学

（第五版）

上海人民出版社

主 编: 吴增基 吴鹏森 苏振芳

撰稿人: 吴增基 吴鹏森 苏振芳 张 明 陈 川
　　　　王晓燕 吴亦明 钱再见 赵 芳 林闽钢
　　　　谢宏忠 花菊香 高 红

第 五 版 序

我国的改革开放正在逐渐向纵深发展，社会生活面貌继续呈现快速而深刻的变化，以至于我们的《现代社会学》第四版如果不及时修订，其中的不少内容又会显得落伍和陈旧。

在这一版中，我们对第四版作了如下更新和补充：

1. 增加了"性别的社会平等"一章。在前面的各版中，我们把社会不平等主要聚焦于社会的阶级阶层划分及其所造成的社会不平等问题。然而，社会不平等还有一个侧面，即男女两性的社会不平等问题。随着改革开放的逐渐深入和社会分化的逐渐扩大，男女两性在诸如教育、就业、政治参与等问题上正面临越来越多的关于平等问题的诘问和讨论，引起了包括社会学家在内的专家学者和民众舆论的关注。我们的社会学也应该直面这一问题，对这一问题作出自己理性的审视和诠释，为促进两性关系的平等与和谐作出自己的贡献。

2. 在有关章节中增加了关于互联网及其影响的有关内容。随着互联网技术的日臻完善以及国际互联网覆盖面的迅速扩大，互联网已经渗透进人们社会生活的方方面面，对社会运转和人们的社会生活产生着越来越大的不可忽视的影响。因此，本书在人的社会化、社会生活方式、社会控制以及社会变迁等章节中增加或更新了互联网所带来的影响的有关内容。

3. 在某些章节增添了新的研究成果与新理论。随着我国改革开放和现代化建设实践的逐渐深入，在生态环境与人口问题、新型城市化道路、社会保障制度等领域的新的研究成果与新理论不断涌现，我们将一些较为成熟的新成果与新理论补充进我们的教材中。

4. 依据最新版即 2012 年版的《中国统计年鉴》、《国际统计年鉴》、《中国人口统计年鉴》等资料，对第三章、第十一章和第十二章等章节中的统计资料作了更新。

本书新增的"第九章：性别的社会平等"由花菊香撰写。

高红承担了部分文稿的修改工作。

本书新增复旦大学、南京大学和青岛大学三个参编单位。

由于编写者水平有限，书中缺点与错误之处仍然难免。希望教师和同学在使用本教材后能提出你们的宝贵意见与建议，以便再版时改进。

《现代社会学》编写组

2013 年 8 月

第 四 版 序

改革开放与社会主义现代化建设的深入发展使我们国家的面貌日新月异。《现代社会学》这本书的第三版出版四年来,我国的经济社会发展迅速,人们的社会生活的方方面面又发生了不少新的变化,一些新的理论也在逐渐趋向成熟。我们的教材必须及时反映社会生活和理论研究的新变化和新成果。

在这一版中,我们对第三版的内容作了如下更新和补充:

1. 在第四章第一节"文化的构成"中,补充了地域亚文化的有关内容。在第七章第一节"社会组织的基本类型"中,增加了民间组织的有关内容。在第八章中,对改革开放以来我国城市出现的新社会阶层作了新的概括,并对社会主义和谐社会理论作了相应的更新和补充。

2. 对第二章的内容作了较多修改。标注并更新了西方社会学发展史上一些重要代表人物的外文名和生卒年份,以方便大家在学习和研究时对照和查阅。

3. 依据最新版即 2007 年版的《中国统计年鉴》、《国际统计年鉴》、《中国人口统计年鉴》等资料,对第三章、第十一章和第十二章等章节中的统计资料作了更新。

本书新增上海政法学院和同济大学两个参编单位。南京师范大学的钱再见教授对本书第四版的修改提出了一些有价值的修改意见和建议,经本书主编商定,增补钱再见为本书副主编。

《现代社会学》编写组

2008 年 10 月

第 三 版 序

《现代社会学》第二版自 2000 年出版以来，承蒙全国许多高校师生的厚爱，每年都重印多次。随着国内研究生招生规模的不断扩大，本书还被西北大学、南京师范大学、苏州大学、福建师范大学、山东师范大学、南京航空航天大学、成都理工大学、上海社会科学院、上海体育学院、北京体育大学等全国许多高校及科研机构指定为社会学及其他相关专业研究生考试的指定参考书。对此，我们深表感谢。

《现代社会学》定位于普通高校社会学专业的通用教材。我们在编写时特别注意把握以下三点：一是教材所采用的体系和主要内容要为大多数高校的教师所接受；二是教材要采用社会学领域已成熟的理论与研究成果，对于那些还处在探索之中的理论和研究成果只作适当的介绍；三是教材内容要随着时代的进步不断地修订和补充。我们希望通过以上三点，能够使这本教材成为常教常新、受师生欢迎的精品教材。

与第二版相比，第三版主要作了以下几方面的变动。

1. 全面更新了书中的各种统计数据。我们依据最新版即 2004 年版的《中国统计年鉴》、《国际统计年鉴》、《中国人口统计年鉴》等资料，对能更新的资料都进行了更新。

2. 补充了部分新内容。随着中国社会主义现代化建设和市场经济的快速发展，一个新兴的中间阶层正在中国社会逐渐发育成长，并对中国的社会结构和社会发展产生了重要影响，因此，我们在第八章中增加了这一内容，对有关中间阶层的理论做了简单的介绍。同时，自党的十六届四中全会以来，关于社会主义和谐社会的理论首先在社会学界、继而在整个学术界都引起了广泛关注，并取得了丰富的研究成果。由于社会主义和谐社会的核心是社会各阶级、阶层及利益集团之间关系的和谐，故在第八章中也对这方面的内容做了介绍。

3. 对第三、第七和第九章的部分内容作了适当修改，特别是在概念的表述上力求更加严谨、准确。

　　本书的参编单位增加了华东师范大学。南京师范大学吴亦明教授对本书第三版的修改提出了不少具体的、有价值的修改意见。经本书主编商定,增补吴亦明为本书副主编。

《现代社会学》编写组

2005 年 6 月

第 二 版 序

《现代社会学》第一版自 1997 年出版以来,受到全国许多高等院校师生的欢迎,在短短三年时间内已重印了五次,对此,我们深感欣慰。

正如我们在本书第一版前言中所指出的那样,社会学是一门实证性和现实性很强的学科,它必然随着社会的发展和时代的进步而不断完善、充实、提高。在这三年中,我国的改革开放和社会主义现代化建设持续、稳定、快速的发展,取得了许多新的成就,人们的经济生活与社会生活也发生了许多新的变化。例如,随着经济体制改革的不断深入,国有经济在我国经济结构中的比重逐渐下降,而私营经济、外资经济、个体经济等非国有经济的比重快速上升,这必然会导致我国的社会结构产生深刻的变化;随着国有企业和社会保障体制改革的不断深化,我国的社会保障制度在这短短三年内也发生了很大的变化;随着社会主义现代化建设的不断发展,我国城乡居民的生活水平与生活质量又有了新的提高。特别值得指出的是,随着数字技术及互联网在全球的迅速发展,网络经济和网络文化大踏步地走进了我们的生活。全新的网络社会的出现,也对社会控制提出了新的亟待解决的课题。社会学必须及时反映我国社会生活中出现的所有这些重要的变化,并对不断产生的新现象、新问题作出深入的研究和令人信服的解释。

与第一版相比,第二版主要有这样一些变动:第二章、第八章、第十四章、第十五章作了较大的修改,并补充了新的内容;第十一章补充了新的统计资料。另外,对第一版中出现的疏漏失误之处,重新进行了校正与修订。本次修订仍由各章作者自己进行,修订版中新增加的第十一章第四节和第十三章第五节由花菊香撰写,第十二章第五节由高红撰写,最后由主编统改定稿。由于编写者水平所限,书中缺点与错误之处仍然难免,希望广大教师和同学在使用本书后能提出你们的意见和建议,以便再版时改进。

《现代社会学》编写组

2000 年 5 月

前　言

社会学自 1979 年在我国恢复以来已经历了 17 个年头。它对纷繁复杂的社会生活所特有的认识作用、解释作用和对社会主义现代化建设的指导作用已越来越被人们所认识。它作为基础性社会科学的地位在我国学术界得到了普遍的认同，其教学与研究工作也因此得到了迅速的发展。

社会学是一门实证性和现实性很强的学科，它必须跟随着社会发展的步伐而不断充实提高。尤其是在我国当前改革开放和加快社会主义现代化建设步伐的新的历史时期，社会生活日新月异，新生事物层出不穷，社会学就更要不断研究新问题，补充新内容，以保持自己旺盛的生命力。

我们这本《现代社会学》就是本着上述思路，由华东地区高等师范院校的同仁们在原协作教材的基础上，又一次通力合作的产物。在编写过程中，我们力求融进多年来从事社会学教学的成功经验，充分反映近十年来国内外社会学研究的丰硕成果，密切联系我国社会主义现代化建设的实际，在编写质量上再上一个新的台阶。

本书的体系分绪论、社会结构、社会运行、社会调适四个部分。绪论部分介绍社会学的一些基本问题，包括社会学的研究对象和任务、学科特点和社会作用、历史发展和研究方法等等；社会结构部分主要考察社会有机整体的基本构成要素及其相互关系，内容包括社会构成、社会群体、社会组织、社会分层、社区、社会制度等等；社会运行部分考察社会各构成要素之间的相互作用和运作的动态过程、社会的变迁及其规律性，内容包括社会生活方式、社会变迁、社会发展、社会现代化等等；社会调适部分主要探讨社会良性运行与协调发展的条件与机制，为社会主义现代化建设事业的顺利发展提供理论指导，内容包括社会控制、社会保障等等。这四个部分的区分是相对的。它们之间紧密相关、互相渗透，组成了社会学这门学科的完整体系。

本书在编写过程中，参阅了大量国内外文献资料。在此，我们要对多年来从事社会学教学与研究工作的国内外专家学者致以衷心的感谢。我们还要感谢上海人民出版社对本书出版的大力支持。

参加本书编写的单位是:南京师范大学、安徽师范大学、福建师范大学、苏州大学、上海师范大学、扬州大学师范学院等。本书主编是吴增基、吴鹏森、苏振芳,副主编是张明。参加撰稿的同志有:吴增基(第四、十二、十三章),吴鹏森(第一、七、八章),苏振芳(第十五章),张明(第五章),陈川(第十一章),王晓燕(第十四章),吴亦明(第十章),花菊香(第九章),钱再见(第三章),赵芳(第二章),林闽钢(第六章),谢宏忠(第十六章)。全书由吴增基拟定编写提纲,吴增基、吴鹏森、苏振芳分工修改,张明参加了个别章节的修改,最后由吴增基统改和定稿。

由于我们水平有限,编写中缺点错误在所难免,恳请读者批评指正,以便再版时修改、完善。

《现代社会学》编写组

1996 年 8 月

目　　录

第一章　绪　论

　　社会学是社会科学中的一门独立的基础性学科，有着广阔的研究领域和丰富的研究内容。初次接触社会学这门学科，一般都会提出这样一些问题：社会学是研究什么的？研究它有何意义？怎样去研究和掌握它？所有这些都是应当首先说明的问题，也是社会学这门学科的基本问题。只有运用马克思主义的立场、观点和方法，科学地回答这些问题，才能为社会学的发展奠定科学的基础，使社会学的研究沿着正确的方向前进。

第一节　社会学的学科性质

一、社会学的研究对象

　　"社会学"一词来源于拉丁文的"社会"和希腊文的"言论、学说"的结合，就其最一般的意义而言，它是一门关于社会的科学。1838年，法国实证主义哲学家、西方社会学的创始人孔德正是在这个意义上首先使用"社会学"概念的，目的是要表明一种新的不同于以前那种思辨的社会哲学或历史哲学的实证社会学说。但是，由于社会概念本身含义的广泛和不确定，使得社会学的研究对象长期以来总是显得模糊不清和捉摸不定。延续至今，社会学界对社会学的研究对象仍然没有一个统一的看法和统一的定义。有人甚至说，有多少个社会学家就有多少个社会学定义。世界各国的百科全书对社会学的界定也大相径庭。

　　社会学家们对社会学的分歧主要表现在两个层次上：第一，社会学有没有自己的研究对象？第二，如果社会学有自己的研究对象，其特定的研究对象是什么？有些社会学家根本否认社会学有特定对象，他们或者把社会学归结为方法科学，强调社会学是社会调查研究的科学方法；或者把社会学当作"剩余社会科学"。前者从根本上否定了社会学有研究对象的可能性；后者则把社会学的研究对象当作一种变化不定的东西或者是其他学科不研究的内容的大杂烩。显然，上述观点都否定了社会学的独立性和它在社会科学中的应有地位。因此，绝大多数社会学家都不赞成这两种看法，而肯定社会学有自己的独特研究对象。那么，社会学的独特研究对象是什么? 学术界又各持己见。大体上可以分为以下两类:第一类侧重以社会为对象,重在研究社会的结构和过程、社会的运行和发展、社会的秩序和进步等等。它主要体现了社会学史上的实证主义传统;第二类侧重以个人及其社会行为为研究对象。它主要体现了社会学史上的反实证主义传统。中国大多数社会学者更赞成第一种观点,但又力图对二者进行一定的综合。

如何看待社会学研究对象问题的争论呢? 或者说为什么社会学研究对象问题如此争论不休而又没有结果呢? 有人把它归结为社会学的历史,认为社会学是一门年轻的科学,只有一百多年历史;有人把它归结为社会学的名称不好,因为社会学等于是社会科学的简称,容易发生各种歧义。我们认为,首先应把有关社会学研究对象的争论看作是正常现象。这种现象其他学科也存在,如哲学已有几千年历史,至今还不时泛起对哲学研究对象的激烈争论。而且,学术争论可以促使人们更深入地把握社会学的研究对象。中国在较长时间内取消了社会学,中断了社会学的研究工作,在社会学恢复之初,提出各种不同观点,乃是必然现象。其次,也要指出的是,社会学的争论与西方社会学的影响有一定的关系。西方社会学家喜欢标新立异,为了形成自己的学派观点,往往缺乏客观的立场和辩证的观点。最后,导致社会学研究对象问题有着长期分歧的根本原因,还在于社会学研究对象本身的特点不易把握。由于社会学研究的对象既不是专门领域或特定部门,又与社会的每个领域、每个方面都有一定关系,因此容易使人误入歧途,或以偏概全。

其实,社会学的研究对象是"活"的社会有机体,就是现实的、具体的、作为整体的社会。因此,社会学要研究的不是一般的抽象的社会形态及其变化发展的普遍规律,而是由具体的个人通过各种社会活动、社会关系所结成的现实的社会,以及这个现实社会的运动、变化、发展的过程。简单地说,社会学研究对象就是整体的现实社会的结构与运行过程。值得注意的是,研究社会的整体结构与过程不等于对社会进行包罗万象的研究,而是研究构成社会的各种要素、各个部分的结构关系以及这种结构关系的运动变化过程。社会学是一门研究社会的整体结构及其运行规律的社会科学。这一定义是符合社会学自身历史发展规律和时代发展需要的。

首先,这是社会学创立的最初宗旨。社会学创立于19世纪30年代,当时,历史学、政治学、经济学、法学等一些近代主要的社会科学已经从过去那种混沌的知识中分化出来,形成了一门门独立的学科,而这种分化是符合历史发展方向的。正因为如此,所以当孔德创立一门综合的、包罗万象的"社会学"时,就遭到当时人们的攻击,认为是一种科学发展中的倒退行为。其实,科学的分化与综合是同步的,是同一过程的两个方面,社会学的创立恰恰符合科学在分化的同时又要求综合的规律,因为这样才能从整体上把握当时的社会,更好地适应当时社会的需要。正如日本学者横山宁夫所说:"不管马克思主义还是初期的综合社会学,它们的问世都以时代的危机感为背景,都是从宏观的角度以资本主义社会这个社会整体为对象的。"①

其次,这是社会学研究对象在社会学自身发展过程中不断"纯化"的必然结果。一门科学的研究对象的确立总有一个过程,总要经历一个从开始的模糊、不确定逐步地达到最后的明晰和确定的"聚焦"过程。社会学也是这样,在它创立伊始,虽力图抓住整体,却又陷入包罗万象、囊括一切的庞大体系之中,随着各门社会科学的不断成熟,社会学不得不放弃对各种社会特定领域的具体研究,从而只剩下对社会的整体进行综合的研究。这种演变使社会学与其他各门社会科学都找到了自己在社会科学体系中的应有位置。

最后,这是时代发展的客观要求。社会学是机器大工业社会的产物,自从近代社会化大生产兴起以后,社会作为一个有机整体的不可分割性超过了以往任何时期。这样一个高度一体化的大工业社会,不仅要求有各门具体的社会科学对它的各个领域进行具体的专门的研究,而且要求有具体的社会科学对它进行综合的整体研究。可以说,社会学从整体的角度研究社会的构成及其运行规律性,是时代赋予社会学的历史使命。

二、社会学的研究领域

明确社会学的研究对象,也就确定了社会学的学科独立性,这是社会学作为一门独立学科的首要标志。同时,社会学的研究对象本身也使我们明确了社会学的研究领域。

社会学的研究领域是相当广泛的。社会学家从不同的角度对社会学的研究范围作了划分。有的将社会学研究范围划分为社会结构与社会过程两个方面,前者研究社会的构成要素及这些要素间的相互关系,后者研究社会的运行过程及其规律性。有的把社会学的研究领域分为宏观社会学与微观社会学两个部分,前者研究社会的阶级阶层结构等规模较大的社会现象,后者研究个人的社会行为以及小群体内的人际关系及人际相互作用等规模较小的社会现象。目前我国社会学界比较常用的一种划分方法则是按照社会学研究的理论层次,将社会学的研究领域分为普通社会学和分科社会学两大部分。

普通社会学所研究的是一般的社会学理论和方法。它要研究的问题主要是:

---

① (日)横山宁夫:《社会学概论》,上海译文出版社 1983 年版,第 7 页。

一个个具体而分散的个人是如何结成为复杂的社会的？这个复杂的社会又是如何运动、变化、发展的？其中有何规律可循？

普通社会学的基本内容大体可以划分为两部分：

第一，社会的结构。即研究社会的构成要素及这些要素间的相互关系。其研究内容主要包括社会构成、社会群体、社会组织、地域社会、社会分层、社会制度等等。社会学研究社会结构的目的，主要在于揭示社会要素和社会单位是如何构成特定的社会有机体的，以及它是如何形成特定的社会秩序的，从而帮助人们科学地认识和解释社会现象之间的关联性以及特定社会现象的状况、特征及其形成原因。

第二，社会的运行及其规律性。所谓社会运行，就是社会内部的不同领域、不同部分、不同方面、不同层次的构成要素之间交互作用的社会活动过程和功能发挥过程，以及由这些活动所引起的社会变迁。它包括两个方面，一是从横向角度，考察社会在特定时空内，不同人群、不同社会单位的社会活动规律，研究人们的社会生活、社会行动是如何发生的？为什么发生？有哪些具体形式？有什么规律性？二是从纵向角度，研究社会及其构成要素在不同时空内的变迁过程，研究社会变迁是如何发生的？为什么发生？有哪些具体形式？有什么规律性等等。

社会学研究社会运行的规律性，目的是要认清规律，利用规律，更好地指导人们的社会实践活动，促进社会的良性运行与协调发展。也就是要使社会系统内部各种要素之间相互适应、相互促进，即社会的经济基础与上层建筑、物质文明与精神文明、社会生产与人民生活、物质生产与人口生产、经济发展与社会进步等等方面都能够相互处于高度适应状态，从而最大限度地减少社会发展过程中内部与外部的体制消耗，促进社会持续、快速、健康、协调的发展。

分科社会学，就是运用普通社会学所提供的基本理论，对某一类社会现象和社会问题作专门社会学研究而形成的社会学分支学科，因此也叫分支社会学。它们的最基本特点都是将某一类社会现象放在社会整体中加以考察。分支社会学门类繁多，可以说，社会学的研究触角可以伸向社会的每一个领域，并形成具有自己特色的分支社会学学科。正如早期著名社会学家迪尔克姆所说的那样，社会有多少领域，就有多少社会学分支学科。①根据联合国教科文组织的统计，现代社会学的分支学科已达100种以上，而且有逐年增加的趋势。这些分支，按一定标准可以将它们分成几类：

（1）对与人类社会有密切关系的自然环境的研究，如天文社会学、地理社会

---

① （美）英格尔斯：《社会学是什么》，中国社会科学出版社1981年版，第7页。

学、气候社会学、生态社会学、灾害社会学等等。

(2) 对社会的某一特定领域进行的社会学研究,形成了诸如经济社会学、政治社会学、教育社会学、军事社会学、劳动社会学、旅游社会学等等。

(3) 对社会的各种结构性单位进行的社会学研究,形成了诸如家庭社会学、组织社会学、社区社会学、乡村社会学、城市社会学等等。

(4) 对社会某种特定规范进行的社会学研究,形成了诸如民俗社会学、道德社会学、法律社会学、宗教社会学等等。

(5) 对社会特定人群进行的社会学研究,如儿童社会学、青年社会学、中年社会学、老年社会学、妇女社会学、残疾人社会学等等。

(6) 对各种文化现象进行的社会学研究,形成了诸如文化社会学、知识社会学、语言社会学、艺术社会学、科技社会学等等。

这些分支社会学总体上属于社会学的应用研究。它是运用社会学的理论对各个社会特殊领域进行研究的产物。由于各国国情不同,社会学发展水平有差异,各国的社会学分支学科发展的数量与种类相差很大。例如,在美国,种族问题十分突出,种族社会学受到重视,十分发达。再如随着现代化、城市化程度的不断提高,在一些发达国家,农村社会学已不再受到注意,而在我国由于农村人口比重仍然较高,社会现代化、乡村城市化过程还刚刚开始,因此,农村社会学方兴未艾,十分重要。

第二节 社会学的学科地位和基本特点

一、社会学是一门基础性的社会科学

社会学的性质与地位问题,是一个与社会学研究对象密切相关的问题。因而也是一个社会学史上争论不休的问题。人们的认识随着对社会学研究对象认识的深入而不断深化。在社会学刚刚创立阶段,由于社会学还没有完全从哲学的襁褓中分化出来,还在一定程度上保留着历史哲学和社会哲学的胎记,因而人们把社会学当作一门总体社会科学,具有凌驾于各门社会科学之上的性质和地位。在孔德的科学知识分类中,他把科学分为数学、天文学、物理学、化学、生物学和社会学,认为社会学是各种社会科学知识的综合,是科学的"王后"(the "queen" of the sciences)。斯宾塞在《社会学原理》中也持同样的观点。他们都认为社会学与其他社会科学的关系是整体与部分的关系。随着社会学研究对象的不断明确,人们对社会学的性质和地位的看法也发生了根本的变化。到19世纪末,人们普遍认识到社

会学是一门独立的、与其他社会科学并列的社会科学。

但是,在庞大的社会科学群中,社会学不仅仅是一门独立的社会科学,而且是一门基础性的社会科学。我国著名社会学家孙本文曾列举了国际上 12 个著名学者对社会科学门类的看法,这 12 个学者提出的学科有 32 种,其中能得到 5 家以上认同的只有 8 种,即社会学、经济学、政治学、历史学、人类学、法理学、伦理学、心理学。而 12 家所一致公认的社会科学只有 3 种,即社会学、经济学和政治学。①

正是因为社会学是一门基础性的社会科学,所以社会学如同其他基础性社会科学一样,具有庞大的学科体系。在社会学的属下,形成了一支为数众多的分支学科群。

二、社会学与其他社会科学的关系

1. 社会学与历史唯物主义的关系

社会学与哲学的关系,特别是与历史哲学和社会哲学的关系十分复杂。社会学是从哲学中分化出来的,孔德创立社会学从某种意义上说就是为了否定那种思辨的哲学传统。社会学 160 多年的历史就是不断摆脱那种思辨的历史哲学和社会哲学的影响,用现代科学方法武装自己,使社会学成为一门经验科学的历史。

在我国,社会学与社会哲学的关系具体表现为社会学与历史唯物主义的关系。由于社会主义国家过去很长一段时间内都取消了社会学,并以历史唯物主义代行了一部分社会学的职能,使社会学与历史唯物主义的关系变得十分复杂,并成了社会主义国家特有的理论难题。

要弄清社会学与历史唯物主义的关系,必须重新认识什么是历史唯物主义。历史唯物主义是科学的社会观,作为一种关于社会历史领域的世界观和方法论,它的影响必然要渗透到各门社会科学中去。但历史唯物主义本身属于哲学的范围,是马克思主义哲学的重要组成部分。而社会学是社会科学的一个门类,是一门具体社会科学。因此,历史唯物主义与社会学的关系是哲学与具体社会科学的关系。它们存在着三个方面的基本区别:第一,从研究对象来看,历史唯物主义研究的是人类历史的全过程,是不同社会形态演变发展的一般规律;而社会学研究的则是具体社会形态的构成与运行过程及其发展规律性,因而研究的是具体规律和特殊规律。第二,从研究方法来看,历史唯物主义作为一种社会哲学,其研究方法主要是通过对各门具体社会科学知识的概括和总结,使之上升为抽象的一般哲学知识;而社会学则是一门具体的经验科学,它的研究方法主要是各种经验研究方法,通过对

---

① 孙本文:《社会学原理》,商务印书馆 1947 年版,第 31—32 页。

现实社会的实证研究和对经验知识的直接概括,来丰富社会学的知识宝库。第三,从社会作用来看,历史唯物主义是整个社会科学的世界观和方法论;而社会学则是具体地帮助人们直接认识社会及其发展的规律性,为促进社会发展、解决社会问题等方面提供具体的科学帮助。

历史唯物主义与社会学的关系除了上述区别以外,还有密切的联系。历史唯物主义对社会学具有理论指导作用,它的概念、范畴、术语,在社会学里如同在其他社会科学领域一样可以适用。反过来,社会学也与其他社会科学一样,以自己的具体知识丰富和推动着历史唯物主义的发展。

2. 社会学与单一性社会科学的关系

所谓单一性社会科学,是指那些研究社会的某个单一的或专门的领域的社会科学,如政治学、经济学、法学、伦理学、教育学、心理学等等。这些学科的特点是研究对象比较单纯,通常都是对社会某个专门领域进行研究。而社会学则是一门综合性社会科学,它研究的是社会的各个部分之间的关系,它涉及的是整个社会。因此,社会学与这些学科之间在研究对象上就已经区别开来了。但社会学与这些学科也有密切的联系。人类社会本来就是一个不可分割的整体,任何单纯的经济规律、政治规律或心理规律都是不存在的,它总是在受到各种各样外部因素干扰的情况下发生作用。这就决定了这些单一性社会科学必然要与社会学发生联系,从而出现"社会学化"现象。因此,社会学在社会科学中具有"牵头学科"的性质。由于社会学不是研究某个具体的特定社会领域,而是研究社会的整体结构和运行,这样就使其他各门社会科学在研究社会某个特定对象过程中,必须要借助社会学的知识。

以经济学为例。社会学与经济学无疑具有密切的联系。经济生活是社会生活的最基本方面,社会学在研究社会的过程中,必须坚持历史唯物主义的世界观,重视经济在社会发展中的地位与作用。经济学的知识已成为社会学者必要的知识基础。但是同样,经济学也要借助社会学的知识,因为经济活动本身总要受到社会整体机制的制约,总要受到社会体制、社会组织、人口、生态环境、劳动力素质、教育水平、文化价值观念等等诸多因素的影响与制约。在经济学说史上,从亚当·斯密到马克思的经典经济学,都充满着社会学思想和社会学分析。《资本论》就是一部高度社会学化了的经济学著作。我国著名经济学家厉以宁教授曾提出,经济学 20 世纪发生了两次大的转折,一次是 20 世纪初的"数学化",一次是 20 世纪 70 年代的"社会学化"。"社会学化"是当代各门社会科学发展的共同趋势。这种趋势反映了社会学与单一性社会科学之间的基本关系。

3. 社会学与综合性社会科学的关系

所谓综合性社会科学就是以社会整体为研究对象的学科,社会学就是一门综合性社会科学。但除了社会学外,历史学、人类学等等也是综合性社会科学。社会学与它们的关系主要是研究的角度、取向、重点、方法以及目的不同。

社会学与历史学的研究范围几乎相同。凡是社会学研究的问题,历史学也应该进行研究。过去,历史学重点研究的是政治史、军事史,研究的是"大事",主角都是帝王将相、社会精英。现代历史学则开始重视普通社会生活,重视对生活方式、婚姻家庭、伦理风俗等等社会史的研究,在时间上也开始向当前的现实靠拢。可以说,历史学正在"社会学化"。但是,历史学与社会学还是区别明显,社会学研究的是现实社会,目的是要发现规律,预测未来;而历史学则是研究过去了的社会,目的是为了总结历史经验,供今人借鉴。历史学是纵向研究,以叙述为主;而社会学是横向研究,以分析为主。

社会学与人类学的关系一度难以分清。许多人类学家同时就是社会学家。但是,作为两门学科,它们仍有明显的区别。人类学主要是研究人类的起源与演变、人种的形成与发展、人类体质结构的变异的一门科学,它的研究对象主要是当今世界上还存在的各种原始部落。而当代人类学虽已开始研究现实社会,但目的仍是在于探讨人类的过去、现在和未来,从而了解人类的本质与命运。而社会学则是研究具体的现实社会,研究具体的社会如何运行、如何发展、如何变迁。因此社会学与人类学具有本质的区别。

三、社会学的学科特点

1. 整体性

所谓社会学的整体性,并不是指社会学对现实社会的一切方面进行包罗万象的研究,也不是指对社会不作具体分析,停留于整体模糊描述,而是指社会学在研究社会的过程中,始终把社会看作一个有机整体,从整体的有机性出发去研究社会的结构、功能,研究社会的运行与变革。社会学也开展对社会的各种具体问题的研究,但它始终注意从整体出发,联系整体研究部分,着眼于整体综合而立足于局部分析。整体性是社会学的一个基本特点,它实际上是辩证唯物主义在社会学领域里的贯彻和表现,是关于客观世界的普遍联系与辩证发展规律的具体运用。

社会学的整体性思想在社会学史上源远流长。早在19世纪中叶,西方社会学的创始人之一斯宾塞就已提出了"社会有机论"。这一理论的基本思想,即是把社会看作一个有机整体。斯宾塞的思想受到当时许多思想家们的肯定。特别是马克思在研究人类社会时,也引进了"社会有机体"思想,并作了科学的解释,还在此基础上提出了社会形态理论,把整个社会划分为生产力、生产关系和上层建筑三个基本子系统,从而揭示了人类社会发展运动的基本规律。马克思在《资本论》中更是不断告诫人们要把资本主义社会看作一个"活的机体",只有对这个复杂的"活的机体"进行整体研究,才能揭示资本主义社会的固有矛盾,认识资本主义社会的基本规律。

2. 综合性

社会学的整体性决定了社会学的综合性。所谓综合性,有两层含义。首先是研究视角的综合性。就是在研究社会时必须纵观全局,放开视野,对任何社会现象、社会问题都不孤立地看待,而注意从这些现象和问题与其他现象和问题的相互联系中去把握、去认识。它要求运用不同的方法,注意从不同的角度对同一个问题进行深入地探讨,既注意影响事物发展的决定性因素,也不放过那些影响事物发展的非决定性因素。它是社会学的整体性特点在研究方法上的具体体现。例如,社会学在研究社会现代化时,不仅注意研究经济现代化,而且重视历史文化背景、民族心理与民族精神、教育状况与观念意识、自然资源与生态环境等等。所以,社会学在研究社会问题时,常常需要运用多学科的研究成果,即不仅积极利用相关的社会科学成果,而且注意吸取有关的自然科学成果,进行综合的广泛的研究。

其次是研究方法的综合性。社会学在研究社会的过程中不仅创造了一整套具有自己特色的研究方法,而且非常注意吸取其他学科的研究方法,其中也包括自然科学的研究方法。这就使社会学研究具有方法上的明显的综合性,真正做到了定量分析与定性分析相结合,静态分析与动态分析相结合,结构分析与过程分析相结合,微观分析与宏观分析相结合。

3. 现实性

社会学的第三个特点是直接面对社会现实。就理论上讲,古今中外的人类社会都可以进行社会学研究。但是,社会学研究的重点首先是现实社会。对我国来说,社会学研究的重点当然是处于改革开放和现代化建设过程中的中国现实。当前中国正处于一个社会转型时期,社会变革的速度、规模、难度都是史无前例的。研究这个过程中存在的种种问题,帮助政府有效地解决这些问题是中国社会学者义不容辞的责任和义务。

由于社会学研究现实社会,因而它的研究领域就具有开放性和不断变化的特点。因为社会是不断发展、变化的,所以社会学的研究也随着社会的发展而发展。在社会发展过程中,一些现象消失了,一些现象产生了,一些现象的地位发生了变化,所有这些都要求社会学及时地调整自己的研究课题,不断增加对新问题、新现象的研究。

同样,由于社会学研究的是具体的现实社会,所以社会学研究具有区域性和本土化倾向。因为每个社会由于文化传统不同,国情不同,其社会结构及运行规律也不尽相同。因此,社会学研究必须以本国社会为具体对象进行研究。

4. 实证性

"实证"这个概念是社会学的创始人孔德首先提出来的。它的本义是"确实的",指知识来源于具体的经验研究。社会学虽然同其他学科一样离不开理论分析,但它的知识主要是依靠对"社会事实"进行具体的经验研究所获得,是通过观察、调查、实验等等实证途径获得"第一手"资料,从中检验理论假设,分析概括出理论知识来。因此,社会学研究总是从理论假设开始,通过经验研究来验证基本假设。社会学研究的这种实证性特征集中表现在它对社会调查的重视上。社会学在自身形成过程中,积累了大量的调查资料,发展与完善了各种社会调查理论、方法、技术,从而使之成为社会学研究的基本特色,并为社会学大量使用定量分析方法提供了条件。

总之,立足于整体的有机性,对现实社会进行综合的实证研究,是社会学的基本特点,正是这些特点使社会学与其他学科区别开来。在这些特点中,整体性又是社会学的最基本特点,其他特点都是在这一特点的基础上派生出来的。正因为如此,人们把它称之为"社会学的思维方式"或"社会学的世界观"。[1]

第三节　社会学的价值与意义

一、社会学的理论价值

1. 社会学的认识价值

科学的最基本任务就在于帮助人们认识世界,即帮助人们发现事实和解释事实,并在此基础上预测事物未来的发展趋势。描述、解释、预测是认识价值的几个具体表现形式。

所谓描述,就是客观地、完整地搜集、整理和记录事物发展的具体过程与现状资料,真实地再现社会生活图景。任何实证科学都要求首先能够忠实地描述事物本来面貌。这是认识的第一步,也是最基本的一步。只有大量占有真实的感性材

---

① (苏联)N.C.科恩主编:《十九世纪至二十世纪初资产阶级社会学史》,上海译文出版社 1982 年版,第1页。

料,才能进一步加工整理,上升到理性认识。描述功能是社会学的最基本功能,是社会学研究社会的起点。它是一切从实际出发、实事求是的思想路线在社会学领域的具体体现。

所谓解释,就是弄清社会事实发生发展的主客观原因,从因果联系上对事物的现象和过程作出明确的理论说明。但因果联系不等于简单的决定论。由于社会是一个复杂的有机整体,社会中各种现象和过程都是相互联系、相互依存、相互作用的,每一社会现象的发生都要受到各种具体条件的制约,因此,要把因果分析从传统的决定论转移到系统论和概率论上来;从原来简单的因果分析转移到多变量相关分析上来。同时,社会学的解释还要能够理解人们社会行动的"意义",把握人们社会行动所表达的精神内容。所以,社会学的解释是因果分析与意义理解统一实施的过程,是理解性的说明,也是说明性的理解。

所谓预测,就是在调查研究的基础上,根据已知因素,运用现有知识、经验和科学方法去预计和推测事物今后可能的发展趋势。预测的关键是要把纷繁复杂的社会中本质的、相对稳定的、重复性的联系或关系揭示出来,从而把握未来事物变化中的必然性因素。

总之,社会学的认识功能就是要通过社会学的实际调查和理论研究,及时地、科学地解释社会生活中发生的新现象、新问题。如果解释不了,则必须创立新的概念乃至新的理论,以帮助人们认识和解释社会。因此,社会学的理论认识价值,说到底,就是用一套概念分析工具,对杂乱无章的社会事实进行梳理排列,找出其因果联系与发展趋势,从而帮助人们理解社会现实。

社会学虽然有帮助人们认识和解释社会事实的职能,但它能否起到这种作用,还要视社会学本身是不是科学而定。马克思主义社会学是一门科学的社会学,不仅能够帮助人们科学地认识与解释社会日常现象,更重要的是能够帮助人们建立起关于社会的整体科学图景,帮助人们树立科学的社会观,并在这种科学的社会观和科学的社会发展整体图景下具体地认识社会的各种局部现象、微观现象和表面现象。

2. 意识形态价值

所谓意识形态,并没有统一的定义,但可以简单地把它看作是为特定立场进行辩护的一种思想体系。这种特定立场一般指阶级立场,也可指民族立场、国家立场等。社会科学与自然科学不同,它没有统一的"纯粹的"客观立场,总要受到认识主体所处的社会地位、社会关系所带来的立场的制约。因此,社会科学不仅是科学,而且也是一种意识形态,具有维护统治阶级利益的功能。社会学更是这样,"价值中立"事实上是不存在的。应当指出,科学的社会学应当是社会科学与意识形态的统一,或者说,马克思主义社会学的意识形态职能是建立在严格的科学性基础之上的。

西方社会学同样具有这种意识形态的职能作用,尽管其表现方式各不相同。西方的一些社会学家虽然也尊崇马克思,但这并不表明他们放弃了自己的社会学立场,他们只是对马克思学说中某些具体内容进行了吸收,以适应变化了的世界形势而已。从孔德开始,一直到今天的西方社会学家,他们之间的理论观点差异很大,但有一点却是共同的,他们都在为资本主义社会制度进行理论辩护,都在为完善资本主义社会制度,重建资本主义社会秩序而努力。

马克思主义社会学作为一种建立在科学基础上的意识形态,必然要为我国的社会发展与变革作出自己的解释,以维护我国的社会主义制度和我们民族的根本利益。例如,如何看待发展中国家与西方发达国家的发展差距问题,西方一些学者坚持西方中心论观点,认为现代化就是西方化或欧洲化,发展中国家的落后局面是由于这些国家没有接受西方国家的价值观念和社会制度的结果,但广大发展中国家的社会学者则认为,发展中国家之所以不发达,就是因为发达国家在不合理的国家经济、政治秩序中对发展中国家进行剥削、使之处于边缘化的结果。我国与西方发达国家的差距更是多种因素决定的,既有内因又有外因,这就要求我们作出科学的理论解释。再如对"社会趋同论"的认识,也是一个重大的理论认识问题。由于科学技术的迅速发展,不同社会制度下的社会出现了一些共同的社会特征,如管理模式、生活方式、产业结构、职业构成等等,在这一过程中,社会主义和资本主义确也有相互吸收、相互借鉴的成分,于是一些西方学者认为这是不同社会制度间的"趋同",社会主义和资本主义将在未来的变革中演变为同一种社会制度。这种观点显然是错误的,虽然现代化过程中不同社会制度的社会出现过一些共同现象,但它并不会导致社会制度性质的改变,不会造成社会主义和资本主义本质区别的消失。又如"中产阶级"问题,也是社会学面临的一个重大理论问题,随着科技的进步和经济的发展,发达国家的社会结构发生了较大的变化,出现了所谓"中产阶级"。西方的社会学家认为,中产阶级最终会成为社会主体阶级,从而使社会阶级分化现象逐渐消失。这种理论是否科学,需要进行深入研究。按照马克思主义理论,所谓"中产阶级"不过是新形势下出现的特殊阶层,并没有也不可能改变社会的基本阶级关系。诸如此类还有许多问题,都需要社会学作出自己的科学解释。

二、社会学的实践意义

在西方社会学界,对社会学的实践作用有两派根本对立的观点。一派认为,社会学应积极地干预社会生活,把社会学与社会改良活动结合起来。这是自孔德以来的实证社会学的正统观点。另一派则认为,社会学应是一门"纯科学",只管认识和解释社会现象,而不应该干预现实社会生活,要保持"价值中立",以保证社会学家们能"客观"地"科学"地研究社会。马克思主义认为科学的任务不仅在于认识世界,而且在于改造世界。因此,马克思主义社会学对社会现实决不是冷眼旁观,而是采取积极参与的态度,充分发挥社会学的社会实践作用。

社会学的社会实践意义主要表现在以下几个方面:

(1) 进行社会发展战略研究,参与社会发展的计划与规划,为政府宏观决策和政策制定提供科学依据。

社会发展战略是一个国家社会发展的根本方向、宏观步骤和长远措施。现代社会发展都十分重视社会发展的战略研究。国外出现的各种所谓智囊团、思想库、脑库都是以研究社会发展战略为宗旨,而政府的宏观决策则是需要建立在大量研究基础之上的。

在我国,社会学研究恢复以后,由于重视对社会发展的战略研究和政策研究,使社会学的研究成果不断被引入决策过程。例如,由费孝通教授主持的小城镇研究,对我国的乡村城市化决策起到了十分重要的作用,其研究成果包括分析、建议和资料等都成为实际部门制定小城镇建设方针的重要依据。陕西、甘肃等省社会学者进行的"西北贫困地区社会结构研究",为正确认识当地社会实际情况,制定落后地区发展战略提供了帮助。上海社会学者帮助浦东新区进行的社会保障体制改革方案的研究为浦东新区的发展作出了贡献。同时,许多政府部门也纷纷成立社会发展研究机构,国家计委成立了社会发展局,国家统计局成立了社会司,国家科委成立了社会发展司,国家民政部成立了"社会福利和社会进步研究所"和"社会工作和社区服务研究中心",国务院所属的经济体制改革研究所、发展研究所也分别建立了与社会学相关的研究室,等等。

社会学不仅注重发展战略研究,而且重视资料情报的积累。社会学在提供社会发展情报方面有两个突出特点,一是资料的科学性,二是资料的系统性。社会学特别重视社会调查,并把这种调查置于科学的学科理论指导之下,按一定的程序,用科学的方法进行,从而获得的资料具有较高的科学价值;同时,社会学运用综合性、多角度、多层次的方法对社会各个方面进行系统的研究,所获得的资料更为全面、完整,对政府的决策和计划、规划具有极高的参考价值和指导作用。天津市人民政府从 1985 年开始同天津社会科学院进行合作,共同开展"千户调查",将社会学研究中获取的社会发展情报信息及时反馈于政府决策系统,使社会学研究成果迅速转化为实际措施,收到了良好的效果。

(2) 开展社会问题研究,帮助政府科学地解决社会问题,促进社会的协调发展。

社会问题是社会学的传统研究内容,也是现代社会学的研究重点所在。任何社会都不可避免地要产生社会问题,只是在不同的社会制度下,社会问题的性质有所不同,解决社会问题的能力有所不同而已。旧中国的社会问题多如牛毛,无法克服。新中国成立后,我们很快就消灭了旧社会遗留下来的各种社会问题。但是,社会主义社会仍然有自己的社会问题,如果不加以妥善解决仍然会成为社会协调发展的障碍。例如,当前比较突出的人口问题、婚姻问题、就业问题、青少年犯罪问题、自杀问题、环境污染问题等等,都需要我们花大力气进行研究,才能进一步解决。解决这些问题与一般问题不同,它要求决策者在解决社会问题时不能就事论事,不能头痛医头、脚痛医脚,而要进行综合研究、综合治理。这就需要社会学参与社会问题的研究,为解决社会问题提供具体可行的方案。

(3) 为社会工作和社会管理提供必需的社会学知识。

现代社会为人们提供了越来越多的社会化公共服务和各种各样的社会保障项目。从事这些事业的管理工作叫做社会工作。社会保障和社会工作是应用社会学的重要内容。社会工作已成为国家和社会解决并预防社会成员因缺乏社会生活适应能力、社会功能失调而产生的社会问题的一种专门的事业和学科。它的功能是通过社会服务和社会管理,调整社会关系,改善社会体制,推进社会建设,促进社会的稳定发展。现代社会工作的内容非常广泛,包括社会福利、社会保险、社会救济、社会优抚、社会互助、社会教育、社会风俗改造、社区服务和基层群众自治等等。这些工作都需要进行专门的职业培训才能胜任。所以社会工作已成为大学社会学专业的重要课程,不少大学还专门成立社会工作专业或社会工作院系,为社会培养各种专门的社会工作人才。社会管理不仅是对物的管理,而且更是对人的管理。人是通过各种社会关系联结起来的,并形成各种正式和非正式的社会群体和社会组织,因此,要进行有效的、科学的社会管理,不能不知道关于人的各种知识,开展对人的行为、人际关系、小群体等等的研究。国际上许多大公司、大企业都有自己的社会学研究机构。这说明,社会学已成为现代社会管理的理论基础。

(4) 普及社会知识,促进公民的社会适应与社会参与,指导人们建立文明、健康、科学的生活方式。

在传统社会里,人们适应社会的方式很简单,在不知不觉中就已经适应了。人们在生活中积累起来的生活经验足以帮助人们适应社会。当代社会与传统社会不同,其结构复杂,规范繁多,变化迅速。因此,适应今天的社会单纯靠个人的直接经验已经不行了,必须依靠系统的社会知识学习。只有具备了关于社会的系统知识,才能自觉地参与社会生活,自觉地适应不断变化的社会环境,成为现代社会中一个合格的公民。正因为如此,现代各国都在各级各类学校中开设了社会学的有关课程。不仅综合性大学开设了社会学系,而且理工大学也开设社会学课程。有的国家还规定,社会学是大学各门专业的公共必修课程。许多国家还在中学开设了社会学课程。在我国,社会学普及的进程也十分迅速。20 世纪 70 年代我国大多数人还不知道社会学为何物,70 年代末,我国开始恢复社会学这门学科,80 年代我国许多大学开设了社会学课程,一批综合性大学设立了社会学系或社会学专业。90 年代,我国的中学政治课程进行了重大改革,增加了大量的有关人口、环境、资源和公民等社会学知识。特别值得提出的是,近年来,我国小学也增加了"社会"课。社会学知识的普及,无疑对促进公民的社会适应和社会参与起到了非常积极的作用。

　　生活方式问题既是个人的重要问题,也是政府的重要问题。从个人的角度来说,随着社会的发展,人们的收入提高了,物质资料丰富了,这就提出了一个如何生活的问题。社会学研究生活方式就是要帮助人们更好地适应日益发展的社会,更好地安排自己的工作、学习,更好地利用闲暇时间,更有效更合理地发挥个人的发展潜能。从政府的角度来说,进行生活方式研究的核心是如何提高人民的生活质量。当然,生活质量的提高归根到底要依赖经济的发展,但生活质量的相当一部分内容并不完全取决于经济实力。我国的人均国民收入在世界上属于较低水平,但我国的人均寿命却接近发达国家水平。建立一种科学的、文明的、健康的生活方式可以使社会物质财富能够最大限度地造福于全体人民,从而发挥物质生产力的最大社会效益,使我国人民在既有经济发展条件下,获得更高的生活质量。

第四节　马克思主义社会学的理论基础和方法论

一、历史唯物主义是马克思主义社会学的理论基础

　　历史唯物主义作为社会历史的一般科学,是各门社会科学的共同理论基础,也是社会学的理论基础。马克思主义社会学理论研究就是要坚持历史唯物主义的基本观点,自觉运用唯物史观来指导社会学的研究工作,在唯物史观的基础上根据对社会历史的各个特定领域的规律性的认识,建立社会学的理论体系。作为马克思主义社会学理论基础的唯物史观主要有以下几个基本观点:

1. 社会存在决定社会意识原理

社会存在和社会意识是社会历史中的物质现象、物质关系和精神现象、思想关系的最本质概括，是反映社会历史现象的两个最基本的范畴。社会存在就是不以人们的社会意识为转移的社会物质生活过程，通常指作为生产力和生产关系统一体的生产方式。社会意识是人们社会生活的精神方面，主要指政治、法律、道德、艺术、宗教、科学和哲学等形式的观点和思想，广义的社会意识还包括依据一定的社会思想建立起来的政治法律制度。与自然界不同，人类社会的主体是有思想、有意识的人，社会历史的一切过程都是人所参与的，是人的有目的、有意识的活动结果，每一社会现象都留有人的活动的轨迹，无不打上人的意志的烙印。这就很容易造成一种假象，似乎社会历史是由人的意识、思想动机所支配，人的意识、思想动机是社会历史发展变化的根源，社会历史发展变化取决于人的意识，特别是决定于少数杰出人物的思想动机，而没有确定不移的客观规律性。要避免陷入这种唯心主义历史观，就必须坚持社会存在决定社会意识原理。马克思指出，"物质生活的生产方式制约着整个社会生活、政治生活和精神生活的过程。不是人们的意识决定人们的存在，而是人们的社会存在决定人们的意识。"[1]列宁更通俗地指出，"你们过日子、经营事业、生儿育女、生产物品、交换产品等等，这些事实形成事件的客观必然的链条、发展的链条，这个链条不依赖于你们的社会意识，永远也不会为社会意识所完全把握。人类的最高任务，就是把握经济进化（社会存在的进化）这个客观逻辑的一切主要之点。"[2]社会存在决定社会意识原理是我们认识任何社会现象都必须坚持的基本原理。

2. 社会形态结构原理

社会内部结构虽然十分复杂，但它存在着一种基本的结构，这就是经济基础和上层建筑的关系结构，人们谋取生活资料的方式以及由此结成的人与人的关系，构成社会的生产关系，生产关系的总和构成整个社会的经济基础。政治、法律制度和社会意识形态是建立在这个基础上的上层建筑。上层建筑对经济基础具有巨大的反作用，但它始终由经济基础所决定。每一种社会形态结构都是一种特殊的社会有机体，都有自己产生、发展和向更高一级社会形态演化的历史过程和规律。人类社会至今已依次经历了原始社会、奴隶社会、封建社会、资本主义社会和社会主义社会（共产主义社会的低级阶段）等等社会形态。社会形态结构原理对于我们认识

---

[1] 《马克思恩格斯选集》第二卷，第82页。
[2] 《列宁选集》第二卷，第332页。

社会结构具有重要的意义。

3. 社会基本矛盾运动原理

社会基本矛盾首先是指生产方式内部的生产力和生产关系的矛盾运动,这一矛盾推动着生产方式本身的发展;其次是指生产方式中的生产关系作为社会的经济基础同社会的上层建筑之间的矛盾运动,这一矛盾进一步说明了生产方式的发展如何决定了整个社会的发展。社会基本矛盾运动原理科学地揭示了社会结构内部的矛盾运动规律,对于我们分析社会变迁、社会发展和社会结构演变具有重要的指导意义,它告诉我们,任何社会的发展变迁都是社会内部矛盾运动的结果,都要从社会内部去寻找原因,都要始终把握社会内部的根本动力。

4. 阶级和阶级斗争理论

社会中的任何个人都不是孤立的社会个体,而是以各种方式与其他社会成员联系在一起的。阶级社会中最基本的人群划分就是阶级划分。阶级社会中的人总是必然的归属于各个不同的阶级。有了阶级就必然有阶级斗争。阶级斗争既是阶级社会中的必然的客观现象,又是阶级社会向前发展的巨大动力,"自从原始社会解体以来,组成为每个社会的各阶级之间的斗争,总是历史发展的伟大动力。"[1]马克思的阶级和阶级斗争理论"是社会科学取得的巨大成就",它第一次"把社会学提到了科学的程度"。[2]阶级和阶级斗争理论对于社会学研究的意义主要表现在,我们研究资本主义社会,分析资本主义社会的各种现象时,都要联系资本主义社会中的剥削制度和阶级斗争这一最本质的社会事实,即使在分析社会主义社会,也还要注意在一定的范围内还存在着阶级和阶级斗争现象。

5. 两类不同性质的社会矛盾理论

在社会主义社会内部存在着各种不同的社会矛盾,但这些矛盾就其性质来说可以分为两类:敌我矛盾和人民内部矛盾。敌我矛盾是少量的但仍然存在的矛盾,人民内部矛盾是大量存在的、在人民利益根本一致基础上的矛盾。由于矛盾性质不同,解决矛盾的方法也不相同。了解和认识两类不同性质的矛盾,对于我们进行社会学研究同样具有重要意义。它要求我们在研究社会主义社会中的各种社会现象和社会问题时,要注意区分两类不同性质的社会矛盾,并采取与矛盾相适应的解决矛盾的方法。

总之,历史唯物主义理论是马克思主义社会学的重要理论基础,其基本原理贯

---

[1] 《马克思恩格斯全集》第 22 卷,第 560 页。

[2] 《列宁全集》第 1 卷,人民出版社 1955 年版,第 388、382 页。

穿、渗透到社会学的理论体系之中,不仅普通社会学,而且各门分支社会学也都不能脱离唯物史观这一坚实的理论基础。由于有了这一理论基础,才使我们的社会学成为真正科学的社会学。

二、唯物辩证法是马克思主义社会学的科学方法论

唯物辩证法是在研究自然、社会和思维规律的基础上概括出来的一般方法,列宁认为它是"马克思的社会学方法",①即"社会学中的科学方法"②。作为马克思主义社会学的科学方法论,唯物辩证法的主要观点在于告诉我们要坚持一切从实际出发、实事求是的观点,坚持用普遍联系的观点、发展的观点和矛盾的观点来看待和分析各种社会现象和社会问题。

1. 坚持从实际出发、实事求是地研究社会

坚持从实际出发,实事求是,是唯物辩证法的基本要求。干革命、搞建设要从实际出发,实事求是,研究社会同样要从实际出发,实事求是。所谓从实际出发、实事求是,就是要不唯上、不唯书、只唯实。在我们对中国社会的研究中,要始终坚持从中国的实际出发,从国情出发,不能照搬外国的社会学的现成理论。邓小平同志在中共十二大的开幕词中指出:"我们的现代化建设,必须从中国的实际出发。无论是革命还是建设,都要学习和借鉴外国经验。但是,照抄照搬别国经验、别国模式,从来不能得到成功,这方面我们有过不少教训。把马克思主义的普遍真理同我国的具体实际结合起来,走自己的道路,建设有中国特色的社会主义,这就是我们总结长期历史经验得出的基本结论。"在具体的社会学研究中就是要坚持从客观事实出发,不回避问题,不回避矛盾。

2. 要用普遍联系的观点研究社会

人类社会是一个有机的整体,即使在前资本主义社会,生产力水平不高,社会化程度低,社会联系的各种环节相对薄弱,但社会生活的各个部分仍然存在着不可分割的内在联系。现代社会更是高度一体化的社会,各种社会联系更加密切。因此,研究任何社会现象,都要注意运用联系的观点来进行分析,不能孤立地就事论事,把研究对象和影响这一事物的各种复杂的外部环境割裂开来。例如研究人口问题,不能单纯研究人口的数量和质量等等人口现象,更要注意研究人口现象与社会的其他现象的复杂关系;如人口与经济、人口与政治、人口与文化等等。

---

① 《列宁全集》第1卷,第388、382页。
② 《列宁选集》第一卷,第32页。

3. 要用矛盾的观点研究社会

矛盾是事物基本的和普遍的状态,世界上万事万物都充满着矛盾。因此,研究社会要用矛盾的观点。矛盾反映了事物内部的对立统一关系,对立和统一是事物内部矛盾的两种基本属性。人类社会到处充满着矛盾,生产力和生产关系、经济基础和上层建筑是社会的两大基本矛盾,它们之间的矛盾推动着社会的向前运动和发展。社会的各阶级之间、各阶层之间、各利益集团之间更是充满着各种各样的矛盾,所有这些都要求我们在社会学研究中学会用矛盾的观点来看待社会,运用矛盾分析的方法来分析社会。

4. 要用发展的观点研究社会

唯物辩证法是"最完整深刻而无片面性弊病的关于发展的学说"。[①]因此,它要求用发展的观点看待社会,而不能用静止的观点看待社会。所谓发展的观点也就是运动、变化的观点,就是动态的观点,就是新陈代谢、生生不息的观点,就是新事物必然要战胜旧事物的观点。只有坚持用发展的观点看待社会,才能使我们避免陷入形而上学的方法论。如果用形而上学的静止的观点看待社会就不可能得出正确的科学的结论。

唯物辩证法是一系列规律和范畴组成的科学体系。它包括量变质变规律、对立统一规律、否定之否定规律以及形式与内容、原因与结果、现象与本质、必然性与偶然性、可能性与现实性等等一系列的规律和范畴。这些规律和范畴都是我们进行社会学研究要加以科学运用的科学方法论原理。而其中最基本的还是要坚持实事求是的观点、联系与发展的观点和矛盾分析的观点。

思考题:

1. 社会学的研究对象是什么?如何看待社会学研究对象的种种分歧?

2. 怎样看待社会学与其他社会科学之间的关系?

3. 社会学的学科特点是什么?如何理解它?

4. 社会学的理论价值与实践意义是什么?

5. 为什么说历史唯物论和唯物辩证法是马克思主义社会学的理论基础和基本方法论?

---

① 《列宁选集》第二卷,第442页。

第二章 社会学的产生和发展

与其他社会科学不同,社会学是一门较年轻的学科,它孕育、创立于19世纪上半叶的欧洲,大体经历了初创时期、形成时期和发展时期,至今约两个世纪。19世纪末西方社会学传入我国,中国社会学在一个曲折的过程中逐步发展起来。

第一节 社会学的产生和形成

一、社会背景与理论前提

社会学的产生不是偶然的,它同任何一门社会科学的产生一样,有其深刻的社会背景。

18世纪末到19世纪初的欧洲社会经历了一次有史以来最为广泛和深刻的社会变革。工业革命和资产阶级革命的胜利不仅表明了封建制度和封建神学的彻底崩溃,而且整个地改变了欧洲的经济生活和社会生活。新兴的资本主义生产方式结束了先前那种地方的和民族的闭塞状态及自给自足的经济,形成了世界市场,引起了商业、航海业、交通业、服务业的巨大发展,科学技术和生产力的发展达到了空前的高度。

但是,随着资本主义的发展,社会的矛盾与冲突也在不断地扩大和趋于激化。资本主义生产方式确立后,社会变迁的速度加快。早期的工业化、城市化和一些大的社会组织的出现,改变了欧洲的社会结构、人与人之间的关系以及传统社区的风俗习惯和价值标准。宗教在城市经济生活中逐渐失去了它的道德权威和神秘性,传统的价值体系和道德规范被打破。人们在心理上和实际生活中都难以适应这样迅速而巨大的社会变迁,于是大量社会问题铺天盖地而来。农民破产、工人失业、城市贫民的居住和工作条件恶劣、环境污染、犯罪、自杀、卖淫以及一代人无所适从的"失落感"等等,从各个方面困扰着社会生活,社会在急剧的变革中动荡不定。

为了克服当时面临的种种危机,学者们开始关注这些社会问题,积极寻找解决问题的途径和方法,他们试图运用新的方法和理论体系重新组织和安排社会生活秩序,以适应社会发展和社会改良的需要,于是社会学应运而生。

社会学的产生除了适应资本主义制度发展的社会需要外,还有它特定的理论背景,包括欧洲启蒙时代社会学说和历史哲学的兴起,实证科学浪潮的冲击和社会调查、统计科学的发展等等。

首先,欧洲启蒙时代社会学说和历史哲学的兴起深刻地影响了社会学的产生。当时用历史主义观点从事研究的思想家探讨了社会历史现象的普遍规律。孟德斯鸠的《罗马兴衰原因论》、《法意》等阐述了一切社会历史现象都是有规律发展的思想,并从总体上拟定了社会改革计划。一些学者则试图解释人类为何以及如何组成了一个公共系统。卢梭的《论人类不平等的起源和基础》、《社会契约论》等试图说明社会不平等的产生、根源和后果,清楚地揭示出阶级和阶级冲突的存在对人类生活方方面面的影响。空想社会主义者圣西门、傅立叶和欧文尖锐地揭露了资本主义的种种罪恶,制定了社会改革的计划,设计了理想社会的模式。其中,圣西门试图论证关于历史的有规律发展的学说,认为每一种社会制度的产生都是历史发展的进步,它们都曾促进了生产、科学和艺术的进一步发展,因而历史是前进的。他提出了衡量社会制度进步的四个标准:(1)它尽可能使社会上的大多数人过着幸福的生活,拥有最多的资料以满足他们最切身的需要;(2)在这个社会制度中,修养良好的最有德行的人,拥有最多的机会获得较高的地位,而不管他们出身于什么样的家庭;(3)这种社会制度把数量最多的人团结在一个社会里,使他们拥有最多的手段来抵御外敌;(4)这种社会制度鼓励劳动,因而可以出现重大的发明,导致文明和科学的最大进步。这些启蒙时代社会学先驱们的学说,直接影响了后来的社会学说,对社会学的产生起了巨大的推动作用。

其次,随着自然科学的新进展,尤其是地质学、物理学和生物学的发展,启发着人们用自然科学的理论和方法去考察和认识社会。17世纪,经过实证科学浪潮的冲击,人们对于用纯粹思辨的方法去探讨社会、对社会进行种种臆测和猜想的传统越来越失去了兴趣。人们开始认识到,社会是自然界的一部分,既然自然界有其自身的规律,社会体系也应有和自然体系相同的规律可以寻找。基于这些认识,人们开始用一些自然科学的经验研究方法研究社会问题。圣西门就曾经研究过当时在自然科学中领先的物理学,企图把物理学那种经验科学的研究方法应用到社会研究上,并设想称之为"社会物理学"。

再次,社会调查、统计科学的发展,为社会学的经验研究提供了更广阔的前景。18世纪下半叶至19世纪初期,社会调查初步发展起来,出现了各种专题的调查研究,其统计的理论和方法也在不断创新。1795年拉普拉斯创立了概率论,19世纪中叶凯特勒把概率论引入统计学,开创了社会统计学,进一步促进了社会调查的发展。这些社会调查,有政府主持的,有社团举办的,也有个人进行的,都是为了了解社会实际状况,研究解决社会问题,其范围涉及人口、资源、消费水平、住房、贫困、死亡、自杀、犯罪等等。调查研究和统计科学的发展丰富了社会学的研究方法,也为社会学的研究提供了充足的资料,为社会学的创立奠定了良好的基础。

总之,解决社会问题的迫切需要、丰富多彩的科学理论和方法的研究与实践,使社会学的创立水到渠成。

二、西方社会学的创立与形成

西方社会学创立于19世纪上半叶,其代表人物是孔德和斯宾塞。

奥古斯特·孔德(Auguste Comte,1798—1857),法国实证主义哲学家和社会学家。孔德早年深受孟德斯鸠、孔多塞等法国哲学家的影响。1817年他结识了亨利·圣西门,并成为圣西门的秘书和合作者。他的主要著作是写于1830—1842年的《实证哲学教程》(共6卷)和写于1851—1854年间的《实证政治体系》(共4卷)。

孔德被西方社会学界公认为社会学的创始人。在1838年出版《实证哲学教程》第4卷时孔德第一次使用了"社会学"这一概念。

孔德的社会学主张包括下面几个方面:

第一,孔德第一个把社会学视作一门关于人类社会的科学。他认为,宇宙现象分为五类,即天体现象、物理现象、化学现象、生理现象、社会现象。这五类现象在整个宇宙中是统一的,相互关联的。前四种宇宙现象已形成了专门的学科,即天文学、物理学、化学和生物学,只有社会现象还是个空白,需要一种科学来补充,这种科学,就是圣西门所倡导的"社会物理学",也就是后来孔德所提出的"社会学"。

第二,孔德提出了社会学研究的实证方法。孔德认为:"社会学"就是"关于社会现象根本法则的实证研究"。所谓实证研究,孔德认为有四种方法:(1)观察法。包括直接观察和间接观察,前者以直接发生的社会事实为对象,后者以历史和文化遗迹、风尚、仪式以及语言为对象。(2)实验法。包括直接实验和间接实验。前者是在以研究为目的而创造的条件下对社会现象进行观察,后者是研究由于社会动荡而产生的病态性偏差。(3)比较法。通过对人与不同于人类的物种之间、不同的共存社会之间和一个特定社会不同发展阶段之间的比较,寻找社会存在与发展的一般规律和特殊规律。(4)历史法。即对人类不同的连贯状态作历史的比较,使人们了解社会发展的基本规律。

第三,孔德试图把社会学理论系统化。他认为社会学理论体系可分为两个部分,社会静力学和社会动力学。社会静力学研究的是社会的结构和制度,其目的是研究社会的"和谐"和"秩序"。孔德指出,社会是一个有机的整体,它的一切部分都是相互联系的,只有在统一的社会结构中,这些部分才能被认识并发挥其作用,在社会体系的全体和部分之间,必定有一种自然的调和,它的各种元素必定迟早联合而成与它性质相符的形式。社会动力学研究的是达到"完全社会"的各种推动力,即研究社会的发展与进步。孔德认为,社会动力学的真谛在于把连续社会状态中的每一种状态视为以前状态的必然结果,而又是以后状态必不可少的推动者。他把人类智慧的发展分为三个阶段,即神学阶段、形而上学阶段和实证阶段。与此相应,人类社会也经历了三个阶段,即军事阶段、过渡阶段和工业阶段。孔德认为,从一个阶段向另一个阶段的转变,决不是某种与传统的决裂或突变。相反,任何历史时期都在一定程度上存在着神学、形而上学和实证科学这三种知识形式,各阶段之间的区别在于一种形式相对地比其他两种形式占优势。所以,孔德认为社会历史的发展是一个分阶段逐步演进的过程,无需社会和政治的革命,革命会破坏历史的合乎规律的进程,使社会陷入病态。

孔德的社会学理论带有明显的保守倾向,他的理论体系也带有机械论的色彩,特别是他在后来的研究中不断地强调他所创立的"人道教",主张情感强于理智,更是引起了颇多争议。但是,西方社会学界认为,孔德毕竟把实证主义引入了对社会的研究,并对社会学体系化作了初步的尝试,他的将社会视作一个有机整体来进行研究的观点成为后来的结构功能主义社会学的理论渊源,孔德对社会学的贡献是巨大的。

赫伯特·斯宾塞(Herbert Spencer, 1820—1903),英国实证主义哲学家、社会学家,社会学早期代表性人物之一。代表作有《社会静力学》(1851)、《社会学研究》(1873)、《社会学原理》(1876—1896)等。斯宾塞的社会学深受生物学进化论的影响,他的社会学理论主要有社会有机体论和社会进化论。

斯宾塞将社会与生物有机体进行类比,认为社会的职能也像生物有机体一样,通过各个器官功能的平衡、协调来保证整个机体的平衡、协调。因此,他认为,社会分工是必要的,是社会机体正常运转的根本保证。在生物机体上具有提供、分配与调节营养的各类器官及其机能,相应地,在社会有机体上,也必须具有担负各种职能的不同阶层:工农大众如同人手,担负社会的营养职能;商人如同人之胃肠,担负社会的分配、调节与交换职能;资产阶级统治者则如同人之神经系统,担负社会之支配职能。正像生物机体之各个器官各安其位,统一于一体一样,社会各阶层也应各安其位,亲密合作,不相僭越。由此,他得出三个基本结论:(1)社会是一个体系,一个由相互联系的各个部分构成的紧密整体;(2)和生物有机体一样,随着社会的发展,它的结构会复杂化和分化,而结构的分化又伴随着功能的分化。故这个体系只能从其结构运转的意义上去理解；(3)体系要存在下去，它的需求就必须得到满足。

斯宾塞的社会进化论认为，进化是自然界的普遍规律，人类社会也不例外。他将生存竞争、自然选择的原则移植到社会理论中，认为社会的进化过程同生物进化过程一样，也是优胜劣汰、适者生存。他认为，社会进化既然是一种自然过程，就应该遵循其自身的规律，不应人为地加以干预。因此，他反对社会福利和国家计划，也反对社会改良和社会革命。

斯宾塞的社会有机论和社会进化论思想曾经风靡一时，对早期社会学影响较大。他在社会有机论中提出的功能主义思想对后来的结构功能主义学派产生了深远的影响。

继孔德和斯宾塞之后，19世纪末到20世纪初，西方社会学进入到作为一门独立学科的形成时期，其间主要代表人物是迪尔凯姆和韦伯。

迪尔凯姆(Émile Durkheim，1858—1917)，法国著名社会学家和社会活动家。他于1898年在法国创办《社会学年鉴》，并在法国大学里第一个开设了社会学课程，是历史上第一个获得社会学教授职位的人，被西方誉为"第一个对日常生活的特定现象进行社会学研究并系统形成一套富有生命力的方法的学者"①。他的主要著作有《社会分工论》(1893)、《自杀论》(1897)、《社会学方法的准则》(1895)等。

迪尔凯姆的社会学理论主要有四个方面：

第一，社会事实论。迪尔凯姆理论的核心是关于"社会事实"的概念。他认为"社会事实"是社会学研究的对象，它是一种独立于个人的外部存在，是决定个人行为却不以个人的主观意志为转移的客观事物。他所强调的基本方法论原则是，用社会事实来说明社会事实，即某个社会事实的决定性原因应该从先于它的社会事实中去探求，而不是到个人意识的状态中去探求，反对用个人心理动机去解释社会事实。他把社会事实分为两种基本类型：一是物质的社会事实，如劳动分工、法律等；二是非物质的社会事实，如集体意识、集体表象、社会潮流等。他特别重视集体意识等非物质的社会事实对个人行为的影响。同时，他强调必须从社会本身的性质中寻找社会生活的说明，必须从社会内部结构中寻找重要的社会进程的最初起因。迪尔凯姆不仅提倡这种研究方法，还在他的研究中成功地运用了这种研究方法。在《自杀论》一书中，他不是从个人心理动机方面去解释自杀的行为，而是把社会环境作为主要原因来研究。他认为，自杀主要不是取决于个人内在的本性，而是

① 《简明不列颠百科全书》第8卷，中国大百科全书出版社1985年版，第24页。

取决于支配着人们的外在原因,自杀的百分比是地区、民族、家庭、政治生活、职业集团、宗教信仰等社会变数综合作用的结果。《自杀论》成为了社会学历史上第一部以经验资料写成的经典社会学著作。

第二,社会团结论。迪尔凯姆把社会团结分为两种不同性质的类型,一种是机械团结,另一种是有机团结。他认为产生这两种团结类型的主要原因在于不同的劳动分工形式。机械团结是不发达的和古代社会中的团结,它是因缺乏社会分工而形成的个人之间的同质性团结。在这种社会中,全体成员所具有的共同意识和行为形成了一种约束力,约束每一个社会成员,人们获得的自由较少。有机团结则是发达的现代社会的团结,它是因社会分工的发达而形成的个人之间的异质性团结。由于个人之间的异质性增强,人们彼此之间的依赖性也就日益增强。在这种社会中,共同意识的约束力趋于减少,人们有较多的思想和信仰自由,个性可获得较大发展。

第三,宗教社会学。迪尔凯姆对社会道德基础的关心,促进了他关于宗教社会功能的经典社会学观点的发展。他认为宗教是使个人产生恪守社会要求的道德责任感的力量之一。宗教实质上是社会的产物,它和社会之间存在着紧密的相互依赖关系,宗教思想依赖和反映着它的社会结构类型,人们共同崇拜的神灵,不过是社会力量的投影。当人们颂扬神灵时,实际上是在无意识地颂扬社会力量,这种力量远远超过他们自身的存在,所以不得不赋予其神圣的意义。

第四,给予社会学以具体的研究范围和特定的研究方法。这是迪尔凯姆对社会学的主要贡献。他认为社会学是不同于哲学的一门独立的学科。他第一个把日常生活中的现象放在社会学的框架中进行分析。他在《社会学年鉴》的纲目中,把社会学知识体系分成普通社会学、宗教社会学、法律和道德社会学、犯罪社会学、经济社会学、美学社会学、人口统计等主要类别。这种分类法至今仍有较大影响。在社会学的研究方法方面,他主张用经验的观察和对事实材料的分析来代替理论的思辨和主观的玄想,根据事实材料来寻找社会现象的规律。他所创立的这一套行之有效的研究方法对社会学的发展产生了深远的影响。

由于迪尔凯姆的努力,社会学第一次获得了自己的具体研究范围和特定的研究方法,也第一次在社会科学中获得了独立的地位,社会学研究向前跨越了一大步。由于迪尔凯姆在理论研究上是进化论、结构主义、功能主义的集大成者,因而对后来的结构功能主义学派影响甚深。

马克斯·韦伯(Max Weber, 1864—1920),德国早期杰出的社会学家,与迪尔凯姆一道被公认为西方现代社会学的奠基人。韦伯的研究兴趣十分广泛,早年主要从事历史和法学的研究,后来才涉足社会学。其主要著作有《新教伦理和资本主义精神》(1904)、《经济与社会》(1922)、《儒教与道教》(1915)等。韦伯的社会学理论主要集中于社会学研究方法、宗教社会学和政治社会学等领域。

解释社会学。韦伯把社会学定义为"一门想解释性地理解社会行为,并且通过这种办法在社会行为的过程和影响上说明其原因的科学"。①由于社会学所要理解和解释的对象是社会行为,因此社会行为在韦伯那里是一个十分重要的范畴。按照韦伯的理解,所谓社会行为,是指行为者以他主观认定的意义与他人的行为发生联系的行为。他的所谓理解社会行为,就是强调社会学家要掌握行为者赋予其自身行为和决定的主观意义。根据这一思想,他把社会行为区分为四种类型:(1)目的合乎理性的行为;(2)价值合乎理性的行为;(3)情绪的尤其是感情的行为;(4)传统的、由约定俗成的习惯决定的行为。在他看来,只有前两种行为才包含行为者明确的主观意义,因而才是真正意义上的社会行为。他还认为,我们生活于其中的世界的首要特征是合理化,这种合理化是通过扩展第一种合理行为的范围而表现出来的,也即整个社会都会趋向于与目标相连的组织。

韦伯还认为,对社会学的研究必须借助于"理想类型"(Idea Type)的方法。所谓理想类型,是指从某一类现象中抽象出来的某些基本要素和特征的组合。正因为理想类型是一种抽象的产物,故它不会与任何特定的现象有着完全一样的特征。但由于社会学所研究的是纷繁复杂的人类行为,因此任何特定的社会现象都只有以理想类型作为参照来研究才有可能。

韦伯的研究方法一反以往孔德、迪尔凯姆的实证主义传统,开始了反实证主义(人文主义)在社会科学领域的革命。他强调社会科学与自然科学在本质上的差异,强调人的行为的主观意义,认为人类的社会行为过于复杂,不可能用传统自然科学的方法加以研究。

宗教社会学。韦伯对宗教社会学进行了深入的研究,最著名的作品有《新教伦理与资本主义精神》,以及《中国的宗教:儒教与道教》、《印度的宗教:印度教与佛教的社会学》和《古犹太教》等。他的目标是找出东西方文化发展差距的主要原因,研究并解释西方文化的独特之处。他认为,新教宗教理想的影响是欧洲和美国社会变革以及经济体系发展的主要原因;加尔文主义以及新教其他教派在资本主义发展史上起到了显著的作用。②韦伯的这一观点引发了长期的激烈争论,在东西方都

① 马克斯·韦伯:《经济与社会》(上卷),商务印书馆 1997 年版,第 40 页。
② 马克斯·韦伯:《新教伦理与资本主义精神》,北京三联书店 1987 年版,第 64 页。

广受关注。

政治社会学。在有关政治和政府的社会学研究中,韦伯的一篇名为《政治作为一种职业》的论文最为著名。在这篇论文中,韦伯提出了对国家的定义,认为国家是一个"可以合法使用暴力的具有垄断地位"的实体,这个定义在西方学术界得到广泛认同。韦伯还提出了三种正式的政治支配和权威的形式:(1)传统权威,即靠被领导者对传统和世袭的崇拜而维系的统治。这种权威在上下级关系中没有合理的次序,没有根据自由契约任命和升迁的正常机制;(2)魅力权威,即靠领导人的人格魅力而维系的统治。这种权威通常比较脆弱,不能持久;(3)法理权威,即根据所制定规则的合法性而维系的统治。[①]韦伯认为,法理权威是最符合世界合理化趋势的,因而它成了现代西方社会最普遍的一种统治形式。这种权威有特定的组织结构,韦伯称之为"科层制"(或官僚制),即一种协调许多个体的工作去完成大规模任务的组织。韦伯认为,科层组织的管理职权可以同财产所有权相分离,科层组织可以产生比以往的非科层组织更高的工作效率,因而,现代社会的组织形式都不可避免地会向科层制方向发展。

韦伯的社会学理论对现代西方社会学产生了深远的影响。他的解释社会学成为当代社会学最流行的范式之一。他的理想类型研究方法、宗教在社会发展中具有重要作用的观点以及三种正式的政治权威的理论等都是对社会学的重要贡献。他的科层制理论成为现代西方组织管理学的重要理论基础,对现代社会的组织管理起到了很大的促进作用,被认为是"古典管理理论"的主要代表。随着时间的推移,韦伯的影响不但没有消失,反而被后世学者尊称为"我们的同代人"[②]。

除了迪尔凯姆、韦伯,这一时期的社会学家还有德国的斐迪南·滕尼斯(Ferdinand Tönnies,1855—1936),格奥尔格·齐美尔(Georg Simmel,1858—1918),英国的罗德里克·D.麦肯齐(Roderick D.McKenzie,1860—1935),长期侨居英国的波兰社会人类学家马林诺夫斯基(Bronislan Malinowski,1884—1942)等等,他们对社会学的形成都作出了重大的贡献。

三、马克思主义社会学的创立

19世纪前半期欧洲资本主义社会的矛盾和无产阶级与资产阶级的斗争,不仅孕育了实证主义社会学,同时也孕育了马克思主义社会学。马克思主义社会学对社会学的形成和发展同样做出了重大贡献。

---

① 马克斯·韦伯:《经济与社会》(上卷),商务印书馆1997年版,第241页。

② 雷蒙·阿隆:《社会学主要思潮》,华夏出版社2000年版,第379页。

马克思和恩格斯对传统的思辨哲学采取了科学的分析和批判的态度。他们明确指出,要把社会的研究从头脑思辨中解放出来,使之成为真正的实证科学。几乎在孔德提出社会学最初构想的同时,马克思在《1844 年经济学哲学手稿》中已经形成了新唯物史观的萌芽。马克思主义社会学既因对阶级斗争及其在社会生活中作用的重要揭示,而成为社会冲突论的领军人物,又因对资本主义社会无情而尖锐的批判,而成为社会批判范式当之无愧的先驱。①

首先,马克思和恩格斯认为社会的运动是受客观规律支配的"自然历史过程"。因此,不能仅仅停留在确认和记录社会事实的水平上,重要的是找到社会事实之间的内在联系和客观规律。具体地研究现实社会的规律,也就是"从记载社会现象(和从思想的观点来估计社会现象)进而极科学地分析社会现象",找到规律,这是社会学研究的真正关键所在。

其次,马克思和恩格斯主张应从经济条件出发解释社会现象及其关系。他们认为经济条件归根到底具有决定意义,生产力决定生产关系,经济关系是形成其他一切社会关系的基础。这样,一方面要从这些基础中探索各种思想观念及其行动产生的原因,另一方面要探索这些观念是由什么样的方式方法产生的。

第三,重视社会现象之间的辩证关系。社会是一个相互联系的有机整体,不能孤立地看待任何一个事物。强调从经济条件出发研究社会现象及其关系,并不是忽视其他参与交互作用的因素,包括政治的、法律的、文化的、心理的种种因素,在研究具体社会现象时,要把所有的这些相关因素都考虑进去,这是社会学思维方式的主要特点之一。

第四,马克思和恩格斯提出了改造社会的对策,即主张通过工人阶级的革命运动最后达到社会的解放,以改造欧洲社会和整个人类的现状。马克思主义的社会学,就是要引导人们客观地认识社会,寻求社会根本改造的途径。

马克思恩格斯的社会学理论是唯物论、历史方法、功能方法的有机统一。除了理论上的贡献外,马克思和恩格斯还身体力行,做了许多社会学研究的开创性工作。他们深入实际,对于英、法、德等国的资本主义社会状况进行了大量的经验研究,并在这个基础上,对社会学的各类具体理论作了深入的探讨,包括社会关系、社会制度、社会结构、社会革命、社会生活方式、婚姻与家庭关系、城乡差别、未来社会等一系列课题。在这些课题上,从概念到基本原理,从起源到发展,马克思和恩格斯都有许多深刻的、科学的分析,它们都是马克思和恩格斯在社会学方面留下的宝

---

① 周晓虹:《西方社会学历史与体系》,上海人民出版社 2002 年版,第 80 页。

贵遗产。西方很多社会学家，包括瑞泽尔、麦克科雷和雷蒙·阿隆都认为，马克思虽然有各种各样的头衔，但最合适的却是社会学家。①

第二节　当代社会学的发展

一、当代社会学主要理论流派

第二次世界大战以后，随着社会生产力的发展和科学技术的进步，资本主义世界的经济与社会出现了相对繁荣、稳定的局面，从而促进了社会学在西方各国特别是在美国的迅速发展。与此同时，社会学在苏联与东欧经历了曲折以后，也得到了恢复与发展。20 世纪 40 年代至今，社会学的发展及其特点正是这一历史条件的反映。

当代社会学的发展从自然主义到人文主义，从宏观到微观，理论丰富多彩，流派纷呈。这时期陆续出现的主要理论流派有结构功能理论、冲突理论、交换理论、符号互动理论、社会批判理论、后工业社会理论、后现代理论等。

1. 结构功能主义

结构功能主义初步形成于 20 世纪 30—40 年代，鼎盛于 60 年代，至今仍是西方社会学中的主要流派之一。到七八十年代，结构功能的分析方法已被广泛地应用于西方社会研究，并不断地被西方社会学者改进与发展。它的代表人物是美国社会学家帕森斯和默顿，他们都提出了各自功能分析的概念框架，为这个学派的形成作出了突出的贡献。

塔尔科特·帕森斯（Talcott Parsons，1902—1979），出生于美国的科罗拉多州，曾留学德国。1931 年到哈佛大学社会学系，1942 年升任教授，并担任该系系主任。帕森斯一生深受迪尔凯姆、韦伯等人的影响。1937 年他出版了《社会行动的结构》，标志着结构功能主义的崛起。以后他又发表了一系列的著作，如《社会体系》(1951)，《关于行动的一般理论》(1951)，《经济与社会》(1956)，《现代社会的结构与过程》(1960)等，进一步发展和完善了他的理论。

帕森斯的社会学理论包括以下几个主要内容：

第一，社会行动论。帕森斯认为，人们的社会行动包括以下四个结构要素：(1)行动者；(2)目的；(3)情境；(4)规范。社会行动不仅由四个要素构成，而且在它们的基础上构成了更高一级的社会行动体系。社会行动体系包括有机行为体系、人

---

① Cf.MacCrae, Donald G., "Karl III's Vneasy Reign", *New Statement and Society*, 1992, 217:v-vi.

格体系、社会体系、文化体系四个亚系统。有机行为体系是指人类的生理体系,它是行动体系最基本的单位。人作为有机体有各种需求,如何来满足这些需求,则是由人格、文化、社会三个体系来决定的,因此人的社会行动要受到有机体、人格、文化、社会环境等因素的影响。其中,文化体系中的社会价值体系对社会行动的影响具有特别重要的意义。

第二,一般系统理论。帕森斯认为,社会系统不过是更一般意义上的行动系统的一个亚系统。任何行动系统都面临着一些大致相同的基本功能需求,满足这些需求是系统生存的先决条件。他认为,一般行动系统具有四个基本的功能需求:(1)适应功能,由行为有机体系统承担。促使系统保持与外部环境的交换,并将获得的生存资源分配给整个行动系统。(2)目标获得功能,由人格系统承担。确立系统目标的优先顺序,并调动系统的资源来实现这些目标。(3)整合功能,由社会系统承担。协调各部分之间的关系,使之成为一个功能总体。(4)潜在模式维持功能,由文化系统承担。根据某种规范维持某种社会行动的延续性。帕森斯认为,不仅整个社会系统必须满足这四个功能必要条件,而且任何社会的亚系统、任何人类的行动系统都必须满足这四个基本的功能要求,这四个功能必要条件的满足与否,决定了社会系统或其他一切行动系统的生存能力。

第三,均衡论。这是帕森斯系统功能理论的核心。他认为,任何社会都具有某种程度的自给自足,其之所以能自给自足主要是依赖于社会内部的整合以及各部分之间的和谐关系。在一般情况下,系统总是趋于稳定与均衡状态的,一旦发生反常现象,原有的均衡被破坏,社会系统就会通过反馈机制进行自我调节,自发地返回均衡。

帕森斯把"整合"与"均衡"作为其社会学理论的基础与归宿,他试图从高度抽象的社会系统分析中找到统一的、完整的社会行动理论,他的宏观的、高度抽象的、严密的理论体系对西方社会学研究产生了深远的影响。虽然在其学术生涯的最后十年中,他曾越来越关注社会变迁,详细地说明了行动系统之间信息——能量的交换隐含着行动系统内部或行动系统之间的变迁,但从总体上看,他的理论没有充分揭示社会冲突与社会变革的作用,具有较明显的保守倾向。到20世纪60年代,美国社会内部动荡不安,越南战争使美国陷入泥淖,反战运动高涨,学生运动、妇女运动和种族问题等严重困扰着社会生活。帕森斯的结构功能学说无法解释这些社会问题,受到各方面的质疑和责难,其理论影响逐渐下降。这时,默顿秉承和修正了帕森斯的理论,在此基础上发展和完善了结构功能主义学说。

罗伯特·金·默顿(Robert King Merton, 1910—2003)是帕森斯的学生,1956

年至 1957 年间曾任美国社会学学会主席，主要著作有《17 世纪英国的科学、技术与社会》(1938)、《社会理论与社会结构》(1949)、《理论社会学》(1967)、《科学社会学》(1973)等。默顿的社会学理论主要包括以下几个方面：

第一，中层理论。默顿认为，帕森斯试图建立一种无所不包的社会学理论体系的努力是徒劳无益的，建立这种宏观理论框架的时机还未成熟，他也不同意社会学只进行低层次的经验命题的零散研究，他主张建立一个介于宏观理论与纯粹经验研究两者之间的"中层理论"。这种理论既不高度抽象也不包容广泛，就像参照群体理论，越轨理论，角色冲突理论一样，这种中层理论能将理论与经验研究紧密结合起来，最终推动社会学理论的发展。

第二，均衡功能论。默顿的功能理论被认为是一种分析的方法论。他认为以往的功能理论包括三个可疑命题：(1)社会系统的功能协调性；(2)社会单位的功能普遍性；(3)社会单位对社会体系的不可或缺性。默顿认为，并不是所有的社会单位都对体系的整合有正功能，某些单位可能对系统内的一部分有正功能，但同时却对其他部分有反功能(负功能)；同样，某些功能是明显的和有意安排出来的，但某些功能则可能是潜在的或在无意中产生的，前者称为"显功能"，后者称为"潜功能"。因此，他认为，社会单位对整个体系的和谐与整合与否，应由验证法来一一加以研究，不可一概而论。默顿的功能论是一种均衡的功能论。他不仅想知道为什么个人会顺从他人和群体的意志去行动，而且也想知道为什么某些人会走向偏差而导致社会的非整合。他对偏差行为的研究是其功能理论应用的最著名的代表。

默顿开创了结构功能理论的一个新阶段，他所倡导的中层理论成为后来大多数社会学理论研究的指导原则。但是他在总体上仍然没有摆脱结构功能主义的体系倾向，注意得最多的仍然是均衡。另外，他的理论缺乏一个统一的理论框架，也略显零散。

2. 冲突理论

从 20 世纪 50 年代开始，西方社会开始出现多种解释社会冲突的理论，反对帕森斯关于社会的价值一致、均衡与整合的观点。这一理论认为，冲突是每一个社会都无法避免的，是社会生活的普遍现象；权力分配和社会报酬分配的不均是冲突产生的根源；冲突对社会的作用不仅具有破坏性的一面，而且还具有建设性的一面。这一理论的代表人物有美国的功能冲突论者刘易斯·科塞和德国的辩证冲突论者拉尔夫·达伦多夫。

刘易斯·科塞(Lewis A.Coser, 1913—2003)是默顿的学生，70 年代曾任美国社会学学会主席，主要著作有《社会冲突的功能》(1956)、《社会冲突研究的连续性》

(1967)、《贪婪的制度》(1974)等。科塞的冲突理论在方法论上没有完全摆脱功能分析的传统,他主张探讨冲突对整个社会所发挥的功能。他认为社会冲突是由于争夺社会地位、权力和资源及价值观不同而引起的斗争,这种斗争可以促进社会权力关系的改善、新社会规范的创立以及社会系统适应能力的提高,防止整个社会出现严重的分裂和瓦解。他还提出了社会安全阀理论,认为敌对情绪的发泄具有安全阀的功能,它让人们的不满情绪随着安全阀的排气孔排放出去,而不至于积累起来,危害到整个社会结构的稳定。僵硬的社会系统往往压制冲突及其表现,因而不能及时获得危险信号,灵活的社会系统,可经过调整结构和关系而使冲突得到解决和缓和。

拉尔夫·达伦多夫(Ralf Dahrendorf,1929—2009)是当代德国著名社会学家,主要著作有《工业社会中的阶级冲突》(1957)、《走出乌托邦》(1958)、《社会理论文集》(1967)等,曾先后执教于德国、英国和美国各学院。他在1958年就开始抨击帕森斯的理论,认为今日的社会学应远离帕森斯的结构功能理论。他在《工业社会中的阶级和阶级斗争》一书中指出,社会基本上是一种不均衡权力分配的组合团体,在每一个社会团体内,统治集团的利益在于维持现状,为其作辩护的意识形态就是其价值观。被统治集团的利益在于改变现状,因而不断威胁着这种意识形态及其掩盖下的社会权力关系。这种针锋相对的利益团体处于不断纷争中,从而导致权力关系的重新分配,进而改变社会关系的基本结构。他认为,社会学的任务就在于寻求冲突的社会原因。

冲突理论率先打破了结构功能主义一统天下的局面,揭示了社会冲突的社会作用,其中的一些理论观点,如社会安全阀理论、冲突调节理论等在应用层次上都有较高价值。但这一理论的理论架构不够健全,学者之间的观点也不一致,大大影响了这一理论的进一步发展。

3. 交换理论

交换理论是从20世纪60年代开始兴起的,是依据心理学的行为主义理论和经济学的功利主义理论而将人与人之间的交往视为一种计算得失的理性行为的理论。美国社会学家乔治·霍曼斯1961年出版的《社会行为:它的基本形式》和彼得·布劳1964年出版的《社会生活中的交换与权力》成为社会交换理论在西方兴起的标志。

乔治·霍曼斯(George C. Homans,1910—1989),担任过哈佛大学社会学系系主任和美国社会学学会主席,主要著作有《人类群体》(1905)、《社会行为:它的基本形式》(1961)等。他把经济学和心理学的概念与观点结合在了一起,把社会行为视为一种至少在两人之间发生的，或多或少要获得报酬或付出成本的，有形的或无形的交换行为。他提出了五个命题：（1）成功命题：一个人特定的行为越是经常受到奖励，则该人越是可能采取这种行动；（2）刺激命题：如果过去一个特定刺激的出现总是伴随着某种奖励，则现在的刺激越是与过去的刺激相似，他越可能采取该项行动；（3）价值命题：一个人的某种行动的结果对其越有价值，则这个人越有可能采取这种行动；（4）剥夺—满足命题：一个人在近期越是经常得到某一特定的报酬，该报酬的追加对这个人来说就越是没有价值；（5）攻击—赞同命题：当一个人的行动没有得到他期望的报酬，或得到他没有预料的惩罚时，他可能采取攻击行动，当一个人的行动得到了他期望的报酬，特别是得到比他期望还多，或者没有得到他意料的惩罚时，他会感到高兴并越可能采取赞同行为。个体的交换行动是人类社会行为的一种基本形式，霍曼斯开创了系统地研究社会交换理论的先河，有一定的积极意义，但他显然把人类的交换行为简单化了，他忽视了社会行动独立于个体心理之外的整体性质。

彼得·布劳（Peter M.Blau，1918—2002），奥裔美国社会学家。他的交换理论与霍曼斯有很大差别。霍曼斯用对等性原则解释所有的社会交换，而布劳用对等性原则解释部分交换行为，而用不对等性原则解释另外一部分交换行为。布劳认为不对等交换产生了社会的权力差异和分层现象。他在此基础上又提出了获得权力的必要条件以及权力的合法化与反抗。布劳不像霍曼斯那样单纯从个人的心理角度来解释社会交换的过程。虽然他也以经济上的交换概念为依据，但是他的理论更接近"社会结构"学派，因为他考虑到了处于不同组织和结构位置上的人与人之间的交换，从而淡化了交换的心理还原论色彩，增加了整体效应的社会学传统倾向，为交换理论从微观到宏观的过渡作了很好的铺垫。

4. 符号互动理论

符号互动理论是一种主张从互动着的个体的日常生活环境去研究人类群体生活的社会学理论派别，又称象征相互作用论或符号互动主义。这一理论的核心观点是：社会现象与社会行为只有通过人际间的互动和相互影响才能得到解释，而人际互动是以运用符号以解释和确定相互间行动的意义为媒介的，因此，社会是个人借助符号互动的产物。符号互动理论的分析框架是由库利、米德、布鲁默等人建构的，而米德是这一理论核心体系的创立者。

乔治·赫伯特·米德（George Herbert Mead，1863—1931），美国著名社会心理学家，主要著作有《有关现在的哲学》（1932）、《心灵、自我与社会》（1934）、《行动的哲学》（1938）。他的理论强调了人的心灵、自我和社会的产生与社会互动过程的紧密相关性。其基本观点是：(1)人的活动并不是对外部刺激因素的简单反应，而是会根据环境中的客体来调整自己的行为；(2)人们对自己行为的调整主要依赖其自我观念，而自我观念是在社会互动中产生的，必须从他人的评价中获得，因此，自我与社会是不能分开的；(3)社会的制度和结构是个体之间有组织的模式化的互动的产物。社会秩序不是已完成了的事实，而是处在不断变化、修正和调整的过程之中；(4)人们的互动与自我观念的形成依赖于心灵的存在，因为有了心灵，人们才具有理解和运用象征符号的能力，有了心灵的支持，我们才能对外界的反应有所选择。

符号互动理论对于个人社会化、自我意识的形成、越轨行为等微观社会过程提出了一些颇有启发性的见解。但这一理论过分强调了主观意识的作用，忽略了社会结构对互动过程的影响，也有其局限性。

5. 社会批判理论

社会批判理论以"法兰克福学派"为主要代表。法兰克福学派是西方马克思主义的重要派别，其中心最初在法兰克福大学的社会学研究所。由于法西斯主义的迫害，法兰克福学派的一些代表人物于 20 世纪三四十年代侨居美国，六七十年代法兰克福学派在当时的德意志联邦共和国、美国进一步扩大了他们的影响。法兰克福学派的代表人物主要有德国的赫伯特·马尔库塞、尤根·哈贝马斯，美国的查尔斯·赖特。其中赫伯特·马尔库塞是法兰克福学派中最激进的左翼代表人物，也是当代西方社会最有影响的社会理论家之一。

赫伯特·马尔库塞(Herbert Marcuse, 1898—1979)，是德国现象学创始人胡塞尔、存在主义哲学创始人海德格尔的学生。他一生中的大部分时间在美国从事社会研究与教学工作，其代表性著作有《理性与革命》(1941)，《单向度的人》(1964)，《文化与社会》(1965)，《反革命和造反》(1972)等。马尔库塞认为，作为西方传统研究对象的社会是病态社会，他给"病态社会"下的定义是：一个社会的基本制度和关系(它的结构)所具有的特点，使得它不能使用现有的物质手段和精神手段使人的存在(人性)充分地发挥出来，这时这个社会就是病态的。马尔库塞把资本主义制度与社会结构的非人性视为病态的标志，把资本主义社会病态的根源归结为资本主义的社会制度和社会结构。1964 年他发表了《单向度的人》，批判现代资本主义社会把既有物质需要又有精神需要的双面人变成了完全受物质欲望支配的单面人，使具有批判功能的哲学成了与统治阶级利益协调一致的单面的思想。他认为新的控制形式整合了社会对立力量，一种舒适、温和、合乎情理且民主的不自由正在发达工业社会盛行，机械化过程对个性的压抑，在这里显得分外明显。他认为,当代社会中的劳动阶级正发生着决定性的改变:(1)机械化正日益减少着花费在劳动中的体力的量和强度;(2)职业分层过程中出现同化趋向;(3)劳动者的态度和意识发生了变化,主动地将自身与生产技术过程相结合;(4)新的技术劳动削弱了对立阶级的否定地位,劳动阶级不再表现为现存社会的对立面。因此,当代工业发达社会似乎能包容社会变化,包容根本不同的社会制度结构和生产过程以及人类生存方式的质变。同时,马尔库塞指出,技术理性的进步消解了"高等文化"中的对立与超越因素。在发达工业社会,理想与现实同化,理想在物质化,理想化的王国在逐渐缩小,在高等文化成为物质文化的转变中失去了大部分真理。马尔库塞同样认为,当代资本主义社会里的基本阶级是资产阶级和无产阶级,但他认为无产阶级已不再具有革命动力的作用,革命的强大新动力是"新左派"。而所谓"新左派"包括知识分子、大学生、少数民族和妇女等社会团体。他把"新左派"的革命称为"本能革命",他认为,现在资本主义社会的压迫主要是对人本能的压迫,因此个人感觉的解放应该构成普遍解放的序幕,甚至是基础,自由社会应该建立在新的本能需要上。

社会批判理论同时受马克思主义、现象学、存在主义与精神分析理论的影响。马尔库塞等社会批判理论家毕生都在致力于把这些理论与马克思主义学说相结合,试图发展和完善马克思主义。尽管在对资本主义的现实批判中,他们也得出了个别与马克思主义相同的结论,但在许多基本问题上,他们与马克思主义理论之间是存在着根本分歧的。

6. 后工业社会理论

20 世纪中叶以后,随着各种社会政治活动和反主流文化思潮漫及整个西方,社会学理论更是呈现出多元化的趋势,各大流派相互融合,界限也不再分明,其中具有综合性质的后工业社会理论和侧重价值、认同、沟通与媒体等方面分析的后现代理论开始形成和发展起来。

"人类不能毫无准备地冲向未来。"未来社会是怎样的? 应该怎样? 这是当代西方社会学中越来越重要的研究课题。战后成长起来的社会学家一方面探索着高效率背后的社会问题,一方面关注着社会与国家的管理,运用社会学特有的敏感视角与方法,在分析与预测的基础上寻找着新的发展途径。

后工业社会理论的主要代表人物有美国的阿尔温·托夫勒,丹尼尔·贝尔,埃·蒂里阿基安,A·伊慈尼;法国的罗伯特·艾利阿斯等。其中最著名、最有影响力的是丹尼尔·贝尔。

丹尼尔·贝尔(Daniel Bell, 1919—2011),美国当代著名的社会学家,1943 年获哥伦比亚大学哲学博士学位,曾在哥伦比亚大学和哈佛大学担任社会学教授,在战后西方的社会学、未来学和发达资本主义研究领域均处于领先地位。1972 年全美知识精英普测时,他曾以最高票名列 20 位影响最大的学者之首。贝尔的主要著作有《美国的马克思派社会主义》(1951),《意识形态的终结》(1960),《今日资本主义》(1971),《后工业社会的来临》(1973),《资本主义文化的矛盾》(1976)等。其中在当代最有影响的是他的"后工业社会"理论,这一理论概括和揭示了科技革命引起的西方社会的深刻变化。

贝尔认为,社会可以划分为三个组成部分:社会结构、政体与文化。社会结构包括经济、技术和职业制度;政体则指权力的分配和个人之间与集团之间发生矛盾时的权力评价;文化是指表达象征和含义的领域。

后工业社会的研究首先涉及社会结构。社会结构是一个旨在协调个人的行动以达到特殊目的的职能结构。当代西方社会结构内部的变化表现在如下方面:(1)从产品生产转变为服务性经济;(2)专业与技术人员阶级处于主导地位;(3)社会结构与文化发生了严重的分裂。关于后工业社会权力结构的变化,贝尔认为在后工业社会中处于统治地位的是掌握新智能技术的科学家、工程师等知识分子,即在后工业社会中是"科技治国",在这种制度中,决定性影响属于政府部门和经济部门中的技术人员。

贝尔认为,在现代西方社会,社会结构的中轴原理是经济化,它根据最低成本使用代用品,以谋求最佳效果和最高价值的原则来分配资源;现代政体的中轴原理是参与管理,有时候是经过动员或有控制的参与,有时候是自下而上的参与;文化方面的中轴原理是实现自我并加强自我的愿望。过去这三个领域是由一个共同的价值体系来维系的,但在当代这三个方面正日益趋于分裂,它们分别围绕着自身的轴心原则,以不同的节律交错运转,甚至逆向摩擦,随着后工业社会的来临,这种价值观念方面的冲突更加突出,难以遏止。

面对资本主义社会严重的矛盾和危机,贝尔提出了后工业社会的一些政策制定原则:(1)理论知识是社会革新与制定政策的源泉;(2)对技术的发展进行规划与控制;(3)创造新的"智能技术"制定决策,通过对风险性和不确定性的判断而设法把损失缩小到最低限度。

后工业社会理论重视预测与规划,不仅试图回答社会现在是怎样的,以及社会应该怎样,而且还试图回答社会将会是怎样的。这种对当代资本主义社会状况的前瞻性描述和政策性研究颇有启迪意义,对于我们了解和研究工业社会形态的发展有着重要的参考价值。

7. 后现代理论

西方社会学理论的重心是分析一种不同于传统社会的现代社会的形态、构成与发展轨迹，即主要关注"现代性"及其后果。到了 20 世纪 60 年代，这种理论目标受到极大的挑战。尽管各种激进思潮与运动未能演变成真正的社会革命，但现代性建构进程中所付出的代价和造成的无数痛苦与不幸，还是得到了充分的揭露。七八十年代，西方发达国家的社会经济与文化发生了日益剧烈的变化，媒体、电脑以及新技术的广泛应用，给人类带来了全新的空间和时间经验，让人更强烈地感觉到社会文化的矛盾，甚至是根本性的断裂。于是，人们惊呼现代性已经终结，我们迈入了后现代社会。今天，在西方社会学理论界，后现代性已经成为一个主要的议题。

后现代理论主要代表人物和著作有布希亚（Jean Baudrilard，1929—2007）的《消费社会》（1970）、《象征交换与死亡》（1976）、《类象与拟象》（1981）；米歇尔·福柯（Michel Foucault，1926—1984）的《疯狂与文明》（1961）、《事物的秩序》（1966）、《知识考古学》（1969）、《话语的秩序》（1971）、《性史》（1976）；让·弗朗索瓦·利奥塔（Jean-FranGois Lyotard，1924—1998）的《里比多经济学》（1974）、《后现代状况》（1979）、《公共游戏》（1979）；弗雷德里克·詹姆逊（Fredric Jameson，1934—　）的《政治无意》（1981）、《后现代主义，或晚期资本主义的文化逻辑》（1984）等。

后现代主义社会学理论的基本倾向，大体可以归纳如下：

第一，反对整体化的倾向。所谓整体化的倾向是指社会科学理论在解释社会现象时，注重寻找模式化的关系和宏观的历史规律。后现代主义不仅否定现实的整体性，也否定历史的整体性，它认为由于研究者学识的有限、人生经历的短暂、理论范式的局限，人们只能发现"微观的小故事"，根本不可能发现人类历史发展的规律，研究了某一历史事件或某一段历史时期，便断言掌握了历史发展的规律，这种做法是危险的。

第二，反对单一的理论视角。社会成员处于不同的社会地位与环境，其观点也是多元的。因此，只从阶级或经济的观点分析复杂的社会问题具有极大的局限性，单一的理论视角是难以揭示复杂的社会矛盾的。

第三，重视话语分析。后现代理论认为，权力关系存在于日常话语的风格上，通过对日常话语的风格的分析，我们可以发现存在于知识和传统之中的不平等的社会关系。

第四，否定建立客观的社会学的可能性。后现代理论认为，任何学科知识都是历史与文化条件的产物，都是前人假设的结果，因此，从某种意义上讲，客观的社会学是不可能产生的。也正因为如此,社会学家应该倾听人们丰富多彩的生活故事,进行比较分析,而不是去发现放之四海而皆准的真理。

后现代理论可以说是解释后现代性社会的理论尝试,其中不乏合理的成分,可以给我们颇多的启示,但它的很多理论观点和研究视角是以 20 世纪七八十年代西方社会的发展状况为特定背景的,故我们在理解与借鉴这一理论时一定要考虑到这一点。

如何看待以帕森斯为代表的主流社会学理论以后出现的社会学流派纷呈的现象? 对此西方学术界有不同的看法。一些学者认为,在过去的几十年中,社会学领域的新观念、新流派不断涌现,但是均未能形成大气候。随着帕森斯时代的远去,社会学的黄金时代似乎一去不复返了,危机的阴影始终笼罩在社会学上空。早在 20 世纪 70 年代初,关于社会学危机的说法就已开始出现。1970 年,美国社会学家阿尔文·古德纳(Alvin W.Gouldner)就写了一本极具影响力的书《正在到来的西方社会学危机》,书中指出,美国社会学界几十年来占统治地位的帕森斯主义代表了西方社会与社会学理论之间的一种相互适合,而 60 年代后各种社会冲突、运动浪潮的出现使原有的社会秩序以及关于秩序与进步的观念受到了前所未有的冲击,主流社会学因而也遭到了严峻的挑战。[①]此后,关于社会学危机的讨论越来越受到社会学界的关注。1994 年 6 月,美国社会学期刊《社会学论坛》专门以这一问题为主题在社会学家中展开讨论。主编斯蒂芬·科尔(Stephen Cole)写了一篇名为"社会学出了什么问题"的文章,指出社会学令人担忧的现状,即无论从制度方面还是从知识方面看,社会学都没有作出我们所期望的那种进步。[②]

对于社会学危机的解释也有不同看法。有的人把社会学危机主要归于社会学方法论的危机。他们认为,社会学崇尚自然科学的实证方法和客观性原则,然而,由于社会学的研究对象是有意志的人,有其独特的行为方式,由于研究主体和客体属于同类,他们之间会产生相互交流、作用和影响,这使得主体的价值观念会直接影响研究结果,因此,在社会学中贯彻客观性原则比自然科学要困难得多。正是这种方法论上的困境导致了社会学的危机。

另一些学者不同意这一看法。他们认为,社会学的方法论特征早已存在,但社会学危机却是在 20 世纪中期才出现的。因此,社会学危机不能用方法论的危机来解释,而应该从社会变迁的角度来解释。他们认为,从历史上看,社会学的诞生是

---

①② 吴小英:《社会学危机的涵义》,《社会学研究》,1999 年第 1 期。

作为一种科学主义的文化思潮的产物,科学主义的兴衰决定着社会学的兴衰。当18世纪法国启蒙思想家们竖起理性的旗帜时,就已将科学奉为理性原则的最高象征,而孔德的实证主义哲学和社会学就是在这种文化土壤中萌生出来的。帕森斯的结构功能主义理论在战后的学术界所取得的统治地位,则反映了西方社会与科学发展所取得的新的成就。然而,科学技术的发展,一方面带来了社会的飞速发展和人类物质文明的极大提高,另一方面也带来了全球性的社会问题和人类精神上的种种困惑。人们对于科学和文化的忧虑正在蔓延开来。20世纪60年代以后西方反主流文化兴起,后现代思潮泛滥,作为意识形态和文化霸权的科学主义遭到了猛烈的冲击。科学主义所受到的冲击也直接影响了社会学的命运,使得社会学失去了支撑的依据,占统治地位的正统社会学说因此遭到了批判和怀疑。

因此,如布尔迪厄(P.Bourdieu,1930—2002)所说,社会学的危机可理解为正统社会学的危机,而多元的"异端学说"的增加,反倒意味着学科的进步。以华勒斯坦(Immanuel M.Wallerstain,1930—　)为代表的学者认为,当务之急是"开放社会科学",因为他们已经认识到,"知识是通过社会而构成的,这意味着更有效的知识也将通过社会而成为可能",条件是"我们必须认真思考过去的研究实践所受到的种种批评,并建立起更加实在的多元主义和普遍主义结构"。在这个意义上,社会学的危机恰恰预示了一种新的发展空间的扩展。①社会学的生命力在于回应社会的需要。社会学只有紧跟时代前进的步伐,积极参与社会进程,推动社会进步,才能促进自身的发展,使自己在激烈的学科竞争中占有一席之地。

二、当代社会学发展的特点

当代社会学是指第二次世界大战以后迄今的社会学,这是社会学研究日益深入和不断完善、社会学知识的分工和专业化程度日趋严密的时期,也是社会学在世界范围内获得普遍传播和发展的时期。第二次世界大战后,适应社会发展的需要,社会学在世界各国蓬勃兴起。以美国为例,其社会学研究机构有150个,到20世纪80年代初,全国有10 500人获得了社会学博士学位,同时社会学刊物和图书资料的品种和数量也在大幅度增加,1952年创办的《社会学文摘》所摘录的期刊从1955年的80种增加到1972年的1 131种。就世界范围而言,1970年统计,社会学及其有关社会学的期刊数量占世界社会科学期刊总数的27%。1949年,在联合国教科文组织资助下在挪威奥斯陆成立了"国际社会学协会",简称ISA(International Sociological Association),规定从1950年开始每4年召开一次世界

---

① 吴小英:《社会学危机的涵义》,《社会学研究》,1999年第1期。

社会学大会。这一组织为加强各国社会学家的接触,推动社会学的发展,起了重大的推动作用。

当代社会学在迅速发展的同时也形成了自己独特的特点,其主要表现如下:

1. 实用化

当代社会学研究更多地面向社会现实问题,表现出强烈的社会学实用化倾向。社会学家认为,社会学的研究对象应该是人们生活中最重要和最有意义的问题,因此,他们的足迹遍布世界各地,涉及几乎所有的社会敏感问题,诸如社会化、现代化、城市化、社会控制问题、社区管理问题、生态问题、教育问题、犯罪问题、婚姻家庭问题等等。70 年代后期,西方社会为应用社会学的研究提供了巨额经费,仅美国,资本家垄断集团每年为民意调查和社会学应用研究就提供了近 40 亿美元的经费。在联邦政府的预算中,每年为应用社会学研究支出就达 10—20 亿美元。社会学逐步起着政府决策的科学工具的作用。

此外,还有许多社会学者和社会学专业的工作者受雇于许多赢利性企业,在员工的行为研究与训练、企业的管理与控制等许多方面都运用了社会学的理论和方法。

2. 定量化

第二次世界大战后,社会学研究逐渐由定性转向了定量。当今所进行的抽样调查,大多发放大量的问卷。对调查资料的整理和分析,过去用手工操作往往要花几周甚至几个月,随着计算机的应用和普及,现在只需花上几天或几个小时便可以得到精确的结果。定量化已经成为当代社会学发展的一个趋势。以《美国社会学评论》(American Sociological Review, ASR)和《美国社会学杂志》(American Journal of Sociology, AJS)所刊载的论文为例,1940—1941 年"相对定量分析"的论文占 53%,而 1956—1966 年,这种论文的比例则提高到 85%。目前有些社会学论文更是自始至终都是一些极其复杂的数学公式和题解。虽然定量化可以比较精确地描述和推论社会事实,但过分地依赖定量方法,忽视定性分析的作用,反而会使研究结果偏离社会事实本身。目前,这一偏向已引起了部分社会学者的重视。

3. 多元化

西方社会学家在他们理论的创建之初,从本阶级的立场出发都极力宣扬实证主义和结构功能主义社会学说。但 20 世纪 60 年代后,在资本主义世界一次又一次的经济、政治危机的冲击之下,越来越多的社会学家认识到,无论是帕森斯的结构功能主义还是米德的符号互动理论抑或是科塞的冲突理论,都无法全面解释当代资本主义的社会现实。于是,在当代西方形成了一种特殊的思潮——"新马克思主义社会学",同时还涌现出诸如"精神分析学派"、"现象学派"、"结构主义学派"、"语言学派"等众多社会学派别,其中没有哪一个学派能够取得绝对的统治地位,显示了社会学理论越来越明显的多元化倾向。

4. 本土化

众所周知,社会学在欧洲创立,后传至美国,并在那里逐渐走向繁荣。与自然科学研究不同的是,社会科学的研究是与所在地的社会、经济、文化及历史传统等因素紧密相联的。美国的社会学反映的只能是美国的社会、文化及历史,它的研究成果也只能针对解决美国的社会问题,所以,这就存在着一种社会研究向本土化发展的趋势。当代已有不少社会学家,为了摆脱外国社会学理论模式的影响,在积极地探索建立具有自己国家和民族特点的社会学,使社会学能够根植于本国的土地上,发展具有自己民族特色的理论体系,解决本国面临的社会问题。

第三节　社会学在中国的发展

一、社会学在旧中国的产生

鸦片战争后,中国沦为半殖民地半封建社会。那时,由于外敌入侵,民族矛盾、社会矛盾日益尖锐,一些进步的知识分子渴望向西方学习,寻求救国救民的真理。在这样的情况下,适应着社会变化的需要,西方社会学在19世纪末20世纪初开始传入我国。

1. 西方社会学的传入和发展

最早把西方社会学引入中国的是主张变法图强的维新派康有为、谭嗣同、梁启超等人。1891年,康有为在广州万木草堂讲学时,第一次把社会学列入课程。1896年,谭嗣同在他著的《仁学》中,最先采用了日文的"社会学"一词。1897年严复陆续翻译并发表了斯宾塞的《社会学研究》,并题名为《群学肄言》。1902年,梁启超发表了《进化论革命者颉德之学说》,介绍了西方社会学学说。1902年9月,章太炎翻译出版了日本社会学家岸本能武太(1865—1928)的《社会学》,同时吴键常翻译了美国吉丁斯的《社会化理论》。他们发表和翻译的这些理论都是宣扬社会进化、"适者生存"、优胜劣汰并强调人的主观能动作用的,这正适应了改良派的要求。他们渴望唤醒民众、奋发图存,对社会进行改良,化解民族危机。

社会学思想的传入,继而带动了社会学教学和科研活动的发展。1903年,上海圣约翰大学开设了社会学课程。1910年,在京师政法学堂设置的课程中,社会学已作为研修政治学的一门必修课。1912年,京师大学堂正式改名为国立北京大学,首任校长严复在文科课程中设置了社会学。1913 年上海的沪江大学最早创办了社会学系,接着 1917 年清华大学也开设了社会学课程,由美国人狄德晏执教。虽然这时中国社会学的教学讲授的内容多是西方早期的社会学理论,但可喜的是社会学毕竟作为一门全新的学科进入了中国。

经过辛亥革命,尤其是五四运动的冲击,中国的社会学发展进入到一个新的阶段。西方社会学著作被中国学者们大量地翻译过来,并在高校产生影响。此后,各高等学校专业和课程设置的日趋完备,学术团体的成立和学术刊物的出版,以及大量社会学著作的问世,标志着社会学逐渐成为一门真正独立的社会科学在中国出现。1938 年,国民党政府教育部颁布大学课程设置时,规定社会学成为文、理、法、师四学院的社会科学类共同的必修课之一。1940 年国民党政府又成立了社会学部。此间,《社会学杂志》、《社会学界》相继出版发行。继 1922 年北京成立"中国社会学社"之后,1928 年,孙本文又发起成立了"东南社会学会",次年出版了《社会学刊》;1930 年改组成立了"中国社会学会",并先后举行了 9 届年会。

随着中国社会学的发展,出现了一批著名的社会学者,如陶孟和、陈达、孙本文、吴文藻、潘光旦、雷洁琼、李剑华、吴泽霖、吴景超、陈翰笙、李景汉、费孝通等。他们活跃在中国社会学领域,探索把西方的社会学理论运用于改造中国社会。他们深入生活,作了许多调查,对中国的现实状况进行了许多有益的探索。当时比较著名的社会调查有 1922 年华祥义赈会组织 9 所大学 61 名学生对河北、山东、江苏等省 240 个村进行的调查;1929 年陈翰笙组织的对江苏无锡农村的历时 3 个月的家庭、工商业情况调查;1936 年费孝通对江苏吴江县开弦弓村的调查等。结合社会调查,大量的社会学著作开始问世,1924 年出版了《中国农村经济研究》,1929 年中华教育文化基金董事会社会调查部出版了李景汉的《北平郊外之乡村家庭》,1933 年又出版了李景汉的《定县社会概况调查》。1939 年在英国出版的费孝通的《中国农村生活》,是我国开创社会学调查实践的成功之作,被英国社会学家马林诺夫斯基称之为"人类学实地工作和理论发展的里程碑"。

抗日战争爆发后,社会学者云集我国西南边陲,他们在那里培养人才,搞农村建设实验,开展战时社会服务,深入不同类型的社区和少数民族地区进行深入的社会调查,对一些重大的社会问题开展了研究,取得了许多成果。

2. 马克思主义社会学的传入和发展

五四运动后,中国的思想界空前活跃。随着马克思主义的传入,在中国开始形成了马克思主义的社会学。

1922 年,中国共产党成立后的第二年,在上海创办了上海大学,1923 年"应社会之需要"增设"社会学系",由瞿秋白任系主任。该系的主要课程有社会学原理、进化社会论、社会主义史、现代社会、社会问题、劳动问题、妇女问题、人类学及人种学、统计学、社会政策和两性问题等约40门必修课。瞿秋白亲自主讲"现代社会学"和"社会哲学概论",并编写了《现代社会学》一书,这是我国第一部马克思主义社会学的著作。蔡和森主讲《社会进化史》,并根据摩尔根《古代社会》和恩格斯的《家庭、私有制和国家的起源》编写了《社会进化史》一书。中国共产党的创始人之一李达于1926年出版了《现代社会学》、1937年出版了《社会学大纲》,在宣传马克思主义社会学方面起了重大的作用。

以毛泽东为主要代表的中国共产党人,将马克思主义的社会学说同中国的社会实践结合起来,运用社会学的理论和方法,对中国社会作了大量深入的研究,取得了许多卓著的成就。他们关于民族压迫、民族解放道路的探索;关于中国土地制度和社会经济发展的积极实践;关于社会阶级、阶层的分析;关于农民问题的研究;关于城乡关系的理论分析等方面,都使马克思主义社会学在中国有了新的发展。

中国共产党社会学理论运用的关键在于他们对中国社会状况的深刻体察,为此,他们作了大量的社会调查。以毛泽东同志为例,1926年他通过深入调查,写出了《中国社会各阶级的分析》。1927年毛泽东用了一个月零两天,调查了长沙、湘潭、湘乡、衡山、醴陵五县,写出了后来对农民运动有重要指导意义的《湖南农民运动考察报告》。到了井冈山之后,毛泽东又作了"寻乌调查"、"兴国调查"、"才溪乡调查"、"长冈乡调查"等。这些社会调查都是马克思主义社会学运用于中国实际研究的尝试。

抗日战争时期,党的调查研究的指导思想和调查研究方法得到了系统的总结。1941年党中央作了《关于调查研究的决定》。1942年张闻天组织一些同志在陕北米脂县杨家沟调查,使用个案调查、概况调查、社区调查相结合,历史调查与现实调查相结合的方法,获得了大量翔实可靠的资料。

回顾社会学在解放前的发展历史,我们可以看到,社会学界的前辈们为建立中国社会学作出了巨大的努力,他们对社会学理论的研究,对中国实际的调查,对中国社会问题的探讨,都为建立中国社会学积累了丰富的材料和宝贵的经验。当然,由于种种条件的限制,他们还不可能对中国社会进行有计划、有组织的系统调查研究,因此尚未能建立起真正的中国社会学。

二、社会学在新中国的发展

新中国建立之初,由于社会的巨大转型,给社会学的研究提供了极好的条件。大批专业工作者带着满腔的热情致力于中国社会学的发展和研究,例如费孝通先生主持的规模巨大的民族调查。许多老学者不辞辛苦,跋涉于边远山区和广大的农村。但不久,由于简单抄袭苏联模式,错误地理解历史唯物主义与社会学的关系,再加上对资产阶级社会学的片面认识,社会学被批评为"伪科学",并导致了在1952 年的高校院系调整时,陆续撤销了社会学专业和课程,解散了社会学研究机构,停止了社会学的学术活动,使我国社会学研究中断了近 30 年。

1978 年召开的中共十一届三中全会恢复了党的实事求是的传统,邓小平同志指出:"政治学、法学、社会学以及世界政治的研究,我们过去多年忽视了,现在也需要赶快补课。"紧接着,1979 年 3 月全国哲学社会科学规划会议筹备处在北京召开了有 60 余人参加的座谈会,主要目的是研究如何在马列主义、毛泽东思想指导下恢复社会学的研究工作,为社会主义现代化建设作贡献。在这次会议上,成立了中国社会学研究会,通过了《中国社会学研究会工作条例(草案)》,选举了有 50 人组成的理事会,并由费孝通任会长。

费孝通(1910—2005)是我国著名的社会学家。20 世纪 30 年代先后毕业于燕京大学和清华大学社会学系,后去英国留学,1938 年获伦敦大学研究院哲学博士学位。其博士论文《中国农民的生活》(中文名《江村经济》)在国际上影响很大,曾被国外许多大学列为社会人类学系学生参考书。1938 年回国后,他致力于社会学的中国化,在内地开展社会调查,研究农村、工厂、少数民族地区的各种不同类型的社区,代表作有《禄村农田》(1943)、《生育制度》(1947)、《乡土中国》(1948)、《乡土重建》(1948)等。1979 年,社会学研究在中国恢复以后,费孝通又满腔热情地投入中国社会学的重建工作之中,对中国的农村发展、小城镇建设和地区均衡发展进行深入的调查研究。这些工作对中国社会学的重建和中国社会的发展都产生了很大的影响。

为了弥补社会学研究中断 30 年所形成的人才断层,加快社会学工作者的培养,研究会举办了两期社会学讲习班,邀请国内老一代学者和美国社会学家讲课。从 1981 年起,上海大学文学院、北京大学、南开大学、中山大学、山东大学、南京大学等高校陆续设置社会学系,招收本科生和硕士研究生。1984 年出版了恢复社会学以后的第一本由费孝通教授主编的社会学教材——《社会学概论》。为了普及社会学,1985 年北京成立了中国社会学函授大学,全国各地有近 2 万人参加,形成了一股学习社会学的热潮。从 1985 年起,北京大学、中国人民大学、南京大学、复旦大学等高校陆续开始招收社会学的博士研究生。在研究机构方面,中国社会科学院设立了社会学研究所,各省市也相继建立了专门的社会学研究机构并成立了社会学学会。有关研究机构和学校还创办了《社会学研究》、《社会》、《国外社会学》等一批有影响的专业刊物。中央,各省、市、自治区的党政部门陆续建立了主管社会发展、社会问题研究的机构,把社会发展、社会进步和解决社会问题列入重要议事日程。

社会学作为一门具有广阔发展前景的新兴学科,是在现代性的背景下出现的,并伴随着现代性的变革处于不断的变化发展过程中。截至 2006 年,全国共计有 72 所高校设置了社会学本科专业;87 所高校和科研机构招收了硕士研究生(其中不包括体育人文社会学和教育社会学);16 所高校和科研机构招收了博士生,有 6 个博士后流动站。它们标志着中国社会学已经发展到一个新的阶段。

在社会学研究课题方面,社会学研究课题的侧重点随着时代的进步和社会的发展而有所不同。20 世纪 80—90 年代,我国社会学研究的课题侧重于小城镇建设、农村剩余劳动力的出路、婚姻家庭、青少年犯罪、人口、社会现代化、社会可持续发展等方面。进入 21 世纪以来社会学研究的课题主要侧重于社会结构的新变化、贫富分化、农民工、民间组织、社区建设、社会工作、社会保障制度、城市化发展模式等方面。

可以说目前的中国社会学已经进入到一个稳步发展的时期。未来中国社会学的发展,将超越实证主义与反实证主义的二元对立,打破社会学理论与其他学科理论之间的僵硬界限,在批判性与人文性相结合、现代性的反思与重构中获得更多元与坚实的发展。费孝通教授指出,中国社会学的目的是要"立足于中国社会实践,从科学地调查中国入手,在中国的泥土里生长出反映中国社会实际,具有中国特点的,为我国社会主义建设服务的社会学"。只要我们努力,我们有理由相信,一定能在中国建立起具有深厚理论基础并致力于解决社会现实问题的中国社会学。

思考题:

1. 社会学创立的历史条件和思想渊源是什么?

2. 简述孔德、斯宾塞、迪尔凯姆、韦伯的主要观点。

3. 马克思主义的社会学方法论包括哪些内容?

4. 简述当代西方社会学的主要流派和各流派的代表人物。

5. 简述社会学在中国经历的曲折发展过程。

第三章　社会及其构成要素

社会学是关于社会的学问。学习社会学,不能不首先对社会有一个总体上的认识,并进而认清社会的本质。社会学认为,人类社会是由若干相互联系、相互作用的基本要素所构成的,具有一定结构和功能的有机整体。自然环境是人类社会赖以生存的基础,人则是社会的中心要素,人类正是在与自然环境的互动中结成了社会,创造了灿烂的社会文化。

第一节　社会的本质

一、社会的含义

"社会"这个词在今天已经被人们广泛地使用,报刊杂志或日常谈话中,我们都频繁地使用这个词,实际上它已成为大众用语了。那么,究竟什么是社会呢?

在我国古代,"社"与"会"最初是分开使用的。我国古人先有"社"的概念。如:"周礼二十五家为社"(《说文》),"方六里,名之曰社"(《管子·乘马》)。而后又有了"会"这个字,"会,合也",有聚结、集合的意思。"社会"一词最早出现于唐代的古籍中。《旧唐书·玄宗本记》中就有"村闾社会"的说法,这是所见到的"社"、"会"二字的最早连用。其涵义是指人们为了祭神而聚合到一起。此后,在历代的著述中"社会"一词也曾多次出现,但是其含义不尽相同,与我们今天的用法也相去甚远。我们今天所说的"社会"一词是在近代以来才开始出现的。大约在明治维新年间,日本学者最先将英文中"society"一词译成日本汉字"社會"(しゃかい)。后来我国也采用了这种译法。

西方社会学者对社会的解释多种多样,但概括起来说,主要有两大派别。一派叫做社会唯实派(Social Realism,又称社会实在论),认为社会不仅仅是个人的集合,它是一个客观存在的东西,是真实存在的实体。社会外在于个人,并对个人具有强制性。社会虽然是由单个人组成,但是自从人与人组成一个集体后,社会所产生的现象都是由于集体的行为和活动所产生的,受制度和规范的约束,而不能再还原为个体的生理或心理现象。持这种观点的代表人物有德国的格奥尔格·齐美尔

(Georg Simmel，1858—1918)、法国的埃米尔·杜尔凯姆（Emile Durkheim，1858—1917)和美国的阿尔比昂·W.斯莫尔（Albion Woodbury Small，1854—1926)等。另一派叫做社会唯名派（Social Nominalism)，他们认为，社会是代表具有同样特征的许多人的名称，是空洞的名称，而非实体，真正实在的只是个人。个人是社会学研究的对象，其研究方法是从个人行为的细节上，或者从其行为中可能推知的事项上加以研究。这一派的代表人物有英国的赫伯特·斯宾塞（Herbert Spencer，1820—1903)、德国的马克斯·韦伯（Max Weber，1864—1920)、法国的加布里埃尔·塔尔德（Gabriel Tarde，1843—1904)和美国社会学家弗兰克林·亨利·吉丁斯（Franklin Henry Giddings，1855—1931)等，美国社会学家塔尔科特·帕森斯（Talcott Parsons，1902—1979)早期的"意志主义"社会行动理论中也带有社会唯名论的成分。我们认为，这两大派别各执一端，他们的观点虽然包含了某些合理因素，但未免失之偏颇。社会的本质既不是在整体也不是在个体之中，而只能存在于人与人的关系之中，存在于个体与整体的关系之中。

科学地揭示社会本质的任务，是由马克思完成的。按照马克思的观点，社会是人们交互作用中产生的各种社会关系的总和。马克思主义经典作家关于社会的论述包括了以下两个基本观点：

1. 社会是人们相互交往的产物，是全部社会关系的总和

社会是由个人所组成的，但它不是单个个人的堆积或简单相加，而是人与人之间的联系或关系的总和。马克思指出："社会——不管其形式如何——究竟是什么呢？是人们交互作用的产物。"①相互交往的个人结成了各种各样的社会关系，每个个人都处在特定的社会关系网络之中。正是这些社会关系的总和构成了社会。

2. 生产关系是社会的本质和基础

马克思指出："生产关系总合起来就构成为所谓社会关系，构成为所谓社会，并且是构成为一个处于一定历史发展阶段上的社会，具有独特的特征的社会"。②因此，更确切地说，社会是生产关系的总和，生产关系是社会的本质和基础。这样说的主要依据在于：第一，物质资料的生产是社会赖以生存的基础，因此在生产过程中人们结成的经济关系就成了一切社会关系中的最基本的、最原始的关系。第二，其他一切社会关系都是在生产关系的基础上产生和发展，受生产关系的性质所制约，并随着生产关系的变化而变化的。

①　马克思：《致巴·瓦·安年柯夫》，《马克思恩格斯选集》第四卷，人民出版社 1995 年版，第 532 页。
②　马克思：《雇佣劳动与资本》，《马克思恩格斯选集》第一卷，人民出版社 1995 年版，第 345 页。

关于这一思想,马克思在《〈政治经济学批判〉序言》中曾作过经典性的说明:"人们在自己生活的社会生产中发生一定的、必然的、不以他们的意志为转移的关系,即同他们的物质生产力的一定发展阶段相适应的生产关系,这些生产的总和构成社会的经济基础,即有法律的和政治的上层建筑竖立其上并有一定的社会意识形式与之相应的现实基础。物质生活的生产方式制约着整个社会生活、政治生活和精神生活的过程。"①这一经典性说明,为我们观察和研究社会现象提供了一把钥匙,为社会学研究社会提供了最基本的观点和方法。社会现象是极其复杂的,人们在交往过程中形成的社会关系也是多种多样的。

在马克思以前,社会学家们曾经就社会的本质问题进行过广泛的探讨,但总是难以分清错综复杂的社会现象中的主要现象和次要现象。只有马克思才真正揭示了社会关系中的最本质的关系。正如列宁所指出的,马克思"所用的方法就是从社会生活的各种领域中划分出经济领域来,从一切社会关系中划分出生产关系来,并把它当作决定其余一切关系的基本的原始的关系"。②我们只有把社会关系归结于生产关系,又把生产关系归结于生产力的高度,才有切实可行的依据把社会形态的发展看作自然历史过程,才能把握社会发展的客观规律性。

二、社会有机体

1. 历史上的社会有机体学派

历史上的社会有机体学派,亦称"生物有机体学派"或"生物学主义的社会学"。它和种族决定论(Racial Determinism)、马尔萨斯人口论(Malthusianism)均属社会学上的生物学派。它们都是企图以生物学的原理来解释社会现象,只是研究的出发点不同而已。

自远古时起,就有人把社会比喻为"有机体"。但对社会有机体学派来说,孔德和斯宾塞的有机体理论是其典型的代表。斯宾塞断言:"社会是一种有机体"(A Society Is An Organism)③,并指出社会有机体是生物有机体的一种特殊类型,认为社会和生物有机体的组织和功能基本类似。俄国的保罗·冯·里连费耳德(Paul von Lilienfeld, 1829—1903)甚至认为社会学必须以生物学为基础,必须用生物学的规律来对社会现象作科学的解释。德国社会学家和新历史学派经济学家阿尔伯特·伊伯哈德·弗雷德里奇·谢夫莱(Albert Eberhard Fridrich Schäffle,

---

① 马克思:《〈政治经济学批判〉序言》,《马克思恩格斯选集》第二卷,人民出版社1995年版,第32页。

② 《列宁全集》第1卷,人民出版社1960年版,第117页。

③ Herbert Spencer, *Principles of Sociology*, Vol.1(NY: D.Appleton and Co., 1910), Part II: The Inductions of Sociology, chs.1 and 2, pp.447—463.

1831—1903)把阶级社会的各种群体比作人体的各种器官来进行研究。这一学说后来演变为社会达尔文主义,用生存竞争、自然选择,以及适者生存等进化论的观点来解释人类社会的现象。

社会有机体学派的理论家们先后表达了这样一些主要观点:(1)社会或社会集团是一种具有生命的有机体,是一种生活的统一体,个体只有在社会内才能存在;(2)社会有机体的主要特性和生物有机体的结构、功能相同,社会内部各组成部分的机能是相互依存、相互影响的;(3)社会有机体的运动和发展受到跟生物有机体一样的法则的支配。一发而动全身,它吸收环境的原素,具有新陈代谢的过程;(4)社会学应是根据生物学的观点而成立的一门科学,它是"高级的生物学"。

2. 马克思主义社会有机论

马克思主义经典作家在揭示社会的本质时,把社会称为"发展着的活的有机体"。列宁曾经指出:"马克思和恩格斯称之为辩证方法(它与形而上学方法相反)的,不是别的,正是社会学中的科学方法,这个方法把社会看作处于经常发展中的活的机体(而不是机械结合起来因而可以把各种社会要素随便搭配起来的一种什么东西),要研究这个有机体就必须客观地分析组成该社会形态的生产关系,必须研究该社会形态的活动规律和发展规律。"①列宁在这里表达的社会有机体思想与社会生物学派的社会有机体思想有本质上的区别,即列宁的社会有机体理论模型是以人类社会所独有的社会形态为基础的,而社会生物学派的社会有机体只是生物机体的简单类比。

马克思关于社会有机体的思想也不是依赖于生物有机体的比较,而是基于他所创立的社会形态理论。马克思提出了"社会关系"的概念,这一概念包括了但又不局限于诸如亲属关系、地缘关系之类的现象形态的含义,它主要是指人类社会所特有的一种本质性的存在。社会关系是人们活动的结果,但又是人们活动的条件,因为人们必须结成一定的社会关系才能从事社会生产并在社会中生活。社会关系离不开人类的活动,但它却不依赖于人类个体的存在而存在,它本身具有历史的连续性和沿革性,因此每一代人都会遇到先前时代所留下来的社会关系体系。"人们能否自由选择某一社会形式呢?决不能。在人们的生产力发展的一定状况下,就会有一定的交换和消费形式。在生产、交换和消费发展的一定阶段上,就会有一定的社会制度、一定的家庭、等级或阶级组织,一句话,就会有一定的市民社会。"②

---

① 《列宁全集》第1卷,人民出版社1960年版,第32页。

② 马克思:《致巴·瓦·安年柯夫》,《马克思恩格斯选集》第四卷,人民出版社1995年版,第532页。

社会关系中最基本的(作为基础的)是生产关系。人们的社会关系,即社会生产关系,是"随着物质生产资料、生产力的变化和发展而变化和改变的"①。"社会的生产关系"概念深刻地揭示了社会是不断地再生产着自身的有机体,社会的不同要素和不同层次的社会群体、组织、社区、制度等等,也都是社会关系的不同水平的"总合"形式,是自身再生产着的有机整体。

社会有机体概念是包括了生产力、生产关系、上层建筑以及其他一切社会要素的一个综合范畴。在这个有机体中,生产力、生产关系和上层建筑好比是"骨骼"和"血肉",人好比是社会的"细胞",而由特定的关系和纽带联结起来的各种人群共同体好比是它的"器官"和"组织",这些要素紧密联系在一起,组合成了一个不可分割的有机整体。这一概念表达了以下几个基本思想:

第一,社会构成要素相互结合的高度有序性。社会的构成要素虽然复杂,但它不是各种要素的简单相加或机械堆积,而是结合成为一种高度有序的整体结构。这种高度有序的结构从现象上看似乎是人类主观地建立起来的,其实不然,它是由人类与自然界的相互关系即生产力的必然性而实现的。在生产力发展的一定阶段上产生了与之相适应的生产关系,在生产关系的基础上又产生了与之相应的政治上层建筑和意识形态,"物质生活的生产方式制约着整个社会生活、政治生活和精神生活的过程"。②社会构成要素的这种高度有序性,为我们在复杂的社会现象面前把握历史发展的内在的本质联系和发展规律提供了可能性。

第二,社会构成要素的高度相关性。组成社会的各种要素不仅是高度有序的,而且它们彼此之间还是相互依存、相互影响的。其中任何一种要素都以另外几种要素的存在为前提,任何要素的改变都会牵涉和影响到其他要素。社会中不存在与其他要素毫无关系的、独立于社会整体之外的、孤立的社会要素。社会要素的这种高度相关性既表现为社会要素之间的相互依赖和协调,又表现为社会要素之间的矛盾和冲突,是二者的对立统一。

第三,社会有机体具有自身的活动规律和自我调节功能。社会有机体范畴还表明,社会的结构并不是僵死的,而是活生生的有机体,它有自己的产生、活动和发展的特殊规律,而且还具有自身的自动调节功能,就像生物有机体一样,它能够通过机体内部的自我调节,及时排除某些环节上出现的功能障碍,以维持自身的协调与均衡。社会机体具有类似生物机体的这种功能,所不同的是,生物机体的自我调

---

① 马克思:《雇佣劳动与资本》,《马克思恩格斯选集》第一卷,人民出版社1995年版,第345页。
② 马克思:《〈政治经济学批判〉序言》,《马克思恩格斯选集》第二卷,人民出版社1995年版,第32页。

节的方式是同一的,而社会机体的自我调节方式在不同的社会制度下是异质的。其根本原因在于生物机体与自然界之间只是一种适应的自然关系,而社会机体则是社会主体与社会客体之间的改造与被改造的关系。

第二节　社会结构

一、社会结构的概念

结构概念首先是出现在自然科学中的。在数学中,结构是指事物的量的关系和空间形式;在物理学中,它是指物质的普遍存在形式;在生物学中,结构是指有机体的内部组织构造。概括起来说,结构概念包含了这样两层相互联系的意思:第一,任何一个具有完整意义的事物都是由一定的要素、成分组合而成的;第二,组成事物的要素、成分并非杂乱无章的,而是按照确定的方式组合起来的,彼此之间具有相对稳定的关系。由于结构这一概念能成为分析事物的十分有用的工具,因而被广泛运用到社会科学和人文科学的各个领域。

"结构"是当代社会科学语汇中一个极为重要也难以捉摸的概念之一。[1]关于社会结构概念的由来,最早可以追溯到托克维尔(Alexis de Tocqueville)。他首次提出了"社会结构"一词[2],之后,"结构"在社会学领域一直是理论关注的焦点之一。在社会学发展的历史上,有众多社会学家丰富和发展了这一概念,如马克思、孔德、斯宾塞、迪尔凯姆、滕尼斯、齐美尔等。在社会学的早期创始人那里,对社会结构的研究主要是通过对生物有机结构的生物学类比而进行的。如前文所述社会有机体论所认为的,社会中的家庭是社会有机体的细胞,而政府、企业、教会等机构则是社会有机体的内部组织。因此,研究社会结构,就是要了解这些细胞和组织的有机组合形式,以便说明它们是如何相互协调和维持生存的。这种观点强调了社会结构的整体意义,强调了认识社会结构的经验观察过程。作为现代社会学的奠基人之一,韦伯重视行动的个人动机和主观意义,但韦伯超越个人层次进行了大规模的结构研究,市场、科层制、政治(民主)以及社会分层理论是其结构理论的主要内容。

---

[1]　Sewell, William H., Jr. 1992. "A Theory of Structure: Duality, Agency, and Transformation." *American Journal of Sociology* 98:1—29.

[2]　Welch, Cheryl B.(2001), *De Tocqueville*, Oxford, Oxford University Press. pp.59—60. Also see Welch, Cheryl B.(2004), "Tocqueville's Resistance to the Social," *History of European Ideas*. Vol.30, Issue 1, pp.83—107.

1905年，德国社会学家滕尼斯在《美国社会学杂志》(*American Journal of Sociology*，AJS)上发表"社会结构存在的问题(*The Present Problems of Social Structure*)"一文①，主张社会结构的社会意志基础，即形成社会结构的基础是个人、个人的思想和意志。

法国社会学家迪尔凯姆把社会结构看作社会关系的组合形式，并且认为："对社会结构的分析是理解一切社会现象的出发点。"在《社会分工论》一书中，迪尔凯姆指出，社会的进化是从原始社会未曾分化的结构(其特征是"机械团结")向现代社会结构(其特征是"有机团结")的转化。

美国社会学家帕森斯将社会结构概念发展成一种庞大的、旨在解释一切人类行动的系统理论。在其代表性《社会体系》(*Social System*)一书中，帕森斯认为，社会结构是具有不同基本功能的、多层面的次级系统所形成的一种"总体社会系统"，包含执行"目的达成"、"适应"、"整合"和"模式维护"四项基本功能的完整体系。这个完整体系被划分为四个子系统，分别对应四项基本功能："经济系统"执行适应环境的功能；"政治系统"执行目标达成功能；"社会系统"执行整合功能；"文化系统"执行模式维护功能。帕森斯认为，这是一个整体的、均衡的、自我调解和相互支持的系统，结构内的各部分都对整体发挥功能作用；同时，通过不断的分化与整合，维持整体的动态的均衡秩序。②

英国社会学家安东尼·吉登斯(Anthony Giddens)试图沟通宏观与微观、主体与客体、个人与社会、行动与结构等结构二重性(duality of structure)，即行动者利用结构，并且在利用结构的特质时改变或再生产结构。吉登斯认为，"结构是潜在于社会系统不断再生产过程中的规则和资源"。③正是通过使用这些规则和资源，行动者在空间和时间中维持和再生产了结构。因此，结构和行动并非相互外在，而是一体两面、相互构成的关系。

马克思主义社会学将"社会结构"理解为"各种社会关系的总和"，经济结构作为一种次级结构，是生产关系的总和，而社会整体结构则是人们的物质生活关系和精神生活关系的总和。同时，社会结构还被看作是一种矛盾关系体，社会结构是经济基础和上层建筑构成的矛盾关系体，经济结构则是生产力和生产关系构成的矛

---

① Tönnies, Ferdinand. 1905, "The Present Problems of Social Structure," *The American Journal of Sociology*, Vol.10, No.5, pp.569—688.

② Parsons, T., 1951, *Social System*, New York: Free Press.

③ Giddens, Anthony. 1984. *The Constitution of Society: Outline of the Theory of Structuration*. Berkeley and Los Angeles: University of California Press. p.377.

盾关系体。此外,在马克思主义社会学看来,社会结构变化的动力来源于社会内部生产方式的矛盾运动。在社会结构中起决定作用的是经济基础,而在经济结构中起决定作用的是生产力。

然而,当代社会学更强调经验观察基础上的理论抽象,找出社会的最基本、最普遍、最稳定的要素,然后分析这些要素的相互关系和构成形式,排除一些次要的差异,从而获得对解释各种社会现象具有决定性意义的社会基本结构。

基于以上分析,我们认为,社会结构就是指社会整体的基本构成要素以及它们之间相对稳定的关系。社会结构是一个在社会学中广泛应用的术语,广义地讲,它可以指经济、政治、社会等各个领域多方面的结构状况,狭义地讲,在社会学中它主要是指社会阶层结构。

二、社会结构研究的内容

由于社会整体构成要素的复杂性,社会结构所研究的内容也是非常广泛的。但我们可以根据不同的分类原则,从不同的角度对社会整体的结构加以考察。

1. 从社会存在和发展的最基本的物质生活条件和精神生活条件的角度进行考察,社会的基本要素是自然环境、人口因素、文化因素。社会学不研究这些专门领域各自的发展规律,而是综合地研究这些要素之间以及这些要素与社会整体之间的相互影响、相互作用的机制和协调发展的规律性。

2. 从社会形态的角度进行考察,可以把社会的要素划分为经济基础、政治上层建筑、意识形态三大类要素,这些社会要素因已有各专门社会科学在研究,社会学亦不研究这些专门领域的内部结构。社会学的工作是着眼于研究这些领域之间以及这些领域与社会整体之间的相互影响、相互制约的机制和协调发展的规律性。

3. 从构成社会的人群共同体的不同层次和不同类型来考察,社会又包括了家庭、职业集团、阶级、阶层、种族、民族以及城市社区、农村社区等不同的整体性层次或社会单位。这些不同的层次和单位本身又是社会学要进一步分析的对象。社会学不仅要考察这些社会子系统的结构,而且要将这些子系统放到整个社会系统中,综合地考察它们与社会的经济、政治、文化等要素之间的相互关系。

在阶级社会中,社会的分化本质上是阶级和阶层的分化,这种分化是社会的经济、政治、文化等因素综合作用的集中反映。所以阶级阶层结构在社会学的社会结构研究中具有特殊的重要意义。

三、社会的基本构成要素

在社会整体的结构中,人口与自然环境是社会存在的两个最基本的要素,但是,我们对社会的考察是从具体的社会形态入手的,人口和自然环境也要放到一定的社会形态中加以考察。在一定的社会形态中,人和自然环境的相互联系、相互作用构成了一定的生产力,在一定的生产力发展的基础上又产生了一定的经济基础以及与之相适应的政治上层建筑和思想文化。所以,在一定的社会形态中,社会的基本要素包括了自然环境、人口因素、经济因素、政治因素以及思想文化因素等五大类基本要素。

上述五大要素之所以说是基本的,不仅仅是因为社会有机体的存在和发展离不开其中的任何一个要素;而且还因为这些要素都渗透在社会各类整体性层次和社会单位中。社会的整体性层次和社会单位在客观上都是这些要素综合作用的产物。所以,分析任何一类社会整体性层次或社会单位的结构、功能及其发展变化的规律,都离不开研究它们与这些基本要素之间的相互关系。

在上述基本要素中,自然环境与人口是一切社会中所共有的最基本的要素。它们的状况如何对于其他社会要素以及对社会系统都有着重要的影响。同时,人口和自然环境作为社会的基本要素又受到社会系统的强有力的制约。所以,本章首先分析自然环境、人口这两大基本要素在社会结构中的地位。

第三节　自　然　环　境

一、自然环境的概念

所谓自然环境,就是指人类生存和发展所依赖的各种自然条件的总和。它包括地形、地貌、气候、土壤、山林、河流、陆地和地下矿藏、动植物等等。自然环境不等于自然界,只是自然界的特殊部分,是指那些直接和间接影响人类社会的那些自然条件的总和。随着生产力的发展和科学技术的进步,会有越来越多的自然条件对社会发生作用,也就是说,自然环境的范围会逐渐扩大。然而,由于人类是生活在一个有限的空间中,人类社会赖以存在的自然环境是不可能膨胀到整个自然界的。

自然环境包括人类生活的一定的地理条件、生物资源和地下资源。

地理条件是指直接影响一定社会人们生活的具体的地理空间、位置、地形、地貌、土壤、气候等条件的总和。地理条件具有普遍的意义。虽然不同地区的地理条件存在着相当大的差异,并通过这些特殊的生态环境,影响各个地区社会生产的发展方向和社会生活的特殊风貌,然而,凡是有人群存在的地方,大至国家、民族和人类,小至村庄、农场和牧场,都有一个适宜于人们生活和活动的起码的地理环境。

生物资源是指能够直接或间接影响人们生活的各种有生命物质的总和。地球大约有 60 亿年的历史,生物在地球上的存在大约有 20 亿年的历史,而人类在地球上出现只是 200 万年前的事。由于生物先于人类存在,所以生物也就构成了人类环境的一部分。人类本身就是从生命物质发展而来的,在长期的生物进化过程中,通过自然选择,类人猿在劳动中逐渐演化成为人。在这一过程中,正在形成中的人始终与自然界的各种有生命物质发生种种相互作用,并且直到今天也还是这样。据估计,地球上曾经有过 5 亿种生物。在生物进化过程中,生物赖以生存的生物资源地理环境曾发生过多次重大变化,生物在自然选择和自身遗传与变异的共同作用下,不断演化和发展而形成今日地球上丰富的生物资源。生物资源包括基因、物种以及生态系统三个层次,对人类具有一定的现实和潜在价值,它们是地球上生物多样性(biodiversity)的物质体现。自然界中存在的生物种类繁多,形态各异,结构千差万别,分布极其广泛,对环境的适应能力强,如平原、丘陵、高山、高原、草原、荒漠、淡水、海洋等都有生物的分布。生物资源包括动物资源、植物资源和微生物资源三大类。已经鉴定的生物物种约有 200 万种,据估计,在自然界中生活着的生物约有 2 000—5 000 万种。它们在人类的生活中占有非常重要的地位,人类的一切需要如衣、食、住、行、卫生保健等都离不开生物资源。此外,它们还能提供工业原料以及维持自然生态系统的稳定。1992 年,在巴西里约热内卢召开的联合国环境发展大会订立的《生物多样性公约》(*Convention on Biological Diversity*)指出:"生物资源指对人类具有实际或潜在用途或价值的遗传资源,生物体或其部分、生物群体或生态系统中任何其他生物组成部分。"生物为我们提供食物,能源和各种原材料。

地下资源是指在人们生活和活动的空间范围内地下的各种矿物元素的总和,如岩石、煤、石油、天然气、各种金属等等。地下资源环境对人类社会生活有着巨大的影响,历史上往往因为某种矿物的开采和利用而改变了人们的生活面貌和活动方式。有时甚至使人类社会划分为不同的时代。如我国历史上对陶土的利用和青铜、铁的冶炼等。尤其是现代社会,一个国家、一个地区的发展往往在很大程度上取决于它对地下资源开发和利用的深度和广度。有一些经济落后的国家和地区,因某种地下资源的发现和利用而一跃成为富裕的国家和地区的例子是屡见不鲜的,如一些阿拉伯国家由于丰富的石油储量的发现和石油大规模开采出口,成为了世界上少有的富裕国家。

二、自然环境在社会结构中的地位

自然环境是社会结构的基本要素,在社会结构中占有重要的地位。这种重要性表现在以下两个方面。

　　一方面,自然环境提供了社会生产和生活资料的来源。首先,自然环境提供了社会生产和生活资料的来源,如肥沃的土壤、淡水、能够供人类食用的大量动植物、各种矿藏、树木、建筑用石、水力、风力、太阳能等等。这些天然资源对于人类社会都是不可缺少的,是人类社会赖以生存和发展的根基。其次,自然环境影响社会生产部门的布局和生产发展的方向。所谓"靠山吃山,靠水吃水"。河流三角洲地区的农业比较发达;草原广阔的地区有利于畜牧业的发展;交通便利的地区有利于发展商业和加工业;而像瑞士那样的多山而交通不便的国家,则选择并发展了精密度高、运输量较小的钟表工业等。最后,自然环境影响社会发展的速度。社会发展的速度归根到底取决于生产力水平的高低。但在劳动的其他条件相同的情况下,自然条件不同,人们所创造的劳动生产率是不一样的。有利的自然条件,如肥沃的土壤、丰富的矿藏、良好的气候条件,能够使人们获得较高的劳动生产率,从而促进社会的发展;相反,不利的自然条件,如穷山恶水、恶劣的气候条件则会影响劳动生产率的提高。古代文明的发祥地,大都与大江大河相联,就是因为江河流域为人类文明的出现和发展提供了良好的自然环境。

　　另一方面,人类社会生活也作用和改变着自然环境。人类社会产生于自然界,但是人类社会一经产生,它就作为一个能动的主体作用于它周围的自然环境。这种作用表现在以下几个方面:首先,人类的生产活动改变着自然环境的面貌。自然环境是人类生存的物质条件,又是人类改造的对象。在人类生产实践所涉及的范围内,自然界在不同的程度上成了"人化了的自然界"。大片森林被砍伐,大片土地被开垦,以及灌溉水网的修建,道路的修筑,城镇的兴起等等,这些都是人类活动的结果。其次,生产力的发展水平决定着对自然资源的利用和保护的程度。在人类社会的早期,由于生产力发展水平低下,人类只是利用环境中有限的自然资源,提供生活资料的天然资源对于人类具有决定性的意义。随着生产力的发展和科学技术水平的提高,提供生产资料的天然资源对于人类的意义在逐步下降。第三,社会制度对自然环境的利用和改造也有重要影响。这种影响表现在两个方面:一方面体现在社会制度能够制约和影响生产力的发展水平,从而间接地影响对自然资源的改造。另一方面还体现在一定的生产力发展水平上,不同的社会制度在利用和改造自然资源时采取不同的态度和政策。例如在资本主义社会,资本家为了追求高额利润,不顾后果地对自然资源进行掠夺性开采,生产畸形发展,造成严重的环境污染。这说明,一定的社会制度可以影响环境变化的性质和方向。第四,人口规模会影响生态平衡。在一定生产力水平上,人口稀少,大量自然资源得不到利用;反之,人口增长过快,人口规模与自然资源之间就会失去平衡,甚至会危及人类的生存,产生社会危机。

三、自然环境的利用和保护

自然资源是指那些能够用来满足人们生存发展需要的自然物,如空气、水、土壤、阳光、动植物以及各种金属、非金属矿物等。自然资源一般包括生态资源、生物资源和矿物资源三个组成部分。从自然资源的形成角度看,它又包括可再生资源和不可再生资源两大类。自然资源是人类社会生活和活动所依赖的基础,一部人类社会发展史,归根到底就是人类对自然资源开发和利用的历史。

人类及其他生物有机体与自然环境在特定空间所组成的相互作用的统一整体称为生态系统。它遵循着物质循环、能量守恒和转化、生物的新陈代谢和遗传变异等自然规律。整个生态系统在自身的运动中保持着自身的相对平衡。这种平衡是一切生物包括人类得以生存的基本条件。如果生态平衡遭到了严重破坏,超过了生态系统正常的自我调节功能的限度,就会产生生态问题,甚至会危及生物乃至人类自身的生存。生态问题的实质在于人类的两种生产与自然环境之间相互关系的失调。

随着科学技术和生产力的发展,人类越来越强有力地对自然环境施加着影响,从而影响着整个生态系统的平衡。在今天,对自然资源的合理利用和保护问题已越来越显示出其重要的意义。

其一,人类社会可利用资源是有限的。从哲学的空间概念来说,环境是无限的,自然资源是取之不竭、用之不尽的。然而,人类社会是生活在一个有限的空间——地球之上的。虽然人类也正在努力把自己生存和发展的空间扩展到其他星球上去,但迄今为止维持人类生存的还只是在地球这个有限的环境中。科学已经证明,在地球范围内能够满足人类社会需要的自然资源中,不仅不可再生资源是有限的,就是可再生资源,其可再生的程度也是有限的。奥地利动物心理学家康拉德·洛伦茨(Kanrad Lorenz,1903—1989)在其《文明人类的八大罪孽》(*Die acht Todsünden der zivilisierten Menschheit*,*Civilized Man's Eight Deadly Sins*)一书中指出:"'大自然是永不枯竭的',这是一个流传极广的错误学说。"[①]因此,人类社会要维持自己的生存和发展,就不能不研究如何合理利用和保护自然环境问题。

其二,人类在改造和利用自然环境的同时,也对自然环境产生了破坏性影响。在庞大的生态系统中,人类是一个强有力的能动要素。任何生物对自然界的影响都远远不如人类对自然界的影响那么强大。但是,人类对自然环境的改造是有限

---

① (奥地利)康拉德·洛伦茨:《文明人类的八大罪孽》,安徽文艺出版社 2000 年版,第 51 页。

度的。人类能在一定程度上改变自然环境,但不能改变自然规律。人类对自然环境的改造和利用除了取决于人类改造自然的能力以外,还取决于人类对自然规律的认识程度,认识得越正确越深刻,人类对自然界的改造和利用就越成功;反之,如果违背了自然规律,严重破坏了生态平衡,就势必会遭到大自然的无情报复。今天,由于生产力和科学技术的高度发展,人类改造和利用自然环境的能力越来越强了。这样,既带来了积极结果,也带来了消极后果。一方面是自然资源的充分利用和社会财富的增加;另一方面是资源的紧张和环境的污染。正如恩格斯曾经指出的,人类"通过他所作出的改变来使自然界为自己的目的服务,来支配自然界。……但是我们不要过于陶醉于我们对自然界的胜利。对于每一次这样的胜利,自然界都报复了我们。每一次胜利,在第一步都确实取得了我们预期的结果,但是在第二步和第三步却有了完全不同的、出乎预料的影响,常常把第一个结果又取消了"①。所以,在社会发展的同时,如何保持生态平衡的问题,已引起了当今世界的高度重视。

早在 20 世纪 60 年代初期,联合国的专家们就提出了一份关于世界发展的研究报告,其中所包括的三"P"问题引起了人们的普遍关注。所谓三"P"问题,就是指人口(population)、污染(pollution)和贫困(poverty)。

当代美国著名的心理学家和社会学家、法兰克福学派早期的重要代表人物埃里希·弗罗姆(Erich Fromm,1900—1980)在《占有还是生存:一个新社会的精神基础》(To Have or to Be)一书中将人与世界的关系模式分为两种:一种是"占有的方式",即要把所有的人和物都变成"我"的占有物的模式;另一种是讲求爱、奉献、牺牲、创造性,发挥人的能力,使人与世界融为一体的模式。弗罗姆认为,只有当人的"生存的方式"超过"占有的方式"而居于主导地位时,他才能取得真实的存在,其精神才是健全的。②而在《人类的破坏性剖析》(The Anatomy of Human Destructiveness)一书中,弗罗姆则指出:"人不只渴望他赖以为生的必需品,不只渴望可以让人生活得好的物质条件。在我们的社会文化中——以及历史上与我们类似的文化时期——大部分人是贪求的:贪求更多的食物、饮料、性、所有物、权力和名誉。……在我们的社会文化里,种种办法都在鼓励众人去变成消费者,可是这样便间接在增强众人的贪婪。"③弗罗姆的思想后来成了德国绿党和绿色政治学的重要

---

① 恩格斯:《自然辩证法》,《马克思恩格斯选集》第四卷,人民出版社 1995 年版,第 383 页。

② (美)埃里希·弗罗姆:《占有还是生存:一个新社会的精神基础》,生活·读书·新知三联书店 1989 年版,第 75—114 页。

③ (美)埃里希·弗罗姆:《人类的破坏性剖析》,中央民族大学出版社 2000 年版,第 258 页。

理论来源。

马克斯·霍克海默（Max Horkheimer，1895—1973）和西奥多·W.阿多尔诺（Theodor Wiesengrund Adorno，1903—1969）在《启蒙的辩证法》（*Dialectic of Enlightenment*）一书中认为，科学技术的发展和应用，一方面实现了人与自然界的分离，增强了人控制和支配自然的能力，但是这并没有促进人类自身的解放，反而在另一方面加剧了人同自然的异化。启蒙具有自我摧毁性，启蒙的理性主义提高了人统治自然的力量，同时又增长了一些人对另一些人的统治力量。工业主义征服了自然，又使人的灵魂物化了，"每一个企图摧毁自然界强制的尝试，都只会在自然界受到摧毁时，更加严重地陷入自然界的强制之中"[1]。所以，历史的目标不应该是对自然的统治，而应该是同自然的和解。

法兰克福学派的另一位著名代表人物赫伯特·马尔库塞（Herbert Marcuse，1898—1978）在《反革命与造反》（*Counter-Revolution and Revolt*）一书中认为，"人类的历史就是一部压制史"，"技术的进步……＝扩大奴役"。[2]他指出："在现存社会中，越来越有效地被控制的自然已经成了扩大对人的控制的一个因素：成了社会及其政权的一个伸长了的胳臂。"当代资本主义社会对人的统治借助于对自然的统治，"大气污染和水污染、噪声、工业和商业强占了迄今公众还能涉足的自然区，这一切较之奴役和监禁好不了多少"[3]。在《单向度的人——发达工业社会意识形态研究》（*One-Dimensional Man：Studies in the Ideology of Advanced Industrial Society*）一书中，马尔库塞指出："土壤的耕作本质上不同于土壤的破坏，自然资源的提取本质上不同于浪费性的开发，开辟森林空地本质上不同于大规模砍伐森林。贫瘠、病害和癌症的增加，既是自然的疾病，又是人类的疾病——它们的减少和根除即是解放。……文明一直像对待人那样对待自然——即把它当作破坏性生产力的工具。"[4]

生态学马克思主义（The Ecological Marxism）认为，资本主义社会为维护其存在的"合理性"，采用"异化消费"的方式（即人们为补偿自己那种单调乏味的、非创造性的而且常常是报酬不足的劳动而致力于获得商品的一种现象）来消解人们对于资本主义的批判能力。但是，西方社会的高生产、高消费的生产方式，引起了自

---

[1]　（德）霍克海默、阿多尔诺：《启蒙的辩证法》，重庆出版社 1990 年版，第 11 页。

[2]　Marcuse, H. (1972) *Counterrevolution and Revolt*. Boston, MA：Beacon Press. p.4.

[3]　（美）赫伯特·马尔库塞等：《工业社会和新左派》，商务印书馆 1982 年版，第 128—129 页。

[4]　（美）赫伯特·马尔库塞：《单向度的人——发达工业社会意识形态研究》，上海译文出版社 1989 年版，第 215 页。

然资源的极大浪费和自然环境的严重污染,生态平衡的破坏制约了资本主义生产的发展并威胁到人们的存在,从而形成了资本主义社会的"生态危机"。[①]生态危机突出表现在全球气候变暖、臭氧层耗竭、酸雨、水土资源污染和减少、荒漠化面积扩大和森林面积减少、生物多样性减少等等方面。如,1956年,在日本熊本县水俣市,由于工厂排污而造成一场史无前例的集团性健康受害事件,发现了一种所谓的"水俣病(みなまたびょう,MINAMATA DISEASE)"。[②]水资源短缺以至于在1977年,联合国就警告全世界:"水不久将成为一项严重的社会危机,石油危机之后的下一个危机就是水。"另外,全世界每年有600万公顷的土地沙漠化,有100多个国家受到沙漠化的影响,约占世界人口1/6的人正在受着沙漠化的危害。全球森林问题主要表现在热带森林大规模地被破坏。地球上的热带森林面积曾经一度达到29.7亿公顷,但是现在已经大为减少。目前世界上热带雨林的毁林量为每年1 700万公顷,年平均为0.9%。照这样的速度,今后不到100年热带雨林将从地球上消失。

四、我国的生态问题及其对策

我国是一个资源大国,也是一个人口大国,与世界其他国家相比,我国的人均资源拥有量是相对不足的(见表3-1)。据统计,我国人均水资源拥有量不到世界平均水平的1/4,耕地不到1/2,森林不到1/3,大多数矿产资源的人均拥有量不足世界平均水平的一半。同时,我国单位资源产出水平较低,能源利用效率、工业用水重复利用率、矿产资源总回收率等资源利用效率指标与发达国家相比还有着相当大的差距。

表 3-1　2010 年土地资源国际对比表

	面　　积		耕　　地[①]		森　　林	
	总面积 (万平方公里)	人口密度 (人/平方公里)	总面积 (万公顷)	人均面积 (公顷)	总面积 (万公顷)	人均面积 (公顷)
世　界	13 426.9	53.2	138 120	0.20	402 042	0.58
中　国	960.0	143.4	11 000	0.08	20 686	0.15
美　国	983.2	411.9	16 275	0.53	30 402	0.98
加拿大	998.5	3.8	4 510	1.32	31 013	9.09
印　度	328.7	33.8	15 792	0.13	6 843	0.06
巴　西	851.5	23.0	6 120	0.31	51 952	2.66

资料来源:根据国际统计年鉴2012(世界银行WDI数据库)数据计算而得。
① 耕地面积为2009年数据。

---

① 参见(加)本·阿格尔(Ben Agger):《西方马克思主义概论》,中国人民大学出版社1991年版。
② (日)饭岛伸子:《环境社会学》,社会科学文献出版社1999年版,第82页。

长期以来,我国都处在社会主义初级阶段,生产力的发展水平比较低,科学技术不够发达,利用和改造自然环境的能力不很强;我国的经济实力不够强大,缺乏足够的资金来及时解决新出现的生态问题;我国的各项制度,包括环境保护等各项法规,还有一个从不完善到逐步完善的过程;人们对自然规律和对生态问题重要性的认识,也有一个逐步提高的过程。所有这些因素的存在,说明了在社会主义历史阶段,还不可能完全避免生态问题、甚至生态危机的出现。"文革"期间出现的毁林开荒、毁草原种粮食等违背自然规律的愚蠢行为所造成的恶果,就是我们值得记取的教训。

进入 20 世纪 80 年代以来,我国进入了经济振兴的新时期,短短几十年间,我国的生产力获得了迅速的发展。我国国内生产总值(GDP)2010 年为 39.8 万亿元,约合 6.04 万亿美元,超越日本成为世界第二大经济体;2011 年为 47.2 万亿元,约合 7.3 万亿美元(见表 3-2);2012 年为 51.93 万亿元人民币,约合 8.262 2 万亿美元,均已稳居世界第 2 位。

表 3-2　改革开放以来中国主要指标居世界的位次表

指标　　　位次　　年份	1978	1980	1990	2000	2005	2010	2011
国土面积	4	4	4	4	4	4	4
人口	1	1	1	1	1	1	1
国内生产总值(GDP)	10	11	11	6	5	2	2
人均国民总收入①	175(188)	177(188)	178(200)	141(207)	128(208)	120(215)	114(214)
进出口贸易总额	29	26	15	8	3	2	2
出口额	30	28	14	7	3	1	1
进口额	27	22	17	9	3	2	2
外商直接投资(FDI)		60	12	9	4	2	2
外汇储备	38	37	7	2	2	1	1

资料来源:国际统计年鉴 2012(联合国 FAO 数据库、联合国贸发会议数据库、世界贸易组织数据库、世界银行 WDI 数据库、国际货币基金组织数据库)。
① 括号中所列为参加排序的国家和地区数。

生产力的迅速发展使得自然资源得到了充分的开发和利用,新的社会财富成倍地增长,人们的生活水平得到了显著的提高。但是,在另一方面,由于社会主义初级阶段自身的不完善因素的存在,随着社会生产力的巨大进步,生态环境问题日显突出,当前主要的问题是耕地面积逐年减少,草原、森林面积不断缩小,土地沙漠化日益严重,淡水资源紧张,环境污染日益严重。这些问题的出现,已经影响到社会经济的发展和人民群众的生活,引起全社会的关注和重视。恩格斯说:"我们每走一步都要记住:我们统治自然界,决不像征服者统治异族人一样,决不像站在自然界之外的人似的,——相反地,我们连同我们的肉、血和头脑都是属于自然界和存在于自然界之中的;我们对自然界的全部统治力量,是在于我们比其他一切生物强,能够认识和正确运用自然规律。"①

由于生态问题的出现客观上是多种社会因素综合作用的结果,所以生态问题也要靠全社会的综合治理才能得到有效的解决。这些综合治理的措施主要包括:

第一,进一步有效地控制人口的增长速度。

第二,在发展和组织生产时,必须能预测和控制生产对生态环境可能产生的后果。如果不能控制产生的后果(包括技术方面和经济方面的原因),就不能盲目开发和生产。目前这一问题在一些乡镇企业比较严重,必须引起有关部门的足够重视。

第三,必须逐步完善各项制度,特别是完善土地征用和环境保护法规,并加强监督,保证各项法规的实施。

第四,加强自然资源的开发利用和环境保护方面的科学技术研究工作。

第五,加强环境保护的宣传教育工作和相关法律法规的执行力度,使这项工作得到全社会的高度重视。只要全社会都重视这项工作,我们就能有效地克服在工业化和新型城镇化进程中出现的种种生态问题,使我国的生态环境与现代化建设事业的发展相协调。

第四节　社会人口

一、人口的概念和内容

所谓人口,就是指在一定时空内,由一定社会关系联系起来的、一定数量和质量的有生命的个人所组成的总体。人口是社会的主体,是社会构成的中心要素,也是文明的载体。

人口概念包含了以下两方面的含义:

第一,人口是一个社会范畴。一些西方学者脱离具体生产方式考察人口现象,把人口与其他生物完全等同起来,把人口的性质简单地归结为自然属性、生物属

---

① 恩格斯:《自然辩证法》,《马克思恩格斯选集》第四卷,人民出版社1995年版,第383—384页。

性,认为人与蜜蜂、果蝇一样,只是一个生物种类罢了。这种观点只抓住了人口的自然属性一面,却忽视了人口的社会属性这一本质的方面。人类个体是不能孤立存在的,相反,他们必须以群体、社会的方式生存、活动和发展。在任何一个现实社会中,人类个体都要与其他个体或社会组织结成一定的社会关系;人口的增殖服从着人的生物属性,但更重要的还是取决于社会的发展状态。人口增殖必须通过一定的社会形式才能实现。正如马恩经典作家在《德意志意识形态》中所指出的:"生命的生产,无论是通过劳动而达到的自己生命的生产,或是通过生育而达到的他人生命的生产,就立即表现为双重关系:一方面是自然关系,另一方面是社会关系。"①

第二,人口是一个具体的范畴。人口是社会构成的中心要素。在不同的历史条件下,人口的状态又是不同的。一定的人口状况必然与特定的时空条件、特定的社会关系相联系。如果这些特定要素发生变动,人口状况也会发生相应变动,超时空的、抽象的人口现象是不存在的。例如在资本主义条件下,"工人人口本身在生产出资本积累的同时,也以日益扩大的规模生产出使他们自身成为相对过剩人口的手段。这就是资本主义生产方式所特有的人口规律,事实上,每一种特殊的、历史的生产方式都有其特殊的、历史地起作用的人口规律。抽象的人口规律只存在于历史上还没有受过人干涉的动植物界"②。

人口概念包含着非常丰富的内容。如人口的数量、人口的质量、人口的构成、人口的变动等。

1. 人口的数量和质量

人口数量是指某个国家、民族或地区中人类个体的总和。人口数量可以通过统计的方法准确地得到。一定数量的人口是社会以存在的基本前提。正如马克思所指出的:"人口数量和人口密度是社会内部分工的物质前提。"③

人口质量,也称人口素质,包括社会成员的体质、智能和文化程度、劳动技能等因素。一般说来,社会发展的水平越高,社会人口的体质就会越强,智能和文化水平就会越高,劳动技能越熟练,社会成员职业适应能力也会越普遍地得到提高。这也就是说,社会越发展,社会人口质量的总体水平也就越高。

人口构成,是指从不同的方面和层次,按照不同的规定和标准区分的人口内部组合状况和比例关系。任何社会的人口都是由一定数量不同的质的人类个体组合

---

① 《德意志意识形态》,《马克思恩格斯选集》第一卷,人民出版社 1995 年版,第 80 页。
② 马克思:《资本论》第一卷,人民出版社 1975 年版,第 692 页。
③ 同上书,第 391 页。

而成的,都呈现出一定的分布状况。人口构成主要包括人口的自然构成、人口的社会构成和人口地地域构成(人口空间分布)等几个方面:

人口的自然构成,指的是由于人的性别和年龄等先天的或生物的因素而形成的不同质的人口的社会分布和组合方式。比如,男女不同性别人口在社会总人口中所占的比例和他们在不同年龄组中的分布;以及儿童、少年、青年、中年、老年人口在社会总人口中所占的比重等等。人口的年龄构成,就是指人口在不同年龄组中的分布状况,即儿童、少年、青年、中年、老年人口在社会总人口中所占的比重。一般说来,发展中国家人口的年龄构成比较年轻,而发达国家人口的年龄构成相对老化(见表3-3)。

表3-3　人口年龄构成状况国际与年度比较(%)

国际 年龄　年度	世界	美国	日本	印度	中　　　国					
	2011	2011	2011	2011	1952	1964	1982	1998	2003	2011
0—14 岁	26.58	20.06	13.28	30.21	36.3	40.7	33.5	24.3	20.3	19.07
15—64 岁	65.72	66.64	63.33	64.79	59.3	55.7	61.7	68.3	71.4	72.56
65 岁以上	7.70	13.30	23.39	4.99	4.4	3.6	4.9	7.4	8.3	8.37

资料来源:①《中国社会统计资料》(1993 年),中国统计出版社 1994 年版。

②《中国统计年鉴1999》,中国统计出版社 1999 年版。

③《中国人口统计年鉴 2004》,中国统计出版社 2004 年版。

④ 国际统计年鉴 2012(世界银行 WDI 数据库)。

人口的性别构成,主要通过两个指标来反映,一个是男性(或女性)人口占总人口的比重,另一个是以女性人口为 100 所对应的男性人口数(即性别比)。人口统计资料长期以来证明,人类社会的男女性别比总是接近平衡的。在大多数国家,出生性别比(The sex ratio at birth)约为每 100 个女婴对应 105 或 106 个男婴。日本学者安川 正彬(やすかわ まさあき)在其编著的《人口事典》中提出,出生性别比"从经验来看以 105 为中心,表现出少许变化"。在美国人口咨询局(The Population Reference Bureau, PRB)2011 年出版的《人口手册》(第 6 版)中,关于出生性别比是这样说明的:"在大多数国家,出生性别比约为每 100 个女婴对应 105 个男婴。"[1]随着年龄的增长,性别比会因男女性别中死亡和迁移模式的不同而发生一些变化。一般说来,发展中国家的男女性比例大多为 100 以上,发达国家则不到 100。我国人口性别构成一直是男略多于女,发展比较稳定(见

---

[1] Arthur Haupt, Thomas T.Kane, and Carl Haub. 2011. *Population Reference Bureau's Population Handbook* (6th Edition). p.4. http://www.prb.org/pdf11/prb-population-handbook-2011.pdf.

表 3-4）。

表 3-4　中国人口性别比变动情况

1980 年	106.0	1998 年	103.5
1985 年	107.0	2000 年	106.7
1990 年	106.3	2003 年	104.3
1992 年	104.3	2010 年	105.2

资料来源：①《中国统计年鉴 1999》，中国统计出版社 1999 年版。
② 2000 年数据来自中国人口信息网。
③ 2003 年数据来自《中国人口统计年鉴 2004》，中国统计出版社 2004 年版。
④ 国家统计局第六次全国人口普查主要数据公报（第 1 号）（2011 年 4 月 28 日）。

正常的出生性别比（指平均每 100 个新出生女孩所对应的男孩数）是 105—106 左右。但近 20 年来，我国新生儿性比例失调现象越来越严重（见表 3-5），必须引起全社会的高度重视。据第六次全国人口普查结果，我国新生儿性别比高达 118.64 的历史新高。不仅农业人口中出生人口性别比较高，非农业人口的出生性别比也呈升高趋势。有 5 个省的出生人口性别比甚至高达 130 以上。一些省份不但二胎、多胎的性别比升高，一胎性别比也出现偏高的态势。中国男女比例出现严重失衡。据估计，到 2020 年，中国处于婚龄的男性人数将比女性多出 3 000 万到 4 000 万，这意味着平均五个男性中将有一个找不到配偶，有数千万的男子将无妻可娶，成为传统意义上的"光棍"。

表 3-5　中国新生儿性别比例变动情况

1953 年	104.9	1990 年	111.8
1964 年	103.8	1991 年	118.3
1975 年	106.5	2000 年	116.9
1980 年	108.8	2003 年	117.5
1985 年	110.3	2010 年	118.6

资料来源：①《中国统计年鉴 1999》，中国统计出版社 1999 年版。
② 2000 年数据来自中国人口信息网。
③ 2003 年数据来自《中国人口统计年鉴 2004》，中国统计出版社 2004 年版。
④ 2010 年资料来自国务院人口普查办公室、国家统计局人口和就业统计司编《中国 2010 年人口普查资料》，中国统计出版社 2012 年版。

人口的社会构成，是指那些由社会因素、社会性质、社会发展水平决定的不同社会属性的人口在社会总人口中的比例、分布和关系的结合，如人口的阶级构成、职业构成、民族构成和文化水平构成等等。人口的社会构成是随着社会的发展而变动的。一般说来，社会发展的水平越低，其人口的社会构成越简单；社会发展水平越高,其人口的社会构成就越复杂。如在没有阶级的原始社会里,就没有阶级构成;在社会分工出现以前,就没有职业构成。随着社会分工和阶级分化的出现才有人口的职业构成和阶级构成。随着生产的专业化发展和科学技术水平的提高,人口的职业构成就会越来越复杂。

人口的地域构成,也即人口的空间分布,是指社会总人口在各个地区的数量和密集程度。一个社会的总人口在其各个地区的分布是不平衡的,各个地区的人口密度有很大的差异。比如,我国十三亿人口中绝大部分都分布在长江、黄河中下游以及东南沿海一带,西南、西北所占的比重极小,而且有越往西部呈锐减的态势。所谓人口密度,是指单位面积土地上居住的人口数,它是表示某一地区人口的密集程度的指标,通常以每平方千米或每公顷内的常住人口为计算单位。2010年全国平均人口密度为每平方公里143人。但是人口分布极不平衡,94%的人口聚居在占全国总面积46%的东部,特别是东南部较发达地区。总体上看,各地区之间在人口密度的指标上差异很大。例如,2010年我国的平均人口密度为143人/平方公里,其中,江苏为767人,山东为611人,浙江为535人,河北为383人,广东为586人,辽宁为300人,云南为117人,宁夏为122人,甘肃为56人,新疆为13人,青海为7.8人,西藏不足2.4人(见表3-6)。这种情况是由多方面的原因所造成的,自然条件的好坏、地理位置的利弊、经济发展水平的高低、交通便利与否、社会安定与否等等,都可以影响人口的分布和密度。

表 3-6　中国人口密度及其地区差异(2010 年)

(单位:人,万平方公里,人)

地　区	人　　口	土地面积	人口密度
总　计	**1 370 536 875**	**960.00**	**143**
北　京	19 612 368	1.68	1 167
天　津	12 938 224	1.13	1 145
河　北	71 854 202	18.77	383
山　西	35 712 111	15.63	228
内蒙古	24 706 321	118.30	21
辽　宁	43 746 323	14.59	300
吉　林	27 462 297	18.74	147
黑龙江	38 312 224	45.46	84
上　海	23 019 148	0.63	3 654
江　苏	78 659 903	10.26	767

（续表）

地　区	人　口	土地面积	人口密度
浙　江	54 426 891	10.18	535
安　徽	59 500 510	13.96	426
福　建	36 894 216	12.14	304
江　西	44 567 475	16.69	267
山　东	95 793 065	15.67	611
河　南	94 023 567	16.70	563
湖　北	57 237 740	18.59	308
湖　南	65 683 722	21.18	310
广　东	104 303 132	17.79	586
广　西	46 026 629	23.60	195
海　南	8 671 518	3.39	258
重　庆	28 846 170	8.24	350
四　川	80 418 200	48.50	166
贵　州	34 746 468	17.60	197
云　南	45 966 239	39.40	117
西　藏	3 002 166	122.84	2.4
陕　西	37 327 378	20.56	182
甘　肃	25 575 254	45.40	56
青　海	5 626 722	72.12	7.8
宁　夏	6 301 350	5.18	122
新　疆	21 813 334	165.00	13

资料来源：中国人口信息网第六次人口普查数据。

注：① 全国人口密度按照 1 370 536 875 人计算，而不是按照各省市自治区人口统计总和的 1 339 724 852 人
　　 计算。

　② 现役军人 2 300 000 人和难以确定常住地的 4 649 985 人未计算在内。

从世界范围来看，人口密度居全世界前列的国家和地区有摩纳哥（15 142
人/平方公里）、新加坡（6 943.2 人/平方公里）、梵蒂冈（1 300 人/平方公里）、马
耳他（1 306.8 人/平方公里）、巴林（1 646 人/平方公里）、孟加拉国（1 229.2 人/
平方公里）、马尔代夫（10 036 人/平方公里）、巴巴多斯（660 人/ 平方公里）、毛里
求斯（630 人/平方公里）、韩国（501 人/平方公里）、瑙鲁（447 人/平方公里）等
（见图 3-1）。

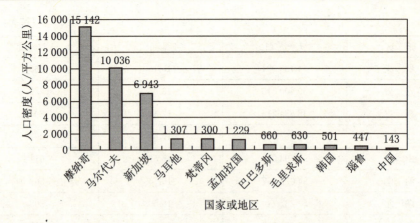

图 3-1　中国与人口密度最大的十个国家比较图示

　　目前世界上比中国人口密度更大的还有印度、以色列、日本、韩国、巴基斯坦、菲律宾、斯里兰卡、越南、尼日利亚、德国、意大利、荷兰、英国等国家和地区（见表 3-7）。

表 3-7　中国与世界上人口密度较大国家和地区的比较

国家和地区	国土面积(万平方公里)	人口密度（人/平方公里）
世　界	13 442.5	51.7
中　国	960	143.0
孟加拉国	14.1	1 229.2
印　度	328.7	383.4
以色列	2.2	337.7
日　本	37.8	350.4
韩　国	10.0	501.5
巴基斯坦	79.6	215.5
菲律宾	30.0	303.0
新加坡	0.1	6 943.2
斯里兰卡	6.6	311.9
越　南	33.1	278.0
尼日利亚	92.4	166.0
德　国	35.7	235.4
意大利	30.1	203.4
荷　兰	4.2	487.1
英　国	24.4	253.8

资料来源：① 国际统计年鉴 2012（世界银行 WDI 数据库）。
　　　　　② 中国人口信息网第六次人口普查数据。
注：中国数据为 2010 年数据，其他国家和地区为 2008 年数据。

2. 人口变动

人口变动,是指某一时期人口数量、素质和构成的变动状况及过程。

(1)人口变动首先表现为人口规模的变化,即人口的增加或减少。包括两种变动类型:

其一,人口自然变动,即因人口出生与死亡而引起的人数增减变动。其绝对数系一定时期内人口出生数和死亡数之差。人口自然变动是人口作为一个生物群体必然发生的变动,它既受生理因素所制约,同时也受到一定社会的生产方式及其政治、经济、文化、思想意识和价值观念等因素的影响。人口的自然变动对社会的经济发展能起一定程度的促进或延缓作用。新中国成立以来,我国人口自然变动情况经历了曲折的发展过程,出现了三次生育高峰:第一次高峰产生于1950年—1957年,峰值代表年份是1954年,其出生率是37.97‰;第二次生育高峰形成于1962年—1971年,峰值代表年份是1963年,其出生率高达43.37‰;第三次生育高峰开始于1986年—1987年前后。前两次生育高峰主要是受生育的外界条件影响,第三次生育高峰主要是源于人口自身的年龄性别结构,是前两次生育高峰所形成的人口惯性所致。在20世纪70年代,中国生育率经历了显著下降的过程。出生率和自然增长率分别由1970年的33.34‰和25.83‰降至1979年的17.82‰和11.61‰;总和生育率①由5.8下降到2.8。死亡率也呈平稳下降的趋势,由7.6‰左右降至6.2‰左右;平均预期寿命由64岁左右增至67岁左右。进入20世纪80年代以后,生育率仍在逐渐下降,但其下降速度比70年代减缓。出生率和总和生育率分别在20‰和2.5上下波动;死亡率维持在70年代末所达到的低水平。进入90年代以来,生育率又有明显下降(见图3-2)。出生率已降到20‰以下,总和生育率降到2.0以下。中国目前的生育率和死亡率均远低于其他发展中国家,生育率介于发展中国家和发达国家之间的水平。我国2010年总和生育率仅为1.18,不到世界平均水平的一半,而且比发达国家的平均水平还要低许多。2012年7月6日,国务院人口普查办公室和国家统计局人口和就业统计司编辑出版的《中国2010年人口普查资料》一书中的长表数据显示,2010年全国总和生育率为1.181 10,其中"城市"为0.882 10,"镇"为1.153 40,"乡村"为1.437 55。中国各地区之间的生育水平差异很大。全国总和生育率倒数前五名分别是北京0.706 70、上海0.736 65、辽宁0.740 90、黑龙江

---

① 总和生育率(total fertility rate, TFR),也称总生育率,是指一个国家或地区的妇女在育龄期间,每个妇女平均的生育子女数。在许多发展中国家,总和生育率超过了5;而在许多发达国家,它则低于2。(美国人口咨询局《人口手册》第四版)

0.751 40、吉林 0.760 00。生育率最高的前五名是广西 1.789 75、贵州 1.747 85、新疆 1.528 85、海南 1.512 65、安徽 1.481 55。

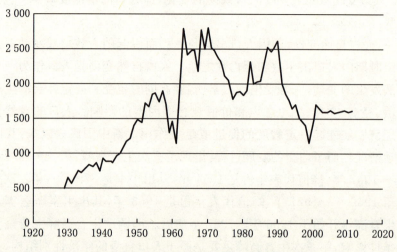

图 3-2　新中国成立后的三次生育高峰图示

资料来源:国家统计局第六次人口普查统计数据。
注:纵轴单位为万人;横轴对应年份。

　　其二,人口机械变动,也称作人口迁移,即人口在空间上的移动,从一个地区向另一个地区迁移而引起的人口数之差,包括改变定居地点的永久性移动和暂时性移动。引起人口机械变动的决定因素是社会的经济和政治等方面的原因。人口机械变动,使人口的地区分布发生不同程度的变化。比如我国自 20 世纪 70 年代末实行改革开放政策以来,人口流动和城市化进程不断加快,市镇人口的比重由 1982 年的 21.1% 升至 1990 年的 26.4%。2011 年,中国城镇化率已经达到 51.27%,城镇人口首次超过农村人口,达到 6.9 亿人。第六次全国人口普查的数据显示,我国大陆 31 个省、自治区、直辖市的人口中,居住地与户口登记地所在的乡镇街道不一致且离开户口登记地半年以上的人口为 261 386 075 人,其中市辖区内人户分离的人口为 39 959 423 人,不包括市辖区内人户分离的人口为 221 426 652 人。同 2000 年第五次全国人口普查相比,居住地与户口登记地所在的乡镇街道不一致且离开户口登记地半年以上的人口增加 116 995 327 人,增长 81.03%。这一现象进而形成了中国现行户籍制度条件下的一个独特概念——流动人口,即指离开了户籍所在地到其他地方居住的人口。在国际上,类似的群体通常被称为“国内移民”(internal migration)。

　　总之,一个社会的人口总是有生有死、有进有出,从而使它在数量、规模上时而增加、扩大,时而减少、缩小,呈现为一个变化过程。

　　然而,从世界范围来看,人口是逐渐增加的,而且增加的速度越来越快。目前,世界上每年增加近8 000万人,所以,有人称人类进入了"人口爆炸(population explosion)"的时代。从公元开始经过450年人口增加了一倍,第二个倍增期为400年,第三个倍增期为75年,接着则是50年。据1977年世界人口统计,倍增期为38年。地球上从有人类开始达到第一个十亿人口用了至少一百万年的时间,而达到第二个十亿时,只用了130年,到第三个十亿用了30年时间,第四个十亿用了15年时间。今后如果不加控制,人口翻番的周期将更加缩短。我国在实行计划生育政策以后,对人口增长的控制取得了举世瞩目的成就和效果(见表3-8)。

表3-8　新中国成立后中国人口每增加1亿所用时间(年)

年份	人口数量(亿)	增加1亿人口所用时间(年)
1954	6	/
1964	7	10
1969	8	5
1974	9	5
1981	10	7
1988	11	7
1995	12	7
2005	13	10

　　资料来源:国家人口和计划生育委员会宣传教育司编:《挑战与希望——中国13亿人口日宣传提纲》,中国人口出版社2005年版。

　　(2)人口变动还表现为人口素质的变化,它主要是通过人口社会构成的变动这一组指标反映出来的。人口素质的变化包括人的体质、智能和技能等方面的变化。

　　人口的体质受食物构成、运动水平、医疗卫生条件和生活环境等因素的制约。研究社会人口的体质可以通过疾病发生率、流行病症的免疫率来实现,而最能代表一个社会人口体质变化的是其平均预期寿命(human life expectancy)的长短的变化,因为这种变化是多种自然的社会的因素综合起作用的结果。在20世纪80年代,我国人口的平均预期寿命是67.77岁。到90年代,提高到68.55岁。进入新世纪以后,上升到71.4岁。2010年,我国人口平均预期寿命达到74.83岁

（见表3-9）。

表 3-9 我国人口平均预期寿命变化　　　　　　　　单位：岁

年份	合计	男	女	男女之差
1981	67.77	66.28	69.27	−2.99
1990	68.55	66.84	70.47	−3.63
2000	71.40	69.63	73.33	−3.70
2010	74.83	72.38	77.37	−4.99

资料来源：中国人口信息网第六次人口普查数据。

　　人口的智能是社会各种人口受教育的结果，它可以用各种教育的普及程度来表示。人口的智能对于社会发展具有重要的影响。所以，世界上许多民族都特别重视教育，例如犹太民族。1948—1989 年迁往以色列的犹太移民中，具有博士学位和教授职称者不下 10 万人，他们声称，对于一个"没有祖国"的民族说来，所有财富都有被掠走的危险，唯有知识和才能才是"可以随身携带、终生享用不尽的财产"。据统计，占美国总人口不足 4％的犹太人，却拥有美国全部财产的20％。[1]从世界范围来看，美国民众的受教育程度一直处于较高水平。但是，根据经济合作与发展组织（Organization for Economic Cooperation and Development，OECD）2011年发布的年度国际教育统计纲要《教育概观》（*Education at a Glance*），很多国家已经或即将超过美国的受教育程度。在 1999—2009 十年间，美国获得 ISCED 5B[2]学位（相当于副学士及以上）的年均增长率为 1.4％，而 OECD 国家的年均增长率为 3.7％，卢森堡高达 6.6％，波兰为 6.5％，爱尔兰为 5.8％，美国 1.4％的年均增长率在所有 OECD 国家中是最低的。在 25—34 年龄段中，美国获得高等教育的人口比例（41％）排名第 16 位，高于 OECD 国家的平均水平（37％），但远低于排名靠前的韩国（63％）、加拿大（56％）、日本（56％）和俄罗斯联邦（55％）。

　　1986 年 4 月 12 日，我国六届全国人大第四次会议通过的《中华人民共和国义务教育法》规定，国家实行九年制义务教育。2006 年 9 月 1 日起又开始实施新的《义务教育法》，并且最终明确："国家将义务教育全面纳入财政保障范围，义务教育

----

　　① 田雪原：《大国之难——当代中国的人口问题》，今日中国出版社 1997 年版，第 64—65 页。

　　② 根据国际教育标准分类（International Standard Classification of Education，ISCED）的构架，在进行教育成果的国际比较中考虑到了国家间不同的高等教育结构。ISCED 构架分为三个层次，涵盖了美国的副学士学位、学士学位、硕士学位、博士学位和第一专业学位（或等同于这些学位）。ISCED 5A 类别对应美国的学士学位、硕士学位以及在医药、牙科、法律等领域的第一专业学位，ISCED 5B 类别对应副学士学位，ISCED 6 类别对应博士学位。

经费由国务院和地方各级人民政府依照本法规定予以保障"，完成了"人民教育人民办"到"义务教育政府办"的真正转变。根据《中国 2010 年人口普查资料》的数据显示，中国大陆 31 个省、自治区、直辖市和现役军人的人口中，具有大学（指大专以上）文化程度的人口为 119 636 790 人；具有高中（含中专）文化程度的人口为187 985 979人；具有初中文化程度的人口为 519 656 445 人；具有小学文化程度的人口为 358 764 003 人。同 2000 年第五次全国人口普查相比，每 10 万人中具有大学文化程度的由 3 611 人上升为 8 930 人；具有高中文化程度的由 11 146 人上升为 14 032 人；具有初中文化程度的由 33 961 人上升为 38 788 人；具有小学文化程度的由 35 701 人下降为 26 779 人。根据中华人民共和国国家统计局 2013 年 2 月 22 日发布的《中华人民共和国 2012 年国民经济和社会发展统计公报》数据，2012 年全年研究生教育招生 59.0 万人，在学研究生 172.0 万人，毕业生 48.6 万人。普通高等教育本专科招生 688.8 万人（见图 3-3），在校生 2 391.3 万人，毕业生 624.7 万人。各类中等职业教育招生 761.0 万人，在校生 2 120.3 万人，毕业生 673.6 万人。全国普通高中招生 844.6 万人，在校生 2 467.2 万人，毕业生 791.5 万人。

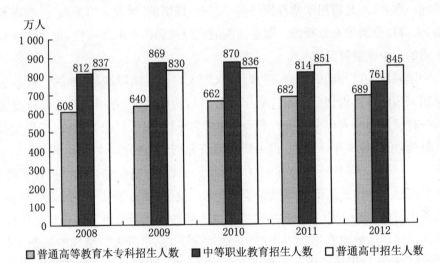

图 3-3　我国 2008—2012 年普通高等教育、中等职业教育及普通高中招生人数

资料来源：国家统计局《中华人民共和国 2012 年国民经济和社会发展统计公报》（2013 年 2 月 22 日）。

从发展情况看，我国在改革开放以来，人口受高等教育程度得到了大幅度提高。但与发达国家相比，还有明显的差距，甚至还未达到世界平均水平（见表 3-10）。

表 3-10 大学生粗入学率国际比较   单位:%

国家和地区	大学生粗入学率(Tertiary, Gross)	
	2000 年	2010 年
世　界	19.09	29.17
中　国	7.95	25.95
印　度	9.37	17.87
以色列	49.47	62.48①
日　本	48.73	59.74
美　国	68.71	94.81
俄罗斯	55.37	75.89②

资料来源:世界银行 WDI 数据库。粗入学率也称毛入学率,是指某学年度某级教育在校生数占相应学龄人口总数的比例。

注:①② 为 2009 年数据。

　　人口的技能通过社会人口的职业适应能力和转变的频率表现出来。在人口素质很低的情况下,人口的社会职业分工是十分僵化的,不仅一个人在一辈子中始终操持同一职业,而且祖祖辈辈都操持同一职业,即所谓"为农者恒为农"。而在现代社会,人口社会流动非常频繁。职业技能的广泛性和高度的适应性,是现代社会人口素质的一个重要特征。

　　一定时期人口变动的类型,通常是通过"人口金字塔"反映出来的。人口金字塔是用来描绘按性别划分的人口的年龄分布与构成情况,并用以分析人口发展状况的一种统计图。人口金字塔的图示以年龄为纵轴,以人口数为横轴,按男左女右分开排列,可按单岁年龄分列,也可按年龄组分列(通常为 5 岁一组,即 0—4,5—9,10—14,……85 岁或 90 岁以上)。低年龄的在下,高年龄在上。按各年龄男、女人数占总人口比重从低往高用条形图排列。横条越长,表示该年龄人口越多,左右横条不对称,表示同年龄或同年龄组男女人口性别比例失调。随着年龄增长,每年龄人口死亡人数也在增加。所以,一般情况下,低年龄人口组成的横条要长一些,而高年龄人口组成的横条要短一些。这样,整个图形就与金字塔非常相似,所以叫做人口金字塔。

　　人口金字塔图表不仅可以使我们看到人口结构的过去,也可以在相当程度上预见未来。从人口金字塔的形状可以看出人口发展变动的四种类型(见图 3-4):(1)快速增长型,又称年轻型,其特点是幼年人口比例大,老年人口比例小,是人口出生率、自然增长率长期走高的结果。这种类型的人口由于育龄人群比重高,而且不断地成长起来,所以,如果不降低生育水平,其未来的人口再生产水平就会迅速增长,就业压力巨大。(2)缓慢增长型,又称老年型,其特点是幼年人口比例小,中老年人口比例相对较大。(3)零增长型,又称静止型或稳定型,其特点是各年龄组人口的数量大致相等,出生率与死亡率相当。(4)负增长型,其特点是少年儿童人口比重低,后备力量更低,如果生育水平不变,它未来的人口再生产趋势呈负增长,人口缩减。

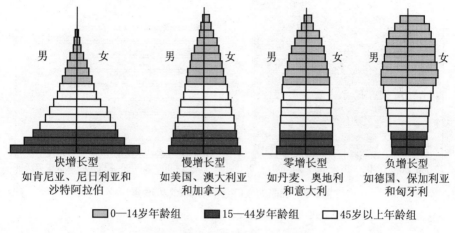

快增长型	慢增长型	零增长型	负增长型
如肯尼亚、尼日利亚和	如美国、澳大利亚	如丹麦、奥地利	如德国、保加利亚
沙特阿拉伯	和加拿大	和意大利	和匈牙利

▨ 0—14岁年龄组　　■ 15—44岁年龄组　　□ 45岁以上年龄组

图 3-4　不同类型的人口金字塔模式

资料来源:美国人口咨询局统计数据资料。

在图 3-4 中,肯尼亚、尼日利亚、沙特阿拉伯以及塞内加尔等国的人口年龄结构都是快速增长型,每批出生同批人都比它之前出生的那批人数量大,这大致勾勒出了金字塔的形状。这种底部庞大的年龄结构是出生率高的结果。美国、澳大利亚和加拿大等国的人口虽在增长,但远不及肯尼亚、尼日利亚、沙特阿拉伯以及塞内加尔等国的人口增长速度。丹麦、奥地利、西班牙和意大利等国的总人口中各个年龄组的人口大致相等,是典型的缓慢增长型或静止型人口结构。德国、保加利亚和匈牙利等国的人口是负增长型的,日本的"少子化"现象也属于此种类型。人口零增长和负增长,都会导致出生率下降,造成劳动力短缺,最终导致人口老龄化问题突出,社会保障负担加重,甚至出现养老金危机(pensions crisis)。

我国的人口变动正处在从增长型向缩减型过渡的过程中。前文所述的1963—1970 年前后、1986—1990 年前后的两次生育高峰可以在人口金字塔上比较明显地反映出来(见图 3-5)。

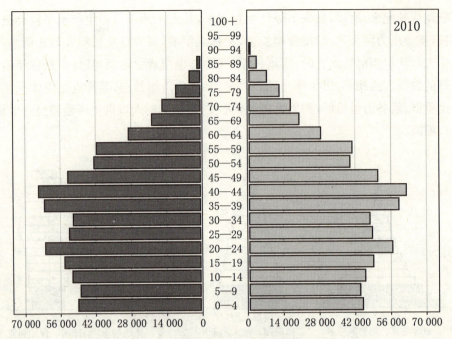

图3-5 我国的人口金字塔模式(2010年)

资料来源:国家统计局第六次人口普查统计数据。

由中国人口金字塔趋势变动图可以发现,到2020年前后,中国30—60岁的劳动力人口将会达到最顶峰,2020年之后随着劳动力人口减少,中国的"人口红利"(Demographic dividend)[①]将开始下降,经济或从顶峰开始回落。从这个意义上说,2010—2020年或将是中国经济的"黄金十年"。

根据全国第六次人口普查结果所绘制的我国人口的金字塔明显显示"底部萎缩",即20岁以下的人群大幅减少。全国第六次人口普查的公报报告显示,我国0—14岁的人口为2.2亿,只占全国人口的16.60%,比十年前的2000年第五次普查结果下降了6.29%。在短短十年中,我国少年人口从占全国人口的四分之一降为六分之一,萎缩严重。与此同时,60岁及以上人口达1.8亿,占全国人口的13.26%,比第五次普查结果上升2.93%。但仔细观察人口金字塔就会发现,现在还不是情况最严重的时候。因为目前30—50岁的人群是金字塔上的最大年龄人群,在今后10—20年中他们将汹涌地进入老年行列,而那时的劳动人群将由目前

---

① 所谓"人口红利"(Demographic dividend),是指一个国家的劳动年龄人口占总人口比重较大,抚养率比较低,为经济发展创造了有利的人口条件,整个国家的经济呈高储蓄、高投资和高增长的局面。

萎缩了的少年人群来担当。

二、人口因素在社会结构中的地位

人口因素作为社会存在的最基本要素，与社会发展有着极为密切的关系：人口因素对社会的稳定与协调发展具有重要的影响；人口因素本身又受到各种社会因素的制约和影响。

人口因素对社会的稳定与协调发展的影响主要体现在：

第一，人口的数量会影响人口与自然资源之间的相对平衡。一定数量的人口依赖于一定数量的自然资源，反过来说，一定数量的自然资源只能养活一定数量的人口。如果人口不加限制地过快、过量增长，就会打破人口与自然资源之间的相对平衡，造成人口的相对过剩，出现种种人口问题。如果特定社会、特定地区在特定时期，由于人口出生率过低、战争或其他原因造成人口不足，也会影响社会物质资料的生产和自然资源的开发和利用。但是，目前世界上的人口问题主要是人口增长过快和相对过剩的问题。人口过多又称人口爆炸（population explosion）或人口过剩（Human overpopulation），它是指人口剧增（通常是指数式增长）给自然资源和生态环境带来的巨大压力。人口学家用"人口过多"（overpopulation）来描述 20 世纪世界人口出生率大大超过世界人口死亡率这种情况。早在 1798 年，英国经济学家、人口学家马尔萨斯（Thomas Robert Malthus，1766—1834）就曾在《人口原理》（*An Essay on the Principle of Population*）一书中认为，人口有几何级数增长的趋势，而食物供应只有算术级数增长的趋势。于是他得出结论：由于食物的增长赶不上人口的增长速度，因此战争、瘟疫、饥荒等天灾人祸将伴随着人类。1968 年，美国斯坦福大学的生态学家保罗·R.埃利希（Paul R. Ehrlich）在其所著的一本名为《人口爆炸》（*The Population Bomb*）的畅销书中甚至宣称，鉴于世界人口可以预见的爆炸性增长，地球终将不能养活人类，"为养活人类而进行的战斗已经结束了，70 年代，世界将经历一场高比例的饥荒——几亿人会被饿死"[①]。1987 年 7 月 11 日，地球人口达到 50 亿。[②]为纪念这个特殊的日子，1990 年联合国根据其开发计划署理事会（the Governing Council of the United Nations Development Programme，UNDP）第 36 届会议的建议，决定将每年 7 月 11 日定为"世界人口日（World Population Day）"，以唤起人们对世界人口问题的关注。据此，1990 年 7 月 11 日遂成为第一个"世界人口日"。此后，1999 年 10 月 12 日成为联合国确定的

---

① Ehrlich, Paul R. (1968). *The Population Bomb*. New York: Ballantine Books.

② 1987 年 7 月 11 日，在前南斯拉夫出生了一位婴儿，联合国将其象征性地认定为世界第 50 亿个人。这标志着世界人口终于突破 50 亿。当时联合国人口活动基金会提议，将这一天命名为世界 50 亿人口日。

"世界 60 亿人口日"。2011 年 10 月 31 日,世界人口已达到 70 亿。

第二,人口的数量与质量会影响经济发展的速度。一个国家或地区的人口数量多少、质量高低对一个国家的社会发展起着重要的促进或延缓作用。在一定生产力水平上,地广人稀、劳动力不足会使经济的发展缓慢,而在人口比较稠密的地区经济发展速度就快。当年,毛泽东就曾认为,"中国人口众多是一件极大的好事。再增加多少倍人口也完全有办法,这办法就是生产"①。但是,当人口增长过快,超过了生产力发展水平时,就会反过来影响经济的发展速度。因为,人口再生产的一个特点是,人生下来后并不能像产品那样马上投入使用。人在成长为劳动力之前,首先是一个消费者,要靠社会供养。当人口增长过快时,供养过多的人口就会成为社会的沉重负担,就会影响经济发展的资金积累。人口增长过快与经济发展的这一矛盾在经济实力不强的发展中国家里表现最为突出。人口的质量包括人口的身体素质(体力、智力)以及人口的科学文化水平两个方面。这一因素对社会发展的影响已显示出越来越重要的意义。在我国,推行优生优育已成为民族振兴的一项战略性措施。

第三,人口数量会影响人们生活水平的提高。对生活水平起决定作用的是经济发展的水平,特别是以体力劳动为主的农业时代,人口是财富的直接来源。正如英国古典政治经济学的创始人威廉·配第(William Petty,1623—1687)在《赋税论》(*A Treatise of Taxes and Contributions*)所说的,"劳动是财富之父,土地是财富之母。"②因此,为了获得更多的财富,人们必然追求疆域辽阔、人丁兴旺,以此来发展生产,提高收入,改善生活水平。但是,国民生产总值和国民收入的提高并不一定能带来人民群众生活水平的普遍提高,其中还有一个不可忽视的问题,即人口数量越大,人均国民收入就会相应降低。马尔萨斯就曾在《人口原理》中断言:"人口的增殖力无限地大于土地为人类生产生活资料的能力。人口若不受到抑制,便会以几何比率增加,而生活资料却仅仅以算术比率增加。懂得一点算术的人都知道,同后者相比,前者的力量多么巨大。"③

第四,人口问题是其他一些社会问题产生的重要原因之一。世界人口的迅猛增长引起了许多问题。特别是一些经济不发达国家的人口过度增长,影响了整个国家的经济发展、社会安定和人民生活水平的提高,给人类生活带来许多问题。如

---

① 《毛泽东选集》第四卷,人民出版社 1991 年版,第 1511 页。

② Petty, Sir William. 1899[1662]. *A treatise of taxes and contributions.* Reprinted in. The economic writings of Sir William Petty, Vol.1. Cambridge: Cambridge University Press, pp.1—97.

③ (英)马尔萨斯:《人口原理》,商务印书馆 1992 年版,第 7 页。

就业问题、住房问题、教育问题、交通问题、卫生保健问题、环境污染问题、犯罪问题等等。这些社会问题的产生，除了其他社会原因特别是经济方面的原因以外，都直接或间接地与人口问题有联系，特别是在人口增长速度较快的一些发展中国家更为明显。正如奥地利心理学家康拉德·洛伦茨所认为的，"众多人口紧挤在狭小的空间里，它不仅会间接地导致人际关系的衰竭，继而出现丧失人性的现象，也直接导致了侵犯行为的发生"①。

人口因素作为社会的基本构成要素之一，它本身的存在与发展并不是孤立的，它也受到社会其他因素以及社会整体的发展状况的制约和影响。其主要因素有两大类：一类是自然因素，另一类是社会因素。

1. 自然因素。自然因素包括自然条件和人口自身的年龄、性别结构两个方面。

自然条件主要是指自然资源、地理条件、气候条件等。良好的自然条件有利于人口数量的增长；反之，恶劣的自然条件或自然灾害（如灾荒、地震等）会抑制人口增长。

人口的年龄、性别结构对出生率的影响具有一定的相对独立性，通常不是一下子就能反映出社会经济条件的变化情况的，而要经过较长的一段时期才能反映出这种变化。例如，我国前些年人口出生率出现了回升现象，这一方面同计划生育工作中出现的漏洞有关，另一方面也是因为在 1963—1970 年生育高峰期出生的人，现在都已陆续进入结婚生育年龄。

人口性别结构对出生率的影响主要表现在。男女性别比例失调会间接影响出生率，某些人由于受重男轻女陈旧观念的影响，想方设法遗弃女婴。这样将会带来严重的社会后果。

2. 社会因素。影响人口状况的另一类因素是社会因素。

第一，社会经济是制约人口过程的一个决定性因素。生产力为整个社会的人口提供了物质生活保证，它决定了人口的需要量和可能的最高数量界限。一些发展中国家的人口过程，并不体现为人口出生率与社会经济条件的同步发展，而是相反，随着社会生产力的发展，人口出生率会逐步下降。把世界上发达国家和发展中国家以及我国的城市和农村的人口出生情况进行比较，就不难看出其中的这一规律性，即出生率的降低是伴随着生产力的发展而实现的自发过程。但社会经济因素对人口出生率的这种影响，要经过一个较长的历史过程才能看出来。社会经济条件对人口过程的影响还包括：生活水平的高低，由此而带来的抚养子女费用的高

① （奥地利）康拉德·洛伦茨：《文明人类的八大罪孽》，安徽文艺出版社 2000 年版，第 30 页。

低对出生率的影响,以及老年人晚年生活的保障问题对出生率的影响,等等。美国著名人口学家约翰·邦加茨(John Bongaarts)认为:社会经济因素是生育率的最终决定变量,而直接决定因素是生物学和行为因素。结婚、避孕、人工流产和产后不孕概率是四个最重要的生育率直接决定因素,这些变量的作用使得妇女实际生育率低于其理论值。[1]因此,社会经济不是制约人口过程的唯一决定性因素,经济增长也不是人口政策的唯一依据。

第二,政治制度和社会生活的稳定程度影响人口过程。政治制度稳定,社会生活安定,有利于人口的增长;政治制度不稳定,社会生活不安定,甚至发生战乱,就会抑制人口增长甚至造成大批人口死亡。从我国人口发展的实际情况看,新中国成立以后,政治制度稳定,国泰民安,人口迅猛增长,于20世纪50年代初期、60年代中后期、80年代中后期先后出现三次人口出生高峰,人口出生率、自然增长率在30‰、20‰上下,最高时分别超过40‰、30‰。人口总量由新中国成立时的5.4亿,1957年增长到6.5亿,1969年达8亿,1978年逼近10亿,并且在2005年达到13亿。相反,在政治制度不稳定,特别是战争年代,一般来说,育龄妇女的生育率会暂时下降。这是因为许多青壮年男子的服役参战,使本来准备结婚的男女推迟了婚期,使已经结婚的夫妇分居两地。即使没有别离的已婚夫妇,也因为当时社会生活动荡不安而往往希望少生或不生孩子。例如,法国在1913年和1914年的出生率分别为19.0‰和18.1‰。由于第一次世界大战的影响,从1915年至1919年间每年出生率均在13.0‰以下,特别是1916年竟降到9.5‰;但1920年和1921年的出生率又突然回升到21.4‰和20.7‰,出现了战后的"生育补偿期"。[2]第二次世界大战的影响又导致了类似的情形。

第三,科学技术的进步影响人口过程。一方面,随着科学技术的发展,人类节制生育的手段和措施也越来越有效和简便易行。具备了这一手段以后,人类的性生活和生育就有可能分离开来了。人们可以做到在满足自己生理需要的同时,不必生育后代,从而可以大大影响人口出生率。节育技术的进步已成了计划生育得以实现的有力保证。另一方面,"健康和长寿几乎具有永恒的价值,任何社会都想尽办法(虽然常常效果不佳,甚至徒劳)来增进健康、避免死亡。"[3]随着医学技术的进步和医疗条件的改善,婴幼儿死亡率下降,预期寿命延长,也促成了人口数量激

① Bongaarts, John(1978). "A Framework for Analyzing the Proximate Determinants of Fertlity", *Population and Development Review*, 4, pp.105—131.

② 参见桂世勋:《人口社会学》,山东人民出版社1986年版,第331—332页。

③ 顾宝昌编:《社会人口学的视野》,商务印书馆1992年版,第20页。

增。印度的人均寿命从 1952 年的 38 岁增长到现在的 64 岁,中国则从 41 岁延长到目前的 74.83 岁。科学技术的进步也深深地影响了这两个人口大国的人口过程和人口结构。

第四,人们受教育的程度与人口出生率有很大的关系。国内外人口和教育的研究结果都表明:国民的受教育程度与人口出生率呈反比关系,即国民受教育程度高,人口出生率低;国民受教育程度低,则人口出生率高。受教育程度对人们的生活需求和生育意愿会产生很大的影响,有知识的青年男女不但要求有较好的物质生活条件,而且对精神生活也提出了越来越高的要求。这些动向对出生率都有直接的影响。美国著名人口学者安斯利・J.科尔(Ansley・Johnson・Coale, 1917—2002)和约翰・K.诺德尔(John・K.nodel)在 1973 年[1]和 1979[2] 年分别得出结论,认为生育率高低与识字率并无固定关系。但是,我国理论界一般认为:教育具有抑制人口过快增长的功能。根据我国 1982 年全国人口普查数据显示:文盲比受大学教育的妇女平均要多生 2.82 个孩子。实际上,较高的受教育程度是人类具有的内在的生育控制能力的先决条件,而高学历、高素质女性则是有计划、最优化生育准则的天然响应者和自觉执行者。[3]因此,大力发展教育事业,提高公民的文化素质,提升妇女受教育程度,也是推进计划生育工作,稳定低生育水平的一项根本措施。

第五,传统习俗、道德观念、社会心理以及宗教等社会意识因素对人口出生率也有很大的影响。中国传统的男尊女卑、传宗接代、多子多福等旧观念,长期以来一直支配着人们的生育观。如今这些观念虽然已遭到了巨大的冲击,但仍然是一些人不能自觉响应计划生育号召的主要思想枷锁之一;在西方发达国家,一些青年人中盛行的个人利己主义和享乐主义思想又是造成人们不愿多生孩子、甚至不愿生孩子的主要原因。宗教对生育一般都是起鼓励作用的,例如,天主教只承认采取安全期的避孕法,把其他避孕法和人工流产谴责为"一种杀人的形式",并宣扬"子孙越多,天堂越大"。所以,已婚天主教徒的生育率往往比已婚新教徒的生育率要高。同样,伊斯兰教从教义到教规都是鼓励生育的。但是,有的宗教(如佛教)却对人口增长起抑制作用,特别是在佛教盛行,存在大量和尚与尼姑的地区,则会因为有许多人不结婚而使生育率降低。

---

① Coale, Ansley J.1973. "The Demographic Transition." pp.53—73 in International Population Conference, Vol.1, Liege: International Union for the Scientific Study of Population.

② Knodel, John E. and Etienne van de Walle. 1979. "Lessons from the past: Policy implications of historical fertility studies," *Population and Development Review* 5(2):217—245.

③ 华泽:《面向 21 世纪上海女性高等教育研究》,上海大学出版社 2000 年版,第 216 页。

第六，人口政策是影响人口过程重要而直接的因素。人口政策是一项重要的公共政策，它是国家为了直接调节和直接影响人口进程（包括生育、死亡和迁移）而制定和颁布的法令、法规和措施的总和。政府对人口过程的干预和控制主要是通过公共政策的制定和执行而实现的。美国人口政策学者保尔·德莫尼（Paul Demeny）认为，"在寻求可行的政策过程中掌握主动权，完全取决于每一个有关国家政府的责任感"①。人口政策试图通过人类对自身生产的自觉干预，使人口再生产朝着社会所希望的方向发展。正因为人口政策具有自觉干预性质，所以它对人口过程的影响也更为显著。人口政策是受所处时代的社会经济条件、社会制度以及人口自身规律制约的。不同的国家或地区，因人口发展的情况不同，会采取不同的人口政策；而且，一个国家或地区的人口政策还会随着人口发展的实际情况作适时适当的调整。衡量一个国家或地区的人口政策是否正确，主要是看它是否适应当时的社会经济条件和人口发展的客观规律。随着人们认识的逐渐深入，1982 年 9 月，党的十二大把"实行计划生育"确定为我国的一项基本国策。②同年 12 月，新修改的《中华人民共和国宪法》明确规定：国家推行计划生育。"只生一个好"的口号响彻全国，普遍的独生子女成为时代独有的现象。《中华人民共和国宪法》（2004 年）第二十五条规定，"国家推行计划生育，使人口的增长同经济和社会发展计划相适应"。第四十九条规定，"夫妻双方有实行计划生育的义务"。2012 年中共十八大报告提出，"坚持计划生育的基本国策，提高出生人口素质，逐步完善政策，促进人口长期均衡发展"。总之，中国现行的计划生育政策是：晚婚晚育，少生优生；一对夫妇只生育一个孩子。这是符合我国国情的人口政策，也是中国的一项基本国策。

影响人口过程的社会因素是多方面的，要使人口过程成为自觉控制的过程，我们必须研究和分析影响人口过程的各种社会因素，探讨人口发展变化的规律性，从而找到有效地控制人口过程的措施和手段。

三、我国的人口问题

人口发展必须与一个国家的自然资源状况和经济发展水平相适应，否则就会对社会的发展起阻碍作用。这是一条不以人们的主观意志为转移的客观规律。社会主义社会的人口过程也一定要遵循这一规律。如果违背了这一规律就会产生人口问题。人口问题的实质是人口的再生产与物质资料再生产的失调。从当前世界的总的发展状况看，这种失调主要表现为人口增长超过了经济增长速度，我国人口

---

① Demeny，Paul. 1975. "Population Policy：The Role of National Governments." *Population and Development Review* 1(1)：147—161.

② 在中国大陆以外地区常被称为"一胎化政策"或"一孩政策"。

问题的主要表现也是如此。在新中国成立后的 30 年间,由于我们忽视了对人口增长的控制,我国人口已从 1949 年 5.4 亿增长到 2005 年的 13 亿[①],即总人口迅速增长了一倍多,人口的自然增长率平均每年高达 20％。以 2010 年 11 月 1 日零时为标准时点进行的第六次全国人口普查显示,我国总人口达到 1 370 536 875 人。这一人口增长速度与整个社会的发展已不相协调,人口规模与资源之间的矛盾日益尖锐;人口的迅速增长加重了社会的负担,影响了国家资金的积累,从而影响了经济的发展速度;劳动适龄人口的增长与就业岗位的增长不相适应;人口太多影响了人均国民收入和人均物质生活资料的占有量,影响了人民生活水平的提高;而人口控制政策又造成人口结构失衡并进而引发新的社会问题。众所周知,人口问题实际上是我国一些社会问题产生的重要原因之一。如就业问题、犯罪问题,以及机构臃肿、劳动力浪费、工作效率低等,产生这些问题的根本原因在经济方面和体制方面,但是人口因素也是其中的一个重要原因。

总之,我国社会主义建设中许多问题的存在,直接或间接的同人口问题有关。人口问题解决得好不好将直接关系到我国现代化建设事业的成败。鉴于我国当前人口问题的严重性,我国已经把实行计划生育政策定为国家的一项基本国策,并且确定,除人口稀少的少数民族外普遍提倡和推行"一对夫妇只生一个孩子"的政策,制定并实行了世界历史上最为严格的计划生育政策,[②]这是我国在特定历史条件下,为了使人口与社会发展相协调所采取的必要措施。

但是,由于我国对人口过程的控制主要是靠政府的行政干预来实现的,它对人口过程的影响特别显著,所以,在人口控制政策的实施过程中不可避免地会出现一些新的问题、新的矛盾。

首先,是人口的快速老龄化问题。人口老龄化是指总人口中因年轻人口数量减少、年长人口数量增加而导致的老年人口比例相应增长的动态。国际上通常把 60 岁以上的人口占总人口比例达到 10％,或 65 岁以上人口占总人口的比重达到 7％作为国家或地区进入老龄化社会的标准。目前,全世界 60 岁以上老年人口总数已达 6 亿,有 60 多个国家的老年人口达到或超过人口总数的 10％,进入了人口老龄化社会行列。根据第六次全国人口普查主要数据显示,我国 60 岁及以上人口占全国总人口 13.26％,其中 65 岁及以上人口占 8.87％,超过了世界平均水平。中国人口年龄结构的这种变化,说明了随着中国经济社会快速发展,人民生活水平和

---

① 2005 年 1 月 6 日被确定为中国 13 亿人口日。

② (美)李中清、王丰:《人类的四分之一:马尔萨斯的神话与中国的现实(1700—2000)》,生活、读书、新知三联书店 2000 年版,第 27 页。

医疗卫生保健事业的巨大改善,生育率持续保持较低水平,老龄化进程逐步加快。人口老龄化是人口再生产由高出生率、低死亡率、高自然增长率向其相反方向过渡时必然产生的人口现象。这种过渡进行得愈快,人口老龄化就有可能愈严重。诚然,人口老龄化是人类发展、社会进步、人民生活水平、健康水平普遍提高的重要标志。但是,人口老龄化的直接后果则是社会负担和在职职工负担日益加重,与西方发达国家"先富后老"的进程不同,中国进入老龄化社会时,人均国民生产总值约为3 000美元,呈现出"未富先老"的特点,由于经济实力还不强,无疑增加了应对老龄化问题的难度。同时,由于"独生子女问题"和"少子化问题"叠加效应的影响,老年人身边会缺人照顾,老年人晚年生活的安排都会成为新的社会问题。

其次,是独生子女问题。我国自1973年实行计划生育政策、特别是1980年《中共中央关于控制我国人口增长问题致全体共产党员、共青团员的公开信》发表以来,计划生育政策部分演变成独生子女政策并且在城市中得到了严格的执行,进而使我国的人口控制取得了举世瞩目的成绩。如今,我国独生子女总量已超过一亿。随着独生子女家庭增多,这一政策带来的人口结构失衡也在现实中遇到了越来越多的挑战,早先受到人们关注的是独生子女的培养与教育问题。与此同时,独生子女家庭的养老问题也受到了社会的广泛重视。此外,新增劳动力资源不足已导致部分地区出现了"用工荒"问题,也会提前迎来"刘易斯拐点"(Lewis Turning Point),人口红利窗口期也将随之关闭,新生人口性别比造成的婚姻家庭等问题也日益凸显。如何应对这些挑战,迫切需要有更多的政策创新。

第三,计划生育政策实施过程中出现的冲突,这一问题在我国的农村地区较为突出。一方面,一些农村干部在执行计划生育政策的过程中出现"机械执行"以及工作方法简单化的现象;另一方面,在农村地区,由于经济条件和思想观念等因素的影响,还有相当一部分人不能自觉地执行政府的计划生育政策,由此导致计划生育政策实施过程中的矛盾与冲突。

对于这些问题,必须采取措施予以调节。如:全社会都来关心老年人问题,注意发展老年人福利和保险事业,安排好老年人的生活,进一步发挥老年人的余热;提高独生子女家长和学校老师对独生子女培养教育的水平;提高农村干部在计划生育实施过程中的工作水平;进一步做好相关政策的宣传和说服教育工作;在适当的时候调整我国的人口政策①,等等。

---

① 1980年《中共中央关于控制我国人口增长问题致全体共产党员、共青团员的公开信》中曾明确承诺:"到三十年以后,目前特别紧张的人口增长问题就可以缓和,也就可以采取不同的人口政策了。"

　　总之,我国的人口政策和计划生育工作已取得了举世瞩目的成绩。但是,要从根本上解决我国人口发展与社会发展相互协调的问题,还有赖于社会经济、科学技术和文化教育事业的进一步发展。同时,随着社会经济的发展和人口结构的变化,我国的人口政策也要进行适时、适当的调整与创新。

讨论题

1. 马克思主义经典作家关于社会的论述有哪几个基本观点?
2. 社会有机体概念表达了哪些基本思想?
3. 什么是社会结构? 它可以从哪些方面加以考察?
4. 如何理解自然环境与人类社会之间的相互关系?
5. 人口因素对社会发展有哪些影响?

第四章 社 会 文 化

在社会的基本构成要素中,有一个引起社会学家普遍关注的独特方面,即社会文化。社会文化渗透到人们社会生活的各个领域,对人们的社会生活及整个社会的运行产生极大的影响。因此,研究社会的文化现象,研究社会文化在社会结构中的作用及其与社会发展的相互关系是社会学的重要任务之一。

第一节 社会文化的构成与特性

一、文化的概念

关于文化的定义,有许多不同的观点,迄今已有 160 多种关于文化的定义(由美国学者克罗伯总结出来的)。定义虽多,但可以大体上将它们划分为对文化的广义理解和狭义理解两大类。广义理解的文化,是指人类所创造的物质财富和精神财富的总和。对其丰富的内容又可以作不同的分类。有的将文化分为物质文化与精神文化两大类;有的将它分为物质文化、制度文化、思想文化三大类;也有的将它分为生产性文化、生活性文化、交际性文化、制度性文化和观念性文化五大类。狭义文化,是指人类所创造的精神财富的总和。它主要包括人类所创造的制度文化和思想文化。在有些著作中,狭义文化仅指思想文化。

对文化的概念,虽然有不同的理解,但实际的文化研究内容大同小异,主要研究的是人们的价值观念、知识、信仰、道德、规范、习俗等精神领域里的东西。那种认为文化包括物质文化的观点,也并不认为文化研究要包括对生产方式、生产过程的研究,而是认为物质文化主要是指人类改造自然的一种能力,是在人所创造的物上反映出来的一种创造力,一种技术。相反,那种把文化理解为精神文化的狭义理解的观点,也认为文化包括了从思想观念、制度规范到科学技术的广阔领域。因此,对文化概念的理解,表述上不同,实质上是大体一致的。

英国人类学家爱德华·泰勒(Edward B. Tylor, 1832—1917)曾经给文化概念下过一个较有代表性的定义:"文化是一种包括知识、信仰、道德、法规、习俗以及所有作为社会成员的人所获得的其他能力和习惯的复合整体。"①这一定义比较接近于实际的文化研究中它所具有的意义。现在西方社会学家对于文化的界定大多与此相似。在我国,现在一般将文化与经济、政治并用,这实际上是把文化主要界定为"精神文化",这一点已经得到了较为普遍的认同。

文化与社会这两个概念似乎反映的是社会生活的两个独特的部分,但在现实世界中,社会与文化是不可分离地存在着的,它们像一枚硬币的两面,没有文化便没有社会,没有社会也就没有文化。它们都起源于人类的劳动,是人类认识自然和改造自然的结果。但是文化与社会作为两个不同的概念,还是有区别的。文化所反映的主要是社会的精神现象,它所涉及的范围没有社会那么广泛。如果说人口、自然环境是社会的"硬件",那么文化实际上是社会的软件,是社会的一个有机组成部分。

文化与文明这两个概念也是既有联系又有区别。它们的联系主要体现在,文化是文明的基础,文明的进步有赖于文化的发展,文化的发展又必然促进文明的进步。它们的区别主要是:第一,文化现象是同人类社会与生俱来的,而文明是人类社会发展到较高阶段时才出现的。可以说文明是较高阶段的文化。第二,文明是人类社会的进步状态,它代表进步,不代表落后与反动,而文化则不是这样。文化有主流文化与支流文化,进步文化与反动文化之分。

二、文化的特性

认识文化所具有的特性,对于正确认识和分析文化现象具有重要意义。文化具有如下特性:

1. 象征性。文化的象征性是指一切具体的文化现象都只不过是一定文化类型的反映或象征。比如,石斧本身并不是文化,但它反映了原始社会人类制造工具的能力和技术,因此,它是原始社会文化的象征。同样,太极拳是中国文化的象征,相扑是日本文化的象征,蒙古包是蒙古民族文化的象征,等等。文化之所以具有这一特性,是因为文化是构成社会的软件系统,它对于人类的特殊意义必须通过具体的事物或现象反映出来。因此,具体的事物或现象只是对于人类具有某种特殊意义的文化的反映或象征,而不能直接等同于某种文化。

2. 复合性。文化的复合性是指任何文化现象都是一系列具有内在联系的文化现象的组合,它主要体现在这样两个方面:第一,围绕着某一社会活动,会产生一系列相关的文化现象。如:宗教活动,就包括了宗教教义、宗教仪式、宗教建筑、宗教

---

① 《原始文化》,1871 年。

组织等宗教文化现象。第二,任何一种文化现象都不可能孤立地存在。它总是要和别的文化现象组合在一起,构成一个复杂的文化系统。如:教育这一文化现象,与社会的政治制度、科学技术水平都有着不可分割的联系。

3.多样性。文化的多样性主要是指不同国家、民族、社会集团、社区都有其独特的文化。如民族文化有中国文化、美国文化等等,社会集团文化有企业文化、校园文化等等。

4.共享性。文化的共享性是指文化具有为一个群体、一个社会乃至全人类所共享的特性。从文化的共享性可以导出文化的其他诸种特性,如文化具有渗透性和扩散性,传递性和继承性,以及文化具有习得性。文化的这些特性与文化的共享性是密切联系在一起的。正因为文化具有扩散性和继承性,文化才能为他人、后人所共享;反过来,正因为文化具有共享性,它才能得到传播和传递。文化的这种共享性与物质财富的共享是不同的。某一物主将他的东西拿出来与人共享,他对该物的拥有量就会减少。而文化的共享却不会导致原有文化资源的减少。

三、文化的构成

文化是一个具有特定结构的复合整体,从不同的角度,可以对文化的构成作不同的分析。

根据文化所包括的内容的性质,可以将文化划分为以下三层结构:

(1) 外层。即物质层。是经过人类作用的第二自然物,是在自然物上打上的人类意志和活动的印记。它所反映的是人类认识和改造自然的能力、技术水平。

(2) 中间层。即心物结合层。是指人类的精神产品,是人类精神产品的非物质形式的对象化。它们离不开一定的物质载体。如:组织、制度、理论等。有人将这一层次的文化称为制度文化。

(3) 里层。即心理层。包括人的价值观、心理状态、思维方式、审美情趣、道德情操、宗教情绪、民族精神等,有的学者将这一层文化称为"深层文化",它们是文化研究所关注的最主要的内容。

根据文化所包括的内容的复杂程度和范围的大小,可以将文化分成如下三层结构:

(1) 文化特质。是指一种文化区别于其他文化的最小单元。如中国人的筷子、姓名,日本人的和服,蒙古人的蒙古包,等等。文化的差异是通过文化特质体现出来的。

(2) 文化结丛(文化丛)。是指若干功能上相互整合的文化特质群。它也是研究文化特质的一个单位。因为文化特质往往并不是孤立地存在的,它与其他的特质又有着密切的联系。在人类历史上,一种文化特质产生出来后,伴之而来的会产生许多相关的文化特质。如:一些部落或民族最初学会了驯马,随着马文化的出现,就出现了一组以马的功能为基础的包括了许多马文化特质的文化丛。如马棚、马鞍、马车、驯马技术等等。又如,各个民族的嫁娶方式,也都是由多种文化特质组合而成的文化结丛。

(3)文化模式。是指互有关联的文化特质和文化结丛的构成方式及其稳定特征。它构成了某个民族或地区的特定的生活方式或制度的基础。它可以指一个国家或民族的文化模式,如日本文化,中国唐文化等;也可以指一种具有独特特征的地域性文化,如我国的特区文化;也可以指一种更大范围的跨民族地域文化,如西方文化、东方文化等等。

关于文化模式的研究,具有代表性的是美国文化人类学家露丝·F.本尼迪克特(Ruth Fulton Benedict,1887—1948)的研究。1934年,她出过一本有名的著作——《文化模式》。她在书中认为,每一个民族都有自己独特的文化,这种文化犹如一个人的思想和行为模式,多少具有一致性。她通过分析北美印第安人的守护神灵观念发现,每一种文化模式都有一种主题,一种主导观念,它把各个分散的文化元素组合起来之后便形成了某种文化模式。

关于文化模式的研究具有重要的意义,它揭示出:任何文化的发展变化都不是孤立的,都在功能上有着内在的统一性和整体的一致性,任何文化元素如果不和一定文化模式相适应就不会被该文化模式所接纳;作为一种民族的文化模式都是围绕着一种中心观念而形成的。只要这种中心观念不发生变化,那么整个文化模式就很难发生变化。

根据各种不同的文化在整个文化系统中所处的地位和作用,可以把文化分为主文化、亚文化和反文化三类。

主文化又叫主流文化,是在一个文化系统中起主导作用的文化。比如,在中国封建社会,儒家文化曾经是主文化;在美国,西欧移民的文化是主文化。

亚文化又叫副文化或支流文化,是在一个文化系统中处在次要位置上的文化。一般指的是具有某一地区性色彩或某一群体性色彩的文化。如美国社会中的印第安文化,黑人文化,中国的少数民族文化,以及中原文化,岭南文化,等等。

在统一的中华文化里面,存在着大量不同的地域亚文化。这些地域文化"指的是由主要文化特质相同或相近,在功能上相互关联的多个文化丛连接所构成的有机体系",而认定或界定特定文化区域的依据则主要是语言、信仰、生活习惯、社会风气的异同。由于各个相对独立的地理区域在长期演化中所面临的机遇与要素集成(包括地理条件、经济形态、距离中央政权和中华文化中心的距离远近等)的不同,这些地域文化彼此相互区别,形成了各自的特色,比较典型的有中原文化、关中文化、齐鲁文化、湖湘文化、荆楚文化、吴越文化、巴蜀文化、八闽文化、岭南文化、东北文化等。这些地域亚文化一经形成,反过来就会对各个区域的经济发展、法制秩序、社会风气等产生深刻的影响。因此,研究地域亚文化,对于认识各个不同地域的经济、政治、社会面貌的形成原因及其发展变化的规律具有重要的意义。

在一般情况下,主文化与亚文化能够共存共荣,两者并不一定是一种互相排斥的关系。如:"儒、释、道"的"三教文化"在中国社会就可以共存,汉文化与少数民族文化可以共存共荣,等等。在一定条件下,主文化与亚文化有可能互相排斥并发生相互转化。如马克思主义学说在旧中国属于亚文化,在新中国就成了主文化。

当亚文化处于与主流文化相对立的地位时,它就成了"反文化"。反文化是指一种否定和排斥一定社会形态中的主流文化的文化。如美国社会中的嬉皮士等等。

人们通常把主文化视为应当肯定的文化,而把反文化视为应当否定的文化,其实不一定。马克思主义学说就曾经处在反文化的地位上。与市场经济发展要求相吻合的一些思想观念,也曾经被我们看成反主流文化而受到批判。因此,判断的标准应当看文化本身的性质。凡是代表着社会发展方向,有利于推动社会进步的文化,不管是主文化还是反文化都应当得到肯定;反之,则应当予以否定。

第二节 文化与社会的相互作用

一、关于文化特性形成的理论

各个国家、各个民族都具有自己的文化模式。这些文化特性是怎么形成的?为什么中国历史上形成了宗族意识,而美国社会却形成了个人主义意识?围绕这一问题产生了几种有代表性的不同的解释方法与观点。

1. 功能主义的解释方法

这种方法是西方社会学家和人类学家在探究文化现象时使用最广泛的解释方法之一。它以英国著名人类学家马林诺夫斯基为代表。这种解释方法强调文化在社会中的作用。他们认为,一种特定的文化之所以会产生,是由于它发挥了重要的社会功能。如美国的圣诞节、橄榄球赛、南方浸礼会等等都是一些具有美国特色的"文化丛",它们在美国社会中发挥着重要的作用。又如:为什么旧时中国的女子要裹小脚? 按照这种解释方法,那是为了要把女子束缚在家里,以养育孩子、服侍公婆与丈夫。因此,按照这种观点,一种文化的产生都是它符合了社会的某种需要的结果。

2. 人种学的解释方法

这种观点专门用生物学的观点来解释文化现象,认为不同民族或种族在文化上的差别是由于人种的不同而造成的。比如有的民族生性好斗,于是产生了竞争意识;有的民族生性懦弱,于是安分守己。这些生理素质方面的特点会在他们各自的思想观念、生活方式等方面反映出来。

人种学的解释方法对于某些文化现象的产生能作出较为合理的解释,但从总体上讲,这种解释方法是十分牵强附会的,因而现在几乎没有人再坚持这种观点了。

3. 生态学的解释方法

这种观点把文化特性的根源归结于环境的影响。认为不同民族的文化特性是由其资源和周围环境的特点以及这些环境的变化而决定的。这种观点的代表人物之一是美国的文化人类学家朱利安·斯图尔特。他对具有同等狩猎技术的不同部落的社会结构进行了对比。这些部落都使用了弓箭、长矛和陷阱狩猎。他认为,这些部落的社会结构的差异取决于他们捕捉对象的不同。如果主要的狩猎对象是大的迁徙兽群,如驯鹿,那么这一部落的规模就比较大。这是因为他们必须进行大规模的合作狩猎活动。如果狩猎对象是小规模的、分散而不迁徙的兽群,这个部落就由一些小范围的单血缘群体组成。

文化生态学的观点对于解释某些文化现象是有价值的。台湾学者杨仲揆在论述日本人的民族性格时,认为日本人的忧患意识、团结精神和基于现实利益原则基础上的多变性等民族性格的形成,其原因之一是,日本是一个资源贫乏的孤岛。这种分析是有一定道理的。另外,许多民族或地区所具有的文化特性确实与它所处的环境有密切的联系。如海南岛的椰文化,江南的竹文化等等。

但是,用生态环境来解释文化特性毕竟是表面的和十分有限的。我们很难用周围环境来解释不同国家的不同的科学技术发展水平,来解释各种政治制度的差异以及各种基本价值观的差异,如美国人的个人主义,中国人的宗族观念等。

4. 意识形态的解释方法

这种观点认为,某种文化特性的形成是某个阶级或某一社会利益集团支持的结果。具有代表性的例子是美国社会学家盖伊·斯旺森在《宗教和政体:对改革的社会学解释》一书中所作的宗教差异的分析。他试图说明为什么16世纪欧洲各国的君主有的接受天主教,有的却接受基督教。他认为他们选择的依据就是看那些教派是否支持他们的政治权力。盖伊通过研究发现,强大的中央王室倾向于喜欢天主教,而小君主们却选择了基督教。

用意识形态的观点来解释某些文化特性形成的原因是十分有用的。马克思也曾表达过与此类似的思想。他认为一个社会的占统治地位的思想不过是统治阶级的思想而已。我国"文革"期间所表现出来的一些文化特性与当时领导层所推行的思想、路线是分不开的。

5. 物质生活条件决定论的观点

这是以马克思为代表的解释文化现象的辩证唯物主义观点。马克思、恩格斯在《共产党宣言》中指出,资产阶级关于自由、教育、法等等的观点本身是资产阶级生产关系和所有制关系的产物,是由资产阶级的生活条件决定的。并且指出,人们的观念随着人们的生活条件、人们的社会关系、人们的社会存在的改变而改变。恩格斯在《卡尔·马克思》一文中指出:"一切历史现象都可以用最简单的方法来说明,而每一历史时期的观念和思想也同样可以极其简单地由这一时期的生活的经济条件以及由这些条件决定的社会关系和政治关系来说明。"①马克思、恩格斯虽然很少用"文化"这一概念,而是用观念、意识形态等概念,但他们所用的概念正是文化中的主要的深层的东西。马克思恩格斯的思想得到了包括西方学者在内的社会科学研究人员的广泛赞同。美国新泽西州立大学社会学教授戴维·波普诺认为,马克思关于社会阶级划分和经济因素对我们生活的重要性的观点是对社会科学的重大贡献。他的思想和理论激起了许多社会变革,在这一点上,历史上几乎没有人能够与他相比。

马克思的物质生活条件决定论的观点是我们用来分析不同民族、国家、地区文化特性形成的最重要的依据。中国人何以形成了求安、求稳、求均的观念和社会心理？离开了对中国历史上的社会生活条件的理解,我们就很难对此作出解释。千百年来,中国人靠土地生存,靠一家一户的小农生产方式勉强维持自己的生计,如遇天灾人祸、兵荒马乱,便流离失所、民不聊生。因此,人们把社会的稳定、生活的安定看得比什么都重要。为了解决低下的生产力水平与消费需求之间的矛盾,保证人们基本生活需求得到满足,不得不要求均贫富,要求人们安贫乐道、知足常乐。于是"不患寡而患不均,不患贫而患不安"也成了一种普遍的社会心理。所以,离开中国人的社会生活条件,我们就不能对中国人的文化特征作出深刻的解释。因此,我们认为,人们的物质生活条件是形成各种文化特征的决定性因素。这种决定作

---

① 《马克思恩格斯选集》第三卷,第41页。

用主要体现在:第一,一定社会的文化性质与特征归根结底是由该社会的物质生产和生活条件所决定的;第二,物质生产与生活条件的发展变化是社会文化发展变化的最深刻的根源。它们不仅为文化的变化提供了原初的动力,而且制约着文化发展变化的方向。

当然,物质生活条件并不是决定文化特征的唯一因素。政治的、地理的以及人种的因素都会对文化特征的形成产生影响。不同民族、国家、地区的文化特征的形成是这些因素综合作用的结果。

二、文化的社会功能

文化作为人类社会的必不可少的有机组成部分,对人类和人类社会的生存与发展发挥着不可替代的重要作用。

(1) 文化为人类提供了适应和改变自然环境的能力。文化的产生、积累与发展不仅使人类获得了适应自然环境变化的能力与手段,而且为人类提供了有目的地改变自然环境的能力。这样,人类就获得了与其他动物根本不同的生存与发展条件。正因为如此,在漫长的自然环境的变迁过程中,许多物种已经灭绝,唯独人类却获得了迅速的繁衍与发展。随着文化的积累与发展,生产力水平也越来越高,人类征服与适应自然的能力越来越强。

(2) 文化影响社会的组织形式和运转形式。一个国家的政治上层建筑主要取决于一定的经济基础,但是一定的政治、法律思想对于政治制度和法律规范的形成与演变却发生着直接的影响。社会的政治法律制度本质上属于思想关系的范畴,它必须通过人们的意识才能形成,所以思想观念对于政治制度和组织形式具有重要的制约作用。民主政治的建立有赖于民主法制意识的增强。人们的思想素质和文化素质会直接影响政治法律制度的制定、执行和监督的全过程。思想文化对政治和社会运转的影响还表现在人们的理想、信仰对社会的稳定与整合所起的重要作用上。理想与信仰是一国国民的精神支柱,是一个国家或民族得以凝聚在一起的强大精神力量。如果一个民族或个人丧失了理想和追求,丧失了精神支柱,就会出现颓废、涣散、不安和动乱,对于社会的稳定与进步产生极为不利的影响。此外,一个民族的民族精神、宗教乃至企业精神等对于增强人们的向心力和凝聚力,动员人们的力量,都会起到不可估量的效果。

(3) 文化影响人们的生活方式。人们的生活方式归根结底是由物质生产方式所决定的,但人们的价值观念、传统习俗等文化因素也对生活方式产生直接的影响。实际上,生活方式本身就是特定文化模式的反映。

(4) 文化影响人类自身的素质。一个国家或民族的科学技术水平、教育水平、传统思维方式、传统社会心理等等都会对该国国民的素质产生重要影响。在不同的文化背景中成长起来的人,其科学文化水平、思维方式、思想观念都有其不同的特点;随着人类社会的进步和文化的积累与发展,人类自身比以往更加聪明,人脑更为发达,人手也更为灵活。

总之,文化的作用渗透到包括经济的、政治的、思想的以及日常生活的所有社会生活领域。这种作用可以分为两个方面:一方面,文化为人类提供了生存和发展的条件;另一方面,文化本身也成为人类环境的一部分,成为环境中的一种力量,反过来制约着人的头脑和人的活动。"一切已死的先辈们的传统像恶魔一样纠缠着活人的头脑。"①每个人一生下来就处在一种既定的不能由自己选择的文化环境中,接受文化环境的熏陶与教化,成为该社会的成员,然后再在这一基础上创造新的文化。

文化对于社会发展的作用随着人类社会的进步正越来越明显。现代社会的发展已在越来越大的程度上依赖于文化的进步。在我国经济体制改革和政治体制改革的同时,进一步提高中华民族的科学文化素质和思想道德素质已成为当前一项十分紧迫的任务。

第三节　文化的运行规律

文化作为社会的一个子系统,具有相对独立性,并且具有它自己独特的动态进化过程。这一过程主要通过两个方面体现出来,一是在纵向上,文化具有它自己的积累与传递机制;二是在横向上,文化具有自己的传播与渗透机制。

一、文化的积累与传递

文化的积累与传递,是文化系统运行的基本形式之一,也是文化运行的一条基本规律。每一代人都是在前人所积累起来的文化成就的基础上,吸取原有文化的积极成果,同时总结新的认识和新的实践经验,创造出新的文化成果,然后再把这些成果传递下去。人类社会的文化就是这样一代一代地积累起来,再一代一代地传递下去。

文化的积累与传递是社会不断发展的根本条件之一。如果每一代人都要抛弃原有文化,一切从头做起,并且自己也不把创造出来的物质和精神文化积累起来,传递下去,那么人类除了永远停留在制造粗糙石斧的原始阶段以外,是不会有其他

---

① 《马克思恩格斯选集》第一卷,第603页。

前途的。人类高于动物的地方,不仅在于它能创造文化,而且在于能将其创造的文化不断地积累起来,并通过各种途径一代一代地传递下去,由此不断推进生产的发展与社会的进步。

由于文化能够不断地积累和传递,因此它具有极强的历史继承性。每一历史时期的文化成果,都同它以前的成果有着继承的关系;每一社会的文化都有两个来源:既有对历史上文化成果的继承与保留,也有根据现实社会条件的创造与发展。文化的发展和进步就是这两者的有机结合。正因为文化有历史继承性,文化的发展才能持续而不中断,才有其可以追溯的历史线索,才会形成民族文化、区域文化这些各具特色的文化传统。任何社会都不可能割断自己文化的发展历史,都不可能全部抛弃自己以前的文化遗产。

但是另一方面,文化归根到底是受社会存在及其发展所制约的。任何时代对以前的文化遗产都不会无条件地原封不动地兼容并蓄,而一定会在现实的生产和生活的基础上,依据社会发展的需要而对其进行加工改造,并有选择地继承与吸收。所以,文化的积累与传递有它的两重性。一方面它具有自己的历史继承性,任何社会都不可能割断自己的文化发展历史;另一方面,文化的积累与传递又依据社会存在及其发展的要求而具有一定的选择性,任何文化遗产都不会无条件地原封不动地传递下去。

人类文化的传递并不总是单向的。在传统农业社会,社会变迁速度缓慢,在这种周而复始、几乎是一成不变的社会中,文化传递的方向总是由上一代人向下一代人传递,明显呈现出单向传递的特点。但自从人类社会进入工业化时代、特别是知识经济与信息化社会以后,社会变迁速度异常迅猛,文化总是由上一代人向下一代人传递的法则及其天经地义的合理性开始面临挑战,出现了文化反向传递的"文化反哺"现象。所谓文化反哺,是指在急速的社会变迁时代所发生的年长一代向年轻一代进行文化学习与吸收的现象。面对社会的急剧变迁,尤其是以手机和互联网为代表的高科技电子产品对社会生活所带来的巨大冲击,亲子两代的适应能力不同,对新事物的理解和吸收快慢不同。于是,亲代丧失了教化的绝对权力,子代却获得了前所未有的"反哺能力"。面对日新月异的高科技电子产品和其他新事物,父辈常常不得不放下身段,反过来向子辈请教。这种文化反哺现象的出现说明,在急速的社会变迁背景下,不仅文化传递的内容有了极大的变化,而且亘古不变的文化传递的方向和形式也有了变化。

二、文化的传播与渗透

文化的传播与渗透,是文化在横向上的运动形式。它是文化系统运行的另一基本形式。

文化不仅能世代相传,而且能在不同的社会、不同的民族之间传播与渗透。文化的传播与渗透是在一种文化与外部文化的接触中产生并实现的。接触的方式很多,如贸易、旅游、战争、移民等。任何一个国家和民族都不可能长久地孤立于世界各国家和各民族之外,它必然要与其他国家或民族进行交往,也就必然要接触外部文化。因此,不同民族、不同社会之间的文化传播与渗透是必然会发生的。

文化的传播与渗透不仅有其必然性,而且还有其合理性。文化具有共享性,文化中的优秀成果更是全人类的共同财富。我们应该而且也只有向别的民族学习一切优秀的文化成果,才能使自己的文化获得更快的发展。

当然,外来文化并不都是优秀的和有价值的,其中也有糟粕和腐朽的东西,因此我们在向外来文化学习时,一定要注意鉴别,取其精华去其糟粕,这样才能保证我们的文化的健康发展。同时,任何其他民族的优秀文化只有能为本民族所接受、所融合,才能发挥出其积极功能。因此,即使是对外国优秀文化成果的学习也不能简单照搬。

在过去一个多世纪以来,迅速发展的通讯和交通工具使得远距离的交往比以往任何时候都更为方便了,文化传播的速度和范围更快更广了。越来越多的人已经认识到,学习外来文化是促使本民族文化获得较快发展的一条捷径。为此,各个民族都纷纷结束以往的封闭状态,走向开放,并逐渐建立起健全的文化开放机制。这种文化开放机制的主要特点是:(1)促使本民族文化与其他文化进行多层面、全方位的文化接触。(2)加强本文化系统的文化选择功能。(3)健全和完善本文化系统的重组机制,即将外来文化中的积极成果有机地纳入本民族文化中去,使本民族文化获得新的生机与活力。

三、文化融合与文化冲突

文化的运行除了有以上两种基本形式以外,还有文化融合、文化冲突、文化同化等具体的运行形式。

文化融合是指不同文化在相互接触和相互接受影响以后所产生的一种文化现象。由于文化具有扩散、传播和渗透的功能,故两种文化在接触过程中必然会互相影响和渗透。这种影响与渗透一般不会是对他种文化的全盘接受,也不会是将他种文化"吃掉"或称"同化"掉,而只会是部分地接受他种文化的影响,并将这些影响融进本民族的文化系统之中,成为本民族文化的有机组成部分。

一般来说,任何文化都是一种文化的融合,因为任何文化都会受到外来文化的影响。但是,不同民族对外来文化的态度是不一样的。有的民族善于向别的文化学习一切优秀成果,善于将这些成果融进本民族的文化之中,但又不失自己本民族文化的个性。这种开放的和善于学习的民族能够得到更多发展的有利条件。

在文化融合过程中有一种"同化"现象。文化中的同化现象一般并不是指整个民族的被同化,而是指某一个体或群体从一种文化融进另一种文化之中的变化过程和变化结果。如中国人移民至美国,日本人在中国定居等等。同化的过程在较大程度上要取决于不同文化之间的差异。在文化之间的差异很大的情况下,同化就十分艰难。移民自身一般不会被同化,通常只是他们的子女或再下一代子女才会被同化。许多文化差异大的移民群体都不会被完全同化。如美国的大多数移民群体都保留着他们原文化的基本的习俗和观念。

一个较小的民族被一个较大的民族同化的特例也是存在的,如中国东北的女真族,如今已基本上融进了汉文化之中。

文化冲突是指不同文化在相互接触和影响过程中,原有文化和外来文化之间所发生的矛盾与对抗。不同民族、不同国家的文化往往会在价值观、行为规范、风俗习惯等方面存在很大的差别甚至对立。当这些文化在相互接触和发生影响时,就必然会产生撞击,发生冲突。比如,当中国实行开放政策以后,西方文化大量涌进中国,西方文化中不少东西与中国原有文化存在很大差别甚至格格不入,例如,金钱至上与道义至上,个人主义与集体主义,竞争与谦让等等,这些互相对立的观念在接触中必然会发生撞击与冲突,并在人们的思想与行为上反映出来。这种文化冲突在社会由封闭走向开放的过程中表现得最为明显。

文化冲突的结果大体上会出现两种情况。一种是导致对外来文化的彻底拒绝。伊朗国王巴列维推行全盘西化,遭到伊斯兰教的强烈反对,结果伊斯兰革命成功,西方文化被拒之门外。另一种结果是导致"适应"。在冲突与对抗过程中,外来文化逐渐被接受,并融进本民族文化之中,冲突也就趋于缓和。如 20 世纪 80 年代西方的迪斯科舞、摇滚乐传进中国后就曾发生从反对到接受的变化。再如在 19 世纪,天主教与新教的文化冲突曾经搅得美国社会动荡不安。1845 年至 1846 年间爱尔兰发生可怕的饥荒,大批信奉天主教的爱尔兰人涌入美国,导致许多美国新教徒感到他们的宗教文化受到了威胁。天主教与新教之间的文化冲突持续了十多年,直到他们强调了他们之间共同的基督教传统而不是历史上神学的世仇以后,这种对抗才告消失。从这一点上说,他们之间互相适应了。

文化冲突的最激烈的形式是战争。历史上的十字军东征和其他各种宗教战争都是由文化冲突而引起的。文化输出、文化渗透也会被一些政治家当作其进行国际政治斗争的重要手段。美国政治学家亨廷顿就鼓吹未来的冲突是文明冲突等等。

第四节　中国的传统文化与现代化

如何处理中国传统文化与现代化建设的关系,这是我国文化研究的一项重要课题。

一、中国传统文化的基本特质

关于中国传统文化的特质,我国一些近代的思想家曾经有过不少精辟的论述。

康有为 1898 年 6 月上书光绪皇帝时指出,中国往昔处于"一统之世",占支配地位的观念一贯是静、隔、散、防弊,西方现今已处于"竞争之世",占支配地位的观念则与中国截然相反,是动、通、聚、兴利。

梁启超在《中国学术思想变迁之大势》一文中则指出,中国传统心理与观念的主要特征是:崇实际,主力行,贵人事,明政法,重阶级,重经验,喜保守,主勉强,畏天命,言排外,贵自强等。

在以五四运动为标志的新文化运动中,陈独秀、李大钊、鲁迅等人对中国的传统文化都作了极为深刻的剖析。

陈独秀在 1915 年发表了《东西民族根本思想之差异》一文。文中对所谓西洋民族与东洋民族的民族特点作了比较,认为"西洋民族以战争为本位,东洋民族以安息为本位";"西洋民族以个人为本位,东洋民族以家族为本位";"西洋民族以法治为本位,东洋民族以感情为本位";"西洋民族以实利为本位,东洋民族以虚文为本位"。"西洋民族性,恶侮辱,宁斗死",而"东洋民族性,恶斗死,宁忍辱"。

李大钊在 1918 年发表的《东西文明根本之异点》一文中写道:"东西文明有根本不同之点,即东洋文明主静,西洋民族主动是也。"他认为,以静为本位,在思想上就持厌世主义,以为无论何物皆无竞争之价值,个性之存在不甚重要,并因此而事事听之天命等等,其短处在于厌世的人生观、惰性太重、专制主义盛行等。

中国传统文化的特质,主要是在儒家思想中得到最集中的体现。具体地说,就是儒家的以"仁"为中心的道德体系和以"礼"为中心的教化体系。20 世纪 80 年代中期以来,在关于中国传统文化的研究中,一些学者指出,中国传统文化的基本特征是"礼"或"礼治"。一些学者指出,中国传统文化的基本特征是人文主义精神,这种人文主义与西方所强调的独立个性的人文主义不同,它强调的是社会的人格,它的主题是伦理道德。中国的人文思想是在最富于人情的关系中,巧妙地取消了人的独立性,把人变为道德的工具。①有的学者指出,中国人的价值判断是与善连在一起的,凡符合道德原则的就是好的,西方民族的价值判断是与真连在一起的,只有符合真的原则才是好的。

有的学者指出,最能代表中国文化特点的是道家学说。道家主张"无为而治",认为"我无为而民自化,我好静而民自正,我无事而民自富,我无欲而民自朴"。它的理想境界则是"小国寡民,使有什佰之器而不用,使民重死而不远徙。虽有舟舆,无所乘之;虽有兵甲,无所陈之;使人复结绳而用之,甘其食,美其服,安其居,乐其俗,邻国相望,鸡犬之声相闻,民至老死不相往来"。所有这些都集中体现了我国传统文化的主要特征。②

从以上材料可以看出,人们对中国传统文化的特质的认识各不相同。在对包括鲁迅、梁启超、陈独秀、梁漱溟、孙本文、林语堂、杨国枢以及利玛窦、罗素、史密斯等30名中外著名人士对中国国民性的描述(不包括勤劳、节俭等民族性格特征)中,可以发现他们一共提出了68种特征,但其中没有一种特征是所有人一致提出来的。提得最多的一种特征,即因循守旧也只有15个人提到。我们将由两个以上的人提到的特征列表显示如下(见表4-1)。

表 4-1 中国国民性描述统计

	国 民 性	提及人次		国 民 性	提及人次
1	因循守旧	15	10	求和平	5
2	要面子,重形式	10	11	讲礼仪	5
3	伦理至上,恪守道德	10	12	崇尚祖宗,怀古	5
4	知足常乐	8	13	缺乏团体意识	4
5	调和妥协,中庸之道	7	14	崇拜权力,惧怕权威	4
6	宁静淡泊	7	15	实利主义,求实际	4
7	重人情,讲宽容	6	16	平均主义	2
8	重家庭(家族)关系	6	17	群体本位主义	2
9	安分守己,安于命运	5	18	求一致	2

从表4-1可以看出,这30位著名人士对中国国民性的认识是不一致的。他们对中国国民性的认识之所以不一致,除了国民性是一种十分复杂、极难把握的现象以外,另一个重要原因是这些著名人士自身受到其所在的社会生活环境的限制。他们所接触到的往往只是一部分中国人,或者是某种类型的中国人,要以此来概括全体中国人的国民性,这就难免会产生不一致,甚至会产生截然相反的看法。尽管

---

① 王和:《传统文化与现代化》,《中国社会科学》1986年第3期。
② 姜义华:《中国国民性问题析论》,《复旦学报》1980年第1期。

如此,表 4-1 所显示的中国国民性的诸多特点,大体上反映了中国国民性的基本面貌。我们可以将表中所列的 18 个特点进一步概括为以下 8 个特点:(1)因循守旧;(2)要面子,重形式;(3)伦理至上,恪守道德;(4)知足常乐,安于命运;(5)调和妥协,中庸之道;(6)重人情,讲宽容;(7)重家庭(家族)关系;(8)崇拜权力,惧怕权威。

二、对中国传统文化的评价

对中国的传统文化历来有不同的看法。从 20 世纪初以及 20 世纪 80 年代中期中国思想界和理论界对中国传统文化的两次大的讨论中可以看出,人们对中国传统文化存在着三种基本的看法。[①]

1. 对中国传统文化在当代的价值和作用持否定或基本否定的态度

胡适是这种观点的代表人物。他在 1930 年 12 月发表的《介绍我自己的思想》一文中写道:"我们必须承认自己百事不如人,不但物质机械上不如人,并且道德不如人,知识不如人,文学不如人,音乐不如人,艺术不如人,身体不如人。"要拯救我们这个"又愚又懒"的"一分像人九分像鬼的不长进的民族",唯一的出路就是"死心塌地的去学习西洋的近代文明"。

这种观点认为,以儒学为主体的中国传统文化,是产生于封闭的自给自足的小农经济土壤中的文化,是与封建宗法制度有着紧密联系的文化,因此这种文化本质上是与以市场经济为基础的现代社会不相容的。

这种观点还认为,人文思想在中国传统文化中占有重要地位,但这种人文思想是与君主专制政治并行发展的。专制政治常常以具有浓厚人文色彩的儒家思想为统治思想,这不是偶然的,它说明中国传统文化中的人文思想与专制政治之间有着某种内在的联系。因此,从总体上看,中国传统文化是不能与现代民主社会相融合的。中国传统文化中的一系列价值观念、思维方式、秩序制度、风俗习惯等,都将随着时代的进步而被淘汰,它决定了中国走向现代化将不采取民族文化复兴的形式,而采取"被现代化"的形式。"被现代化"意味着需要给中国文化注入新的思想、观念和素质,因此,每前进一步,都将伴随着对旧传统的反省和批判。

有的学者指出了中西方两种文明的冰炭不溶性:"西方信仰国家、法治、个人的权益,基督教和科学技术,以及使用战争来为进步服务",而中国传统社会则"信仰经典的儒家教义和天子在整个世界中至高无上的权力:天子高居于一个和谐的存在着等级和名分的社会秩序之巅,以他的富有教导意义的道德行为的榜样来维系自己的统治。……道德行为准则凌驾于个人的情欲、物质利益和法律条文之上"。

----

① 参见王和:《传统文化与现代化》,《中国社会科学》1986 年第 3 期。

在中国人的旧秩序里面,"经典的教义只能容忍限于传统内部的变化"。总之,"中国是儒学的、农业的和官僚的社会,不能调适成商业的、工业的和国家主义的西方社会"。中国传统文化与现代化互不相容,只有通过西方文化的冲击,彻底摧毁传统秩序,才能建立起现代社会。①

以上这些观点,都是对中国传统文化在今天的价值和作用持否定或基本否定的态度。根据这种观点,中国传统文化与现代化是格格不入的,它只会成为现代化的阻力,因此它只有在西方文化的巨大冲击下获得彻底的改造与新生,中国的现代化才有希望。

2. 对中国传统文化持肯定或基本肯定的态度

梁漱溟是这种观点的早期代表人物,他在《东西文化及其哲学》一文中指出,未来的中国,不应效法西方,也不应效法印度,而应致力于自身文化的复兴。

这种观点认为,世界文化具有多种类型。西方文化是向前看的,以个人为本位,追求物质利益,因此崇尚科学和民主。印度文化是向后看的,其特征为努力于解脱生活,以求得自我否定。中国文化是注重现实的,注重社会问题,注重人与人之间的关系。从历史发展来看,这种"互以对方为重"的思想是未来世界的前途,必将取代"个人本位"、"自我中心"的思想。

20世纪80年代以来,一些学者根据日本、新加坡、中国台湾等国家和地区经济建设的巨大成功和仍然基本上保持着东方文化的传统这一事实,认为中国传统文化与现代工业文明是完全可以相容的。工业文明应该是多元的,既有西方式的工业文明,也有东方式的工业文明,东方式的工业文明同样可以创造出经济奇迹来。日本学者提出了"儒教文化圈"和"儒教资本主义"这两个概念。如美国加州大学客座教授中岛岭雄指出,所谓"儒教文化圈",是指过去一直受中国文化影响的地区,包括东亚和东南亚的华人社会。他认为,过去的理论都说儒教文化不适合工业化和资本主义经济的发展。如果这种学说正确的话,那么东亚"儒教文化圈"国家就不可能走上产业资本主义的发展道路。然而,如今的现实已突破了这一理论,日本和亚洲的新兴工业化地区正在迅速崛起。毋宁说,儒教文化在维持着亚洲的活力。在经济开始起飞的社会,拥有儒教文化传统已成为经济与社会发展的促进因素。②

有的学者指出,中国文化从本质上讲是一种"刚健有为、崇德利用"的文化,这

---

① 参见《费正清有关中国文化的观点》,《社科信息》1993年第10期。
② 《亚洲的繁荣与儒教资本主义》,《经理》(日)月刊1993年3月版。

种自强不息的精神成为中国文化发展的内在动力。认为孔子思想中的积极因素形成了很多优良传统,像爱国主义、重视人才、非宗教的传统,道德方面的重义轻利、不以贫贱为耻的传统等等,即使在新的历史条件下,这些传统仍然是有用的。

以上这些观点,都是对中国传统文化在今天的价值和作用持肯定或基本肯定的态度。根据这种观点,中国人的传统文化和现代化是可以相容的,中国完全可以在传统文化的基础上实现社会的现代化。

3. 对中国传统文化在今天的作用持分析的和折中的态度

这种观点又可以分为两类,一类不是从价值判断,而是从"存在"的角度来看待传统文化的。

这种观点认为,对待传统文化,与其说是应不应该抛弃的问题,不如说是能不能抛弃的问题。中国传统文化经过了两千多年的培育,已经融化在中国人民的思想意识和行为模式里,积淀为一种遗传基因,成为民族心理的一部分。只要到农村的老百姓中去看一看,他们为人处世、待人接物的方式和习惯,他们对待家庭、老人、子女、亲友、财产的态度,他们的风俗习惯等等,就可以看到中国传统文化的存在。因此,我们无法抛弃传统文化,而只能在继承传统文化的基础上不断吸收外来文化中的优秀成分。

根据这种观点,中国传统文化是一种客观存在,社会现代化只能在这一基础上进行;社会改革不能与中国传统文化严重背离,否则改革将不能顺利进行;在现代化进程中,传统文化必然会受到冲击而发生变化,但无论怎么变,中国传统文化不可能全部发生变化。

另一类折中的观点,是从价值判断的角度,对中国传统文化作具体分析。

这种观点认为,中国传统文化给我们的民族和国家增添了光辉,也设置了障碍;它向世界传播了智慧之光,也造成了中外沟通的种种隔膜;它是一笔巨大的精神财富,也是一个不小的包袱。像一切事物都有它的两重性一样,中国传统文化也有它的两重性。它的优点和缺点、正面和负面,不是可以分别放置而能作简单的取舍的。它杂糅在一起,难分难解,它的缺点往往也就是它的优点。因此,在对待中国传统文化的问题上我们不能有盲目性。片面夸大民族文化的优秀传统会产生妄自尊大、盲目排外的倾向;片面夸大民族文化的消极面,则会降低民族自信心,产生民族自卑感。这两种倾向都不利于中国的现代化建设。

根据这种观点,中国传统文化既有与现代化的要求相吻合的一面,又有相矛盾和冲突的一面,因此,社会改革与现代化进程既应当与传统文化相协调,又要通过改革开放,改变传统文化中某些阻碍社会现代化进程的东西,使中国传统文化通过适当调整，更好地与社会改革和现代化的要求相协调。

三、中国传统文化与现代化建设的关系

随着我国社会主义现代化建设的逐步深入，如何正确地认识和对待我国的传统文化，如何正确地认识和处理传统文化与现代化的相互关系问题，成了影响现代化建设能否顺利进行的一个突出问题。因此，我们对这两者的关系必须有一个正确的认识。

第一，现代化进程有赖于传统文化的变革。文化现象归根结底是由社会的经济发展决定的，但是社会文化并不是消极被动的东西，它也会有力地反作用于经济和社会的发展。我国现代化建设的中心任务之一是大力发展社会主义市场经济。市场经济的发展必然会同本质上与农业经济相联系的传统文化发生矛盾和冲突。我国传统文化是喜一不喜多，喜静不喜动，喜闭不喜开，喜和不喜争，而市场经济的发展正是要求开放、搞活、竞争、多样化，因此与市场经济相适应的新观念、新要求和传统文化之间的矛盾、冲突是必然会发生的，是不可避免的。在改革开放和发展社会主义市场经济的过程中，我们必然会遇到来自各种旧观念和旧习惯势力的重重阻力。我们只有顺应历史发展的潮流，勇于变革我们的传统文化中一切不适应现代化建设要求的东西，才能反过来有力地促进社会主义现代化建设的发展。

第二，改革与现代化进程不能与传统文化发生严重对立。文化具有继承性，每个民族都有自己独特的文化传统，都不可能中断自己文化发展的历史。我国的传统文化更是千百年历史逐渐积淀的结果，它在人民群众的头脑中已产生了根深蒂固的影响，所以要想改变它决不是轻而易举的事，它的变革本身也必定是一个历史过程。在社会现代化进程中，传统文化必然会以各种形式顽强地证明它的存在，并对社会改革和现代化进程产生重要的制约作用。因此，我们既要在现代化进程中勇于变革那些不适应现代化建设要求的旧传统、旧观念，又不能主观主义地完全脱离原有的文化基础搞改革。任何改革措施，如果与人民群众的原有观念和社会心理习惯严重对立，就很难取得成功。任何脱离中国现实状况的企图过激地变革中国传统文化的思想和做法对于我们的现代化进程只会是有害而无益的。

第三，我国的现代化一定是具有中华民族文化特色的现代化。社会文化归根结底是受经济和社会发展制约的。随着我国社会主义现代化建设的深入发展，我国的传统文化也一定会发生巨大的变革。任何不适应现代生产力发展要求的旧传统、旧观念，不管它多么顽固，终将成为历史的东西，终将被适应社会主义现代化要求的新思想、新观念所代替。然而，即使到那时，我国的现代化也一定是具有中华

民族文化特色的现代化，我国的文化也不会全盘西化，而一定会是既充满时代精神的、又具有中华民族特色的光辉灿烂的新文化。

思考题：

1. 什么是社会文化？它具有哪些特性？
2. 可以从哪些角度对文化的构成作出分析？
3. 阐述文化的社会功能。
4. 文化具有哪些运行规律？
5. 中国传统文化具有哪些主要特点？如何正确认识中国传统文化与现代化建设之间的相互关系？

第五章 人 的 社 会 化

社会是由一定数量的个人组成的有机整体,研究社会结构与运行机制,必须正确地认识具体的个人。作为社会新一代人中的个体,并不是生来就能适应周围环境的,他必须经历一个过程,这个过程就是人的社会化。社会化是人的需要与环境、教育的矛盾的辩证统一。

第一节 个人在社会中的位置

一、人的本质

要理解个人在社会中的位置,首先必须揭示人的本质及其与社会的关系。"什么是人"的问题,自古以来,无数学者提出了许多不同的观点。从社会学的角度看,人是指在一定的社会关系中,能够制造和使用工具,并从事生产劳动的、有意识的生命个体。"人"这个概念在我们使用的过程中有时指个人,有时指人群或人类,但现实存在的人总是个人。个人是指在一定的社会环境中产生的,有自身独有特征的人类社会个体。

人具有自然属性和社会属性,每一个人都是这两种属性的对立统一。首先,人是由动物发展而来的,因此人具有与动物类似的自然属性。它具体表现在:第一,人有肉体的需求。包括食、性、休息等;第二,人有体力与智力(指智力的基础);第三,人有遗传和变异。人的自然属性不完全等同于动物,它是社会化了的自然属性。如动物的活动只是纯粹的机体功能的活动,其方式是先天固有的,它只能靠原始兽性和本能的支配来满足自己的需要,而人的活动则是靠后天习得的知识技能和集体的协作分工来进行生产劳动,靠理性调节来满足自己的需要。其次,由于人的一切实践活动和行为都是直接或间接地通过社会的形式表现出来的,因而人还具有社会的属性。其主要表现在:人能制造、使用工具,进行生产劳动;在生产实践活动中结成一定的生产关系和社会关系。在阶级社会里,人的社会属性主要体现为阶级性。

人的社会属性与自然属性是密切相关的。人的自然属性是社会属性的基础,人的社会属性是在人的自然属性的基础上发展起来的。人是自然属性和社会属性的统一,其中社会属性是人区别于动物的本质属性,社会属性决定了人的本质。正如马克思所说:"人的本质并不是单个人所固有的抽象物。在其现实性上,它是一切社会关系的总和。"①离开了人的社会联系,离开了人的实践活动,离开了社会关系的变化和发展,一句话,离开了社会,就抓不住人的本质,也就不能正确地理解现实的人。

二、个人与社会的关系

个人与社会的关系,是社会学的一个基本问题。这两者之间的关系是一种辩证统一的关系,可以从两方面来加以说明。

(1) 个人与社会是有区别的。

社会虽然以人的存在为前提,并且以人的活动来实现自身的运动,但是社会的运动和发展却具有自然历史过程的特点,表现出对一切个人都独立的性质。恩格斯对这一点曾作过精辟的论述。他指出,社会上的每一个个人都希望得到他所向往的东西,但是任何一个人的愿望都要受到任何另一个人的妨碍,而最后出现的结果往往是谁都没有希望过的事物。这无数互相交错的力量,形成了无数个力的平行四边形,融合成一个总的平均数,一个总的合力,总的结果,即历史事变。所以以往的历史总是像一种自然过程一样地进行,它服从于自身的运动规律,而决不会以某个个人的意志为转移。可见社会运动、社会意识具有同个人活动、个人意识不同的内容和特点。反过来,个人虽然离不开社会,和社会融为一体,但个人的活动也有自身的特点。每个个人都有自身物质和精神的不同的需要,他们往往会同社会的整体利益发生矛盾和冲突。可见,个人和社会是有区别的,是不能相互替代的。

(2) 个人和社会是统一的。

个人和社会虽然是有区别的,但它们之间决不是两个独立的东西之间的关系,而是密不可分的、统一的。这种统一性主要体现在个人和社会密切联系、互为因果的关系上。

个人和社会密切联系、不可分割。一方面,人是社会的人,人离不开社会。人的本质在于人的社会性。所以,研究人不能从孤立的个人出发,而必须从他所处的社会关系出发。如果把人同社会关系割裂开来,脱离社会关系去考察人,就会像费尔巴哈那样,陷入对人的抽象研究。另一方面,社会是人的社会,社会离不开人这个主体。没有个人,社会也就不会存在。我们研究社会关系不能离开人的活动。

①《马克思恩格斯选集》第一卷,第18页。

人是社会关系的承担者和体现者,只有在人的活动中才能把握社会关系。

个人和社会又互为因果。一方面,人的活动受到社会客观必然性的支配,另一方面,社会生活、社会关系中的一切又都是人所创造的,由人来改变的。所以说,"正像社会本身生产作为人的人一样,人也生产社会"①。按照历史唯物主义观点,这两者的因果关系不是完全等同的。人的意志首先是结果,然后才是原因,即人的意志、动机首先是由社会生活条件所决定的(包括人本身也是自然环境发展变化的结果),然后人才在这个既有的现实关系的基础上进行着创造活动。马克思曾指出:"人们自己创造自己的历史,但是他们并不是随心所欲地创造,并不是在他们自己选定的条件下创造,而是在直接碰到的、既定的、从过去承继下来的条件下创造。一切已死的先辈们的传统,像恶魔一样纠缠着活人的头脑。"②马克思、恩格斯还指出:"人是环境和教育的产物,因而认为改变了的人是另一种环境和改变了的教育的产物。"但是,"环境正是由人来改变的,而教育者本人一定是受教育的"③。这些观点彻底克服了唯心主义和旧唯物主义的局限性,驳斥了把社会和人形而上学地对立起来的观点。

在个人和社会的关系问题上。当代西方的学者当中存在着两种对立的观点。一种观点认为社会在个人之上,个人是消极的,微不足道的。迪尔凯姆就认为,每个人的个性发展过程只是社会"压模"的过程。另一种观点认为,个人应在社会之上。弗洛伊德认为人的本性应该得到满足,不能受压抑,否则要产生心理疾病。不少西方学者都接受了这一观点,他们在强调个人的价值的时候都忽视了社会因素对个人行为的制约作用。

这两种观点都是错误的,因为他们都把个人和社会这个统一体割裂了开来。把个人和社会割裂开来,然后来研究它们当中到底哪一个更重要,这个问题无异于"鸡和蛋问题的变种"。

第二节 个人社会化

一、社会化的含义和内容

在现代社会科学和人文科学当中,"社会化"是人们经常使用的概念。一般来说,社会学所表述的社会化,是指个人通过学习群体文化、学习承担社会角色,来发

---

① 《马克思恩格斯全集》第 42 卷,第 121 页。
② 《马克思恩格斯选集》第一卷,第 603 页。
③ 《马克思恩格斯全集》第 12 卷,第 734 页。

展自己的社会性的过程。前面已经指出,人是社会的动物,人的本质属性是社会性。但是,人的这一本质属性并不是与生俱来的,而是后天获得的。社会中的每个个体,从出生到参与社会生活,都需要有一个在社会中学习和成长的过程。一个人从不知不识的生物个体,成长为社会成员,必须学习他所处的那个社会长期积累起来的知识,逐步充实、发展自己的社会性。这个学习的过程,也就是把一定的价值、态度、技能"内化"为自己日常生活中习惯化的准则和个人能力的过程。个人社会化是人对社会的适应、改造、再适应、再改造的矛盾运动过程。因此,社会化过程对于每个社会个体来说具有极为重要的意义。它使个体获得和发展自己的社会性,成为合格的社会成员,并且不断适应变动着的社会生活。

个人的社会化,对于社会的发展是至关重要的。从社会整体的角度看,社会要存在和发展下去,就不能不将每一代人所创造的文化积累起来、传递下去,就不能不持续地培养好新一代人去接替老一代人留下的社会缺位。当今世界,无论哪个国家,哪个民族,无不重视培养下一代的问题,各国之所以不惜人力、物力、财力办好教育,其目的就是对社会成员进行社会化,因为它是关系到国家和民族盛衰兴亡的大事。

社会化的内容是非常广泛的,凡是社会生活所必需的基本知识、技能、行为方式、生活习惯以至于各种思想观念都包括在其中。社会化的基本内容主要有以下几个方面:

第一,教导生存技能。一个人要在社会中生存,必须懂得并掌握两方面的技能:一是衣食技能,即维持生存的能力。襁褓婴儿有衣食需要,但无衣食本领,必须靠成人抚养,接受第一步的社会化。二是职业技能,即谋求生存的本领。人不能总是依赖他人生活,他要通过劳动自谋生路,这就必须接受第二步教化,掌握职业技能。在传统社会里,一个人职业技能的习得一般是在家庭中即在家庭内的社会互动中完成的,而在科学技术日益发达的现代社会里,社会成员必须学会各种科学文化的基础知识,因此,单靠传统的家庭教育已经远远不够,这就需要普及和充实学校教育。一般来说,一个人职业技能的学习或掌握是在学校里的师生及同学之间的互动中初步实现的,并在职业组织内的师徒及同事之间的长期互动中最终完成。

第二,传递社会文化。它的核心内容包括价值观念体系和社会规范体系。价值观念体系,指社会、民族或群体中存在的比较一致的共同理想、共同信仰及较为持久的信念。这几方面内容构成社会的文化价值体系,构成社会文化传统的核心。它在社会文化中的核心地位首先表现为社会行为定向作用,其次表现为对社会成员的一种整合作用。它的这两种特性注定个人要接受群体和社会的价值观念,并将其内化,成为个人确定行为目标和行为方式的导向。当然,在社会化过程中,个人内化社会文化的价值观念必然与社会化的其他内容和过程相互作用、相互影响。因此,社会价值对于个人来说是各种可供选择的行为目标体系,个人内化社会价值往往总是依据自己的内在需要或意愿,将这些可供选择的目标建立起一种结构或秩序。对于社会来说,则应当根据社会需要,对个人学习和掌握社会价值观念的过程给予积极的引导。社会规范,是指人们在社会生活中创造出来的,用以调整、控制人们行为的文化手段的总和。它通过习俗、时尚、民风、民俗、道德、法律,以及各种各样的规章、制度、纪律等形式表现出来。人刚出生时对社会规范一无所知,只有经过长期的社会化过程才能逐渐地学会,并使之内化为自己的行为准则。

第三,完善自我观念。自我观念的完善包括两个方面:一是对自己生理、心理状况的认识;二是对自我与他人、社会的相互关系的认识。人刚出生,对自己的认识及其对他人关系的认识是模糊的,而模糊的自我是不能形成独特的个性或人格的。因此,培养和塑造什么样的自我观念,对个人和社会来说都是极为重要的基础。自我的发生、发展是贯穿社会化过程的基本内容,它的形成和确立对个人的学习和工作有着巨大的推动作用;对个人的态度形成和转变有着重要的调节作用;对个人在社会生活中的活动具有自我控制的功能。只有通过社会教化,才能使个人有一个完美的自我观念,并把对自我的认识与社会规范尽可能地协调一致。

第四,培养社会角色。社会化的最后成果,是为社会培养出符合社会要求的社会成员,使其在社会生活中担当一定的社会角色,这个角色要按社会结构中为他规定的规范办事。在任何一个社会中,人们只有分别扮演不同的社会角色,这个社会才能正常地运行。而人们的角色学习和角色实践正是在个人的社会化过程中实现的。如在一个家庭中有夫妇亲子关系,丈夫、妻子是夫妻关系中的两个角色;父母、子女是亲子关系中的四个角色,每个角色都有一套权利义务和行为规范体系。社会化就是使做父亲的要尽父亲的权利义务,按父亲的规范行事;做儿子的要尽儿子的权利义务,按儿子的规范行事。父父子子,长幼有序,如此等等。个人社会化是人们学习并扮演一定的社会角色的基础,而社会角色则是个人社会化的结果。

二、社会化的过程

人的社会化是一个过程。从广义上说,由于社会是不断发展的,个人为了适应社会生活,就必须不断学习,因此,人的一生都是一个不断社会化的过程。从狭义上说,人的一生最重要的学习阶段是青少年时期,人的社会化主要是指未成年人的教化过程,这一过程也可以称为基本社会化过程。之所以说这一过程是基本的,是因为社会化的基本任务是在这一阶段完成的,人的个性也是在这一阶段基本形成和定型的。由于人的生理、心理发展的水平不同,由于社会环境和教育条件的不同,人的社会化可以分为如下几个不同的发展阶段。

1. 少儿期的社会化

少儿期一般是指一个人从出生到15岁。这个时期还可以根据人的生理、心理上的差异分为婴儿期、幼儿期、学龄初期和学龄中期四个小阶段。

从新生儿到三岁是一个人的婴儿期。由于婴儿的生理机能尚不完备,特别是高级神经系统的组织不完备,心理活动尚在刚刚开始阶段,因此,社会化的任务是在细心照料抚养他的同时,逐步建立动作和语言等沟通方式,使他逐步接受社会信息,完成社会教化的准备工作。

从三岁到六七岁是一个人的幼儿期。因为这个阶段是在受系统的学校教育之前,又称为学龄前期。这时幼儿已学会走路和做一些其他活动,初具语言能力,不仅学习的语汇有所增加,而且对语法的辨别力和用语言表达思想的能力也在增强,能够从习惯于有声语言逐步向内部的无声语言过渡,能形象地感知外部世界,开始模仿社会角色。其社会化的任务,是通过扩大社会交往,大量感知自然和社会,积累丰富的感性知识,学习最基本的衣食技能和最基本的待人接物的规范,逐步形成个性特征和自我观念。

从六七岁到十一二岁是一个人的学龄初期。这时,儿童从以幼儿园或家庭教育为主转入小学教育,这是少儿社会化过程中一次质的转变过程。所谓质的转变,主要是指三方面的意义:第一,对儿童进行从组织性、强制性较少的幼儿园或家庭教育转变为有目的、有系统、组织性较强、强制性较大的学校为主的教育。学校教育也是一种社会义务,它要对儿童进行知识、技能和行为规范的系统教育。第二,对儿童的心理发展来说,通过学校教育训练儿童逐步掌握从口头语言向书面语言过渡,从形象思维向抽象的逻辑思维过渡。第三,有计划、有意识地促使儿童参加范围更大的集体活动,使儿童的身心发展得到有益的锻炼。

从十一二岁到十四五岁是一个人的学龄中期,也称少年期。少年在生理上已进入青春前期,性趋向成熟;心理上自我意识进一步发展,世界观开始萌芽。其社会化的任务,是增加知识,学习谋生的基本技能,学习基本的社会规范,逐步完善自我观念。少年已经有了抽象思维的能力和兴趣,但还不能完全脱离具体事物进行高度抽象思维,应采用具体生动的方式,对其进行科学人生观和世界观教育。

少年期是人的一生中的一个"危险期"。一方面,他们自身产生了一种较为强烈的自主要求,试图摆脱家庭和学校的监护,自己支配自己,喜欢猎奇、冒险、幻想;另一方面,他们的知识、经验缺乏,意志不坚定,兴趣多变,自我控制力薄弱。实践证明,许多少年违反纪律、早恋和反社会的犯罪行为,往往都是在这个时期发生的。因此,施教者不仅应注意自身行为的示范性,防止不良行为对少年产生影响,而且要注意观察少年在一些关节点上的变化,采取科学的方式加以引导,千万不可掉以轻心。

尽管少儿期几个阶段各具特殊性,但其社会化过程有一些共同的特点。第一,少儿的社会知识的增长与个人的生理和心理的迅速发展同步进行。因此,社会教化必须兼顾德、智、体、美、劳的全面要求,任何一方面都是不能忽视的。第二,社会教化手段逐渐由非语言形式发展到口头语言和书面语言,模仿是少儿接受社会化的基本形式。要注意训练少儿从口头语言、感性思维向书面语言、抽象思维过渡,更要注意成年人的行为以及大众传播媒介对少儿的潜移默化的影响。第三,社会教化单位逐渐由家庭扩大到邻里和学校。因此,家庭、邻里和学校应认真地履行自己的教育职能,并加强联系、默契配合,引导和帮助少儿顺利地通过这人生的起始阶段。

在我国,与少儿社会化密切相关的是独生子女的教育问题。目前,我国实行计划生育政策,在多数地区一对夫妻只生一个孩子。因此,独生子女占儿童总数的比例正逐年增长,独生子女的教育已成为全社会关注的大问题。独生子女社会化过程面临的问题及其特点,都出现在"独"字上。一方面,这种"独"的环境给少儿社会化带来许多有利条件。世界上许多教育学家、心理学家、社会学家通过研究发现,独生子女比多子女家庭的孩子能得到更多的爱护和培养,更容易发挥他们的才智,发展广泛的兴趣,并使之在事业上获得成功。独生子女家庭的有利条件主要包括:第一,独生子女家庭的经济条件优越于多子女家庭;第二,独生子女家庭的孩子享有较充分的父爱和母爱;第三,独生子女能获得较多的智力激励,以促进智力的发展;第四,独生子女与成人接触的机会多,知识面较广等等。另一方面,独生子女"独"的特点给他们的成长也带来了许多不利影响。独生子女不仅在家庭中被过分宠爱、照顾过多、多头关心、期望过高,而且由于缺乏同龄群体,易使其失去交往机会,从小任性、集体观念淡薄。因此,在独生子女社会化过程中,必须注意把照顾爱抚与严格要求结合起来;注意培养独生子女与别人平等相处和合群精神;注意培养独生子女完美的自我观念,克服其不良的个性特征;注意引导独生子女把兴趣和注意力向智力活动发展。

2. 青年期的社会化

青年期一般是指一个人从少儿期结束到 30 岁左右。青年社会化是个人在掌握基本生活技能和社会文化的基础上,开始独立参与社会生活,逐步适应社会生活的过程。这个时期依据社会化所面临的问题大体又可分为青年前期和青年后期两个小阶段。青年前期，个人在生理和心理上日臻成熟，世界观已初步形成，个人将逐渐摆脱学校和家庭的监护，走向独立的社会生活道路，成为更广阔社会的一个正式成员。一些心理学家把这一时期称为人的"新的诞生"（new birth）或"心理上的断乳"（psychological weaning）。青年后期，也就是孔子所讲的"而立"时期。这一时期，个人面临着多种选择：一是选择配偶，建立家庭；二是选择职业，建立事业；三是选择生活目标，建立信仰。这三大选择无论是对个人还是对社会都是至关重要的。因为它关系到青年不断调适个人与他人、个人与社会的关系问题，关系到个人和社会的前途与命运的大问题。

总之，青年期是人生的一个重要转折期，这种重大的转变主要表现在三个方面：首先是角色转换，即从被动者、消费者、无责任者、无性意识者转变为主动者、创造者、有责任者、有性意识者。其次是环境转换，即从依赖于社会、游戏团体、固定交往转变为自立于社会、互利团体、选择性交往。再次是文化转换，即从接受文化、储存文化、继承文化转变为辨别文化、运用文化、更新文化。这些转变使得青年人的个人活动范围扩大，个人的社会联系立体化，社会角色多重化，个人在其成长过程中随之而来的问题也复杂化。此时，更需要社会各方面的引导和帮助，使他们逐步适应人生道路上所遇到的新情况和新问题。

3. 中年期的社会化

一个人从出生开始，经过少儿期和青年期的社会化，基本上掌握了社会成员所具备的知识、技能和行为规范，取得了社会生活的资格，但这并不意味着个人社会化的结束。为了不断适应社会生活，依然需要继续社会化。继续社会化作为社会学的一个特定范畴，主要是指具有社会成员资格的成年人，不断学习社会文化以适应社会环境和社会角色变化的过程。这一过程可分为中年社会化和老年社会化两个阶段。中年期一般是指一个人从跨出青年期到55岁左右。人到中年，世界观已基本定型，有成熟的生活阅历，有既定的生活目标和较固定的行为模式，他们是维护社会秩序，推动社会发展的骨干力量。对中年人来说，继续接受社会化，就是为了适应发展变化中的生活环境。中年人的历史责任是承"上"启"下"。一方面中年人要接过前辈的"接力棒"，继承和发展他们的事业、知识和优良传统；另一方面，中年人要向下一代传递"接力棒"，引导和培养青年人步入更加广阔的社会，使他们对社会作出更大的贡献。我国的中年人不仅在社会上肩负双重的历史责任，而且在家庭中也担负着双重生活负担，一方面要赡养老人，另一方面要抚养孩子。特别是在现代化建设过程中，不少中年人被选拔到关键性的社会岗位，肩负的担子更重，往往会产生事业与家庭、负担与体力的矛盾问题。如何处理这些问题,扮演好自己的社会角色,以适应肩负重任的社会生活,就成为中年人的重要课题。

4. 老年期的社会化

老年期一般是指一个人从跨出中年期到生命的终点。老年社会化的主要任务是,处理好与婚后的下一代之间的关系;适应离退休以后的生活;适应丧偶以后的生活,等等。老年人社会生活经验极为丰富,但他们的身体机能却处于逐渐衰退状态,这两者之间的巨大反差往往使老年人在社会生活和工作的许多方面感到力不从心。因此,全社会要十分关注老年人问题。老年社会问题突出地表现在他们从工作岗位上退下来后的失落感、孤独感、寂寞感和能否发挥余热的问题。如何帮助老年人在其最后的生命旅程中通过继续社会化而不断调适个人与社会的关系,并力图使他们"老有所养,老有所乐,老有所学,老有所用",正在成为我国社会发展中亟待解决的问题,同时也成为我国社会学研究的一项紧迫任务。

人的社会化过程不可能是一帆风顺的,它有可能发生中断和失败,社会必须对此采取特殊形式的社会化,即再社会化。所谓再社会化,就是社会采取强制性的手段,克服个人社会化失败而发生的病态现象的过程。它的教化对象是那些有越轨行为、危害社会秩序的人。一般说来,绝大多数人都能按照一定社会文化模式和做人的基本要求,走完社会化的全程。然而,少数人由于许多主客观方面的原因,使得他们在社会化过程中曲折很大,甚至出现反社会化的病态现象。要对他们的失调人格进行改组,调整他们与社会的关系,社会必然要对他们采取特殊形式的再社会化手段,使他们改变原有的世界观、生活方式和行为方式,接受社会规定的符合大多数人利益的生活方式和行为方式。与再社会化密切相关的一个突出社会问题是青少年犯罪问题,需要引起全社会的关注。青少年犯罪问题,在我国乃至世界各国都是一个大问题,它是一种病态社会现象。这种病态社会现象,虽然与青少年的人生转变有关,但主要根源在于一定的历史背景和社会环境。对于青少年罪犯的再社会化与一般人的社会化不同,它需要在严格的管制条件下进行。因此,再社会化过程往往是在特别机构的监督管理下实施的。值得注意的是,青少年罪犯的再社会化虽然具有一定强制性,但仍要以教育感化为主。同时,为了从根本上解决青少年犯罪问题,还必须彻底铲除导致青少年犯罪的根源。

三、影响社会化的因素

社会化的过程也是社会对其成员施加影响的教育过程。影响个体社会化的因素就是影响个体社会化的全部社会环境。例如,家庭的影响,学校的影响,居住条件的影响,社会经济、政治、文化的影响等。上述诸因素归纳起来,可以分为家庭、学校和社会三个主要方面的影响。

第一，家庭的影响。家庭是人的社会化的最初场所。人们常说："家庭是人生的第一所学校，父母是子女的第一任老师。"儿童在家庭中的生活时间约占其全部生活时间的三分之二，他们首先受到的是家庭环境的影响，然后才是幼儿园和学校的影响。可见，儿童的家庭生活对其社会化产生着深刻的影响。家庭父母的教育方式与教养态度对子女人格的影响尤为重大。美国心理学家、社会学家、生理心理学家鲍尔特温曾把父母对子女的教养态度分为专制型、溺爱型、放任型、民主型四种类型。研究表明，不同的家庭环境和教育方式对少儿社会化会产生不同的影响。

第二，学校的影响。学校是有计划、有组织、有目的地向人们传授社会规范、价值标准、知识技能的专门机构。青少年时期社会化的成败在很大程度上取决于学校的影响。学校通过教材、教师人格、教育方式、考试与考核、学生的各种社会团体等对学生的社会化发生影响。在科技飞速发展的现代社会里，学校教育占据极为重要的位置，它在对青少年培养训练的同时，还起着一种筛选的作用，并在一定程度上决定着他们今后的职业生涯和发展方向。

第三，社会的影响。社会因素的影响是指除家庭、学校以外的社会环境和社会条件对于个人社会化产生的影响。其施教者主要包括邻里社会、同辈群体、工作单位、大众传播媒介等。邻里社会是一个人未来生活的大社会的雏形，它对于人们个性的形成、人生观的塑造等起着重要的影响作用。邻里社会对个人社会化的这种影响在传统的农业社会更为突出。同辈群体对人的社会化也有很大的影响。所谓同辈群体，是指一个由年龄、地位大致相同的人组成的关系密切的群体。其成员一般在家庭背景、年龄、兴趣爱好等方面都较为接近，他们常聚集在一起，彼此之间发生互动。所谓"近朱者赤，近墨者黑"，恰当地描绘了同辈群体在人的社会化过程中的作用。正因为如此，在青少年社会化过程中，必须对此加以正确引导。工作单位是个人社会化的又一重要因素。一般说来，年轻人离开学校后就要寻找工作，开始自己的职业生涯，并长期在某一单位工作。人们在这里接受职业技能和专业知识的学习和培训，工作单位由此成了人们确定基本的社会身份和职业道德的地方。在当代社会，大众传播媒体是一个不容忽视的社会化重要手段，主要包括书籍、杂志、报纸、广播、电影、电视、网络等。其中尤其是电视机和电脑在城乡的普及，对于儿童和青少年社会化的影响最为明显。在西方社会，由于电视机和电脑对家庭生活的冲击愈来愈大，许多国家已注意限制儿童看电视、上网的时间和内容。随着电视机、上网的普及，这一问题也应引起我们的重视。

第四，互联网的影响。互联网对人的社会化的影响是指计算机、互联网技术的应用与传播对人的社会化产生的影响。互联网对人的社会化影响属于广义的社会影响的一部分,但它又是社会影响中独特的、越来越不容忽视的一部分。随着网络时代的到来,网络媒介已经成为一个全球性、大众化的信息流通渠道,它从空间和时间上根本性改变了传统社会的信息交流方式、社会群体结构和人的社会交往方式,尤其是当下互联网已成为青少年社会化的主要空间之一。根据中国互联网络信息中心(CNNIC)2013年1月第31次发布的《中国互联网络发展状况统计报告》,到2012年12月底,中国网民规模达到5.64亿,其中10岁到39岁的青少年网民规模达4.49亿,占全部上网人数的79.7%。①可见,互联网对青少年社会化的内容与方向都有着深远影响。

以知识、信息网络化为核心的网络社会与传统社会环境相比,人的社会化具有独有的特征与方式。一是网络通过传播现代科学和文化知识等信息帮助社会成员掌握社会生活的本领,改变了人的生存和生活方式,为其顺利实现自身的社会化提供了更为广阔的空间与途径;二是网络所创造的"网络群体"环境,有助于社会成员建立新型的社会关系,促进人际交往日趋普遍化、平等化;三是网络创造的"虚拟社会"环境,提供了丰富的角色实践场所,有助于培养社会成员胜任多种现实社会角色,有利于其个性发展和理想人格完善;四是网络社会提供青少年参与社会的机会,使其不仅接受社会教化,实现自身社会化,同时培育其自我观念,能动地反作用于社会,以其特有的青少年文化改造和变革社会。

然而,网络是一柄双刃剑,它一方面助推人的社会化,另一方面也因其自身局限而对人的社会化造成困扰。第一,网络交往改变了人们原来传统的社会交往方式,尤其导致青少年人对现实交往的冷漠化,同时网络交往还有可能引发人的信任危机和人格障碍;第二,网络突破了原有社会各级组织对媒体的控制范围,使得控制青少年社会化的正确导向更加困难。网络使人们道德意识弱化,其开放性和匿名性则易引发一系列社会问题,如网络犯罪、网络色情等;第三,民众在网络发展过程中因其地位的不同被划分为信息富有者和信息贫困者,网络的发展可能导致信息霸权与阶层差异的扩大,这也会带来不同处境的青少年社会化差距扩大;第四,长期过度沉溺于网络,会对其产生依赖心理,导致网络成瘾。而在所有网络成瘾群体中,青少年所占的比例较高,这对青少年的生理健康与社会化都有着阻碍作用。

---

①　中国青年网:中国网民数达到5.64亿　青少年网民4.49亿,http://it.youth.cn/it/201301/t20130116_2809270.htm。

总之,网络对人的社会化的影响是双重的。我们在享受网络带来的便捷、高效的同时,也应充分认识到它的负面影响。目前我国已经颁布了如《全国人民代表大会常务委员会关于维护互联网安全的决定》、《中华人民共和国电信条例》、《互联网信息服务管理办法》、《计算机信息网络国际联网安全保护管理办法》等法律法规,依法加强对互联网络的管理和维护。但与此同时,作为互联网络产品的提供者更应负起相应的社会责任,应自觉遵守媒体行业的职业规范和职业道德,通过透明的运营方式,充分、及时、合理地披露其在信息传播、文化传承和舆论监督等方面所采取的行动,努力为青少年社会化创造良好的网络文化环境和社会环境。

四、社会化与个性的形成

人的社会化是一个以一定的社会文化作为内容,把一个"自然人"教化为"社会人"的过程。社会化不仅是社会教化、个人学习社会文化、取得社会成员资格的过程,而且是个人通过学习,积累社会知识,发展和形成自己个性的过程。所谓个性,是指一个人在他内在的生理素质的基础上,在一定的社会历史条件下,通过社会实践活动形成的观念、态度和习惯等心理特征的总和。也就是说,个性是个人稳定的心理特征的总和。人的个性并非生而具有的,它是在人的先天素质的基础上,受周围环境制约与影响、随着个人社会化的进程而逐步形成和发展起来的。

社会化会不会造成同一模式的人?或者反之,社会化的结果会不会形成众多完全不同的个性?要回答这两个问题,就需要探讨社会化与个性形成的关系。

一方面,社会化会使得生活在同一个民族、同一个阶级、同一个时代中的人的个性中有着某些共同的特征,也即个性中都内在地包含了民族性、阶级性、时代性等共性的一面。这是社会文化通过社会化传递的结果。

但是社会化又不可能造就完全相同的个性。这是因为:(1)每个人都有自己独特的遗传素质。(2)每个人都有自己特殊的社会生活环境和生活道路。如家庭出身不同,遇到不同的老师、朋友,特殊的经历等等。(3)个人在社会化过程中有能动作用。在社会环境面前,人并不是消极被动的,而是能动的。个人在社会化过程中虽然有某种身不由己的力量在制约着自己的活动,但在一定范围内、一定程度上还有其选择的余地。所以,同一个家庭出身的不同子女,有的会像家长所期望的那样成长,有的不完全按照家长的期望成长,有的则完全相反。之所以会这样,就是因为个人的主观能动性在起作用。

所以,社会化既造就了人的社会共性,又塑造了人的独特个性,它是人的社会共性与独特个性的有机统一过程。因为共性是内在地包含在个性之中的,所以,也可以说,社会化的过程也就是个性形成的过程。

第三节 社 会 角 色

一、社会角色的概念

人的社会化的目的,就是要培养出合格的社会成员,使其在社会生活中担当一定的角色。"角色"概念本来是戏剧中的一个专有名词,按其本意讲,是指演戏的人化妆打扮后所扮演的戏剧中的人物。20世纪20至30年代一些学者将它引入社会学,认为社会也是一个大舞台,社会中的人就是它所扮演的各种角色的总和。美国芝加哥学派系统地运用这个概念,并把它当作社会学的基本概念。对社会角色的研究,以美国社会学家乔治·米德最为著名。米德使用此概念旨在说明在人们的交往中可以预见的互动模式以及说明个人与社会的关系。一般认为,社会角色是由一定的社会地位所决定的、符合一定的社会期望的行为模式。它是人的多种社会属性或社会关系的反映,是构成社会群体或社会组织的基础。具体地说,它包括以下几方面的含义:

第一,社会角色是社会地位的外在表现。社会地位是人们在社会关系体系中所处的位置。人的社会关系是多方面的,如血缘关系、地缘关系、业缘关系等等,因而人的社会地位也是多重化的,并会随着社会关系的转变而转变。当人处于一定的社会关系中的一定的社会地位时,他必然会扮演其相应的社会角色。可以说,社会角色是社会地位的外在的、动态的表现形式,而社会地位是社会角色的内在依据。

第二,社会角色是一整套行为规范和行为期待。首先,社会角色是一套行为规范。社会对处于特定地位的人,都作出了权利、义务两方面的规定。权利,是社会规定个人所享有的利益和允许行使的权力,即这种角色有权力要求别人进行某种活动。义务,是社会规定个人从事一定行动的责任,即别人有权要求这种角色进行某些活动,表现出某种行为。例如,作为一个护士的角色,她有权要求病人服从她的安排,她要打针,病人就得服从,她不许病人下床,病人就不能随便走动。而另一方面,别人也有权要求她表现出护士角色应有的义务,送药、打针、换药都要认真负责,要关心爱护病人。所有角色都具有特定的权利和义务,都是权利和义务统一的动态表现形式。个人的权利义务规范被称为"行为规范"或"行为模式"。其次,社会角色就是一套行为期待。社会之所以要对特定社会地位的人作出行为模式的规定,就是希望他按照这套行为模式办事,这种希望被称为"行为期待"或"角色期望"。如教师要为人师表、医生要救死扶伤、干部要办事公正不谋私利等等。这样,当人们知道某人处在某种地位上时,便预先期望他能表现出一套与此地位相一致的行为模式——角色。当然,并不是每一个处在特定地位上的人都能表现出该地位应有的角色行为。如果他不能满足人们的期望,他们所承担的角色就是不称职的。

第三,社会角色是人的多种社会属性和社会关系的反映。一方面,在社会生活中,任何一个人都承担着多种社会角色。例如:一个女医生,在家中她要承担妻子、母亲等角色;在医院里她可能还同时承担着内科医生、科室主任、学术团体成员、工会会员等多种角色;在社会公共场合,她要承担汽车上的乘客、商店里的顾客以及公园里的游客等角色;在国家政治生活中,她要承担选举人与被选举人等角色。如此众多的社会角色是这位女医生的多重社会归属的反映。另一方面,任何一种社会角色都不是孤立地存在的,人的多种社会角色是其多种社会关系的反映。如这位女医生在医院里要同病人、病人家属、护士、化验员、药剂师、医院领导等多种角色打交道,这样一组相互依存的角色是医院所存在的多种社会关系的反映。

第四,社会角色是构成社会群体和社会组织的基础。社会群体或社会组织是人们通过一定的社会联系而结成的社会共同体,而社会角色是构成社会共同体的基础。如由夫、妻、父、母、子、女等角色组成的血缘群体,我们称之为家庭;由学生、老师、教学管理人员、后勤管理人员等角色相互联系所构成的社会组织,我们称之为学校;同样,由工人、车间主任、厂长等角色构成的社会组织,我们称之为工厂。总之,角色是社会群体与社会组织的基本单位,如果失去了这些角色,社会群体与组织也就不复存在。

二、社会角色的类型

根据不同的标准,可以将社会角色划分为不同的类型。

第一,根据人们获得角色的方式不同,可以将社会角色划分为先赋角色和自致角色。所谓先赋角色,是指建立在血缘、遗传等先天的或生理的因素基础上的社会角色。如一个人从一出生就被赋予性别、种族、民族等角色。一个生为男性的孩子只有按男人的角色去发展自己才是正常的,否则就难以被社会所接受。在奴隶社会和封建社会,社会流动性很小,人们的很多角色都是由血缘关系所决定的,如许多职业和阶级角色往往是先赋的。贵族的儿子生下来就是贵族,平民的儿子永远是平民,这些都是终生不可改变的。自工业社会以来,一些原来属于先赋的角色发生了变化,如职业角色、阶级角色等不再主要是由先天决定的,而主要是由后天获得的。所谓自致角色,亦称成就角色,是指通过个人的活动与努力而获得的社会角色。自致角色的获得既是个人活动的结果,又是个人选择的结果。一般说来,一个人获得并扮演某种自致角色的过程是他不断学习和努力而向上流动的过程。如一个人从小学生、中学生到大学生，从助教、讲师到教授就是这样一个过程。当然，自致角色的获得也受到主客观条件的制约。如一个想扮演科学家或艺术家角色的人，必须具备有关方面的才能及必要的社会环境条件。随着人类社会发展水平的不断提高，社会上自致角色的数量将日益增多，每一个自致角色的自致程度也将随之提高。

第二，根据角色规范化的程度，可以将社会角色划分为规定性角色和开放性角色。所谓规定性角色，是指其角色的权利和义务有比较严格而明确的规定。如警察、法官、政府官员等。人们充当这类角色时，其行为一般要受到严格的限制。例如，一位法官在处理案件时，定罪量刑要以法律规定为唯一尺度，而不能徇情枉法。所谓开放性角色，是指其角色的权利和义务没有严格而明确的规定。人们可以根据自己对角色的理解和社会对角色的期待而充当其角色。如夫妻、父母、子女、亲戚、朋友、同学等角色都属于开放性角色。人们在扮演这类角色时，有很大的选择余地。如妻子这个角色，在我国的典型模式是所谓"贤妻良母"，即主动做好协助丈夫和照料家庭的工作。但是，这绝不是成文的规定，一个妻子完全可以有自己的选择，她也可以根据自己的意愿去追求个人的独立和前程。当然，开放性角色的开放程度也不是无限制的。如夫妻关系，在我国封建社会强调夫为妻纲，否则就会遭到社会的非议，而在今天主张夫妻平等，否则也会遭到社会的谴责。

第三，根据角色所追求的目标，可以将社会角色划分为功利性角色和表现性角色。所谓功利性角色，是指那些以追求实际利益为目标的社会角色，这种角色行为的价值在于实际利益的获得。如商人、经理、企业家等各种从事生产性、经营性活动，以盈利为目标的社会角色都是功利性角色。功利性角色扮演成功与否的标准是能否实现效益目标，如衡量公司经理角色扮演成功与否的标准就在于他能否为公司带来经济效益。当然，一个人在扮演功利性角色时，并不排斥他会同时扮演其他角色。所谓表现性角色，是指主要不是以获得经济效益和报酬为目的，而是以表现社会制度与秩序、社会行为规范、价值观念、思想道德等为目的的社会角色。如教师的教书育人，医生的救死扶伤等角色行为，其直接目的出于这些角色对自己的事业有强烈的爱好和追求，并不是着眼于经济报酬。当然，在有些情况下，并不否定表现性角色的扮演者获得个人正当利益。

三、社会角色的扮演

当一个人具备了充当某种角色的条件，并按这一角色所要求的行为规范去活动时，这就是社会角色的扮演。

任何一个社会角色的扮演通常要经过角色期待、角色领悟和角色实践三个阶段。

角色期待，也叫角色期望，它是指社会对某一角色的行为模式的期望和要求。人们在承担了某一社会角色时，首先遇到的就是社会对这一角色的期待，无论是承担了父母、子女等家庭角色，还是承担了干部、工人等职业角色，都会感到社会对这些角色的期待。角色期待作为一种社会观念，它能影响一个人的角色行为。为了更好地扮演角色，人们应尽可能正确地了解社会对某一角色的要求与期望。

角色领悟，也叫角色认知。它是指角色扮演者对其角色规范和角色要求的认识和理解。如果说角色期待是一种社会观念，是一种外在的力量，那么角色领悟则是一种个人内心的观念，是一种内在的力量。人们扮演某种角色虽然受到社会期望的影响，但在很大程度上取决于他们对角色的认识和理解。由于每个人的思想觉悟、道德水平、价值观念以及所处环境的不同，导致对同一社会角色的理解常有差别，甚至截然相反，正是这种不同的角色领悟形成了千差万别的角色行为。

角色实践，也叫角色行为。它是角色扮演的实际过程或活动，是角色领悟的发展。如果说角色领悟是一种个人心中的观念，那么角色实践则是一种个人的社会行为。在很多情况下，人们的角色领悟与角色实践是一致的。但是，在某些特殊情况下，这两者并不完全一致，这是因为角色实践除了受角色领悟的指导外，还受到当时主客观多方面条件的制约，使得一个人不可能完全按照自己的意愿去做。总之，社会角色的扮演一般要经历角色期待→角色领悟→角色实践的过程。在这一过程中，后者与前者往往会产生一些偏差，这些偏差或差距在社会学上被称之为"角色差距"。在角色扮演过程中，角色扮演者必须加强角色学习和角色整合，缩短或消除其角色差距。

由于每个个体都处在复杂的社会联系中，所以在扮演角色的过程中不可能都是一帆风顺的，不仅会出现角色差距，而且常会产生矛盾，遇到障碍，甚至遭到失败，这就是角色扮演的失调现象。常见的角色失调有以下几种情况：

角色紧张。个人在其角色扮演的实际过程中所引起的在时间和精力上的紧张，称之为角色紧张。当一个人同时进行多重角色的扮演时，面对各种不同的角色要求，个人在时间和精力的分配上就会发生矛盾，就会产生角色紧张。例如，张某作为一个学生，今晚要按时完成老师布置的家庭作业；作为女儿，她今晚又要到医院看望并护理正在就医的母亲；作为学校排球队的队员，她今晚还要去学校排球馆参加训练等。显然，张某不可能在一个晚上同时满足截然不同的多种要求。在现代社会生活中，诸如此类的角色紧张现象是时常发生的，避免这一现象发生的唯一有效途径是做到生活和工作的合理安排。

角色冲突。在社会角色的扮演中，在角色之间或角色内部发生了矛盾、对立和抵触，妨碍了角色扮演的顺利进行，就产生了角色冲突。角色冲突有两种基本类型：一种是角色间的冲突，即不同角色承担者之间的冲突。它常常是由于角色期望的不同、角色领悟的差别以及人们没有按角色规范行事等原因引起的。例如：在家庭生活中，当夫妻双方因经济收入、亲戚关系、子女教育等问题发生尖锐对立时，就产生了角色冲突。当丈夫认为妻子的主要精力应该放在家务上，而妻子则认为她的主要精力应投入到她的事业中时，这两种截然不同的角色理解可能会酿成激烈的角色冲突。此外，像领导与群众、服务员与顾客、邻里之间、婆媳之间，父母与子女之间等等，如果关系处理不当，也都容易发生角色间的冲突。另一种是角色内的冲突，即一个人承担了多种角色后，在他自身内部发生了冲突。这种冲突一方面是因为角色紧张引起的，另一方面是因为不同的角色规范相互矛盾所引起的。例如：当一个警察要在或者执行命令逮捕他的老朋友，或者为了友情不执行命令之间作出选择时，他便处于角色冲突之中。又如在主干家庭中，每当家庭出现"婆媳之争"时，儿子往往处在角色冲突的地位。作为儿子，其角色规范要求他维护母亲的尊严，但作为丈夫，其角色规范又要求他维护妻子的利益，这种左右为难的现象就是角色内部的冲突。要想摆脱角色冲突，就必须正确处理角色关系。

角色不清。它是指社会大众或角色的扮演者对于某一角色的行为标准不清楚而引起的角色矛盾。由于社会的急剧变迁，人们常常感到很多角色的行为规范都超出了他们过去所习以为常的范围，很多人不知道这些角色应该做什么、不应该做什么和怎么去做。例如，在改革、开放的进程中，中国大学生的行为规范发生了很大变化。用传统的观点看，一个大学生应该艰苦朴素，专心读书，循规蹈矩等等。然而，现在的很多青年大学生穿着求美、喜欢跳舞、交际广泛，不那么温顺等等。这样，对于什么是当代中国大学生应有的形象的讨论便兴起了，这种讨论将有助于逐步澄清人们对这一社会角色的理解。

角色中断。它是指一个人所承担的前后相继的两种角色之间发生的矛盾。其根源是由于人们在承担前一角色时，并没有为后一阶段所要承担的角色做好准备。例如，我国干部制度改革后，打破了终身制，一些老同志从工作岗位上退了下来。由于他们对退出原有岗位后的新角色没有充分的准备，不能很快适应新的角色，这时，他们往往处在角色中断的境地。解决角色中断的办法是，作为角色承担者的个人应当正确地设计人生，了解人的一生中不可避免地要相继承担的那些角色的特点，为未来的新角色做些准备工作。家庭和社会也有责任对那些因社会原因造成的角色中断,给予必要的指导和帮助。

角色失败。它是指由于多种原因而使角色扮演者无法成功地扮演其角色,从而出现严重的角色失调现象。角色失败通常可分为两种情况:一种是角色的承担者不得不半途退出角色。例如,夫妻双方的矛盾发展到不可调和的地步,双方无法共同生活,最后以离婚来停止夫妻角色的扮演。属于这类情况的还有干部因失职被罢免、学生中途退学、职工被开除等等。另一种是角色扮演者虽然还处在某种角色的位置上,但实践证明其角色扮演已经失败。例如,经常考试不及格的学生、经常受处分的干部、经常不能完成定额的工人以及经常出车祸的汽车司机等,都属于这种情况。角色失败通常是件坏事,它会给个人或社会带来不利影响甚至恶劣后果。但如果处理得当,也可能把坏事转变为好事。角色承担者通过及时调换所扮演的角色,将会减少损失或不利的影响,这既有益于个人,也有利于社会。

思考题:

1. 如何理解人的本质? 怎样认识个人与社会的关系?

2. 试述个人社会化的含义和内容?

3. 个人社会化过程的每一个阶段有哪些基本特点?

4. 什么是社会角色? 先赋角色与自致角色的划分有何社会意义?

5. 社会角色失调有哪些表现? 如何进行角色调适?

第六章 社会群体

人的生活从根本上说是群体的生活,与他人没有任何联系的个人是无法生存的。个人总要通过加入各种群体才能参与社会生活,社会也总要通过群体才能对个人的社会化过程及其社会生活施加影响。所以,群体既是人们生活的基本单位,又是社会结构的重要组成部分。

第一节 社会群体概述

一、社会群体的概念

社会群体是指通过一定的社会关系结合起来进行共同活动的集体。例如,以血缘关系结合起来的集体是氏族、家庭群体;以地缘关系结合起来的集体是邻里群体;以业缘关系结合起来的则是各种职业群体。

社会群体是由一定数量的个人所组成的。但不能说凡是有人的地方都可以称为社会群体。社会群体具有以下几个基本特征:

第一,群体成员必须是由某种纽带联系起来的。这种纽带是在人们的社会交往过程中形成的各种社会关系,是人们相互交往、相互影响的结果。社会关系又以不同的性质构成不同的社会群体。

第二,群体成员之间有着共同的目标和持续的相互交往活动。因一些偶然事件聚在一起的人群不能称之为社会群体。例如,公共汽车上的乘客、电影院里的观众等。

第三,群体成员有共同的群体意识和规范。群体成员在交往过程中,通过心理与行为的相互影响或学习,会产生或遵守一些共同的观念、信仰、价值和态度。群体成员有共同的兴趣和利害关系,并遵循一些模糊的或者明确规定的行为规范。

二、社会群体的类型

社会群体的类型是多种多样的。在实际研究中,我们可以根据不同的标准将社会群体划分成不同的类型。

　　1. 血缘群体、地缘群体与业缘群体

　　这三种群体主要是根据维系群体成员的纽带的性质不同来划分的。血缘群体、地缘群体与业缘群体分别以血缘关系、地缘关系和业缘关系作为联系其群体成员的纽带。血缘群体包括家庭、家族、氏族、部落等等具体形式。地缘群体包括邻里、老乡等。业缘群体包括各种各样的社会经济组织、政治组织和文化艺术组织等。现代社会是血缘群体、地缘群体、业缘群体并存和协同发挥作用的时代,同时又是业缘群体处于主导地位的时代。业缘群体处于主导地位,是社会发展进步的表现。

　　2. 正式群体与非正式群体

　　这两种群体主要是根据群体中社会关系的规范化程度来划分的。正式群体及其内部关系是按正式的社会规范建立起来并受正式规范所制约的。反之,非正式群体及其内部关系则具有非规范化的特点。家庭、学校、机关、工厂、公司等是正式群体。邻里、朋友、共同爱好者、老乡是非正式群体。一般说来,正式群体是社会稳定的基础,非正式群体则能增强社会活力。在社会管理中,既要发挥正式群体在社会生活中的主导地位,又要注意协调正式群体同非正式群体的关系,发挥非正式群体对于正式群体的补充作用。

　　3. 所属群体和参照群体

　　这两种群体主要是根据群体成员的归属为标准来划分的。前者指的是成员所在的群体,后者指的是被成员用来作为某种参照对象,并对成员的态度、认识发生重大影响的非所属群体。根据群体成员不同的需要,会形成不同的参照群体;而同一参照群体的意义在不同时期则可能发生变化。参照群体总是与所属群体同类的群体,如某一家庭群体选择另一家庭群体作为消费水平的参照。有时候也有例外,如某个班组群体成员以感情融洽程度为参照目标时,他可能以同学为参照群体。

　　4. 基本群体和社会组织

　　这两种群体是根据群体成员关系的密切程度来划分的。基本群体,亦称首属群体或初级群体。它是指成员间有着面对面的直接的交往,具有密切的人际关系和较浓厚的感情色彩的群体。如家庭、邻里、同伴等就属于基本群体。它反映了人们最简单、最基本的社会关系。社会组织,亦称次属群体或次级群体。它是指人们为实现特定目标而建立的共同活动的群体。它的成员之间关系较间接,感情色彩较淡薄,公务性较强。从一个人的成长来看,一开始接触的是初级的社会关系,然后逐渐复杂,人也就从基本的群体逐渐进入复杂的群体。

三、基本群体

人们参与社会生活，首先接触的是基本群体，如家庭、邻里、同伴、学习（工作）班组等。基本群体亦称初级群体和首属群体。如前所述，基本群体是由经常面对面的直接交往所形成的具有紧密的人际关系的社会群体。基本群体的概念最早是由美国社会学家 C.H.库利提出的。他解释了这一概念的基本含义：基本群体是指具有亲密的、面对面交往与合作特征的初级群体。这里需要指出的是，我们所界定的基本群体的概念，与库利所说的初级群体的概念是不完全相同的。库利所指的初级群体概念主要是指人们在成长过程中最初加入的群体，它对于人的个性和个人理想的形成起到了最初的作用。属于这种性质的群体有家庭、邻里和儿童游戏群体等。后来的社会学家将这一概念扩大到人际关系紧密的其他群体，特别是将工作小组归入基本群体的范畴。我们认为，这两种理解都是可以的，都有其各自的研究价值和意义。

基本群体具有如下特征：

第一，规模较小。基本群体大多是小型群体，成员相对少是彼此能够有足够机会接触和交往的重要保证。但基本群体不能少于 2 人，少于 2 人不可能成为群体。

第二，面对面的互动。由于基本群体规模小，人数少，成员之间就能面对面地直接接触。这样的接触能加深成员间的全面了解，促进成员关系亲密。面对面的互动是基本群体产生、形成和发展的重要条件。

第三，群体成员难以替代。群体成员在基本群体里扮演多种角色，参加各种活动，表现其全部个性。这样人与人之间便形成一种不可替代的特殊关系，如有意外的缺员往往不能随意由另外一个人来代替。

第四，非正式控制。由于基本群体成员间关系亲密，所以基本群体的维持往往不是靠正式控制维系的，而是通过习俗、道德、社会舆论等非正式控制手段来维系。

第五，聚合力和持久性强。由于基本群体成员之间存在着生存依赖关系和归属感，这就决定了它的聚合力和持久性强，在关系到群体利益和荣誉的时候，群体行动上的聚合力作用就会充分表现出来。另一方面，从发展来看，它具有相对稳定性，如家庭是人类生命力最强的基本群体之一，在没有新的群体取代它之前，是不会消亡的。

基本群体在人们的社会生活中起着十分重要的作用。

第一，基本群体是人们赖以生存和发展的基本单位，如离开了家庭，个人的生活、情感等都会发生缺损；离开了工作单位，个人的物质生活就会没有来源。

第二，基本群体承担着社会化的任务。所有类型的基本群体对于人的社会化都有程度不同的作用。如家庭、邻里、儿童游戏群体对幼儿的早期社会化具有特别重要的意义。朋友群体和工作(学习)小组对于青年和成年人的社会化有着不可忽视的作用。基本群体是个人获得社会性的摇篮,人的个性的成长与他赖以生活的基本群体的状况有着极为密切的关系。

第三,基本群体是社会的稳定力量。社会总是通过基本群体和社会组织将个人有机组合成各种社会结构,从而构成社会整体的。社会的稳定和发展是以基本群体的稳定和发展为基础的,基本群体的安定是维持整个社会稳定的重要条件。

基本群体的上述作用的发挥不是无条件的,而是有条件的。这些条件主要是指基本群体的目标、它的稳定性以及群体内人际关系的和谐程度。一个生产班组会由于它的目标与整个企业的目标相抵触而妨碍整个企业目标的实现;破碎家庭的增多会在一定程度上对社会的稳定与良性运行产生不利影响;家庭关系的不和谐会对儿童社会化产生极为不利的影响。这些都说明了,基本群体的正向作用的充分发挥有赖于它自身的状况。因此,我们必须高度重视基本群体的建设,重视基本群体中人际关系的调适。

第二节　家　庭

"家庭是社会的细胞",是人们社会生活的基本单位,是人一生中所处时间最长的基本群体,它可以满足个人多方面的需要,所以,家庭在整个社会结构中有着特殊的地位。

一、家庭的概念

家庭是两性关系的一种组合形式。男女亲近是人与人之间直接、自然、必然的一种关系。男女亲近以及通过社会规范的力量承认与稳定这种亲近的价值及其相互关系,是形成家庭的社会机制。两性之间既存在生物性关系,又具有社会性关系,当这两种关系结合在一起的时候,就形成了家庭。

家庭是以婚姻关系、血缘关系或收养关系为基础的人类生活的基本群体。婚姻关系是家庭的本质关系,血缘关系则是从婚姻关系派生出来的,是婚姻关系的延续。

家庭与户不是同一概念。家庭强调的是婚姻关系、血缘关系,户所强调的是地缘关系。户是指那些单独立门号或注册户口的个人或群体。尽管家庭和户在很大程度上是重合的,但是在有些情况下,家庭和户并不重合,既有一家人分开立户的,也有同一户的成员分属多个家庭的。

二、家庭的起源与历史演变

家庭不是从来就有的,它是人类社会一定历史阶段的产物,并随着社会的进化而逐步由较低阶段向较高阶段发展,由较低的形式演进到较高的形式。最早的原始人没有家庭,没有婚姻制度。整个一群男子和整个一群女子互为所有,是一种血亲杂交,与动物没有什么区别。学术界对家庭演化的形态有不同看法,通常认为它经历了血缘家庭、普那路亚家庭、对偶家庭、一夫一妻制家庭四种形态。

（1）血缘家庭。它是人类历史上第一种家庭形式。在原始社会的旧石器时代,人类原始群在进化与自然选择规律的作用下,经过长期经验的积累,认识到不同年龄人的生理差别,在内部逐渐地选择了按辈分划分的婚姻,即年龄相近的青壮年兄弟姐妹相互通婚,排斥了上下辈之间的婚姻关系。这时,姐妹是兄弟的共同妻子;兄弟是姐妹的共同丈夫,夫妻都有共同的血缘。血缘家庭既是一个独立的生产单位,又是一个独立的生活单位。

（2）普那路亚家庭。普那路亚是夏威夷语,意为"亲密的伙伴"。这个名称是从最早发现实行这种家庭形式的夏威夷群岛的土著人那里来的,由共妻的一群丈夫互称"普那路亚";共夫的一群妻子也互称"普那路亚"。这种家庭制度是群婚制发展的最典型的阶段。原始社会发展到旧石器中、晚期,由于人工火的发明和石器的不断改进,人类狩猎活动和原始农业的进一步发展,促使了生产力水平的提高,人类居住地相对地稳定下来;又由于人口的繁衍,一个血缘家族不得不分裂成几个族团。为了扩大物质资料生产,满足日益增长的人口的生活需要,族团之间必须保持一定的经济合作和社会联系,于是便产生了各族团之间的通婚。同时,人们逐渐认识到族外通婚对后代体质发育有益,并形成了同母所生子女间不应发生性关系的观念,于是在家庭内部开始排除亲兄弟姐妹间的婚姻关系,实行两个氏族之间的群婚。这就是普那路亚家庭形式。

（3）对偶家庭。它是原始社会母系氏族公社时期的一种家庭形式,由普那路亚家庭发展而来。这种家庭由一对配偶短暂结合而成,所生子女属母系所有。早期对偶婚是夫对妻暮合晨离。晚期对偶婚发展为夫居妻家,但不是长久的,随时可以离异。这种对偶家庭不是氏族公社的独立的经济单位,社会的基本组织仍是母系氏族。家庭内男女平等,共同照料子女。对偶婚已从群婚时代单纯的性关系转变为一种广泛的社会联系。男子和女子一起劳动、消费,世袭仍按母系计算。对偶婚实行的结果是给家庭增加了一个新的因素,即除了生母之外,已有可能确认生父。

（4）一夫一妻制家庭。一夫一妻制家庭产生于原始社会末期。它的确立是文明时代开始的标志之一,并适应于整个文明时代。它诞生的动力是财富的增加和按父系继承财产的要求。随着两次社会大分工的实现和生产力的发展,男子在生产和财富的分配中逐渐占据主导地位。为把自己的财产转交给自己真正的后裔,必然要求妇女保证贞操,只能有一个丈夫。一夫一妻制家庭同对偶家庭相比,具有以下两个特点:(1)夫权高于一切。由于丈夫在家中掌握了经济大权,从而形成了对妻子的愈来愈大的统治权。(2)婚姻关系比较牢固。双方已不能任意解除婚姻关系,通常只有丈夫可以离异妻子,破坏夫妻忠诚是丈夫的权利,而妻子却必须严守贞操。一夫一妻制这种家庭形式自从产生以后也不是一成不变的,在社会发展的不同时期它有着不同的表现。

从家庭的起源及其演化史我们可以看出,第一,家庭是一个历史范畴。各种家庭形式不是从来就有的,也不是一成不变的,而是随着人类社会的进步不断发展变化的。第二,自然选择和生产方式的进步是家庭演化的根本动力。自然选择的力量在人类早期家庭形式的产生过程中发挥着巨大的作用。随着人类社会的发展,生产方式的进步则成了推动家庭制度演化的根本动力。

三、家庭的结构与功能

家庭结构是指家庭成员的代际与亲缘关系的组合状况。现代社会的家庭结构按照家庭的婚姻和血缘关系以及家庭人口要素等综合指标来划分。可以把家庭的结构划分为核心家庭、主干家庭、联合家庭和其他家庭等类型。

第一类,核心家庭。是由一对夫妇及未婚子女组成的家庭。在这类家庭中,家庭成员已经减少到最低程度。只有夫妻关系和父母子女关系,即由一对夫妇、父子(女)母子(女)的基本三角关系所支撑的家庭。核心家庭是人类赖以生存和发展的最稳定的社会形式。用现代社会学中通用的符号图式:"△"表示男性,"○"表示女性,"="表示婚姻关系,"——"表示血缘关系,"……"表示收养关系。可把这类核心家庭表示如下(见图6-1)。

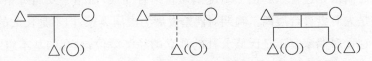

图6-1　核心家庭结构图

除了这些标准的核心家庭之外,还有几种特殊或不完整的形式:(1)配偶家庭。即只有一对夫妇而没有子女的家庭。其中,一类是未育配偶家庭,即尚未生育子女的一对夫妇所组成的家庭。另一类是空巢家庭,即子女均已成婚并单独生活,只剩下夫妇两人的家庭。(2)单亲家庭,即由于死亡或离婚而只剩下夫妇中一方与未婚子女组成的家庭。其中,一类是父单亲家庭,即只有父亲与未婚子女的家庭;另一类是母单亲家庭,即只有母亲与未婚子女的家庭。

第二类,主干家庭。又称扩大的核心家庭。是指由父母与一个已婚子女及未婚兄弟姐妹所组成的家庭。这种家庭有两对夫妻,并且这两对夫妻是两代人。家庭成员一般是两代人或三代人,也包括父母一方已去世的情况。因此,这种家庭结构比核心家庭要复杂得多,它除了基本三角外,还包括婆媳、祖孙、叔嫂或姑嫂等关系。其结构有以下两种基本形式(见图6-2)。

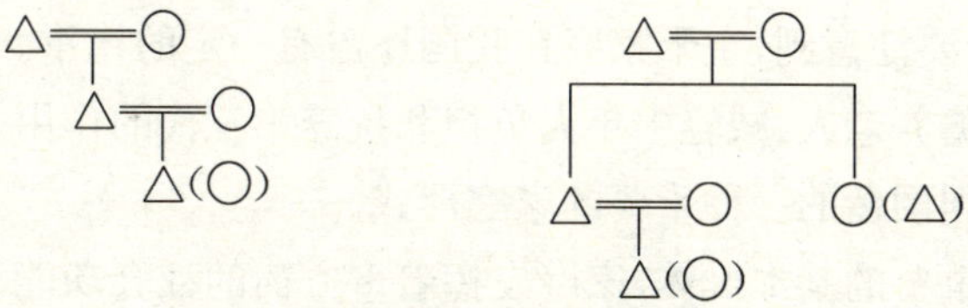

图6-2 主干家庭结构图

同时主干家庭还有一些特殊和不完整的结构形式:(1)配偶主干家庭,即只有两对或两对以上异代夫妇而没有未婚青少年的家庭。(2)单亲主干家庭。即夫妇或父母缺损一方的主干家庭。

第三类,联合家庭。是指至少有两对或两对以上同代夫妇及其未婚子女所组成的家庭。这种类型是核心家庭同代横向扩大的结果,它突出表现为人口较多,关系较为复杂。由于每个基本三角都有自己的核心,相互之间具有较大的离心力,所以这种家庭形式只能在一定条件下共生,目前已经很少。联合家庭主要有两种结构形式:(1)异代联合家庭,即两对或两对以上的同代夫妇及其未婚子女与父母所组成的家庭。(2)同代联合家庭,即两对或两对以上同代夫妇及其未婚子女所组成的家庭。可表示如下(见图6-3)。

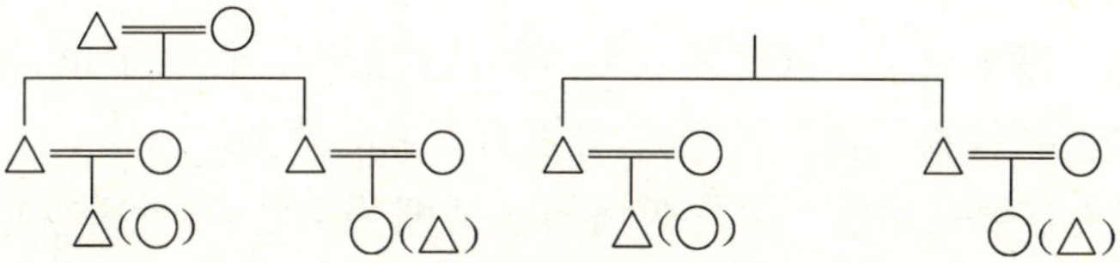

图6-3 联合家庭结构图

联合家庭一般是兄弟们结婚后不分家而形成的,兄弟不分家大多是出于共同继承财产的需要。父母房屋多或经济宽裕,可以提供住房或补贴,婚后子女才可能在一起共同生活。另外,如果已婚子女缺少分开居住的住房条件,那么他们除了与父母共同生活外没有别的选择。也就是说,我国目前的联合家庭大多是由于经济上的原因而形成的,仅仅以感情为基础而形成的联合家庭是很少的。

第四类,其他家庭。它是指上述各种类型之外的其他情况的家庭,如由于收养关系或其他社会原因组合而成的家庭。这种家庭内部不存在婚姻关系。如:父母双亡未婚兄弟姐妹住在一起的家庭,祖孙两人住在一起的家庭,单身家庭等等。

上述各类家庭中,核心家庭近几年在我国发展比较快,特别是城市家庭中核心家庭已成家庭的多数。从人类家庭发展的历史看,家庭规模总的来说有缩小的趋势。当然,我们还要注意到,主干家庭在我国还占有一定的比重。在现有国情下主干家庭还发挥着赡养老人、减轻中年人负担和抚养第三代的作用,因而主干家庭目前仍然是适应我国国情的一种重要的家庭形式。

作为一种最重要的基本群体,家庭发挥着多方面的社会功能,能满足人和社会的多种需求。归纳起来家庭的基本功能有如下六种:

(1) 经济功能。家庭的经济功能在于组织生产与消费两个方面。人类要生存,就必须进行物质资料的生产。这种生产,直到现在,许多方面还和家庭有着密切关系。在自给自足的自然经济时期,家庭既是一个社会生活单位,也是一个生产单位。近代工业从家庭手工业中脱胎出来而进入社会化大生产时期,家庭的生产功能首先在城市雇佣劳动者家庭中消失。有产者家庭一般只是生产资料的占有单位,经营管理越来越成为家庭以外人员的职能。现代社会城市家庭大多只保留了消费的经济功能。劳动人民的家庭,生产的功能还不同程度地存在着。目前在我国,由于农村实行生产责任制和允许城乡个体经济的存在,使家庭的生产功能在一定范围内有所加强,这是社会生产力发展到一定阶段所必需的。但是,随着社会生产力的不断发展,工农业生产社会化的不断提高,家庭的生产功能将不断减弱。

(2) 人口再生产的功能。从人类进入个体婚制以来,家庭一直承担着人类自身生产的功能。如果没有人类自身的生产,社会就无法延续下去,而家庭则满足了社会发展的这一基本要求。家庭是人类繁衍后代的唯一社会单位。迄今为止,人们寻找这一功能替代物的企图与尝试,都没有普遍的意义。

(3) 满足性需要的功能。男女两性缔结婚姻关系之后,性爱就成为维系相互关系的主要纽带。性爱是家庭生活的一项重要内容,家庭是满足夫妇性需要的场所。社会把人们的性生活限制在家庭的范围之内,有利于性需要的普遍满足,以及避免由满足性需要而引起的社会混乱。限制与排除家庭之外性行为是习俗、道德、法律等社会规范中有关两性关系的规定与要求。

（4）教育功能。家庭不仅负责新一代的身体再生产,还负责新一代的精神再生产。家庭是人生的第一所学校,也是一所终生不会毕业的学校。家庭教育的好坏,对一个人一生的成长是至关重要的,对儿童来说尤其是如此。家长是孩子的第一任老师,儿童期的社会化主要是在家庭中完成的。父母亲的言行举止、习惯爱好、教养方式,以及家庭气氛等都会对孩子产生潜移默化的深刻影响。传统社会的家庭教育常常带有明显的职业化特征。所谓"家传技艺"、"祖传秘方"等,都是在家庭之内世代相传的,并往往使下一代获得与这些技能相应的职业。现代社会的家庭教育出现了非职业化趋向,职业教育功能发生外移。这在城市家庭尤为显著,其下一代一般不再从家庭中获得传统性职业技能,而是从各类学校中获得专门性的职业技能。

（5）赡养与抚养功能。抚养未成年的家庭成员和赡养老人及丧失劳动能力的家庭成员,这是人类繁衍的需要。当子女还没有独立生活能力的时候,不抚养他们,他们就不能生存,人类也就不能延续,所以这是父母对社会应尽的义务。同样,父母抚养了子女,尽了义务,当父母老了,丧失了劳动能力的时候,子女也要尽到赡养的义务。目前,我国老年社会保障还不够普遍与全面,因而赡养老人在现阶段仍然是家庭的重要功能,也是我国传统道德的一项重要内容。

（6）感情交流功能。家庭内的人际关系是最亲密的人际关系,家庭是思想感情交流最充分的场所。家庭成员除了在经济、文化生活中结合在一起以外,还有一种感情上的结合。这种感情是建立在家庭成员之间特殊的亲缘关系基础之上的。建立在这样的基础之上的成员之间的互爱互助、温暖愉快的家庭生活,是一个人生活幸福的很重要的一个方面。这是因为,人的需要不仅有物质方面的,还有精神方面的。发挥好家庭精神生活的职能,能够产生出很大的精神力量。人们在工作中遇到困难、遭受挫折,能够从家庭方面得到鼓励和安慰。在现今社会,人们需要在精神方面得到更高程度的满足,家庭的感情交流功能也因此得到了增强。

家庭功能的发挥并不是一成不变的。随着社会的发展,家庭的功能也会发生变化。现代家庭功能的变迁主要表现在:(1)部分功能的外移。受产业分工以及生活服务设施发展的影响。现代社会日益发达的工业、教育、福利、服务组织,把家庭的经济、教育、生育、赡养与抚养功能不断吸收过来,并把这些功能提高到新的水平。(2)部分功能的增强。现代社会人们的精神需要随着物质需要的上升而上升,并且比物质需要上升得更为迅速。现代社会的社交与文化事业的发展,是满足人们日益增长的精神需要的一条途径,但不是唯一的途径,人们日益增长的精神需要在社会上满足的同时,还要在家庭中得到满足,而且是更高程度的满足,从而,导致了现代家庭的感情与性爱功能的增强。

四、家庭的发展趋势

家庭是个历史范畴,它随着社会历史的发展变化而变化。世界各国的家庭发展状况也是不平衡的,这是由各个国家的政治、经济、文化、社会生活各方面发展的不平衡造成的。无论是从家庭结构还是从家庭功能来看,家庭的发展从来也不可能有统一的步伐和同一个模式,未来家庭的发展也将如此。

关于家庭的未来,是现代社会学最诱人的课题之一。国内外许多学者对家庭的发展趋势进行过探索,提出了诸如家庭消亡论、家庭复兴论、人工家庭论、家庭异化论、家庭趋同论,以及家庭提高论等许多关于家庭发展趋势的设想。目前,在国外,特别在西方一些国家,家庭问题成为一个普遍的社会问题。从 20 世纪六七十年代的欧美等国的家庭状况来看,主要有"五多二少",即独身者多、离婚者多、无婚姻的同居者多、私生子多、小家庭多和出生少、赡养老人少。所以,当时有些学者认为家庭正在解体、正在消亡。然而 80 年代以来,西方家庭不但没有消亡,而且获得了新的发展。更多人似乎越来越向往忠实的爱情和比较稳定的婚姻家庭生活。家庭生活中,两代人之间思想开始有所沟通;妇女的地位也在上升。但各种形式的家庭仍然存在,由独身主义者组成的独身家庭,由未婚同居者组成的同居家庭,由离婚者造成的单身家庭,由同性恋者组成的同性恋家庭,以及"家庭公社"等,还占有一定的比例。

80 年代改革开放以来,我国的经济、政治、思想文化等方面发生了巨大变化,作为社会细胞的家庭也发生了许多变化。现阶段,中国家庭的发展主要有四个特征:第一,婚姻从包办婚姻和买卖婚姻,逐渐向以爱情为基础的自由自主的婚姻发展。第二,家庭关系由家长制、男尊女卑向自由民主、男女平等的方向发展。但旧时代的残余思想和习惯势力还在起着作用。平等的真正实现,仍要有一个较长的过程。第三,家庭结构向核心家庭发展,家庭规模逐渐缩小。但大家庭的存在仍具有一定的合理性,家庭规模缩小的过程较发达国家为长。第四,家庭的某些功能进一步趋向社会化。

我国家庭的结构、功能及家庭关系的变化,都离不开我国特定的经济、政治、文化等因素的影响。影响家庭发展变化的经济因素主要有:妇女经济地位的逐步提高;子女经济上的独立;社会保障制度的逐渐完善;住房因素等等。政治因素则主要体现在我国的婚姻法上,包括男女平等,夫妻平等,婚姻自由(结婚自由与离婚自由),抚养和赡养的义务,不许重婚、纳妾等等;另外一个重要的政治因素是我国的计划生育政策。影响家庭发展变化的思想文化因素主要有:教育水平的差距及其变化;传统的伦理道德观念及其变化;受经济和教育等因素制约的心理因素的变化等等。

未来家庭应该如何发展,恩格斯在《家庭、私有制和国家的起源》一书中的论述,仍然具有指导意义。他认为,未来家庭具有如下特点:第一,爱情将是未来婚姻的唯一考虑,是男女双方结合的真正基础;第二,真正的一夫一妻制;第三,男女之间将实现完全平等;第四,家庭功能简单化。

因此,家庭发展的趋势将既不是家庭的消灭,也不是家庭的再度复兴;既不是人工家庭取代自然家庭,也不是西方学者所谓的家庭的趋同或异化,而是现代家庭的进一步发展与提高。

第三节　邻里与工作群体

一、邻里

邻里是地缘相邻并构成互动关系的基本群体。住地毗连的人们形成密切的互动关系,有着显著的认同感和感情联系,由此构成相对独立的小群体,即邻里。邻里的概念,也为地理学、经济学、人种学、行政学所应用。但它们只注重地缘关系,忽视对邻里的社会互动的分析。社会学认为邻里是一个互动群体,它的特殊性表现在以下几个方面:

第一,地缘性。邻里是以地域关系为纽带的基本群体。邻里之间的互动,首先需要有住在左邻右舍的地缘条件。离开地域上的联系,不可能形成邻里群体。

第二,情感性。邻里不是经济实体和政治实体,而是以感情为基础结合起来的基本群体。没有相互之间的友好往来,没有在此基础上发展起来的富有人情味的情感交流,即使地域相近也形不成邻里。

第三,非正式性。邻里不是按正式规范及要求建立起来的,而是受风俗习惯,伦理道德制约的,因而它具有一般非正式群体的特点。

邻里同其他基本群体一样,其社会功能是多方面的。中国社会历来重视邻里,重视邻里的社会功能,古有"远亲不如近邻"之说。邻里的社会功能主要表现为以下几个方面:

第一,相互支持的功能。主要指邻里之间相互提供保护和支持,使邻里间有安全感和信任感。具体表现在生产上、生活上互相帮助,互通有无,共同解决生活难题,共同防御,共同保障社会治安等。

第二,社会化的功能。指邻里间能形成一种价值氛围,并以此教化邻里中的居民和儿童。生活在同一地域里的各个家庭、各个家庭的成员之间相互影响是很大的。现代教育强调要把家庭、学校和社会教育结合起来,而邻里就是社会教育的重要方面。

第三,社会控制功能。即通过有关活动与规范约束居民的行为,调整居民的关系,维持社区的一致性。有些个人和家庭间的纠纷,如婆媳争吵等,往往当事人无法解决,但又够不上通过正式的社会组织去解决,由邻里出面调解显得最合适。邻里间还能起到相互约束和监督的作用,这是一种无形的社会控制力量,违法犯罪行为往往很难躲过邻居的眼睛。

第四,交流的功能。在邻里间,人们一般都能找到情感和思想交流的对象。人们业余时间有事无事走门串户,就是在自觉不自觉地实现着感情和思想的交流,从而带来精神上的平衡和满足,并起到相互影响的作用。

在人类社会的历史上,邻里关系及其作用也不是一成不变的,而是随着社会的发展而逐渐变化的。在家庭产生以前的原始氏族公社里,整个氏族是一个生活单位而没有邻里。后来氏族公社解体,一夫一妻制家庭产生,由住处相邻的各个家族的成员所结成的邻里也就产生了。人类社会最初出现的是同姓邻里。同一血缘家庭的人们聚居在一起,以便生活上相互关照,生产上相互帮助,安全上相互护卫。当时的邻里,地缘和血缘是重合的。但随着社会生产的发展,特别是产品交换的发展而出现的迁徙,导致了杂姓混居的邻里的产生。曾经是不同氏族、不同姓氏的家庭迁居到了同一地域。杂姓邻里的出现是历史的进步。现代邻里关系呈现多样化、复杂化的趋势。

现代社会中的邻里关系还出现了淡化的趋势。其直接原因,无疑与邻里中社会交往的减少有关,而导致邻里交往减少的因素却是多方面的:

第一,现代邻里结构的变化。现代邻里打破了同一血缘、同一业缘的人居住在一起的传统结构,使得众多陌生的并无其他联系和关系的人住到了一起,如果他们能把交往发展起来,自然能起到互补的作用。但是由异质性所带来的心理隔阂却减少了邻里间的友好往来,甚至有时候有的情况下还要相互提防,保守秘密。

第二,现代高层单元住宅的兴起。在这种住宅里,各家设施完备、自成体系,缺乏相互交往的公共场所。住宅之间的封闭虽然减少了邻里间的矛盾,却也阻碍了邻里正常必要的交往。

第三,社会流动和迁徙的频繁。社会流动和迁徙的频繁减少了邻里间发生交往的可能,更谈不上交往的深化。

第四,家庭成员的高节奏、非群体化生活。现代城市居民工作时间大多离开家庭,回到家里又忙于家庭事务,节假日则要外出休假。高节奏的非群体化生活使人们无暇顾及邻里交往,并影响到家庭其他成员间的交往。

造成现代邻里关系淡化的原因,有的是社会发展不可避免地带来的,有的则是人为的和可以避免的。现代邻里一方面要顺应历史潮流,理解邻里关系的变化,另一方面则要积极地消除那些人为的障碍,改变那些应当改变和可以改变的因素,发挥出邻里应有的社会功能。

二、工作群体

工作群体是现代社会组织的基层单位,是在一定的工作任务的基础上组织起来的,其成员经常有面对面直接交往关系的社会基本群体。在我国目前的体制下,工作群体是大的社会组织的基层单位,如工厂企业中的班(组),教学单位的教研室(组),科研单位的课题组,以及机关团体中的科室等等。工作群体也是一种特殊的基本群体。它的特殊性表现在以下几个方面:

第一,它是以业缘关系为纽带的基本群体,因而它具有业缘群体的一般特点,其中最突出的是它有完成组织目标所赋予的任务的功能。

第二,它是一种建立在正式规范基础上并受正式规范制约的正式群体,因而具有正式群体的一般特点。

第三,它的数量不多的成员之间可以有经常的面对面的直接交往。这种交往使他们的相互关系容易超出工作范围之外,形成个人之间的情感联系,从而形成人际关系的非正式的一面。这样,工作群体中的人际关系又具有了非正式群体的某些特点。非正式的人际关系有可能成为冲击甚至取代正式关系的力量,削弱以至在实际上取代正式的工作群体。

工作群体的性质和特点,决定了它具有下面的社会功能:

第一,工作群体有促进组织目标达成的功能。工作群体是社会组织的组成部分,其所以被建立起来,是为了有效地完成社会组织的目标。如果工作群体的效率不高,则表明它在功能上发生了障碍,就有必要对它进行调整和改组。

第二,工作群体有情感交流的功能。工作群体作为大的社会组织的基层单位,人数不多,尽管其成员是因工作任务汇集在一起的,但是由于有经常的面对面的直接的互动,自然也会形成基本群体所具有的其他功能。一个好的工作群体,能使其成员具有明显的认同感和安全感,在交流感情方面能发挥重要作用。在现代社会里,工作群体在交流感情方面的功能更加突出,越来越重要。

第三,工作群体具有实现人的价值的功能。在实现人的价值方面,工作群体具有其他基本群体所不具备的优势。因为人的价值主要是在集体生活中,特别是在集体劳动过程中实现的。群体成员能够在工作群体中依靠集体的智慧和力量,发挥自己的才干,增强自己的能力,以得到社会的肯定评价,并且由此而激发出实现自身价值的更大愿望。

从工作群体的上述特征和社会功能来看,作为社会组织基层单位的工作群体,既具有正式群体的性质和特点,又具有非正式群体的某些性质和特点。因此,工作群体中的人际关系就具有其他基本群体所没有的二重性的特点,即它既有组织关系的一面,也有私人关系的一面。组织关系是一种正式关系,制度化的关系,在工作群体中被称为工作关系。工作群体中的上下级关系,领导与被领导的关系,同事关系,都是组织关系。它首先要求按一定的规章和程序办事,受制度和规则的制约。私人关系则是一种非正式关系,这种关系带有比较浓厚的感情色彩,往往是以个人的意志、愿望和需要为转移。工作群体中的熟人关系、友谊关系、同伴关系、同乡关系、恋爱关系等,都是以感情为基础的关系,是私人关系。组织关系和私人关系是两种不同性质的关系,这两种不同性质的关系既是对立的又是统一的,也是可以转化的。处理得好,有利于工作群体的稳定和发展,处理得不好,就会削弱以至损害工作群体。必须在私人关系服从组织关系的前提下协调两种关系,而不是相反。但是在我们现实的工作群体中,往往出现以私人关系冲击组织关系、正式关系非正式化的倾向。具体表现为工作中以感情代替规范、拉关系、走后门,组织关系血缘化、亲缘化、地缘化、趣缘化。这种倾向严重影响了社会组织的运行和工作效率,应予坚决和及时的纠正。

西方社会学者对于工作群体的发展进行了不少实证研究。赞尔兹尼克在《工作群体理论》一书中认为,工作群体一方面要能达到企业所要求的作业目标的最低界限,另一方面要能满足职工社会需要的最低界限。能达到这两个最低界限的工作群体,才是有效的群体。对工作群体有效性影响较大的原因主要是:(1)作业的生产技术组织条件,指影响工人正常工作的空间布置、噪音、疲劳、工作速度等等。(2)管理人员的不正确的指挥行为,例如只知道迫使职工完成组织的任务,而严重违反工作群体中非正式的规范和成员的愿望;或粗心大意与主观武断而造成管理人员与一般工作者的紧张关系。(3)群体中有不太适应的成员的存在,例如能力不足,个性不正常,教育培训不足等。①

人们在工作时非常需要亲切、友好、和睦与公平的集体微环境。有了这种微环

---

① 〔日〕万成博、杉政孝等主编:《产业社会学》,浙江人民出版社 1986 年版,第 61—62 页。

境,在群体中就可以心情舒畅、轻松愉快地工作。这种微环境就是工作群体的社会氛围。工作群体的社会氛围是群体成员的相互关系以及对于整个群体的态度及其行为的总和。一般说来,工作态度是形成工作群体的社会氛围的重要因素。集体意识和士气是形成工作群体的社会氛围的另一个重要因素。因此培养基层班组的积极向上的集体意识和士气是现代企业管理必须高度重视的重要课题。

第四节　初级群体的衰落及对社会生活的影响

一、初级群体的衰落

在人类社会的早期阶段,人类的群体生活还处于一种盲目的和原始的状态,同时,由于科学技术的极不发达,生产力水平异常低下,人们无论是在同自然界的斗争方面,还是在其他社会活动方面,其规模、范围都不能不受到极大的限制。在这种情况下,以血缘和地缘为基础形成的初级群体——最早的基本群体,就成为社会组织的基本形式。我们的祖先就是以这种原始的组合形式将自己组织起来,从事着物质生活资料的生产和其他种种社会活动。当时,如果离开这种原始的社会组合,个人就无法对付恶劣的自然环境,就无法生存下去。

在人类社会的早期阶段,初级群体是社会组合的主要形式。为社会所必需的那些基本功能,大部分或绝大部分是由初级群体所承担的。这主要包括:(1)人类自身的再生产,是由家庭这一初级群体所承担的。(2)最基本的经济活动,如生产、分配和消费都是在家庭中进行的。(3)儿童社会化的任务是由家庭、邻里和儿童游戏群体共同承担的。(4)一般的文化、体育、娱乐,甚至宗教活动,也基本是在家庭和邻里中进行的。(5)初级群体的成员朝夕相处,在生活上互相关心,在精神上互相支援,很容易形成一种亲密的情感关系,他们正是从这种关系中得到情感的满足。由此可见,初级群体是传统社会中的主要社会组合形式,它在社会生活的各个方面都起着重要的作用。

但是,人类社会在近代和现代的发展,结束了初级群体的黄金时代。随着科学技术的发展,生产力水平的提高,一方面要求更加细致的社会分工,另一方面要求在更大的范围内实行更大规模的协作,以实现社会化的大生产。生产的社会化,必然会促进整个社会生活的社会化。而生产和生活社会化的发展,则势必引起社会组合形式的变革。在许多方面,传统的小规模的初级群体已经成为社会化生产和生活的桎梏,而必须代之以大规模的、专门化的正式组织。

初级群体的衰落主要表现在:(1)社会分化加剧,初级群体原有功能不断发生外移。在传统社会中,初级群体是兼具多种功能的社会组合形式。但是,在现代社会中,随着正式组织的大量涌现,许多原来由初级群体承担的功能正在逐步移到正式组织中去。例如,在传统的农业生产和手工业作坊中,人们主要是以初级群体的形式结合起来参加生产劳动,但在今天的工厂、机关中,人们的身份是正式组织的成员。在传统社会里,儿童主要在家庭这类初级群体中接受教育,然而,在今天对儿童进行社会化的任务大部分为托儿所、幼儿园、正规学校等组织所取代。邻里的功能也是如此。邻里在生产上的互助不再像原来那样必要,在现代社会中大量出现的社会福利组织,逐步地取代着邻里在生活上互相扶持、互相帮助的功能。总之,在现代社会中,虽然初级群体在社会生活的许多方面仍有着重要的、不可忽视的作用,但与传统社会相比,它的作用毕竟是大大地削弱了。(2)初级群体成员关系日趋松懈。随着社会流动的加速、大众传媒的发展、价值观念的转变,以及家庭规模的缩小,人们之间的交往日趋带有短暂性、间接性和功利性的特点。以富于感情色彩为重要特征的初级群体的成员关系日趋松懈。人们比过去拥有更多的正式关系,并通过它来谋求自身的发展。(3)一些初级群体已解体。例如,传统社会中的村落和邻里,都曾是重要的初级群体。而现在农村中的村落已有解体的趋势。在城市生活的人们,由于邻里在生产上互助的功能已经基本消失,生活上互助的功能也大部分外移,加上单元或居住形式的限制,邻里之间的交往已大大降低,邻里的观念已经非常淡薄。城市中的"邻居"逐渐成了地理上的概念。总之,随着工业化和社会现代化,初级群体的地位和作用都在不断下降。

二、对社会生活的影响

初级群体日趋衰落对社会生活的影响既有其消极的一面,又有其积极的一面。从消极的一面来看,在传统社会中,许多基本功能都是由初级群体承担的,因此初级群体在现代社会中的衰落,就不能不引起社会生活某些功能的紊乱。主要表现在:(1)由于初级群体的衰落,人们从初级群体中得到的帮助越来越少,情感需求的满足发生问题,儿童的社会化也成了问题。(2)初级群体的衰落削弱了非正式控制手段的影响力,增加了社会控制的难度。(3)带来了人际关系的疏远、冷漠,导致一些不利于人的发展的社会问题。而从积极的一面来看,(1)初级群体的衰落有可能提供更多的个人自由。初级群体的控制往往会妨碍个性的自由发展,因此初级群体的影响力的削弱,有可能扩大人们的私人空间,促进人们自主性的发挥。(2)初级群体的衰落,正式组织的兴起,会打破初级群体的封闭性和排他性,消除隔阂,有利于促进更大范围的社会整合。(3)初级群体的衰落,正式组织的兴起,大大地提高了人类群体活动的效率。初级群体的衰落与初级群体成员关系的淡化,标志着人们更多地依靠分工及规范等正式关系来处理问题,从而有助于提高工作效率,实现组织目标,这是社会走向合理化的一个表现。

思考题:

1. 什么是基本群体?它具有哪些特征?
2. 家庭有哪些基本社会功能?它的变化趋势怎样?
3. 简述邻里的基本特征和社会功能。
4. 如何根据工作群体的特点发挥其社会功能?
5. 简述初级群体在近现代社会中衰落的原因。

第七章 社会组织

现代社会是高度组织化了的社会,人们到处可以看到各种各样的社会组织。现代社会中的一个重要特点就是社会组织在人们的社会生活中越来越占据重要的地位,发挥着越来越重要的作用。因此,我们在了解了社会群体之后,有必要进一步了解什么是社会组织,以及这些社会组织是如何构成和发挥作用的。

第一节 社会组织的性质和类型

一、什么是社会组织

社会组织是人类社会分工的产物,是人们为了实现特定的目标而建立起来的。在原始社会的末期,由于战争的频繁发生,出现了军队这种社会组织形式,又由于公共管理职能和阶级统治的需要,出现了国家这种组织形式。宗教组织也在这一时期建立起来了。在中世纪,由于城市手工业的发展,在一些城市出现了行会这种封建社会中特有的经济组织。在从以自给自足的自然经济为基础的传统农业社会向以机器大工业为基础的现代社会转变过程中,一个重要的社会特征就是大量社会组织取代了传统的各种初级群体以及村社这种地缘单位。社会组织这种新的社会结构单位的特殊性在于,它既是由人所组成的"人群共同体",又是人为了实现自己的某种目的的一种物质工具。

关于社会组织的内涵,早期的社会学家的观点与当代社会学家的看法是有一定差异的。在早期社会学家那里,社会组织常常被理解为社会本身或社会的一种结构状态。西方社会学的创始人孔德将社会组织定义为"普遍的社会同意",英国社会学家斯宾塞在《社会学原理》一书中则把社会组织用来指社会的经济、政治和其他部门的相互关系。法国著名社会学家迪尔克姆在《论自杀》一书中把社会组织主要理解为通过道德和价值的一致而达到的社会整合和个人的调整。美国社会学家库利在《社会组织》这部著作中认为,社会组织不过是社会相互作用所需的共同活动和共同理解。而帕森斯和霍曼斯则宁愿用社会体系一词代替社会组织一词。我国社会学界对社会组织的理解,一是从静态角度把社会组织理解为一种与初级群体不同的次级群体,即为实现某种特定目标而有意识建立起来的社会结构单位;另一种是从动态的角度把社会组织理解为将分散的社会成员聚合进来,并对他们的行动进行有效协调和管理的过程,也即社会的组织化过程。本章着重从静态出发,兼顾动态要求,对社会组织进行考察。

从静态的角度考察,社会组织是人们为了追求某种特定目标,实现某种特定功能而有意识建立起来的、有正式结构的次级群体。政府、军队、企业、学校、医院等是现代社会组织的典型形式。

社会组织与初级群体相比,有如下基本特征:第一,它是人们为了实现某个社会目标而有意识建立起来的,这与初级群体自然而然的形成有根本的不同。第二,有一个明确而具体的目标。这是社会组织的最重要特征,也是组织能够存在的依据。它为组织活动提供导向、并证明其存在的合理性和充当评估组织绩效的标准。第三,有一个复杂而正式的结构。它保证组织内部分工有序、职责分明,各成员、各部门得以协调一致地行动。第四,有一组不依附于任何特定个人的组织角色。组织的基本要素就是能够脱离特定个人的组织角色。组织成员参加组织就是在扮演这些组织角色。因此,在组织活动中,组织成员只需要个性上的片面投入,相互之间进行依附于职位的正式角色互动。

任何一个社会组织,无论规模大小、结构繁简、职能异同,其构成都必须包括以下几个要素:

(1)一定数量的成员。这是组织存在和发展的先决条件。但每个组织对其成员都有一定的资格要求,并非任何人只要愿意都可以成为某个组织的成员。一个人要成为某个组织的成员,首先要求具备这个组织所需要的条件,然后还要履行一定的手续,才能进入组织内部,成为正式的组织成员,在其中获得某个角色地位。因此,现代社会组织都有很明确的边界。一个社会组织的成员数量到底要多少,并无限定,小到三人小组,大到几千万人的政党组织。这些性质各不相同的社会组织,对成员的要求也相距甚远。有的对资格要求十分严格,有的则较为宽松;有的加入手续十分复杂,有的则比较简单。

(2)特定的活动目标。目标是社会组织最重要的构成要素,它决定着组织的性质、发展方向和规模。社会组织成员参与组织活动的动机和愿望可能千差万别,但它们最终要统一到共同的组织目标之下。同时,组织目标要能够集中体现他们的共同愿望与利益。特定的组织目标是社会组织存在的依据,指示着组织活动的方向;一旦组织目标模糊或丧失,组织也将面临着解体的危险。

(3)明确的规章制度。任何一个社会集体行动都要以一定的共同规范作为前提,社会组织也不例外。在正式的组织中,组织规范通常是以规章制度表现出来的,它是组织用来规定其内部事务,并要组织成员共同遵守的组织文件。组织规章可以是成文的,也可以是不成文的。它是组织本身的存在和发展、实现组织目标的必要条件,是组织活动的依据,也是组织处理问题和判断是非的准则。

(4) 正式的组织机构。任何一个正式的社会组织都有一定的组织机构,组织的运行与管理正是通过一定的工作机构来实现的。由于组织的性质和规模不同,组织机构也有大有小,其结构有的复杂,有的简单。这些组织机构设置是否科学,直接关系到组织活动的效率和组织目标能否实现。与这种正式的组织机构相联系,是组织内部的正式权力结构。组织权力结构是指由决策者、管理者、执行者所构成的一种支配和服从的层级体系。现代组织内部的精细分工要求进行严格的分权,以此对组织成员进行严格的指导与控制,确保人们在实现组织目标的活动中能保持行动的一致性。每个组织总是有一个权力中心,位于中心的领导者利用这种权力进行人事安排,控制组织活动,评价组织绩效,甚至重新改造组织结构以保证组织职能的正常发挥和组织目标的实现。组织的权力中心不明确或多头中心常常是影响组织正常运转的一个重要原因。

(5) 一定的物质设施。一个现实的社会组织要存在,必须要有一定的物质设施,如场所、工具和办公设备等等。

二、社会组织的基本类型

社会组织有不同的类型。许多著名社会学家都对社会组织进行过分类,如帕森斯将社会组织分为经济生产组织(工厂、医院)、政治目标组织(政府、银行)、整合组织(法院、政党)和模式维持组织(家庭、学校、教会);布劳和斯科特将社会组织分为互利组织(工会)、赢利组织(私营工厂、银行、商店)、服务组织(医院)、公益组织(消防队、邮局);美国社会学家艾兹奥尼把社会组织分为强制性组织(监狱)、功利性组织(商业公司)、规范性组织(教会)等等。这些分类从不同的角度突出了不同社会组织的性质与特点,有助于人们认识各种不同的社会组织的特殊功能,奠定了组织管理的基础。

在我国,通常是根据社会组织的性质和职能,将社会组织划分为五种类型,即政治组织、经济组织、文化组织、宗教组织和群众组织。

1. 政治组织

孙中山曾说,政治就是管理众人的事。在阶级社会里,人是划分为阶级和阶层以及各种社会利益集团的。因此,政治的任务就是处理社会各种不同阶级、阶层和其他利益集团之间的相互关系。政治组织就是为了适应这种需要而产生的社会组织。政治组织包括政权组织与政党组织,我国的政党组织就是中国共产党和8个民主党派。中国共产党是我国的执政党,8个民主党派是参政党,执政党与参政党的关系是"长期共存、互相监督、肝胆相照、荣辱与共"。我国的政权组织包括人民代表大会、人民政府、人民法院、人民检察院、人民军队等等。在我国还有一些政治性的群众团体,如工会、共青团、妇联等。

2. 经济组织

物质生产资料的生产是社会生活中最基本的内容,承担着物质资料生产的经济组织也是人类历史上最古老的社会组织。现代经济组织是工业化以后出现的专业化的社会组织,它是一个庞大而复杂的系统。我国把经济组织分为15类:(1)农业,包括种植、畜牧、水产、农村工副、水利、气象;(2)林业,包括造林、采伐运输、林产加工;(3)消费品工业,包括轻工、纺织、造纸、食品、医药、日用化工;(4)能源工业,包括煤炭、石油、电力;(5)冶金工业,包括钢铁、有色金属;(6)化学工业,包括化肥、农药、石油化工、精细化工;(7)建材工业;(8)地质勘探;(9)机械电子工业;(10)建筑工业;(11)交通运输邮电业;(12)国内商业;(13)外贸,包括进出口贸易、旅游、海关、商检;(14)手工业;(15)金融业。这些不同的经济组织分别属于第一产业、第二产业、第三产业。目前我国的经济组织已形成比较完整的经济体系;其中社会主义性质的经济组织占主体地位。

3. 文化组织

这里的文化组织是指从事传播人类文化成果、科学研究、保障社会成员文明健康生活的内容广泛的多层次、多种类社会组织。主要有文艺组织、教育组织、科学技术组织、医疗卫生组织、体育组织和大众传媒组织。这些组织都对社会精神文明建设起着十分重要的作用。

4. 宗教组织

宗教组织在阶级社会中发挥着重要的作用。我国是一个多教并存的国家。主要宗教是佛教、道教、伊斯兰教、天主教和基督教。佛教已有两千多年历史,道教有1 700多年历史,伊斯兰教有1 300多年历史,天主教和基督教主要是在19世纪中叶后才获得较大发展。我国现有8个全国性宗教组织,这就是中国佛教协会、中国道教协会、中国伊斯兰教协会、中国天主教协会、中国天主教教务委员会、中国天主教主教团、中国基督教"三自"爱国运动委员会、中国基督教协会。

5. 群众组织

群众组织包括基层群众自治组织、某些政治性群众团体和社团组织。我国的基层群众自治组织主要指城市居民委员会和农村村民自治委员会。村民委员会是农村基层群众的自治组织,它和政府在农村的乡镇政府之间的关系不是领导与被领导的行政隶属关系,而是一种指导关系。但过去在很长一段时间内,它们之间实际上成了上下级之间的行政隶属关系,村民委员会也成了准政府机构。随着《村民委员会组织法》的贯彻落实,村民委员会与乡镇政府之间的新型关系正在形成。城市居民委员会是在城市街道办事处、或市政府、市辖区政府的指导下成立的城市基层居民群众自治性组织。它的主要任务是办理有关居民的公共福利事务,在政府与市民之间起着信息沟通的桥梁作用,调解居民内部的纠纷,领导群众性的治安保卫工作等等。村民委员会和城市居民委员会在我国的社会生活中发挥着重要的综合的社会功能。

在我国还有工会、共青团、妇联等群众性组织,学会、协会等社团组织。这些组织的主要特点是具有广泛的群众性,它们为各界群众参与政治生活和社会生活提供了广阔的舞台,也是党和政府联系各界群众的重要桥梁。

6. 民间组织

在我国,民间组织一般指那些非政府、非营利、带有志愿性的致力于公益事业的社会组织,包括社会团体、民办非企业单位和基金会三类。这些组织的共同特点是在政府和市场之外成长起来的社会组织。民间组织在世界各国有各种称谓,最常见的是被称为非政府组织(NGO)和非营利组织(NPO),也被称为第三部门。尽管各国使用的名称不同,其意所指大同小异,都是指在政府与市场之间的制度空间中成长起来的社会组织。国际著名管理学大师彼得·德鲁克1994年曾提出,"知识社会必然是由三大部门组成的社会:一为公共部门,即政府;另一为私人部门,即企业;还有一个为社会部门。"[①]这个社会部门就是第三部门,在我国被称为"民间组织"。1998年,国务院将民政部社会团体管理局改为民间组织管理局,"民间组织"由此作为中国的"非营利组织"的名称被官方正式使用。

根据国内外学术界的研究,民间组织主要有六个方面的特征:(1)组织性;(2)非政府性;(3)非营利性;(4)自治性;(5)志愿性;(6)公益性。在这六个特性中,组织性被视为一个不言而喻的前提,非政府性、非营利性和自治性被公认为是基本特征,公益性是其根本宗旨。在国际上,著名的非政府组织有国际红十字协会(ICRC)、国际商会(ICC)、绿色国际组织(GCI)、国际标准化组织(ISO)等;著名的非营利组织有联合国开发计划署(UNDP)、联合国儿童基金会(UNICEF)、世界宣明会、国际青少年基金会等。

---

① 彼得·德鲁克:《大变革时代的管理》,上海译文出版社1999年版,第201页。

改革开放以来,作为民间组织的非政府组织和非营利组织在我国逐步兴起,到20世纪90年代发展势头迅猛,每年增速都在10%以上。我国民间组织主要包括社会团体、民办非企业和基金会三种形式。20世纪90年代以来,民间组织发展迅速,布局得到调整,结构不断优化,质量逐步提高,服务社会的功能得到进一步发挥。我国已初步形成门类齐全、层次有别、覆盖广泛的民间组织体系。据中国社会科学院2012年《民间组织蓝皮书》提供的数据,截至2010年底,我国共有民间组织44.6万个,吸纳了社会各类就业人员618.2万人。其中民办非企业单位总数达到19.8万个,是数量增长最多的民间组织类型。社会团体数24.5万个,增速相对较慢。基金会2 200个,保持较高增长势头,非公募基金会与公募基金会数量基本持平。此外还有大量的民间组织没有登记,但却在实际社会生活的各个领域发挥着重要作用。一些民间组织已经产生了广泛的社会影响,如中国红十字、中国青少年基金会、中国希望工程等。

作为一种组织形态,民间组织在人类历史上早就存在,但直到20世纪后半期才成为一种社会政治现象,并在社会生活中发挥着重要作用。在我国,社会需要是民间组织存在和发展的客观基础。民间组织的兴起是与我国政府职能的转变与经济社会的转型分不开的,或者说它是"政府失灵"和"市场失灵"的产物。市场经济的发展改变了我国传统的"强国家—弱社会"格局,要求从根本上转变政府职能,形成"小政府、大社会"的格局,从而改变了过去由政府与企业包办福利的传统,以往由政府或企业承担的诸多社会事务需要由民间组织来承担。市场经济在创造财富、促进经济增长的同时,也造成部分公共物品供给短缺,社会矛盾与冲突增多,众多公共需求和社会问题无法依靠市场机制满足、解决。市场经济的发展需要伴之以对人、自然和社会的保护机制,需要民众自己组织起来解决自己的需求,于是,在政府与企业之外,第三部门获得迅速发展,以帮助化解相关经济、社会矛盾,动员社会力量参与扶贫济困、保护环境、社会服务、社区发展、法律援助及权益保障等社会公益活动。

三、社会组织的功能

现代社会是一个高度组织化了的社会,它是人类追求理性、追求效率的产物。正是在组织中,众多的个体行动得到协调与整合,目标得到集中和统一,人力资源和其他资源得到充分利用,从而使得社会及其成员的多方面需求得到满足。因此,社会组织在人类的社会生活中发挥着任何其他群体形式所不能替代的社会功能。

第一,社会组织使人类的社会需求得到全面满足。人类的社会需求是多种多样的,包括生理、安全、交际、尊敬、求知、求美、自我实现等等不同层次,由于现代社会的高度组织化,使这些社会需求都能够得到满足。工厂、商店、银行等经济组织满足人们的衣食住行等各方面的生活必需;医院组织从事着救死扶伤的崇高使命;学校等教育组织对人们进行各种文化教育和职业培训,承担着人的社会化的职能;军队、警察组织承担着保卫国防、维护社会治安的职能,从而满足了人们的安全需求;交通运输组织使人类长距离行动更加便利,等等。总之,现代人已离不开社会组织,人们的各种愿望、要求、利益无不是在社会组织中得到实现的。

第二,社会组织把分散的个体力量结合为整体力量,从而使人类可以追求分散的个人和小规模的初级群体所无法实现的重大社会目标。社会组织没有发展规模的限制,甚至可以把整个社会都组织起来。因此,社会组织在动员和形成社会力量方面是无可比拟的。一支强大的军队可以攻无不克、战无不胜,一个巨型的企业集团可以左右整个行业的经济活动,一个组织有力的政党可以取得国家政权,一个组织有效的政府可以调动全国的资源为某一政治目标服务。同时,由于组织是超越个人的,因此,只要为了实现组织目标的需要,组织的生命周期远远超过个人的生命周期,从而使人类能够追求那些超过个人生命期限的长远目标。

第三,社会组织提高了人类的社会活动效率。在初级群体内部,由于缺少分工和专业化,人的各种潜能不能得到充分发挥,极大地限制了人类的社会活动效率。社会组织以专业化为基础,把分散的个人大规模地组织起来,不仅提高了个人的活动效率,而且提高了社会的活动效率。通过社会组织可以对人们进行大规模的集中培训、集中工作,通过严密的分工协作关系和科学的组织管理活动能充分发挥社会的集体活动效率。

第四,社会组织增强了人类社会的整合程度,促进了社会秩序的形成,承担和发挥着社会控制的功能。传统社会中人们的生活圈子十分狭小,分散而封闭,"鸡犬之声相闻,老死不相往来",每个小的社会群体可能相当团结,但整个社会却处于一盘散沙的状态。现代社会组织把社会成员大规模地组织起来,再通过各种社会组织把整个社会高度联结起来,从而使整个社会处于一种均衡、协调、有序的状态,为社会的秩序和进步提供了前提和条件。

当然,社会组织上述各种功能的发挥不是无条件的,而是有条件的。它取决于社会组织的目标与社会发展要求的吻合程度、社会组织自身的整合程度和正常运转程度等等。缺少了这些条件,不但组织的正功能不会得到发挥,而且还会产生负功能,例如妨碍组织成员个性的发挥和情感的交流,影响社会的有序与有效运转等等。

第二节 社会组织的内部结构与外部关系

一、社会组织的正式结构

社会组织的正式结构指组织内部各种职位、各个部门之间正式确定的、比较稳定的相互关系模式。职位、部门是构成组织结构的基本元素或单元,这些结构单元的不同组合又形成了组织结构的不同类型。

1. 组织结构的基本元素

(1)职位。职位是组织内部正式设立的、从事某种特定活动的组织位置,它通过各种规范化的正式角色动态地表现出来。职位在组织中代表了一整套规范和行为模式,它不受任何占据职位的具体个人的性格、气质、品德等因素的干扰,从而保证组织活动不受人员变动、个人偏好的影响。职位与个人的关系是:职位需要个人占据,个人只有占据一定的职位才能获得组织成员身份。职位具有可转换性,可由不同的个人承担;同一个人可以占据不同的职位,或同时占据几个职位。

职位是构成组织结构的基本元素。职位的数量、职位的类别、职位对能力和规范的要求是影响组织结构的重要因素,组织所提供的职位数量越多,类别越复杂,要求越高,组织的规模也就越大,结构越复杂。

(2)部门。部门是组织内部以组织目标为导向、以组织规范为前提、以组织内部分工为依据,由若干个相关的职位联结形成的稳固组合,它通常表现为一种组织机构。部门使职位间的互动关系经常化、制度化。

部门可以分成三类:相同职位组合而成的职能部门(如工厂的科室);不同职位组合而成的执行部门(如工厂的车间)以及掌握最高决策权力的决策部门。部门设置取决于组织的规模、组织的具体目标、组织的运行模式等等因素。

在一个复杂的组织内,存在着众多的组织部门,这些部门不仅具有性质上的差别,而且具有多层次性。各种不同性质、不同层次的部门之间的有机耦合,构成了组织的整体结构,保证组织功能的发挥和组织目标的实现。

2. 组织结构的基本类型

组织的正式结构就是指组织内部不同职位、不同部门之间的关系组合模式。基本的组织结构可以分为直线型、职能型、网络型三种类型。

(1)直线型组织结构

直线型组织结构是一种比较简单的组织结构,整个组织结构形成为一个直线式等级序列,每一层下级都必须接受上级的直接领导,上下属关系简单而直接,实行一长制领导体制,因而对领导的管理能力要求很高,一般只适应规模较小的简单组织,或者在较大规模的组织内部的基层单位内实行这种组织结构,如部队中营以下单位实行这种直线型组织结构。直线型组织结构的主要功能特点在于集中领导,保证组织中任何一个成员都只隶属于一个上级,并通过上级同整个组织沟通联络。这种直接领导和直接负责的上下级关系将权力层层集中于最高决策者手中,从而保证了集中领导和统一指挥。

(2) 职能型组织结构

职能型组织结构是在较大的组织内,把相关的职位集中起来,建立一个职能部门,把整个管理内容划分为若干个职能部门,由这些职能部门对组织进行具体管理的一种组织结构。职能型组织可以使最高管理者摆脱各种具体的管理事务,以提高组织的宏观决策能力,同时,职能部门还可以弥补组织最高领导者的能力、知识缺陷。职能部门一般只有管理权,没有决策权。职能型组织结构的主要功能特点在于分工负责。由于各个职能部门的设置,相关的职位和部门得以科学组合,使最高权力分散下放到各职能部门,形成了分工负责的局面,提高了组织决策的科学化、民主化程度。

(3) 网络型组织结构

网络型组织结构是为了避免直线型和职能型结构的缺陷而建立起来的。它力图避免直线型结构和职能型结构在信息沟通和组织指挥上的局限性,在组织中建立一种纵横交错立体沟通的组织结构。网络型组织结构的主要功能特点在于系统协调。使组织活动,包括各个职位及各个部门的活动都以统一的组织总目标为参照系,制定各自相对独立的分目标,并开展活动,以确保整个组织能够围绕总目标协调有效的运行。

上述三种组织结构只是组织结构的基本类型,在具体的组织中更多的是这三种类型的有机组合,如直线职能制、直线参谋制、事业部制、矩阵制、系统制等等。现代组织的常见类型都是由三种基本类型复合演化而来的。

二、社会组织的非正式结构

1. 组织非正式结构的基本特点与主要类型

社会组织的非正式结构是指组织内部成员间自发形成的各种非正式组织及其相互关系。非正式结构概念是美国社会学家梅奥在 20 世纪 20—30 年代进行的霍桑实验中发现并提出来的。这次研究结果发现,在所有正式组织中都有各种非正式的人际关系,这种关系对工作的影响甚至比正式组织结构更大。要充分发挥组织成员的作用,不仅要靠组织的正式结构和规章制度,而且要注意组织成员自发形成的各种小群体的作用。

非正式组织具有如下特性:(1)形成的自发性。任何组织内部的非正式组织都不是有目的、有计划地建立起来的,而是组织成员在组织生活中由于各种原因自发形成的。(2)目标的隐蔽性。与正式组织目标不同的是,正式组织的目标是公开的、稳定的和成文的;而非正式组织的目标既不公开,又不稳定,更没有文字记载,有的甚至还以一种公开的目标来掩盖其真正的目标。(3)规范的不确定性。非正式组织内部成员如何进行相互交往,如何处理成员间的相互关系,以及如何处理各种非正式组织之间的相互关系,都没有正式的和确定的规范可循,只有习惯和惯例,因而具有很大的随意性和不确定性。(4)成员与角色关系的不稳定性。非正式组织实质上是一种特殊的初级群体,群体边界并不清楚,成员关系也不确定,成员或多或少,时进时出,角色关系也处于不断变动之中,从而使非正式组织经常发生分化与重组。

在社会组织中存在的非正式组织是多种多样的,从成员间在正式组织中的关系上来看,可以分为三种类型:(1)横向型。即由原来组织中地位相同或相近的组织成员构成的非正式组织。如工厂中由工人组成的非正式组织和由中层管理人员组成的非正式组织,便属此类。(2)纵向型。即由原来组织中分属不同层次的组织成员组成的非正式组织。如组织内部的同乡小群体,其中可能有的是普通职员,有的是决策领导,有的是中层管理者。(3)工作群体型。这种非正式组织在成员关系上与正式组织是重合的,它是正式组织中的一些基层单位中的组织成员在长期的共同工作、学习和生活中产生了感情,形成初级社会关系,从而使正式组织结构具有了非正式组织结构的性质,如一些科研小组等等。此外,还可以从形成因素上把非正式组织分为利益型、爱好型、情感型、亲缘型等等类型,它们分别以共同的利益、共同的爱好、共同的情感、共同的亲情关系为基础形成。由于形成的因素和条件不同,非正式组织的内聚力、活动内容和社会影响也大不相同。

2. 组织非正式结构的形成原因

非正式结构产生的原因是多方面的。首先是组织成员间的情感需要。人是有感情的,而在正式组织中,由于组织成员的无个性化和片面投入,这种感情无法得到满足,于是人们便超越正式组织结构的规范要求,建立各种非正式结构填补这个空间,满足组织成员这方面的需要。其次是组织成员间在工作性质、知识修养、技术水平、情趣爱好等等方面的相同性和相似性,使他们很容易相互接近和相互沟通,渐渐地形成为一个个非正式组织。第三是组织成员间由于共同工作而能够维持一种长期的持续互动关系,也使他们非常容易形成一种非正式组织。最后是对环境的应变和适应需要。一般来说,组织正式结构应变能力较差,当环境不稳定和多变时,人们便希望通过非正式组织来适应环境,或应付各种突发的事变。

3. 非正式结构对组织的功能

非正式结构的功能包括两个方面,一方面是对个人的影响和作用,另一方面是对组织的影响和作用。无论是对个人还是对组织,都既有积极作用,也有消极作用。

从非正式组织对个人的影响和作用来说,主要作用是能够满足组织成员在正式组织中不能得到满足的多方面需要,具体来说有三点:(1)缓解工作中的紧张。人们按照正式组织角色进行工作,既感到枯燥,又觉得压力很大。而非正式人际关系的存在,会给予人们一种情绪上的认同和支持,缓解人们在工作中的紧张气氛。同时,由于人们把正式工作与员工的日常生活结合起来,提高了人们对工作的兴趣和对组织的忠诚。(2)寻求各种实际问题的帮助。个人在正式组织中的工作不可能总是十分顺利,会遇到各种各样的实际问题,需要别人的帮助,有了各种非正式的组织结构,人们很自然地在这种关系中得到所需要的支持和帮助。(3)获得心理安全感。在正式组织中,人们的一切活动都是围绕着组织总目标进行的,在强大的组织面前,个人显得十分渺小。同时,在正式组织中,人与人之间的关系是一种片面的工作关系,缺少一种社会交往所必需的信任结构。有了非正式组织后,人与人之间建立起一种特殊的情感基础和信任关系,才会形成一种心理安全感。

从非正式组织对正式组织的作用和影响来说,主要是提供了一种非正式的信息沟通渠道。由于有了这样一个非正式的组织沟通渠道,只要运用得好,能够增强组织内部的信息沟通,加强组织关系的协调,有助于组织正式目标的实现。

正像任何事物一样,非正式组织结构有积极的一面,也可能有消极的一面。非正式组织的消极作用表现在:第一,容易产生小团体主义,不利于正式组织的团结与合作;第二,容易助长自由主义和无政府主义,干扰和阻碍正式组织的方针的贯彻和目标的实现;第三,容易传播小道消息,混淆视听,增加组织内部沟通的难度;第四,有些非正式组织可能成为犯罪团伙,对组织、对社会都可能产生破坏作用。

4. 组织非正式结构与正式结构的关系

在社会组织中,正式结构和非正式结构相互作用,各自发挥着不同的功能。正式结构以正式规则通过合理化的方式追求组织目标的实现,非正式组织通过建立一种非正式的组织结构和人际关系团体来满足组织成员的个人需求。在一定的条件下,非正式结构可以弥补正式组织结构的不足,但有时也会干扰正式结构的运行。二者都有自身的局限性。正式结构通常只关心组织目标,不关心成员的多方面需求;非正式结构关心成员的特殊需要,但又容易妨碍组织目标的实现。必须正确处理好二者关系,促进正式结构与非正式结构的相互协调,保证组织目标的实现。

如何实现组织正式结构和非正式结构的相互协调呢? 第一,要正视非正式组织结构的存在,加强同他们的沟通,积极支持他们开展各种有益的社会活动,如果说正式组织是一个大集体,那么非正式组织就是一个小集体,每个组织成员既是大集体的成员,又是小集体的成员,因此,组织能否处理好与各种非正式组织的关系,是搞好组织内部的人际关系,对组织成员进行有效的激励,实现组织目标的重要环节。领导者要善于了解和掌握组织内部的各种非正式组织发展状况,加强沟通,融洽感情,积极推动他们围绕组织正式目标开展有益的活动。第二,加强对各种非正式组织的引导,促使他们把活动纳入组织的轨道,使之有助于组织正式目标的实现。对非正式组织既不能简单地斥之为小团体主义、自由主义,也不能自由放任,处处迁就,助长他们的离心倾向和独立意识。要通过严格的组织纪律和正确的组织舆论以及过细的思想政治工作把他们的活动纳入组织的轨道。对个别"害群之马"或确已走上犯罪道路的小群体要依法办事,不可姑息迁就。总之,要注意理顺正式结构与非正式结构的关系,增加结构弹性,发挥其正功能,抑制其负功能。

三、社会组织的外部关系

社会组织并不是一个封闭的体系,而是一个开放的系统。因此,社会组织不仅要注意处理好组织内部关系,而且要注意处理好组织与外部的关系,也就是处理好组织与环境的关系。所谓组织环境,就是指能够对组织产生广泛影响的社会因素和条件。组织环境包括宏观与微观两个层次,宏观层次指组织所面临的政治、经济、文化环境以及这种环境的变化;微观环境指组织所在地的社区环境。组织的存在和发展,要依赖组织与环境之间进行不断的物质、能量、信息的交换。这种交换包括输入输出两个过程(见图 7-1)。

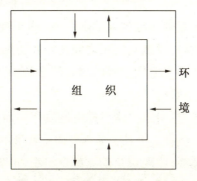

图 7-1 组织与环境关系示意图

所谓输入，是指组织从环境中取得自己所需要的原料和手段，包括人力、物力和信息。所谓输出，则指组织对从外部环境中得到的材料进行加工处理、制成产品后回送到环境中去。这一过程中任何一个环节发生中断梗阻，都会造成组织的存在危机。如一个企业没有原料或产品销售不出去，必然威胁到企业的生存；一所学校招不到学生，也必然威胁到学校的生存。

因此，任何社会组织都要处理好组织与环境的关系。要建立专门处理与外部环境关系的有关部门，注意搜集与组织有关的各种外部环境信息，及时处理组织与环境进行物质、能量、信息交换过程中遇到的各种具体问题，保证组织与环境之间的输出输入渠道畅通无阻。

社会组织总是在一定的环境中存在的，同时它还要与其他社会组织发生各种各样的关系。社会组织与社会组织发生的种种联系，使社会组织之间形成了一种复杂的组织体系。许多大型或巨型的社会组织正是若干个小型或中型的社会组织复合而成的，加强社会组织之间的相互联系和相互作用，是现代社会组织发展的基本趋势。社会组织与社会组织之间的关系从某种意义上说也是一种组织与环境之间的关系，不过是一种特殊的组织与环境之间的关系。

现代社会组织的相互联系并形成组织体系的方式一般包括以下几种：

第一，横向组织体系。横向组织体系是由性质和地位相同或性质地位不同但功能互补的社会组织互相联结而成的组织网络。这些组织由于性质和地位相同或相近，从而在业务上发生各种关系，或是由不同性质和种类的组织在功能上形成一种相互依赖、相互补充的关系。一所学校要与其他学校发生各种各样的联系，这就是与性质相同的学校组织建立的横向联系；同时，一所学校要与周围其他组织发生关系，如商店、工厂、电影院、文化站等等，这种联系就是一种与性质不同的社会组织发生的横向联系。这两类性质不同的横向联系稳定化，就形成了一种横向组织体系。在横向组织体系中，组织与组织之间的关系没有垂直的权威关系来支配，主要靠组织与组织之间的相互依赖与功能互补关系。由于组织功能的单一化和组织需求的多样性的矛盾，使这种组织与组织之间的相互协调显得非常重要。只有每个组织在这种横向组织体系中都能很好的相互配合和相互协调，才能使各个社会组织都能较好地实现自己的社会目标。

第二，纵向组织体系。纵向组织体系是由性质相同而地位不同的社会组织相互联结而成的社会网络。例如一个社会的教育体系就是由不同层次的教育组织构成的一个纵向教育组织体系，主要包括幼儿教育组织、小学教育组织、中学教育组织、大学教育组织、职业教育组织等等。在这里，由于每个教育组织在整个教育体系中所担负的任务和所起的作用不同,因而具有不同的地位。小学教育是中学教育的基础,中学教育是大学教育的基础,基础教育是职业教育的基础,这就要求这些地位不同的教育组织之间必须进行功能配合。

第三,综合组织体系。综合组织体系是由横向组织体系与纵向组织体系交织复合而成的一种组织体系,这种组织体系比横向组织体系和纵向组织体系更为复杂而庞大。一个行政区域、甚至一个国家都是一个庞大的综合组织体系。在这种组织体系内部,既有上下级的隶属关系,也有各种横向联系。

第三节　社会组织的运行与管理

一、社会组织运行与管理过程

组织运行与组织管理是两个性质不同、但容易混淆的概念。组织运行是指组织自身的运动过程,它是一个输入输出或投入产出的过程;组织管理是指组织领导对组织运行过程的操纵过程。这两个过程在实际上是合一的,但性质却不相同。组织管理的本质在于对组织运行过程的驾驭和操纵,提高组织运行的效率,以最小成本实现组织目标。

组织运行的过程是组织实现自己目标和发挥自己功能的过程,是组织与环境的物质、能量、信息的交换过程,即投入产出过程,也是这一过程中的组织结构所发生的联动过程。组织运行过程一般经过三个步骤:(1)投入,即调动和使用资源;(2)制作,即对投入的资源进行处理,通过使用资源来求得组织目标的实现;(3)产出,即输出"产品",实现组织目标。

组织的管理过程就是围绕组织目标,调动各种资源,运用一切手段操纵组织的运行,以确保组织目标得以实现的过程。它包括三个基本环节:(1)决策。决策就是确定组织的奋斗目标以及选择实现组织目标的方法和途径的过程。现代社会的复杂性和多变性对组织管理过程中的决策提出了越来越高的要求,要求决策必须严格遵循科学的决策程序,运用科学的决策技术,充分发挥专家和思想库对科学决策的作用。(2)组织实施。组织管理过程中最复杂、最艰巨和经常性的工作是组织实施管理。组织实施过程中的工作主要有两类:一是常规管理,按照预定的方案,对人与物等等要素进行科学的搭配与组合,确保组织成员的行动具有一致性,使之发挥正常的功能,有秩序有步骤地完成组织过程。二是应变管理,根据外部环境的变化不断调整组织管理方案,以适应新的外部环境。任何社会都存在两种力量和方向,即由管理机关所倡导和努力实现的发展方向和社会内部滋生的破坏性力量和反秩序方向。应变管理就在于能够以变应变,确保组织目标在任何情况下都能够实现。(3)监督。任何管理都离不开监督,这是社会管理的必要环节,没有监督,就没有真正的管理。在组织运行过程中,随时可能出现各种意外事件而影响组织活动进程,甚至影响组织目标的实现,必须要通过系统的监督来对组织活动和组织的内外环境进行有效的监控,并根据监控的结果决定是否对组织活动进行调整。

组织的运行过程与组织管理过程是同一个过程的两个方面,二者合而为一(见图 7-2)。只有真正理解了这一过程,才能真正掌握组织运行与管理的规律性。

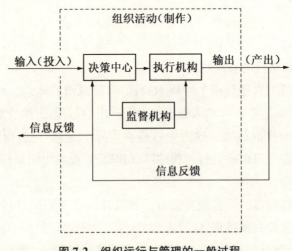

图 7-2 组织运行与管理的一般过程

二、科层制与社会组织管理

在人类历史上曾出现过家长制和科层制两种不同的管理方式。家长制是农业社会中小农经济的产物。在这种管理方式下,管理权高度集中在家长手中,组织内部分工不明、责任不清,任人随意、因人设位,办事无章可循、无法可依。因此,这种家长制管理方式只适合于组织规模不大、分工不发达的农业社会。在现代社会,一些初创阶段的小微企业,仍然可能实行家长制管理模式。

但是,现代社会普遍实行科层制管理方式。科层制是一种以正式规则为主体的管理方式,组织内部有严格的分工和复杂的规章制度体系,其主要特征是:

(1)权力分层,职务分等。在科层制中,权力不再集中在最高领导人一人之手,而是进行分解、分散化,实行分科领导、分层负责,从而形成一种等级明确的权力结构。在这种权力阶梯中,下级必须服从上级,并接受上级的监督控制。担任中层职务的成员不仅要对自己的行为负责,而且要对自己的下属负责。这样就形成了一条路径畅通的权力指挥系统,并为实行大规模的协作行动提供了可能。

(2)因事设职,专职专人。整个组织活动都有严格的分工,组织内部的职位设置和部门设置都是根据组织本身的需要进行的。每个职位都要求由相应的具备专门知识的人来承担。同时,组织的管理权力完全依附于职位,有职则有权,无职则无权,从而保证在组织成员变更的情况下,不影响组织的正常运转。

(3)量才用人,按绩晋升。在科层制组织中,组织成员必须经过严格挑选和专门培训,以此保证每个职位上的人都有胜任工作的能力,并能保持工作的长期性和稳定性。组织内部实行一套按年资、工作表现二者兼顾的提薪晋职制度。

(4)规章成文,按章办事。科层制组织内部都有一套严格的规章制度体系,对组织内部的各级机构设置,各种成员的职责、权限、活动方式都有一整套严格而具体的规定。这些规章都是成文的,从而保证公职人员公私分开,公事公办,一视同仁。

(5)公文往来,言行有据。在科层制组织内部,各项业务的处理、上下左右信息的传递都以公文为手段,各种规范性文书在组织活动中不容替代。这种公文手段与口头传达手段相比在精确度、信息量以及后期处理方式上有根本区别,它完全杜绝了各种模棱两可、信口开河的信息传递现象,从而保证了组织活动的规范化。

科层制在中国古代的行政组织中已经形成基本雏形,但正规的科层制则是现代社会的产物。人类为了实现较大的社会目标而开展集体性活动,为使这种集体性活动能够顺利实现目标而建立组织,并进行组织管理。社会的组织化和组织的科层制化都是人类不断走向理性化的产物,但社会全面的科层制化则是工业化和城市化催化而成的。工业化、城市化引发了人们对理性的更高追求。工业化创立了无数现代工业组织和商业组织,这种工业组织和商业组织在规模上是过去各个时代的经济组织所无法比拟的。在这种大规模的企业组织内部实行传统的家长制管理方式显然已行不通了,它必须建立一种适合这种大企业内部日益复杂的分工协作关系所需要的新的管理方式,科层制就是这样应运而生的。城市化将成千上万的社会成员集中到某个狭小的社区之中,密集的人群和共同的生活要求他们必须以集体的和理性的方式解决他们所面临的各种各样的实际问题,如消防、交通、教育、卫生等等。从更大的范围和更高的层次来说,由于社会的组织化和组织的科层制化,客观上对政府、政党以及其他各种社会组织提出了科层制化的要求,从而进一步导致了整个社会的全面科层制化。

科层制化推动了社会组织以更大的规模和更高的理性向前发展,随着社会的全面科层制化,人们社会生活的各个方面都受到科层制组织的制约和影响。工厂、商店、医院、学校、公园等等,把人们的社会生活全面纳入科层制组织的控制之中,从而极大地提高了人类社会活动的效率。但这种科层制并非完美无缺,它本身也面临着一系列的内在矛盾与问题。

首先,科层制面临着难以克服的形式合理性与实质非合理性的内在矛盾。科层制在提高人类社会活动效率的同时,又在严重地压抑着人的个性,使人们在这种组织中失去自己的"个性",而成了一种"机器人",成了科层制这架机器中的一颗"螺丝钉"。这种失去个性的"组织人"使组织成员容易萌生出一种深深的孤独感、压抑感和挫折感。人类追求效率,采取了科层制的组织形式,科层制本身只是一种手段和工具,而不是目的。但在科层制化过程中,人们又不自觉地受制于这种制度,导致手段与目的的错位与倒置。

其次,科层制容易引发各种官僚主义。科层制是一种理想型的社会组织。它代表着人类对理性化的追求,它本身也是一种高度理性化的产物。但现实生活中的社会组织可能具有科层制的形式,但不等于都符合科层制的要求。现实中的社会组织管理往往出现两种情况:一种是没有按科层制要求去做,出现了各种家长制的弊端和不正之风,如公私不分、职责不明、任人唯亲、机构臃肿、人浮于事等等腐败现象;另一种是科层制发展到极端,导致权威主义、形式主义、文牍主义和繁琐主义等等官僚主义作风。

克服科层制上述种种弊端,是今天科层制发展过程中要解决的重要课题。

第一,积极推进社会组织的扁平化管理。扁平化管理是复杂大型社会组织为解决层级结构在现代环境下面临的难题而实施的一种创新管理模式。当社会组织规模扩大时,传统办法是增加管理层次,现在的办法是增加管理幅度。当管理层次减少而管理幅度增加时,"金字塔"状的组织形式就被压缩成扁平状的组织形式。扁平化管理精简、压缩了纵向管理层级,较好地解决了"金字塔"结构中管理层次重叠、冗员多、机构运转效率低下的弊端,缩短了最高决策层到最底层之间的组织距离,减少了所需的管理人员、时间和费用,加快了信息流动速度,有助于管理快速反应和提高决策效率。

扁平化管理的出现,一方面适应了当代社会分权管理的大趋势。金字塔状的组织结构是与集权管理体制相适应的,在分权管理体制之下,各层级之间的联系相对减少,各基层组织之间相对独立,扁平化的组织形式能够更加有效的运作;另一方面得益于现代信息技术的发展,特别是计算机管理信息系统的出现。在传统科层制中,无法处理因管理幅度增加后指数化增长的信息量和复杂的人际关系,这些问题在计算机强大的信息处理能力面前迎刃而解。正因为如此,扁平化管理以其敏捷、灵活、快速、高效的特点在当代社会组织管理中受到普遍欢迎。

第二,加强组织内部的民主化管理,运用民主来克服科层制中的日趋严重的专制集权倾向。所谓民主,一是公开化,即将有关组织活动的信息,尽量公开,维持一定的透明度,使组织成员对自身的工作和努力方向有更准确的把握;二是广泛参与,尽量扩大组织成员参与组织管理和组织决策的机会,既有利于管理决策的科学性,又有利于组织成员个性的表现;三是充分分权,即将组织管理权、决策权加以分散下放,提高一般组织成员工作的自决权,从而激励成员的主动性和创造性。

第三,加强组织外部的控制。为了保证组织全面履行自己的社会职能,必须对组织进行严格的外部控制。这种外部控制的主要措施有:一是组织与组织之间的制约作用,特别是建立一些专门的监察组织,从而确保组织活动不会脱离既定的轨道,例如在中国共产党内建立纪律检查委员会,在国家机关建立监察部等等;二是发挥社会对组织的外部监督作用,包括新闻舆论监督和人民群体的直接民主监督等等。

三、社会组织的冲突与协调

不论是何种性质的社会组织,也不论是何种管理方式,总是难以避免各种组织冲突,与组织冲突同时存在的另一种组织过程是不断进行组织协调。组织冲突和组织协调是组织运行过程中两个突出的方面,组织管理的重要任务就是如何进行组织协调,化解组织冲突,变消极因素为积极因素。

组织冲突包括组织内部冲突和组织外部冲突两类。

组织内部冲突的主要形式有:(1)组织成员个人之间的冲突,这种冲突在组织中经常发生;(2)组织内部不同职位之间的冲突,这种冲突通常是由于职责不清所造成的;(3)组织内部不同部门之间的冲突,这种冲突既可能是由职责不清造成的,也可能是由利益矛盾造成的;(4)非正式组织之间的冲突,这种冲突也就是组织内部普遍存在的小集团、小组织之间的矛盾与冲突;(5)非正式群体与正式组织的冲突。

组织外部的冲突主要形式有:(1)组织与组织的冲突。这种冲突经常发生,其性质也大不相同。有的是竞争性冲突,如一些企业为了争夺市场而发生冲突,或为了商标侵权而发生冲突等等;有的是协作性冲突,如协作双方因对方不守信誉,损害了对方利益而发生冲突;还有的是敌对性冲突,即两个组织之间在性质上就是敌对的,战胜对方就是各自的目的,这样冲突也就不可避免,如两个敌国的军队之间的冲突等等。(2)组织与社区的冲突。组织总是存在于一定的社区环境之中,由于各种利益的关系,组织与社区的冲突难以避免;(3)组织与大众的冲突。组织在社会环境中存在，必然要和大众打交道，特别是面向大众的组织更是如此。如生产消费品的企业以及学校、医院等等事业单位都存在着如何与大众交往的问题。在这种交往过程中就有可能发生各种冲突。

组织协调就是及时处理组织内部和外部的各种矛盾和问题，避免矛盾和问题的激化和恶化，通过组织协调，预防和解决组织冲突。

怎样进行组织协调呢？首先要增加沟通和了解，加强组织内部和外部的思想、信息、感情方面的交流，避免或减少误会，增加各方的相互信任感。在组织内部，要做深入细致的思想政治工作，特别是注意防止组织内部形成各种破坏性的非正式群体；在外部要经常进行各种沟通工作，加强与周围组织或社区的联系，避免矛盾的发生。其次要进行及时的利益协调。各种组织冲突在很大程度上是由利益上的冲突和摩擦引起的，只有及时正确地处理好各种利益矛盾，才能避免矛盾的激化，防止冲突发生。第三是需要积极开展公共关系工作。公共关系工作的目的在于树立组织的公共形象，沟通组织内部与外部的各种关系，争取公众舆论的支持和谅解。公共关系首先出现在工商企业，但很快受到政府机关、学校、医院、军队、警察等其他社会组织的重视，成为现代组织用来协调内外关系的最重要的方法和手段。通过公共关系不仅可以争取外部大众的理解和支持，而且也有助于搞好组织内部关系。

这里值得指出的是，对冲突的性质，社会学界存在着不同的看法。20世纪40年代以前，多数社会学家对冲突持否定的态度，认为冲突是有害无益的，认为组织内部冲突的存在是管理不善的结果，因此，应当避免和消除冲突。第二次世界大战以后，一些社会学家对冲突问题提出了新的看法。以美国社会学家科塞尔和米尔斯为代表的冲突学派把冲突看作是社会的普遍现象和相互作用的一般形式。他们认为，冲突是任何组织都不可避免的；冲突的存在并不都是坏事，它既有破坏性的一面，也有建设性的一面。这种观点具有一定的合理性。适度冲突的存在有利于鼓励人的进取心，有利于集思广益、开辟解决问题的新途径，有利于组织的健康发展。因此组织管理者的作用，不应专门去平息冲突，而是要在避免冲突可能带来的消极影响的同时，积极地去发挥建设性冲突的作用。

思考题：

1. 什么是社会组织？社会组织有哪些类型？它对人类社会有什么作用？

2. 怎样理解社会组织正式结构与非正式结构的关系？它们各有什么特点？

3. 什么叫科层制和科层制化？科层制社会组织有何特点？它所面临的主要问题是什么？如何解决？

第八章　社会分层与社会流动

社会成员不仅依据一定的社会关系形成各种社会群体和组织,而且划分为不同的阶级和阶层,从而形成了社会的分层结构。个人在社会结构中位置的变动,形成了社会流动。因此,社会分层和社会流动是对社会进行分析的两个基本的、重要的范畴。只有认真研究社会的分层和社会流动现象,才能深刻认识社会的宏观结构及其变动的基本规律。

第一节　社会分层概述

一、什么是社会分层

"分层"一词来源于地质学,本指地质构造的不同层面。社会学家借用来说明和分析社会的纵向结构。社会分层指社会成员在社会生活中由于获取社会资源的机会和能力不同,在社会地位上呈现出高低有序的不同等级、不同层次的现象和过程。

影响社会分层的主要因素是社会资源。社会资源指人们所能占有的经济利益、政治权力、职业声望、生活质量、知识技能,以及各种能够发挥能力的机会和可能性,也就是能够帮助人们满足社会需求、获取社会利益的各种社会条件。社会资源具有两大特点:一是稀缺性;二是有用性。人们都希望拥有较多的社会资源,但又很难得到满足。这就决定了社会资源的配置必须要有一定的规则和制度。因此,人们获取社会资源的机会和能力不同,既成了对人们社会地位高低的评价依据,也成了人们社会分层地位的基本标志。

社会资源的不同配置,导致人们在社会地位上表现出巨大的差异性。社会地位是人们在社会关系中的位置以及围绕这一位置所形成的权利、义务关系。社会地位可以分为正式地位和非正式地位、主要地位和次要地位。正式地位是指那些长期存在并同其他相关地位发生稳定的制度化关系的社会位置或社会属性,主要地位是对人的一生影响最大并对其他地位发生重要影响的社会地位。在现代社会里,人们的正式地位有职业地位、文化地位、政治地位、声望地位等等,但主要的社会地位是职业地位。由于人们的自然属性和社会属性的差别与多样性,人们的社会地位也有多重性。因此,人们在社会生活中的表现通常是由人们社会地位的性质、社会地位间的关系、社会地位的多重性等因素所决定。通常人们所说的社会地位主要是指人们的职业地位,即人们的主要社会地位。

影响社会分层的根本原因有两点:一是社会分工,二是社会制度。社会分工是社会分层的最初的历史动因。原始社会的自然分工没有也不可能形成个体社会成员的固定职能,因而不可能形成稳定的社会差别和社会不平等。到了原始社会末期发生了三次社会大分工以后,人类社会的分裂就在所难免了。商业与手工业的分离造就了商人阶层,公共职能与生产劳动的分离促成了官吏阶层的产生,脑力劳动与体力劳动的分离,又出现了一批专门从事哲学、宗教、文学、艺术等等的文化人群,从而形成了一个知识分子阶层。这样,社会最基本的分层过程就在社会分工的基础上形成了。

从直接意义上讲,社会分工所带来的社会分化还只是一种水平分化,它只是反映人们在劳动形态和劳动性质上的一种不同。因此,水平分化并不一定带来社会不平等,即所谓社会地位上的高低有序的等级层次。只有当这种社会分化和一定的社会制度相结合,才会把社会分工所造成的社会水平分化转化为社会的垂直分化,并在社会的垂直分化中造成社会分层。这种社会制度就是私有制度。私有制使得社会分工不同的人群获得了不同的占有社会资源的能力,从而使他们所占据的社会地位获得了不同的社会评价。这样,社会分工与私有制的结合最终演变成一种社会分层,即一种社会结构性的不平等。

因此,社会分层并非自古有之,而是社会发展到一定历史阶段的产物。在人类社会的早期——氏族社会时代,尽管社会生产力低下,却并没有社会分层现象。人们之间没有社会地位的高低、贵贱、贫富的差异,即使是氏族的首领也只是建立在自然分工基础之上(年龄、资历、能力、经验),并且没有任何特权。

到了阶级社会以后,这一局面才被打破。私有制和社会大分工的产生和发展,国家的出现,宗教的产生,艺术的专业化,使一部分人专门从事特殊的职业而脱离了艰苦的体力劳动。剥削、压迫的出现和暴力的支持,使社会分层日益加剧和持久化,成为一种普遍的、制度化的社会现象。马克思、恩格斯在《共产党宣言》第一章中开宗明义地指出:自有文字记载以来的人类历史都是阶级斗争的历史。"在过去的各个历史时期,我们几乎到处都可以看到社会完全划分为各个不同的阶梯。在古罗马,有贵族、骑士、平民、奴隶。在中世纪,有封建领主、陪臣、行会师傅、帮工、农奴,而且几乎在每一个阶级内部又有各种独特的等第。"

奴隶社会和封建社会的社会分层的特点是等级制。这种等级制是一种公开的法律不平等，每个人由于身份的不同而在社会生活中享有完全不同的社会地位。中国古代自天子以下，分成公、侯、伯、子、男、卿、大夫、士、庶民九个等级。所谓"刑不上大夫，礼不下庶民"就是这种不平等的集中表现。

资本主义社会扫除了传统社会中各种建立在血缘、门第和种种先赋条件基础上的社会等级，为资本主义自由、平等的经济竞争清除了障碍。但是，资本主义所扫除的只能是法律不平等，它没有也不可能扫除人们在经济和社会生活中的各种事实不平等。

我国正处于社会主义初级阶段，实行公有制为主体、多种所有制经济共同发展，按劳分配和按生产要素分配相结合的基本经济制度，社会呈现出经济成分多元化、收入分配多样化的特点。因此，在现阶段，人们在社会生活中获得各种社会资源的机会和能力还不可能相同，贫富差别、城乡差别、地区差别仍将长期存在。这也使得社会分层至今在我国还是一种普遍的、客观的社会现象。

二、社会分层的基本理论

社会学的社会分层理论存在着两个明显不同的理论模式，这就是马克思主义社会分层理论与西方社会学的社会分层理论。

1. 马克思主义社会分层理论

在马克思以前，已经有许多思想家研究过社会的不平等问题。古希腊哲学家柏拉图、亚里士多德，英国哲学家 J.洛克和古典经济学家亚当·斯密、大卫·李嘉图，法国的卢梭，德国的黑格尔等都对社会的不平等问题研究作出过自己的贡献。空想社会主义者更对资本主义制度下的社会不平等进行了淋漓尽致的揭露和批判。但是，最早比较系统地提出社会分层理论，真正站在理论的高度深入地研究社会的制度化不平等问题的是马克思。西方社会学家也承认，在马克思之后的思想家无不受益于马克思在这一领域里的历史性理论建树，并且都没有超出马克思所达到的成就。

马克思的社会分层理论涉及许多方面，但集中体现在他的阶级和阶级斗争理论中，并为恩格斯、列宁、毛泽东等马克思主义经典作家所发展。马克思主义社会分层理论有以下几个基本点：

第一，阶级分层反映了阶级社会里社会分层的本质特征。在阶级社会里，阶级的不平等是阶级社会里最根本的不平等，各种不同的社会分层类型归根到底都要受到阶级分层的制约与影响。忽视阶级分层就不可能真正从本质上把握阶级社会的社会分层现象。

第二,社会分层并不都是阶级分层,不能把社会分层等同于阶级划分,不能对社会分层简单化。社会结构的复杂性决定了社会分层的复杂性。由于三大差别的存在以及其他社会差别的存在,社会不平等的具体形式也表现出多样性特征,使社会分层呈现出复杂的局面。

第三,社会分层是一种历史现象。无论是阶级分层还是非阶级分层都是社会生产力发展到一定历史阶段的产物,并且在社会发展的不同阶段,社会分层也具有不同的性质、特点和发展规律,因此,必须对社会分层进行具体的、历史的分析。

第四,社会分层必然导致社会冲突。这种冲突的强度和烈度取决于一系列因素,包括社会资源不平等分配的程度;低层群体对自己利益的认识程度;社会成员对现存社会结构的接受与拒绝程度;低层群体为了维护自己的利益而在政治上的组织程度,等等。

第五,消除社会分层的根本途径在于社会制度的变革与社会生产力的高度发展。社会主义代替资本主义,公有制代替私有制为人类消除社会分层现象,实现共同富裕和人人平等,奠定了制度基础。社会生产力的高度发展,社会物质财富的极大丰富,为消除贫困,消除社会的两极分化创造了必要的物质前提。只有当社会的物质财富丰富到不再成为人们追求的对象时,社会分层问题才能得到根本解决。

2. 西方社会分层理论

西方社会学关于社会分层的理论有多种。但其中影响最大的是韦伯的分层理论和帕累托的精英理论。

(1) M.韦伯的"三位一体"分层理论

韦伯是西方分层研究的开拓者。他认为,在研究社会不平等时,既要考虑经济因素,也要考虑政治和社会因素。因此,他主张从收入、权力、声望三个角度综合考察一个社会的分层和不平等问题。

韦伯把根据经济因素划分的地位群体叫阶级,认为阶级是指在经济状态及其变化方面相同或相似的人群。划分阶级的标准是人们在市场上的机会,即"市场购买力",或按马克思的话说是"钱袋的鼓瘪"。显然,韦伯所说的阶级差别主要是货币量的差别,而不是所有制关系的不同。

韦伯所说的权力地位是由人们拥有权力的大小决定的,这里的权力是指人们为了实现自己的意志,无视他人的意愿而支配他人的能力。权力分层反映了人们在政治领域里的不平等。而这种不平等在任何有组织的社会生活中都是存在的。

声望地位是由社会公认的评价方式确定的,社会评价从肯定到否定构成了一个高低有序的阶梯,声望地位即指人们在这一阶梯中所处的位置。影响人们声望的因素很多,主要有出身门第(身份)、知识修养、生活样式等。

韦伯认为,这三种东西在任何社会都是有价值的和稀缺的,因此,在各种社会中,人们总要追名、逐利、争权,社会分层结构就是用等级秩序将上述活动纳入制度化轨道。韦伯还认为,这三者是相对独立的,但在一定条件下可以相互转化,或者把某一方面推到突出地位。

韦伯的分层模式对西方分层研究产生了深远影响。现代西方社会分层研究虽然名目繁多,五花八门,但都源于韦伯的理论。表现在:第一,多元分层标准。常用的有:收入、职业、教育技术、种族、性别、宗教信仰等等。第二,具有连续性的定量标准。财富的多少,声望的高低,权力的大小等等,都不涉及质的差别。第三,注重主观评价,普遍运用了自我评价法和声誉法。

韦伯分层理论与马克思的社会分层理论有着根本区别。首先,理论基础不同。马克思以历史唯物主义为基础,抓住社会分层现象中各种垂直分化的最本质、最具决定性的因素,即人们对生产资料的占有关系。正是这种占有关系的不同,决定着人们在其他社会活动中的差别。马克思认为以生产资料私有制下的不同占有关系为标准划分的阶级差别是一切社会不平等的根源。这是一元的定性的分层标准。韦伯的分层理论回避私有制这个一切社会不平等的最深刻的根源,只看到社会现象的表面差异,不分主次地把那些表面的派生的差异作为分层标准。其次是研究目的不同。马克思的阶级理论的研究目的在于揭露私有制和阶级对立的罪恶,并通过“武器的批判”,以公有制代替它。韦伯的理论则是为了改良社会运行机制,防止社会动荡,维护社会秩序。第三是最终结论不同。阶级理论主张通过废除私有制来从总体上消除社会不平等现象。韦伯的理论则否认废除私有制的必要性和可能性,断言任何社会都不可能消除社会不平等现象,不平等是由人的本性决定的,因而是永恒的。

除了以上基本区别外,韦伯的社会分层理论也有值得借鉴之处,在如何维护社会秩序、如何缓和社会矛盾以及如何对社会分层现象进行量化研究等等方面,对我们今天的社会学研究都有一定的借鉴意义。

(2) 帕累托的精英理论

帕累托的精英理论是西方社会分层理论的另一个代表。他认为,社会分层结构是普遍存在的和永恒的,但它内部的上层成员和下层成员并非凝固不变。封闭稳定的等级结构是农业社会的产物。现代社会是建立在创新、竞争、变革的基础上的动态性工业社会,因而不存在终身的或世袭的阶级。现代社会的不平等主要根源于人们生而俱来的自然差别(先赋条件),社会成员归属于哪个阶层,主要取决于人们天生的能力和才干。

正是在这一思想基础上,帕累托提出了他的精英理论。所谓精英,并不是一个固定的社会集团,而是指那些具有特殊才干,在某一方面或某一活动领域具有杰出能力的社会成员。这些在不同领域获得高分的人可以划归一个等级,即精英人物。在工业化社会里,由于社会充满着变动性,加上能力和才干本身具有很大的偶然性、变异性,从而打破了传统社会中严密封闭的阶级壁垒和人们世代终身固守某一社会地位的凝固化格局。因此,在工业化社会里,阶级的稳定性被一种精英循环的社会流动所冲破,稳定性不平等被暂时性不平等所替代。精英原则上是不能世袭的,父子两代在才能上的差异可能非常之大。那些天赋很高的人,即使初始地位很低,但凭借个人的努力仍然可以晋升到社会阶梯的最上层,反之亦然。

帕累托试图用精英循环理论来说明社会政治系统维持平衡和稳定的基本机制(见图 8-1)。

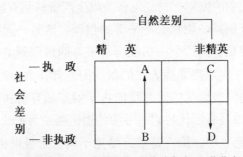

(A:执政精英;B:不执政精英;C:执政庸才;D:芸芸众生、平常之辈。箭头所指方向则是精英循环路线。)

图 8-1　帕累托精英循环图

帕累托认为,社会平衡的基本条件就是保持精英的循环路线的畅通,以使执政阶层中总能保持一定数量的精英。一个社会中只有当执政阶层的能力、才干平均值高于非执政阶层时,社会才能稳定;而要保证这一点,只有通过精英循环,即非执政阶层中精英人物不断上升为执政精英,执政阶层中的庸才不断下降到非执政阶层。没有向下流动,上层就会聚集一批腐化分子,使执政阶层的能力和才干平均值下降,从而不能确保其统治;没有向上流动,即向上循环通道受阻,非执政层的能力平均值就可能上升,一旦非执政层中精英人物积累到一定程度,就会联合起来革命,夺取政权。革命的意义就在于更新上层成员,补充和提高执政阶层必备的管理能力。

显然,精英循环理论与马克思主义的阶级理论是根本不同的。首先,在社会不平等的根源上它忽视人们在社会所有制中的地位,过分强调个人之间的天赋才能差异;其次,在个人流动能否改变社会分层结构问题上,过分强调个人流动对改变社会分层结构的作用,忽视了个人的流动只能改变个人的社会地位而无法改变社会结构性不平等的事实;第三,在社会冲突的根源问题上,认为导致社会冲突的根源不是阶级对立,而是精英循环条件和机制的缺乏。显然,与马克思的阶级理论相比,精英循环理论显得比较肤浅。但精英理论开创了社会分层与社会流动关系研究的新领域和新角度,对于我们今天研究社会分层与社会流动的关系以及社会分层的变动与社会稳定机制的关系都具有一定的积极意义。

三、社会分层的社会作用

社会分层作为一种客观现象,在各个社会中是普遍存在的。那么,它对社会发展有何作用呢? 西方社会学中的功能理论与冲突理论对此进行了长期的争论。功能理论强调社会分层的积极作用,20 世纪 40 年代,美国社会学家 K.戴维斯和 W.穆尔提出了"戴维斯—穆尔"分层理论。他们认为,社会分层对社会的生存和发展有着积极功能,主要体现在社会分层可以通过各种社会报酬,如财富、权力和名望等,激励人们更勤奋地工作。他们认为,一种职业的社会报酬大小取决于两个因素:一是这种职业对社会的重要程度,另一个是这种职业本身的技术水平和所必需的培训。据此,社会给予一个医生的报酬应该高于垃圾清洁工的报酬,因为前一职业要比后一职业重要许多,而且其职业本身也需要更长时间培训的更高超的技能。他们认为,假如一个社会没有完善的分层报酬制度,许多涉及社会安危的职业将无人承担。如果一个未来的医生知道他将来的职业收入和名望与垃圾清洁工相差无几,他绝不会再废寝忘食地苦读于医科大学。与此相反,冲突理论强调社会分层的消极作用。其代表是美国社会学家 M.图明,他于 1953 年 8 月首先向"戴维斯—穆尔"分层理论挑战,图明认为社会分层严重限制了非特权阶层的机遇,阻碍了社会智力的大规模开发和利用。同时,社会分层具有保守的维持现状的功能。特权阶层总是将他们自己的观念强加于社会,用规范的形式使人们相信和承认社会不平等现象存在的合理性。他还认为,由于社会分层制度植根于不公平的报酬分配,所以容易触发非特权阶层对特权阶层的对立、不满、怀疑和不信任情绪,最终会导致整个社会的动荡和骚乱。

很显然,西方的功能理论和冲突理论在对社会分层的社会作用问题上各持一端,但都提出了一些有价值的观点和看法,值得我们重视。我们认为,对社会分层的社会作用要用马克思主义的辩证方法来分析,坚持一分为二的观点,既要看到社会分层的积极作用,也要看到社会分层的消极作用。

从积极作用来看,第一,由于社会分层现象的存在,使社会在生产力水平不能满足全体成员需要的情况下,能够保证一批社会精英把全部精力投入到社会创造性活动中去,从而有力地推动着社会进步。第二,由于社会分层和社会差别的存在,形成了一种社会所必需的竞争机制,激励着人们去奋斗、去竞争,争取向上流动,取得较好的社会地位,从而导致社会形成了一种强大的动力机制,有力地推动了社会的发展。

从消极作用来看,第一,社会分层导致社会不平等,尤其是导致剥削、压迫现象的产生,那些占据统治地位的阶级往往并不是凭借特殊贡献来取得自己的社会地位,而是通过不合理的社会制度取得特权,对广大劳动人民进行剥削和压迫。这就不可避免地要形成阶级对抗和阶级斗争。第二,社会分层和社会差别的广泛存在,也是社会犯罪的重要根源。一些人无法通过合法手段谋取更多的社会资源和报酬,就会转而通过非法的途径去争取,从而使社会犯罪成为人类文明的阴影,始终无法摆脱。

第二节　社　会　阶　级

在阶级社会里,阶级分层是最根本、最重要的社会分层,它对其他社会分层起着重要的制约作用,人类社会的社会结构的总体特征和运行规律首先是由社会阶级关系决定的。

一、阶级的起源和本质

马克思主义认为,阶级的产生纯粹是由经济原因引起的,它是社会生产力发展到一定阶段的产物。在漫长的原始社会,由于生产力水平极其低下,没有剩余产品,没有私有制,没有剥削,因此也没有阶级和阶级斗争。阶级产生的第一个经济前提是剩余产品的出现,有了剩余产品,才使得氏族内部一部分人占有另一部分人的剩余劳动产品成为可能。阶级产生的另一个经济前提是社会劳动分工的发展。第一次社会大分工使畜牧业从农业中脱离出来,使交换成为一种必需和经常的现象。并且由于分工造成的生产率提高使劳动力需求扩大,从而使保存战俘变得有利可图。这样就使过去的平等状况被打破,出现了在生产体系中占据不同地位的人群,出现了第一次阶级划分。恩格斯说:"第一次社会大分工,在使劳动生产率提高,从而使财富增加并且使生产场所扩大的同时,在既定的总的历史条件下,必然地带来了奴隶制。从第一次社会大分工中,也就产生了第一次社会大分裂,即分裂为两个阶级：主人和奴隶、剥削者和被剥削者。"①

　　由于生产力的发展，原始社会后期又发生了第二次社会大分工，使手工业从农业中分离出来，从而进一步加速了阶级的分化过程。同时，商品交换的发展，使社会上出现了独立的商人阶层，社会的贫富分化进一步加速。财富的增长使生产资料私有制发展起来，并代替了原始的生产关系，并最终形成了现实的阶级和阶级关系。

　　阶级的产生有两条具体的途径：一是在原始公社内部，逐步分裂为富人和穷人、剥削者与被剥削者两个集团。氏族酋长、军事首领和一些公职人员，依靠他们的权力和地位，逐步地把公社的公共财产占为己有，并侵占他人的劳动，造成氏族内部的贫富不均，终于从公社内部的富人和穷人的分化中逐渐形成奴隶主和奴隶两大对抗阶级。二是通过战争把俘虏变为奴隶，使之生产更多的剩余产品以供剥削，从而直接形成奴隶主和奴隶之间的阶级关系。

　　从阶级的起源中，我们可以看出，阶级是由那些在社会生产关系中所处的社会地位相同的人所结成的社会集团，是在人剥削人的生产关系中处于根本对立的人们所结成的社会集团。列宁说："所谓阶级就是这样一些大的集团，这些集团在历史上一定社会生产体系中所处的地位不同，对生产资料的关系（这种关系大部分是在法律上明文规定了的）不同，在社会劳动组织中所起的作用不同，因而领得自己所支配的那份财富的方式和多寡也不同。所谓阶级，就是这样一些集团，由于它们在一定社会经济结构中所处地位不同，其中一个集团能够占有另一个集团的劳动。"②因此，阶级始终是一个经济范畴，阶级的产生是社会生产力发展到一定阶段的产物，一些阶级的产生和另一些阶级的消失也是由社会生产力发展和生产方式的深刻变化所决定的。总之，"社会阶级在任何时候都是生产关系和交换关系的产物，一句话，都是自己时代的经济关系的产物"③。

　　马克思主义把阶级的形成看成是客观上受生产发展制约的过程，决不是否认阶级意识在阶级形成中的作用。马克思主义只是强调，阶级的形成首先是由一定社会经济的客观条件所决定的，然后这些条件才能在人们的意识中得到反映。阶级从一个自发的社会利益集团到一个自觉地为自己的利益而进行独立的、有组织的奋斗的政治集团是有一个过程的。在这个过程中，阶级意识起着非常重要的作用。没有阶级意识，阶级不可能形成为"自为"的阶级，即一个有着自己的政治目标

---

①　《马克思恩格斯选集》第四卷，第 157 页。
②　《列宁选集》第四卷，第 10 页。
③　《马克思恩格斯选集》第三卷，第 66 页。

的政治共同体。但这种阶级意识不是阶级形成的历史原因,而是阶级形成后,由"自发"的阶级形成为"自为"的阶级的重要原因。

在西方社会学界,一些社会学家常常把阶级与身份、收入、职业问题混为一谈,并由此来抹杀阶级的界线,掩盖阶级的本质。因此,有必要对阶级与身份、收入和职业的关系进行区分。

身份是一定社会地位的反映,美国社会学家英格尔斯把身份与地位联系在一起,称作"地位—身份"。社会地位是人们在社会关系网中的位置,每个社会地位都有相应的权利和义务,身份就代表着与一定社会地位相联系的特定的权利。在现代社会里,由于社会地位的变动性,人们的身份也不是固定的;在封建等级制社会里,身份成了一个政治范畴,是由法律规定和认可的具有一定社会特权的地位。但不管在哪种社会里,身份和阶级都不是一回事,同一个阶级的人不一定属于同一个等级,因而也就不具备同一种身份,同一种身份的人不一定属于同一个阶级。例如,我国奴隶社会中的公、侯、伯、子、男既是五个等级,也是五种身份,但它们都属于奴隶主阶级。又如在法国大革命时代,无产阶级与资产阶级都属于第三等级,等等。在现代社会里,身份往往与职业相联系,通常讲人们的身份主要指人们的职业身份。对个人而言,身份比阶级可能更重要,它反映了一个人在社会中占据的位置的特殊权利、机会和利益;对社会而言,人们之间的身份差异是次要的,阶级和阶级斗争才是社会发展的重要动力。

收入是反映人们社会差别的另一个重要标志。因此,西方历来有许多思想家认为收入是划分阶级的重要依据。英国古典经济学家亚当·斯密和大卫·李嘉图虽然承认资本主义社会阶级的存在,但坚持认为阶级是由"收入源泉"确定的。斯密认为"工资、利润和地租是一切收入的最初来源",李嘉图认为地租、利润和工资的数量"主要取决于土壤的实际肥力、资本的积累和工艺品,技术和才能,以及农业中使用的工具"。劳动者获得工资,资本家获得利润,地主获得地租,因此,他们是三个独立的阶级。在当代西方,人们也常常把收入当作划分阶级的依据,认为不同的收入水平决定了生活方式和消费方式的不同,这种差别导致了明显的社会层次和显而易见的社会结构,根据个人收入的多少可以把社会人群分为上等阶级、中等阶级和下等阶级。这样,阶级关系被看作是收入多少的相对关系,并出现了一个连续不断的"美元收入光谱"。很显然,这种收入决定论是错误的。阶级与收入有一定关系,但它不是简单的货币关系,而是人们在生产资料所有制中的占有关系。以收入为划分阶级的依据只能起到抹杀阶级关系本质的作用。

职业是人们所从事工作的性质,是谋生的手段。如工人以务工为业,农民以务农为业等等。在现代社会,由于职业的不同,形成了人们的收入差别和社会地位的高低不同,甚至形成了职业的"等级阶梯"。因此,西方一些人便认为阶级是由职业决定的。认为"职业系列是阶级结构的主体","阶级差别主要取决于职业地位和与此相关的经济利益和权力"。美国的一些社会学家用职业概念代替阶级概念,进而用社会分工代替阶级分化。很明显,这也是错误的。职业与阶级有一定的关系,如工人一般属于无产阶级,工厂主、店主一般属于资产阶级,某些职业确也有专属某个阶级的特点,如奴仆只属于被剥削阶级等等。但阶级与职业的性质是根本不同的。同一职业的人完全可以属于不同的阶级,不同的职业可以属于同一个阶级。例如,司机是一种职业,但当一名司机是为老板开车时,他就是一个雇佣工人;当他是个体经营者时,他却属于小资产阶级。职业阶级论的错误在于只承认具体劳动,不承认抽象劳动,用具体劳动形式掩盖了抽象劳动的实质,从而掩盖了阶级之间的剥削关系。

二、社会的阶级结构

在任何社会中,都同时并存着若干个不同的阶级,这些阶级并非孤立存在,它们之间总是具有某种相对稳定的关系,这种阶级之间的相对稳定关系就是社会的阶级结构。

阶级的存在是和一定的生产方式相联系的,不同的生产方式和社会形态的社会,有不同的阶级结构。在阶级社会里,阶级结构是由基本阶级和非基本阶级构成的。所谓基本阶级,就是由社会中占统治地位的生产关系所决定的阶级,它们是社会中的主要统治阶级和主要被统治阶级。在奴隶社会,基本阶级就是奴隶主阶级和奴隶阶级;在封建社会,基本阶级就是地主阶级和农民阶级;在资本主义社会,基本阶级就是资产阶级和无产阶级。这些阶级都是由当时社会中占统治地位的生产资料所有关系所决定的。同时,在社会中还存在着一些其他的非基本阶级,因为在社会中除了占统治地位的生产方式以外,还存在不占统治地位的生产方式,这种不占统治地位的生产方式是附属阶级的存在基础。附属阶级构成了社会的非基本阶级,它们主要分为三类:第一类是所谓中间阶级,即处于两大对抗阶级之间的阶级,如奴隶社会里的平民和自由民,他们不占有奴隶,不属于奴隶主,但他们也不是奴隶。在封建社会里,它们主要是自耕农和手工业者,在资本主义社会里,它们主要是个体户,家庭工厂、家庭农场和个体商店主等等。他们一般都属于小生产者、小私有者,但也有社会地位较高的社会集团。如封建社会的富商巨贾和行会师傅,但他们通常都兼有地主的身份。这些中间阶级通常是不稳定的,他们或者向基本阶级分化,或者是下一个社会的基本阶级的萌芽。第二类是前一个社会形态的阶级在新社会中的残余,如封建社会早期普遍存在奴隶和奴隶主阶级残余,有的甚至延续至封建社会末期。资本主义社会早期阶段也保留着地主阶级和农民阶级,例如欧洲主要国家在 19 世纪中期基本完成工业革命以后,农村人口仍然占全国人口的80％左右,在有些国家,封建贵族甚至在相当一段时间里与资产阶级分享着政治上的统治地位。第三类是社会中新生的将在下一个社会中占据主要地位的阶级。如奴隶社会后期出现的封建地主、领主和佃农,他们将在封建社会里占据主要地位;在封建社会末期出现的资产者和雇佣工人,他们将在资本主义社会中占据主要地位。

各个阶级社会就是这样以两个对抗的基本阶级为主,混合着其他的非基本阶级构成了社会的阶级结构。其中拥有生产资料的基本阶级总是占据该社会的统治地位,丧失或很少拥有生产资料的基本阶级处于被统治地位,二者在经济上具有剥削与被剥削的阶级关系。非基本阶级的社会地位十分复杂,他们中有的依附于社会的统治阶级,有的与被统治阶级处于同等地位,也有一些甚至比基本阶级中的被统治阶级地位还要低,如封建社会中的奴隶、贱民,其命运比农民的命运更为悲惨。

三、当代中国阶级结构的演变

1949 年,中华人民共和国成立,标志着中国进入了社会主义的新的历史阶段。社会主义社会是否还是一个阶级社会,有哪些阶级,划分阶级的标准是什么,列宁的划分阶级的标准是否还有现实意义等等问题,至今在社会主义国家还存在着理论争论。马克思曾设想社会主义不再是阶级社会,不再有阶级差别和阶级斗争,"每个人都像其他人一样只是劳动者"[①]。甚至在俄国十月革命时期和革命胜利以后的一段时期内,列宁也坚持这一观点。如他在《"论粮食的自由贸易"一文的提纲》中写道:"社会主义,这是什么? 阶级的消灭,因而,农民的消灭,(工人阶级)工人的消灭,既无工人又无农民,大家都是工作者。"[②]社会主义社会的实践和现实使列宁修正了自己的观点,他指出:"我们清楚地知道,我们还存在着阶级并且存在很久:在一个农业人口占多数的国家里阶级必然要存在很久,存在很多年。""在现代史上,第一次建立了这样的社会制度。在这样的社会制度下,剥削阶级已被消灭。还存在着两个不同的阶级——工人阶级和农民阶级。"[③]列宁这里清楚地告诉我们,社会主义社会消灭了剥削阶级,但仍然有阶级,这就是工人阶级和农民阶级。

由于中国革命道路与苏联不同,因而革命后的阶级关系也有自己的特点,随着

---

① 《马克思恩格斯选集》第四卷,第 11—12 页。
② 《列宁文稿》第 3 卷,人民出版社 1978 年版,第 173 页。
③ 《列宁全集》第 32 卷,第 237、395 页。

社会主义经济结构的逐步建立和不断发展,我国社会的阶级结构也发生了深刻的历史演变,呈现出明显的阶段性特征。

第一阶段从 1949 年中华人民共和国建立到 1956 年社会主义三大改造基本完成。1949 年新中国成立之初,由于没收了官僚资本并进行土地改革,中国的官僚资产阶级和封建地主阶级被消灭,中国社会的阶级结构由四个阶级构成,这就是工人阶级、农民阶级、城市小资产阶级和民族资产阶级。随后我国又成功地进行了城乡生产资料的社会主义改造,使中国大陆上的阶级关系发生了根本性变迁。至此,一切剥削阶级都不复存在,民族资产阶级中的绝大多数成员被改造成为自食其力的劳动者。原处于被剥削、被压迫地位的各个阶级重新聚合成为两个新的阶级——工人阶级和农民阶级。工人阶级主要由过去城市无产阶级(产业工人、城市苦力工人、一无所有的店员等)和城市小资产阶级构成;农民阶级则由过去的农村无产阶级(雇农)和农村自耕农、半自耕农构成。他们都是以公有制形式占有社会生产资料的、占统治地位的社会基本阶级,并彼此结成平等合作的联盟关系,成为社会主义社会发展的主要力量。原来依附于不同阶级的知识分子,从总体上看,已成为工人阶级的一部分。

第二阶段从 1957 年到 1978 年。这一时期我国的社会阶级结构基本稳定,但各个阶级也都发生了一些重要的变化。工人阶级的主要变化在于,首先是工人阶级的人数有了迅速的增长,由新中国成立初期的 800 万上升到 1 亿人左右;其次是工人阶级的内部构成发生了巨大变化,从年龄上看,青年工人在人数上已成为工人阶级的主体。由于基础教育的迅速发展以及多种途径的成人教育和职业教育的发展,使工人阶级的文化知识结构发生了根本变化,有文化的工人和技术工人已成为工人阶级的主体部分;最后是工人阶级内部的知识分子比例不断扩大,科技人员在社会生产中发挥着越来越大的作用。农民阶级的变化不太显著,由于人口的失控和迅速增长,农民阶级的人数并没有随着工业化和城市化而下降,反而在绝对数上有所增加。农民文化程度的提高也没有工人阶级那样明显。农民阶级在这一时期的主要变化是社会组织程度。由于实行公社化体制,农民被空前的组织起来,成为高度组织化的新型农民。但由于这种组织是在脱离生产力发展水平的情况下人为进行的,所以这种组织化程度的提高并没有带来社会的进步和农民生活水平的提高,反而阻碍了农村的发展,给农村生产力带来了相当程度的破坏。

这一阶段我国在处理阶级关系上存在一些值得吸取的教训。首先是没有坚持以生产资料所有制的占有关系作为划分阶级的唯一标准。例如在对农村阶级成分的划分上,中央人民政府颁布的《关于划分农村阶级成分的决定》明确规定从经济上进行划分,还具体规定了地主、富农剥削收入的数量界限,以及地主、富农失去生产资料后劳动五年或三年,就不再是地主或富农分子了。但是直到"文化大革命"的年代,我们还迟迟不宣布给地主、富农阶级分子摘帽子,认为他们"人还在,心不死"。甚至把他们的子弟也列入"地、富、反、坏、右"五类分子之中,这就把意识形态作为划分阶级的标准了。民族资产阶级中的绝大多数成员在公私合营后,已成为国营或合作社正式职工,但长期还戴着资产阶级帽子。其次是在知识分子属性问题上陷入混乱,执行了一条极端错误的政策。在资本主义社会里,知识分子是一个特殊的社会集团,由于自身的特点而依附于不同的阶级,但他们自身的劳动性质使之具有很大的独立性。在生产资料社会主义改造完成以后,剥削阶级已经消灭,知识分子不存在向资产阶级依附的问题,他们无论从生产关系方面还是从为社会服务方面看,都与产业工人没有区别,理所当然地应当成为工人阶级的一部分。1956年周恩来也曾经宣布知识分子已经成为工人阶级的一部分。但由于受"左"的错误影响,后来又给知识分子戴上资产阶级的帽子,理由是他们的世界观是资产阶级的。这就完全脱离了马克思主义的阶级理论依据,并造成了灾难性的后果。这些错误直到中共十一届三中全会以后才真正得到解决。

第三阶段是1978年底党的十一届三中全会以来。由于城乡经济体制改革和整个国家的开放与发展,使社会的阶级结构发生了重要的变化。这种变化包括两个方面,一是阶级关系发生了重要变化,二是阶级内部结构发生了重要变化。

首先从阶级关系来看。由于经济体制改革的深入开展,我国的所有制结构发生了重要变化,由过去单一的公有经济改变为以社会主义公有经济为主体,多种经济成分和多种经营方式并存的新局面。这样,我国的阶级关系在过去的工人阶级和农民阶级之外,又形成了新的个体劳动者和私营企业主阶层。这两个阶层与其他阶层不同的是,他们在阶级关系上不能归属于工人阶级和农民阶级,而是改革开放的浪潮推出来的具有独立阶级属性的社会阶层。个体劳动者阶层是指活跃在城乡各地的个体户,包括完全靠自己劳动经营的个体户和雇请少量帮手或徒弟的个体户。这一阶层具有传统的非基本阶级和中间阶层的特点,所不同的是他们面临的社会结构背景与阶级社会根本不同,即生存在一个有中国特色的社会主义国家。但他们仍然有两种发展前途:一是经营不善,被迫回到原来的阶级和阶层中去,另一种前途就是经营有方,发展成为私营企业主,进入私营企业主阶层。这两个具有独立阶级属性的阶层的出现,还不足以从根本上改变我国的阶级关系。也不等于我国的阶级关系恢复到建国初期的状态。但它确实反映了我国阶级关系的重大变化,对我国的社会结构将产生重要影响。这就要求对它们进行兴利抑弊,加强管理、监督和引导,使之不脱离社会主义轨道。

其次,从阶级内部结构来看。工人阶级内部发生了重大变化,第一,出现了"三资"企业和城乡私营企业里的雇佣工人,他们与公有制企业里的雇佣工人在生产资料的占有、剩余价值的分配等等方面都存在根本的区别。第二,在原有的工人阶级范畴内也发生了重要变化,产业工人在数量不断增长的条件下,在工人阶级内部占有的比例却有所下降,第三产业部门的工人比例显著上升。农民阶级内部也发生了重大变化。第一,由于家庭联产承包责任制的实行,广大农民已由过去高度组织化的集体农民变为以分散的家庭经营为特征的"自由"农民。第二,由于乡镇企业的迅速发展,大批农民已经转化为乡镇企业工人,他们在身份上虽然仍是农民,但与传统农民已有根本差别。

第三节　社　会　阶　层

一、社会阶层的概念与类型

在阶级社会里,阶级分层是最根本的社会分层。但仅仅停留在阶级分层上是不够的。还必须进一步对社会的阶级和各种社会集团进行阶层分析。

社会阶级与社会阶层是两个密切相关但又有原则区别的概念。社会阶级是在一定的社会生产关系中处于相同地位的人们所组成的一种大的社会集团。社会阶层则是根据人们不同的社会特征进行多角度划分而形成的社会地位阶梯。如根据人们的财富的多少、权力的大小、文化水平的高低、职业的社会评价进行的社会划分可以形成收入分层、权力分层、教育分层和职业分层等等。因此,社会阶层是由社会身份、社会地位或职业特征相同的人所组成的社会集团,它反映了人们社会生产关系中的劳动关系与其他关系方面的同一性,也反映了社会关系和社会结构的多样性和丰富性。阶层划分的意义在于:承认生产关系的差别和不平等以外的非单纯经济差别的存在。

在阶级社会里,社会阶层有两种不同的类型:第一,阶级内部的阶层。如毛泽东把农民分为富农、中农、贫农,把资产阶级分为官僚资产阶级、买办资产阶级、民族资产阶级等等。第二,阶级外部的阶层。如知识分子阶层,他们并不属于一个阶级,但他们之间有共同的属性。这种阶层通常是由社会地位相同与相近的人或由身份相同的人所组成。

阶级外部的社会阶层,实际上是一种社会类属转化而成的社会阶层。所谓社会类属,是指社会成员在某一社会特征上相同而形成的一种社会集团。这种社会集团一般情况下属于一种统计群体,不具实质性社会阶层的意义。但在一定的社会条件下,这种社会集团就会形成和转化为一种特殊的社会利益集团和社会阶层。因此,这种社会类属阶层不仅包括上面所说的几种性质,而且在社会中是广泛存在的。如"妇女界"、"老年人"、"大学生"、"军人"、"残疾人"、"进城民工"等等都可以转化为具有实际意义的社会阶层。社会类属阶层划分的意义在于:承认社会最一般、最普遍存在的社会差别,以及它们在社会生活中的特殊作用。

阶层划分是除阶级划分之外的社会基本分层。在社会分析中,我们要善于把阶级分析与阶层分析结合起来。只作阶级分析,会忽视不同阶层之间的区别,只作阶层分析,又会无视阶级社会里的阶级关系。

二、阶层划分的基本方法

社会学对分层研究的方法一般有主观法和客观法两种。

主观法包括自我评价法和他人评价法。自我评价法是直接听取本人意见来确定其阶层归属的一种分层方法。调查人员将整个社会分为若干层次,请人们根据某项标准,对自己进行归类,指出自己在社会分层中处于哪一层。自我评价法的意义在于发现人们的分层意识,以及这种分层意识对人们的心理和行为的影响。但在自我评价过程中,通常人们的分层意识和其所处的真实客观分层位置并不一致,总会出现或高或低的偏差现象。因为人们的分层意识不仅取决于他们的客观实际情况,而且要受到他们个人的生活经历、生活范围和周围参照群体以及他们对调查本身的理解等等因素的影响。

他人评价法是依据别人的意见进行相互评价以确定社会名望分层状况的一种方法,又称声誉法。调查员从一个社区中抽出一些熟悉该社区情况的人作为评判员,让他们按照事先规定的高低层给本社区成员分层归类。声誉法要求评判人员必须熟悉那些评判对象。此外,为了防止主观偏见,还要把同评判人员属于同群体的人排除在外。声誉法不仅可以对具体的人进行排序,而且可以对职业进行声誉评价。

主观方法的优点在于:第一,简便易行。可运用于大城市甚至全国性的大规模调查。第二,适合于对人们的社会态度以及相关问题进行调查。但主观法也有两大弱点:一是排列分层的结果在很大程度上取决于问卷的提问方式。二是回答人的主观态度和立场往往影响他的回答。

客观法是一种应用可以直接测量的客观标准对人们的社会地位进行层次划分的方法。这种方法不受主观因素的影响,因此应用范围十分广泛。

运用客观法进行分层研究,通常运用如下一些标准:(1)收入。收入与人们的消费方式、生活习惯、社会安全感和工作积极性等因素有密切关系,收入差距对社会安定也有一定影响。(2)职业。职业地位是现代人们的主要社会地位,是个人进行社会活动的主要场所。职业环境、职业声望、职业活动范围和性质对人们的社会活动和社会流动都有很大影响。(3)受教育程度。教育程度直接影响着人们的能力、知识、技能、趣味、价值观、审美观以及生育意愿、修养程度等,能全面地、持续地影响人的一生,因此是一个重要指标。(4)权力。权力大小决定着一个人在群体和社会中向别人施加影响的能力,会影响一个人的性格。

以上标准各自标明着社会地位某一方面的状况,作为单项指标,不能作为社会阶层划分的依据,也不可能准确地反映社会阶层存在的客观状况,更不能作为阶级划分的标准。同样收入的人,不一定来自同一个阶层,因为收入可能来自工资,也可能来自雇工经营,也可能来自投资营利,也可能来自利息,甚至还可能来自赠予或继承。因此,仅靠收入不能反映人们社会地位的高低。只有在收入、权力、教育与职业诸方面具有同一性的人们,才有条件构成一个阶层。在现代社会,这些标准之间具有内在的相互联系,其中职业占据核心的地位。人们所从事的职业决定了他们收入的多寡,而收入的多寡又影响到他们自己和他们的子女的受教育程度。反过来,人们受教育程度决定了他们的职业选择机会,从而决定了他们的收入水平。

我国社会学家陆学艺先生提出了以职业分类为基础,以组织资源、经济资源和文化资源占有情况为标准来划分社会阶层的方法,将中国社会分成十大社会阶层,即:国家与社会管理者、经理人员、私营企业主、专业技术人员、办事人员、个体工商户、商业服务业员工、产业工人、农业劳动者、城乡无业及失业者。这是一种有代表性的社会分层方法。[①]

三、改革开放以来我国城乡社会阶层的变化

1. 农村社会阶层的变化

我国传统的农村劳动者都是单一的农业劳动者,但随着农村的改革和发展,农村社会分化日益加深,出现了若干个不同的社会阶层。

(1)农业劳动者阶层

农业劳动者阶层是目前农村中人数最多的一个阶层。他们从事种植业、养殖业劳动,全部或大部分靠农业收入作为家庭收入的主要生活来源。这个阶层目前以承包集体耕地为其经营方式,根据承包和经营的状况,又可以大体分为四个层

[①]　陆学艺主编:《当代中国社会阶层研究报告》,社会科学文献出版社 2002 年版。

次：一是专业户或承包大户。他们人数不多，但由于有较强的经营能力，有较多的资金、技术，能够承包大片耕地，向社会提供较多的商品粮和其他农副产品。他们收入较多，生活一般都很富裕。他们除自己和家庭成员进行生产劳动外，一般还请一些帮工或临时工。二是比较富裕的农业劳动者。他们劳动能力强，有一定的文化技术和经营能力，农用生产资料比较齐全，耕种的土地产量比较高，农闲时还能兼干一些非农产业，因而收入较多，生活比较富裕而安定。三是温饱型农业劳动者。他们也耕种农村集体耕地，但生产资金不足，农具少而简单，生活基本稳定。四是贫困农户。这类农户一部分分布在老、少、边、穷地区，由于自然条件特别恶劣，大部分农户终年不得温饱；另一类分布在非贫困地区，但由于家庭缺少劳动力或主要劳动力有病或残疾，加上资金严重不足、农具不全，承包土地收入很少，主要靠社会救济和他人帮助勉强度日。

(2) 亦工亦农阶层

亦工亦农阶层的形成是中国的一个特殊现象。一方面，城乡第二、三产业的发展吸收了大批农村剩余劳动力，使他们从传统农民转化为工人和服务人员，另一方面，国家严格的户籍制度又严格地限制了他们的身份转换，使他们不仅无法摆脱传统的农民身份，而且仍然与农村土地保持着不同程度的联系，从而使他们兼有工人和农民两种职业的特点，成为中国二元社会结构下的一个特殊社会阶层。

亦工亦农阶层可以分为两类。一类"离土不离乡"。他们主要在本地乡镇企业从事生产劳动，或在附近城镇的工厂、商店、机关等单位里做工，早出晚归，兼种承包耕地，以做工为主，收入也主要来源于工厂企业。这批人在农村劳动者中所占的比例越来越大。另一类"离土又离乡"，即进城农民工。他们主要到沿海地区和大中小城市的厂矿、机关、工厂、商店、建筑部门和服务行业做临时工和合同工，农忙时，他们中的一些人还要抽出一定的时间回乡种田。他们主要从事一些重体力劳动，在工资收入和生活方式方面不如城市职工，但比农业劳动优越。这一部分农民工自20世纪80年代中期以来越来越多，形成了一股声势浩大的"民工潮"。

亦工亦农阶层的一个特殊组成部分是来自农村的雇工阶层。雇工阶层主要指受雇于私营企业或个体工商户的具有农民身份的雇佣劳动者。他们的职业类型一般与亦工亦农的农民工相似，但就业身份不同。他们与雇主之间的劳资关系带有某种资本主义的雇佣性质。但他们在农村仍然拥有足以谋生的承包土地和其他生产资料，多数人不是因为生活无出路，而主要因为雇工收入高于务农收入才受雇于人。雇工的收入一般高于农业劳动者，但他们的社会地位和职业声望一般比农民工要低。这些人的工作很不稳定，随时有转回农业劳动或其他劳动的可能。

（3）农村知识分子阶层

农村知识分子阶层指在农村从事教育、科技、医药、文化、艺术等等脑力劳动职业，但保留农民身份的知识分子。他们从事脑力劳动，从而与一般农村劳动者区别开来，同时，他们也与城镇知识分子和在乡村工作但有正式职工身份的知识分子不同。他们一方面从事民办教师、乡村医生、农业技术员等等工作，另一方面，一般还种着承包土地。农村知识分子的收入状况不等，一般而言，他们的收入比农业劳动者要高，但不如农村其他阶层，与他们对社会的贡献也有很大差距。但他们工作比较稳定，社会声望较高。

（4）个体劳动者和个体工商户阶层

个体劳动者指农村中拥有某项专门技术或经营能力的人，既包括传统的工匠、瓦匠、石匠、裁缝、理发匠等等手工业者，也包括近年来新出现的汽车司机、钟表、无线电修理工等等个体户。个体工商户包括个体商贩、个体商店、个体饭店、运输专业户和家庭小作坊等等。他们都有一技之长，或具有一定的经营能力。他们一般自己直接进行劳动，也有的带有几个徒弟或帮工。

（5）私营企业主阶层

私营企业主阶层指生产资料私有，自主经营企业，以营利为目标，且雇工超过8人以上的企业主。他们的就业身份与个体工商户相似，但经营规模较大，收入较多。他们主要来自于乡村干部、乡村知识分子、乡镇企业管理者和乡村个体工商户。他们具有较强的商品经济意识、较强的组织管理能力和敢冒风险的精神。

（6）农村管理者阶层

农村管理者阶层包括农村企业管理者和农村行政管理者两大部分。农村企业管理者主要指乡镇企业的经理、厂长及主要科室领导和供销人员。农村行政管理者主要指乡、村两级干部。这些干部可分为两种。一种是国家正式干部，如乡镇党政机关的主要领导。另一种是具有农民身份，但直接参加农村政治、经济和社会生活管理的各种农民干部。后一种还可进一步分为三类：半脱产干部、享受固定补贴的干部和享受务工补贴干部。农村管理者在农村社会地位较高，在农村经济、政治和社会生活中影响很大，收入也较其他阶层实惠。

在上述6个阶层中，农业劳动者和亦工亦农阶层是主体，其人数约占80％左右。因此，农村政策和农村工作要更多地考虑他们的实际利益和要求，把他们作为农村经济社会发展的主要力量。

2. 城市社会阶层的变化

改革开放以来，我国城市社会阶层也发生了重大变化。这种变化主要体现在两个方面：一是原有的阶层之间关系出现了新的变化，二是出现了一些新的阶层。

我国城市原有的社会阶层主要有党政干部阶层、企业管理阶层、知识分子阶层、职员阶层、产业工人阶层、服务人员阶层。随着改革的深入发展和社会利益结构的调整，原有的社会阶层关系发生了一些重要变化。第一，从规模上看，改革开放以前，城市社会阶层中，产业工人阶层占据绝大多数。其他阶层所占比例较小。改革开放以来，产业工人阶层仍是人数最多的一个阶层，但其他阶层所占的比例逐渐上升。特别是随着第三产业的迅速发展，商业服务业职工人数有了显著增长。知识分子阶层、党政干部阶层的人数也有了明显增长。第二，不同阶层之间以及各个阶层内部的收入差距有所扩大。这些阶层在改革开放以前的主要区别是社会分工的不同，在社会声望、社会影响上也有一些差距，但总体上看，他们之间的经济收入差别不大。改革开放以来，出现了几种情况：一是各个阶层之间的差距有所扩大。这主要是根据不同劳动者的劳动性质和特点，进一步贯彻按劳分配的结果。二是不同行业部门之间的差距有所扩大，如能源部门、交通部门、邮电部门、金融部门以及国家机关的经济职能部门等等部门的经济收入提高的速度明显比其他部门要快得多。三是企业不同单位之间由于经济效益不同而造成的收入差距扩大。

改革开放以来我国城市还出现了一些新的社会阶层。这些新的社会阶层可以概括为三类：一是"新富裕阶层"。主要是指改革过程中出现的"民营科技企业的创业人员和技术人员、受聘于外资企业的管理技术人员、个体户、私营企业主、中介组织的从业人员、自由职业人员等"①。这些人被称为"新社会阶层"，他们的收入较一般工薪阶层要高得多，因而引起了社会的广泛关注，也被称之为"新富裕阶层"。

二是"新贫困阶层"。20世纪90年代以后，随着国有企业改革进入攻坚阶段，大批国有企业破产、停产或优化组合，出现了数以千万计的城市失业下岗人员，他们只能靠社会救济或单位发给的少量生活费维持生活。也有一些职工贫困是由于家庭原因，如长期生病、身体伤残或家庭就业率过低，也有一些是家庭在农村的城市职工，由于抚养人口过多而成为贫困家庭。这样，就在我国的城市形成了一个规模达3 000万人左右的城市困难群体。虽然现在的城市贫困阶层与旧中国的城市贫民阶层在性质上有所不同，他们的基本生活有保障。但也要看到，城市贫困阶层与农村的贫困阶层不同，在市场环境下，他们的生存能力更差。政府必须高度重视城市贫困阶层面临的困难，从制度上对他们的基本生活给予保障，并采取有力措施，帮助他们解决在生活中碰到的实际困难。

---

① 《江泽民文选》第三卷，人民出版社2008年版，第286页。

　　三是"城市边缘阶层"。改革开放以来,我国二元社会结构有所松动,大批农村劳动力开始进入城市打工,形成了声势浩大的"民工潮"。据统计,全国从农村转移出来的劳动力达到 2 亿人左右,还有 1 亿多农村劳动力要从农业领域转移出来。这些进城的农村劳动者被称为"进城农民工"。他们中的大部分已经在城市有了比较稳定的工作和收入,但是,由于身份的限制,仍然徘徊在城市与乡村之间,形成为我国城市社会的"边缘阶层"。随着时间的推移,进城农民工已经从第一代发展到第二代,他们的生存和发展状况正在引起社会各界越来越多的关注,要构建社会主义和谐社会,必须要从根本上解决这一城市边缘群体的问题。

四、中间阶层的成长及其社会意义

1. 中间阶层的性质与形成背景

　　中间阶层,顾名思义,是指介于社会的上层和下层之间的社会阶层,通常是指一个国家在工业化和信息化过程中形成的具有相近的自我评价、生活方式、价值取向、心理特征的社会阶层。由于这个社会阶层超越了传统的两极对立的阶级分野,也称作"中产阶级"(Middle Class)。这种"中间阶层"或"中产阶级"已经成为现代西方发达国家的主体结构和社会稳定的基础。广义的中间阶层包括"旧中间阶层"和"新中间阶层"两大部分。旧中间阶层是指各个社会基本阶级之外的"非基本阶级",这种"旧中间阶层"在过去的各个社会中都存在。"新中间阶层"则是指工业化和信息化过程中形成的一个特定的社会阶层。现在人们所谈论的主要是"新中间阶层"。自 20 世纪 40 年代以来,发达国家普遍出现了以管理人员、公职人员和专业技术人员为主的"新中产阶级",这个阶层大约占社会总就业人口的 30%—40%,有的发达国家中产阶级的比例更高。已成为推动社会发展、引导社会消费、稳定社会局势、定型社会规范及主流社会价值观的社会结构主体力量。

　　一般认为,"新中间阶层"产生的社会背景有以下几点:(1)工业的"现代化"。工业真正奠定在现代科学知识基础之上,成为现代工业发展的直接动力,并最终孕育、发展出大量高科技产业;(2)产业结构从传统工业转向现代产业。公司制取代了工厂制,"大企业"普遍出现;(3)生产性社会转变为消费性社会。大众消费时代来临,汽车、家用电器等耐用消费品成为日常消费品的主流,普通大众的生活水平快速提高,消费领域开始阶层分化;(4)职业结构发生变化。"白领"职业比重超过了"蓝领",农业就业比重急剧下降,工业就业比重逐步减少,服务业就业比重迅速扩张。[①]

---

① 　参见陆学艺主编:《当代中国社会流动》,社会科学文献出版社 2004 年版,第 267—268 页。

中国自改革开放以来,特别是 20 世纪 90 年代以来,一个与西方发达国家类似的职业群体和社会阶层开始在社会中逐渐发育成长。根据大量的调查和统计分析,中国目前的"中间阶层"人数大约占社会总人口的 18%左右,而在东部沿海一些大城市,"新中间阶层"已经达到相当大的比重。目前国内"中间阶层"比重最高的城市是北京,北京市 688.32 万就业人口中,白领阶层的就业人数达到 397.35 万,已超过就业总人数的一半,为 57.73%。中间阶层的形成既是中国现代化过程中的现象,又是中国进一步现代化的必要条件。稳定富裕阶层、扩大中间阶层、缩小贫困阶层,是完善现代化社会结构的三个基本环节。中间阶层的发育和成长,有利于形成更为合理与和谐的社会结构,建立一种新的更加成熟的社会稳定机制。

现阶段中国的中间阶层大体上由四个部分构成:第一,个体工商户,他们以较少的资本自营业,规模小、利润少,很少雇佣人员,主要是家庭成员参与经营,所以通常也被称作自雇群体。他们的特点是在经济和社会地位上达到了"中间状态"的要求。据统计,至 2002 年底全国个体工商户大约有 2 377 万户,从业人员 4 742 万人,占全部就业人口的 6%左右。第二,私营企业主和乡镇企业家。据统计,至 2002 年底我国私营企业 243.5 万户,从事人员 3 409 万人,其中投资者 622.8 万人,约占全部就业人员的 4.6%。第三,干部和知识分子。这部分人员大约有 4 000 万人,约占全部就业人口的 5%。第四,企业家群体、"三资"企业中的"白领"人员和高新技术产业中的管理者和创业者。据统计,目前我国就业于"外资企业"的职工达 367 万人,就业于港澳台商企业的有 353 万人,两项合计大约占全部就业人员的 1%左右。①在上述四类中,前两类属于所谓的"旧中间阶层",他们主要是在经济和社会地位上进入社会的中间状态。而私营企业主是否全部属于"中间阶层"尚有不同看法,大型私营企业主应该属于社会的上层,但由于中国在改革开放以前没有这一群体,因此中国的私营企业主都有一个经由社会的中间层再进入上层的经历,因此他们常被一些人简单地纳入社会的中间阶层。后两类属于所谓的"新中间阶层",他们有一定的专业知识和职业声望,以从事脑力劳动为主,工资或薪金是收入的主要来源。他们主要表现为各类管理人员、技术人员和知识分子,具有鲜明的知识、智力和技术背景。

2. 中间阶层的内部结构和社会特征

中间阶层是相对于社会的上层和下层而言的,中间阶层本身并不是一个同质群体,它的内部仍然具有复杂的结构。但大致说来,中间阶层可以进一步区分为三

---

① 以上资料的截止时间为 2002 年底,来源于《中国统计年鉴(2003)》,中国统计出版社 2003 年版。

个小的层次：这就是中上层、中中层和中下层。这三个层次分别为一些不同的社会群体所构成（图 8-2）。

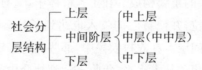

图 8-2　中间阶层的内部结构

（1）中上层。中上层是中间阶层的最高层，它们之所以属于中间阶层，主要是因为它们的上面还有一个上层。这个阶层通常都是社会各领域的精英人群，主要有国家和政党、社团的中高层管理者，企业事业单位的经营管理者，高级专业技术人员，中小企业主，拥有较大影响和较高收入的自由职业者等。这个群体在经济上已经没有太大的生活压力，在政治上与社会的上层集团有千丝万缕的联系，是社会发展物质成果的最先享受者之一；在政治上他们相对更谨慎一些，是渐进改革的支持者。

（2）中层。中层是真正的社会中间地带，无论从经济地位、政治地位和社会地位上，他们都处于"不上不下"的状态。中层主要由国家一般公务人员、企业事业单位的一般管理者、初中级专业技术人员、一般的自由职业者等组成。这个群体身处中间，由于还有上升的社会空间和强烈的人生目标，因而有较大的心理压力。他们处于比较典型的"比上不足、比下有余"的状态，非常希望保持社会的稳定，因为任何社会的动荡都可能毁掉他们的前程和升迁的希望，从而下滑到社会的中下层。

（3）中下层。主要有普通办事员、一般的工程技术人员、商业服务业从业人员、技术工人、农村种植大户、自雇群体或个体经营者。这个群体的基本特点是满足。由于这个阶层都是普普通通的劳动者，在社会分层的阶梯上不大可能进一步升迁，因而衡量自己的参照系反而由"上层"或"中上层"转为"下层"。由于参照系的转换，他们就成了普通劳动者的"上层"。由于他们根本不与上层相比，因而没有"比上不足"的烦恼，剩下的就是"比下有余"的满足。因此，这个阶层同样希望保持社会的稳定，因为任何社会的动荡都可能导致他们陷入窘境和沦落为社会下层。

中间阶层是由诸多不同的社会群体所构成的，他们在社会生活的各个方面也有着各自不同的特征。但是，他们既然都属于中间阶层，就必然具有某些共同的社会特征。综合起来看，当代中国的"中间阶层"至少要有以下三个共同点：一是在经济和社会地位上居于社会的中间位置，他们一般拥有一定的财产，有较稳定的中等水平的收入，这种收入能够维持一种比较宽松的生活环境，普遍达到了一种"小康"

生活水平。同时，这个阶层也享有较高的社会地位和政治地位，获得主流社会意识的赞同。二是在职业上有明显的知识、智力和技术特征。专业技术人员、管理人员、公职人员是中间阶层的重要构成。在工人群体中，只有那些具有较高的技术水平和占据较高的技术岗位，并使自己的收入也达到了社会的中等水平最低门槛的群体才能进入社会的中间层。在农村农民中，那些拥有一定数量的耕地、具有较高的农业经营管理能力和相关技术水平、年收入达到社会中间阶层的收入标准，才可以进入社会的中间阶层。因此，中间阶层一般都受过良好的教育，具有较高的文化知识和工作技能，并且利用自己的知识赢得较高的社会地位和相应的收入水平。三是在心理上具有明显的归属感。居于社会中间阶层的群体在社会心理上认可自己属于社会的中间状态，他们对自己的政治地位、经济地位和文化地位都有一种"比上不足、比下有余"的心理认知或心理感受。这种心理感受是这个群体体现其社会特征和发挥其社会职能的重要前提和基础。

3. 中间阶层崛起的社会意义

中间阶层的崛起，标志着现代化社会结构的初步形成。不断扩大社会的中间阶层，是我国全面建设小康社会与和谐社会的客观要求。中间阶层的发育具有极其重要的社会意义。

第一，平衡社会结构，维护社会稳定。以中间阶层为主体的现代化社会结构，将对现代社会的良性运行和协调发展发挥重要的作用，是社会稳定与社会秩序的重要保证。早在古希腊时期，亚里士多德就强调中等阶级对社会稳定的重要意义。他赞扬中等阶级拥有适度财产，"是一个国家中最安稳的公民阶级"，"最好的政治社会是由中等阶级的公民组成的"。根据当代发达国家的经验，以中间阶层为主体的社会是一种最稳定的社会。当中间阶层成为社会的主体时，就会形成比较稳定的主流价值观念和意识形态，引导社会舆论向着有利于维护社会秩序与促进社会发展的方向聚焦，从而有利于社会的稳定。

中间阶层之所以能够促进社会稳定，关键在于它能有效地消解社会的贫富分化。当中间阶层成为社会的主体时，也就意味着社会的上层和下层的人数都在减少，成为社会的少数群体，这就避免了社会的严重两极分化现象，能够最大限度地缓和社会的贫富矛盾与冲突。

第二，推动消费革命，促进经济发展。中间阶层的特点是"高薪雇佣者"，由于他们的收入并不用于投资，因此具有极强的消费能力。目前中国的中间阶层的个人年收入约为 5—15 万元左右，家庭年收入在 10 万—30 万元。他们有能力维持中等水平的个人及家庭消费，如购房、购车、旅游等等，从而带动一个大众消费时代的到来。

当大多数社会成员成为中间阶层以后，他们就从根本上摆脱了为生存而工作的传统劳动状态和传统劳动观念，而追求自我价值的实现将成为人们劳动的主要动机。这就会极大地激发人们社会活动的创新意识和创新能力，从而促进人和社会的全面发展，并为社会进一步向更高层次的发展奠定坚实的社会基础。

第三，促进社会公平，提升文明程度。中间阶层成员绝大多数都是通过自己的后天努力和公平竞争，凭借诸如教育、市场机会等自致性社会资源获得相应的社会地位和体面的中等生活方式。因此，他们不仅崇尚社会公平，而且也给整个社会树立了通过自身努力实现向上流动的榜样。

中间阶层的发育和成长，对于提升社会的文明程度也有重要的作用。中间阶层不仅自身普遍受到良好的教育，具有很好的知识和修养，更重要的是，当中间阶层成为社会的主体时，社会就既能够有效地制约作为少数的上层阶层，也有能力帮助作为少数的下层阶层。特别是有助于建立完善的现代社会保障体系，实施有效的扶贫政策，形成浓厚的社会慈善氛围。

五、不同社会阶层之间的沟通与协调

社会主义社会不同阶层之间的根本利益是一致的，但在这种一致的前提下，仍然具有一定的差异和矛盾。每个阶层都有自己的特殊利益和特殊需要，有自己的态度、意见和看法等等。对于同一项政府的方针政策，不同的阶层具有不同的心理承受能力和态度。在一些重大问题上，如改革的速度与步骤、成绩与挫折、经验与教训等等，不同的社会阶层的意见和看法发生分歧或对立，更是常有的事。虽然这些矛盾从总体上看属于非对抗性的人民内部矛盾，但在一定条件下仍会尖锐化甚至走向对抗，从而严重危害不同社会阶层之间的关系和整个社会的安定团结。因此，必须对各个社会阶层之间的利益与意见进行沟通与协调，使他们之间的利益矛盾和意见差异不断地缩小甚至消失。

社会利益矛盾的协调，关键是要贯彻社会公平原则，正确处理公平与效率之间的关系，坚持公平与效率相统一。既要反对只顾效率、不顾公平的倾向，也要反对脱离效率、搞空想的所谓公平。在我国社会主义初级阶段，主导性的公平原则应该是机会均等、按劳分配、结果合理原则。社会应该创造各种条件，确保这些公平原则的实施，从而调动广大职工的积极性、创造性，以促进和提高效率。同时，要采取切实有效的措施，消除各种社会分配不公现象。在制定社会政策过程中，要尽可能地将不同社会阶层之间的利益有机结合起来，结合中国的国情和社会制度的性质，要在兼顾不同社会阶层利益的基础上，突出弱势关怀，优先解决那些弱势群体、边缘群体和底层社会的实际困难。

在对不同社会阶层的利益进行协调的同时,还要注意疏通和扩大不同阶层的利益表达渠道,增进不同阶层之间的相互了解,使他们既知道自己的利益所在,又知道其他阶层的利益要求,减少盲目的不满情绪和矛盾冲突。总之,要注意适时地运用各种不同手段,多方面地解决不同利益阶层的矛盾和问题,化解他们的矛盾和冲突,使所有社会阶层和全体成员团结起来,同心同德地进行社会主义现代化建设。

第四节　社　会　流　动

一、社会流动的性质和意义

1. 社会流动的概念

社会流动与社会分层的关系非常密切,它们是对同一种社会现象所作的两种不同角度的分析。社会分层是从静态的角度来描述社会垂直结构的性质、状态、内容和形式,以及社会各阶层之间的互动关系和基本秩序;社会流动则从动态角度描述社会分层结构分化的时空范围、方向和速度,它是社会分化的量变过程。有社会分层,才有社会流动的必要和可能性;有社会流动,才会促进社会分层结构的不断分化和重组。

社会流动概念是美国社会学家索罗金(Pitirin,A. Sorokin,1989—1968)在1927年所著的《社会流动》一书中首先提出来的,他认为社会流动是两个集团之间的人口交换,即一个集团的成员转入另一个集团。索罗金的研究奠定了社会流动概念在社会学中的重要地位,也引起社会学家的广泛兴趣。

社会流动也称为"社会位移",是指社会成员在社会关系的空间中从一个社会位置向另一个社会位置的移动。社会是一个复杂的关系体系,每一种社会关系都提供了两个社会位置,每个人都占有许多不同的社会位置,并扮演相应的社会角色。当人们改变自己与现有社会位置的关系时,它就表现为一种社会流动。因此,社会流动既表现为个人社会地位的变动,也表现为个人社会角色的转换,实质上是个人社会关系的改变。

社会流动不同于人口流动。人口流动指人口在地域空间上的移动,这种流动分为永久的和暂时的,前者为人口迁移,后者为流动人口。而社会流动则是人们在社会空间上的位移。只有当人口流动引起人们社会地位的变化时才具备社会流动的意义。但人口流动与社会流动两者又有着密切的联系。一些人社会空间上的位置的变化与他们地域空间上的流动是同时实现的；一些人在地域空间上的流动虽然没有引起社会地位的变化，但这种流动对改变其生活境遇，促进其社会地位的变化，也常常具有重要的意义。

社会流动与人才流动也有所区别。人才流动是社会流动的一种类型与形式，但不是所有的社会流动都是人才流动。人才流动与社会流动的区别在于：第一，人才流动的主体是特殊的社会成员——人才，而社会流动则涵盖所有社会成员；第二，人才流动通常表现为一种跨地区、跨部门、跨单位的空间流动，而社会流动不仅表现为一种跨地区、跨部门、跨单位的空间流动，而且包括人们在自己的工作单位内部的各种社会地位的变化。

2. 社会流动的意义

第一，社会流动有利于保持一种开放式的社会结构。不断调整个人与社会分层结构之间的关系，在社会分层现象不可避免的情况下，增加社会成员改变自身社会地位的机会，可以促进社会公平的发展。

社会分层现象是一种制度化和结构性的社会差别和社会不平等。一定程度的固定和封闭是这种结构的必然要求，但这种社会分层结构可以通过社会流动机制加以调节，使它具有开放性。社会流动率越高，流动幅度越大，流动所需要的时间越短，社会分层结构就越开放。社会分层结构开放，社会地位与社会成员之间的联系不固定，就可以为社会成员改变社会地位提供更加普遍的平等的机会。社会流动可以在无法消除社会分层的情况下缩小人与人之间的实际差异。

从社会资源的分配角度看，社会流动引起社会资源的再分配。在社会分工条件下，社会资源总是与一定的社会位置相联系的，个人获得社会资源的基本方式是加入社会分工体系中去，并与一定的社会集团相结合。通过社会流动，人们改变了自己所处的社会位置，必然导致社会资源的重新分配。

第二，社会流动有助于拓宽社会各阶层之间的接触界面，增进不同社会阶层之间的相互了解与相互联系，加强社会整合，缓解社会冲突，促进社会良性运行和协调发展。

社会分层是在社会分工基础上形成的社会差别。这种社会差别是产生社会隔阂和社会冲突的根源。这种根源在社会分工条件下是不可能消除的，所以必须发展出另一种社会机制来缓解或抵消它的消极影响，以免社会冲突的激化导致社会分层体系的失调甚至解体。社会流动正是这种社会机制。它通过个别社会成员的流动来不断调整各阶层之间的关系，使各阶层的人员处于不断变换过程之中，因而可以减弱分层集团意识，增加改变社会地位的机会，有助于缓解社会差别造成的冲突。

第三,社会流动能够有效地激发人的积极性、创造性和开拓进取精神。由于社会流动能够为每个人提供向上流动、获得较高社会地位的机会,而较高的社会地位成为对有能力的人的一种奖赏,从而能够有效地激发人们的积极性,促使人们充分发挥自己的聪明才智,给社会系统注入强大的活力,最终推动社会的进步和发展。如果每个人都能积极工作,那么整个社会也就有了切实的动力保障。

二、社会流动的基本类型

1. 垂直流动和水平流动

(1) 垂直流动。垂直流动指人们在同一分层结构中不同层次之间的纵向流动。垂直流动可以进一步分为向上流动和向下流动。向上流动是从较低社会层次向较高社会层次的流动,流入层次高于流出层次,如由助教变为讲师,由讲师变为教授,或由体力工人变为技术工人等等;向下流动是指从较高社会层次向较低社会层次的流动,流入层次低于流出层次,如由于工作不称职,由处长降为科长,由守法公民变为罪犯等等。有无垂直流动反映了社会分层结构的封闭与开放程度。如果没有垂直流动或很少有垂直流动,说明社会分层结构比较封闭;而开放的社会结构则提供了较多的垂直流动机会。

垂直流动的意义在于:第一,能够调动人们的工作积极性,鼓励人们努力工作,为社会作出更多的贡献,以获得较好的社会奖赏和较高的社会地位。第二,有利于维持和提高社会管理层的质量。垂直社会流动机制,保证社会管理层的人才有更广泛的选择范围,也有利于淘汰不合格的社会管理者。第三,有利于形成一种开放的社会分层结构,促进社会分层结构的合理化。

(2) 水平流动。水平流动是指人们在同一社会层次上的横向流动。主要是指人们在同一层次上的职业地位的变动和职业角色的转换。水平流动的特点在于:人们在流动前和流动后,经济收入、政治地位、社会声望等方面的状况基本上没有变化。

水平流动虽然没有改变人们的社会地位的高低,但它无论对个人,还是对社会都有非常重要的意义。对个人来说,它既有利于人们改善个人工作和生活的微观环境,使人们的工作更心情舒畅,又有利于人们找到符合自己专业特长和个人兴趣的工作,从而更好地发挥个人的才智和能力。对社会来说,水平流动一方面有利于促进人才的合理配置,使社会人才结构和人才分布更趋合理化,另一方面又有利于充分发挥各种人才的积极性,真正做到人尽其才,才尽其用,避免人才积压和人才浪费,提高整个社会的人才使用效率。

2. 代内流动和代际流动

（1）代内流动。代内流动也叫一生中的流动，指个人在自身的一生中所经历的社会地位的变化。代内流动通常以职业地位作为社会地位特征，以个人最初职业为参照基点，以最后的职业地位作为终点，比较处于这两个时点之间的职业变动，从中找出变化的原因和规律。

研究代内流动的意义在于：第一，通过代内流动的方向、比率和速度，反映社会经济变迁的程度和社会分化的方向、速度和规模。社会经济发展越快，提供的变换职业机会和改变社会地位的机会就越多，代内流动也就越是向上流动，流动速度越快，流动规模越大。反之，在社会经济处于衰退的历史时期，代内流动必然表现为一种向下流动趋势。第二，可以反映人的全面发展程度。代内流动率越高，越能说明人的全面发展程度。因此，代内流动率成为社会现代化的一个重要指标。

（2）代际流动。代际流动也叫异代流动，指同一家庭中两代人之间在社会地位方面的变化。通常也是以职业地位为标准的，以父母与子女在同一年龄时的职业或其他地位作为比较的基点，考察第二代人与第一代人相比其社会地位的变动情况，从中找出变动的原因和规律。

研究代际流动的意义在于：第一，代际流动可以反映社会变迁和社会进步的程度。代际流动缺乏，说明社会变迁非常缓慢，代际流动较大说明社会变迁速度较快；如果代际流动表现为向上流动，说明社会在发展，如果代际流动表现为向下流动，说明社会在衰退。第二，代际流动可以反映社会分层结构的变动状况。代际流动表现为向上流动，说明社会分层结构质量在提高和优化；代际流动表现为向下流动，说明社会分层结构质量在下降。因此，代际流动作为一种社会发展的描述指标，对于如何通过发展经济来提高教育水平、强化流动机会、提高代际流动率，具有指导意义。

3. 结构性流动和非结构性流动

（1）结构性流动。结构性流动指由于社会结构的变化而引起的大规模的社会流动。如产业结构、所有制结构、城乡结构、职业结构、教育结构等等的变化都可能引起人们社会地位的流动。结构性流动的特点是大规模、快速度和急剧性的社会流动。如资本主义国家由于经济危机所造成的结构性流动：大批企业破产，大批工人失业。又如我国农村经济体制改革以后，乡镇企业迅速发展，大批农民从田野里走出来，成为现代企业里的工人等等。结构性流动中最重要的因素是，由于生产力和科技的发展以及经济结构的变动，创造出大批的新职业和新职位，并由此引起社会的结构性流动。经济发展不断提供更高的社会地位，淘汰声望较低的职业，因而具有积极作用。如封建社会里的轿夫和现代社会里的小车司机,由于所需技术不同,其地位和声望也不同。

(2)非结构性流动。非结构性流动又称自由流动。指在社会基本结构不变的情况下,由于个人的原因所造成的社会流动。研究这种流动不强调流动的客观条件,主要考察个人的主观条件、流动欲望以及社会背景对个人流动的影响。

值得提出的是,这些不同类型的社会流动并非不相关,而是密切联系的。结构性流动可能又是向上流动和代际流动,向上流动也可能是自由流动和代际流动,如此等等。

三、影响社会流动的因素

1. 社会分层结构的类型

社会分层结构的类型分为封闭型和开放型。封闭型社会分层结构是一种制度化的稳定性不平等,它通常建立在血缘和门第等先赋条件的基础上,是一种封闭型等级制社会。在这种社会中,不同等级的社会成员之间无法进行流动;而在开放性社会中,不同社会阶层之间的流动乃属正常现象。因此,社会分层结构的类型是影响社会流动的基本因素。

2. 社会制度和社会政策

现代社会的社会流动普遍被纳入制度化轨道,各种社会制度和社会政策影响和制约着社会流动的方向、速度和规模。在这些社会制度中,主要有户籍制度、人事制度、劳动制度、招生制度、退休制度等等。这些制度以及相应的社会政策直接间接地规定着社会流动的各种界限,影响和制约着人们社会流动的愿望和途径。

3. 文化价值观念

社会制度和社会政策外在地规定着社会流动的界限和机会,而文化价值观念则是影响着人们的流动愿望和社会流动行动的内在因素。这种文化价值观念主要有社会流动观、社会职业观和社会竞争观。社会流动观是人们对改变自身生活的地域环境和社会地位的基本态度。它受人们生活环境、生活方式和传统观念的强烈影响,在农业社会里,人们习惯于"安土重迁"、"知足常乐"等一些观念,安于现状,不思进取。在现代社会里,由于人们教育程度高,视野开阔,接受外界信息多,自我实现的欲望强烈,因而普遍持开放的社会流动观。社会职业观指人们对各种社会职业声望的评价。按照这种评价,可以把社会职业按声望高低进行排序,职业声望的高低决定着各个职业吸引力的大小,从而影响着人们社会流动的欲望和动机。社会职业观除受职业环境、职业待遇、文化传统等因素影响外,还受当时社会舆论的影响。社会竞争观是人们对社会流动的方式和途径所持的基本看法和态度。如有没有竞争意识,敢不敢竞争,对社会流动也有很大的影响。

4. 社会生产力的发展

社会生产力的发展是现代社会引起社会流动的根本动力。生产力的发展不断地为社会提供各种新的职业位置,并淘汰各种社会评价较低的工作岗位。社会生产力的发展引起社会结构的分化,从而影响着社会流动的规模、速度和发展方向。产业结构的转型升级可以引导不同类型的劳动力在不同产业间的转移,并带动人们大规模地向上层社会流动。人口城市化导致人们获得大量社会评价更高的社会位置。同时,地区经济社会发展的不平衡,也影响着劳动力在不同地区之间的流动。

思考题:

1. 什么是社会分层? 社会分层的根源是什么? 有何作用?

2. 什么叫阶级? 怎样理解阶级的起源与本质?

3. 社会分层有哪些类型? 我国改革开放以来农村社会阶层发生了哪些变化?

4. 中间阶层有哪些共同的社会特征? 中间阶层崛起的社会意义是什么?

5. 什么叫社会流动? 社会流动有哪几种类型?

第九章　性别的社会平等

在上一章中,我们把社会不平等主要聚焦于社会的阶级阶层划分及其所造成的社会不平等问题。然而,社会不平等还有一个侧面,即男女两性的社会不平等问题。随着改革开放的逐渐深入和社会分化的逐渐扩大,男女两性在诸如教育、就业、政治参与等问题上正面临越来越多的关于平等问题的诘问和讨论,引起了包括社会学家在内的专家学者和民众舆论的关注。我们的社会学也应该直面这一问题,对这一问题作出自己理性的审视和诠释,为促进两性关系的平等与和谐做出自己的贡献。

第一节　性别不平等:一个全球性问题

一、性别不平等的认识工具与全球趋势

性别不平等不仅仅是一种个体体验与感受,它因广泛地影响着社会的经济、政治、文化诸多领域的发展而被广泛关注。从世界范围看,不同性别者在获得资源、经济机会、参与决策等方面仍然存在较大差距,分享平等权利面临诸多挑战。

（一）评价全球性别平等或不平等的工具性指标

科学的性别平等指标体系可以全面衡量和判断不同性别在经济、政治、教育和其他社会福利等方面的成就及其变化状况,同时也是人类进步的指南针。性别不平等指数、全球性别差距指数和性别公平指数是反映性别平等或不平等状况的重要指标。

"性别不平等指数"由联合国开发计划署于 1990 年首次在《人类发展报告》中发布,是一项重要的人类发展指数,反映男女两性在生殖健康、政治赋权和劳动力市场三个维度的不平等综合状况。具体的计算指标则包括:孕产妇死亡比率、未成年人生育率、立法机关议员女性代表比率、25 岁以上受过中等教育以上的男女人口比率、劳动力市场参与度性别比、避孕率、产前检查等生殖健康参数以及总生育率等。按照上述综合指标计算,得分越低的排名越高,排在首位的是性别平等做得最好的国家。2011 年性别不平等指数的统计国家为 145 个,瑞典居于首位,其次

是荷兰、丹麦、瑞士、芬兰等国，五国性别不平等指数均小于0.1。中国得分为0.209，居35位；美国得分为0.299，居47位。统计资料显示目前妇女的经济机会和赋权状况仍受到严重制约。大多数地区生殖保健状况虽有改善，但与联合国"千年发展目标"中改善产妇保健的要求还相差甚远；女性在环保方面的意见表达机会不足，导致人类社会可持续发展的状况堪忧；在一些国家和地区妇女权利仅限于制度形式，缺乏切实的改变，以保证和提高妇女参与决策的有效性。

"性别公平指数"是国际组织"社会观察"发布的评估指标体系，从经济、政治赋权和教育三个方面来衡量男女之间的差距。性别公平指数是上述三方面不平等的平均数，经济参与是考察收入和就业方面的性别差距；政治赋权是衡量议会和高级行政主管等高级职位的工作状况；教育指标是衡量各级、各类学校在入学上存在的性别差距。性别公平指数从低到高共分为五个等级：严重、很低、低、中等和可接受。2012年，154个被调查的国家的性别公平指数均低于90分，教育方面的世界总体指数是71分，属"低"级；经济参与的指数为42分，属"很低"；政治赋权更是低到只有17分，属最差的"严重"。得分最高五国分别是挪威（89分）、芬兰（88分）、冰岛和瑞典（均为87分），均属"中等"。中国得64分，列第80位，其中教育得分较高，为95分，经济参与76分。

"性别差距指数"（Gender Gap Index，GGI）是世界经济论坛整合来自论坛本身和国际劳工组织、联合国开发计划署、联合国教科文组织、世界卫生组织、列国议会同盟及中央情报局的14项数据作为性别差距指标，通过调查和统计的方式，报告比较男女两性在教育、医疗及生存、薪俸及工作机会、政治参与四大范畴内的差异，针对各个国家在四个领域性别差距的缩小能力进行综合评估。2006年在瑞士首次发表《全球性别差距报告》，此后每年发表一份相似结构的报告。

（二）全球性别差距现状

由于《全球性别差距报告》所具有的三大理念与本书的观点一致，因此GGI成为本文主要分析依据。2012年《全球性别差距报告》涵盖135个国家和主要新兴经济体，覆盖了全球93％的人口。[1]GGI可能的最高得分为1，可能的最低得分为0，通过GGI纵观全球性别不平等现状及其变化，全球性别差距主要表现出如下特点：

1. 全球性别差距缩小趋势明显

在女性学校入学率、平均寿命、劳动生产率的提高方面进步最大。女性入学率

① Hausmann R.，.Tyson. L.D.，Zahidi S.(2012). *The Global Gender Gap Report 2012.* World Economic Forum，Geneva，Switzerland，p.7.

提高。通过近 30 年的努力,几乎所有国家初级教育中的性别差距都已不复存在。中等教育的性别差距正在迅速缩小,而且在很多国家——尤其是拉美、加勒比地区和东亚,已经出现了反向性别差距:现在是男孩和年轻男子处于劣势。在所有发展中国家中,有 45 个国家中学的女生多于男生,60 个国家大学的女生多于男生。女性平均寿命延长。自 1980 年以来,在世界上所有地区女性的平均寿命都超过了男性。而且,低收入国家的妇女现在的寿命平均比 1960 年增加了 20 年。女性就业率提高。多数发展中国家从事有偿工作的妇女都有所增加,逾 5 亿妇女进入了劳动力市场。妇女劳动参与率提高的一个重要原因是发展中国家的生育率出现了前所未有的迅速下降。如孟加拉国、哥伦比亚和伊朗等,它们虽然国情迥异,但生育率都大幅下降。

2. 持续的性别差距依然存在

性别不平等在很多领域依然存在,甚至在富裕国家也是如此。最为持久和有害的性别差距包括以下几个方面:

女童和妇女的超额死亡。低收入和中等收入国家女性相对于男性的死亡率高于富裕国家。据估计,每年 60 岁以下的妇女和女童超额死亡数约为 390 万人。未能出生的女婴、生育期死亡、婴幼儿时期死亡是导致女童和妇女超额死亡主因,所占比例分别是 2/5、2/5 和 1/5。[①]出生性别比的总体失衡以及出生性别比的城乡、区域、省份、孩次的失衡所反映的是女性生存与发展权利的缺失。印度 2011 年的出生性别比为 109.41,随着中产阶级的增多,出生性别比失衡现象反而有恶化的趋势。中国的出生性别比呈持续失衡状态(见本节第三部分的详细论述)。女性超额死亡人数在撒哈拉以南非洲还在增加,特别是发生在婴幼儿时期和生育期的死亡,而那些受 HIV/AIDS 影响最大的国家情况尤其严重。

女童教育的不平等。尽管教育的性别平等总体上有很大进展,但在很多撒哈拉以南非洲国家和南亚的部分地区,弱势群体中女孩的小学和中学入学率仍大大低于男孩。

经济机会不平等。与男性相比,妇女更可能成为家庭经营中不拿报酬的劳动力,也更可能在非正式经济部门工作。女性农民耕种的土地往往面积小于男性农民,种植的作物利润也较低。女企业家的企业往往规模较小,而且是在那些利润较低的行业。因此,不管是从事哪类就业,妇女的收入通常低于男性。

社会和家庭决策中的不平等。在很多国家,妇女——尤其是贫困妇女——对

---

① 华商网。http://health.hsw.cn/system/2011/09/27/051114843.shtml.2011-9-27。

家庭决策的发言权和对家庭资源的控制权都小于男性。在大多数国家,妇女对正式政治的参与都少于男性,政府高层的女性人数很少。

二、西方发达国家的性别不平等问题

许多西方发达国家通过大量的法案实现性别平等,在过去的40年里,妇女地位得到了改善,越来越多的妇女开始接受高等教育,也拥有获得高层职位的机会。从世界经济论坛发布的数据显示,在消除两性差距方面,欧美的一些国家确实处于世界前列。但这并不意味着西方发达国家完全消除了性别不平等问题。在工资、职业分化和育儿方面的性别不平等现象仍然存在。英国男女不平等现象还十分严重。每周就有两名女性被现任伴侣或者前伴侣杀害,少女怀孕比例也是欧洲国家中最高的,而怀孕时太过年轻意味着女性会丧失教育机会,易陷入贫困。女孩在学校的表现通常胜过男孩,但是在职场上她们却仍然沦为性别歧视的受害者。西方发达国家中,"美国是推动两性工作平等制度最不遗余力的国家之一"。[①]然而,美国的性别不平等却是伴随这个国家的历史而来,妇女与黑人及其他少数民族一样,在社会、经济领域不能享有平等权利。

1. 从经济角度看

性别不平等与种族不平等一样,其背后的经济动机是雇主可以减少女性员工的薪水支付,而达到经济利益的最大化。性别歧视的经济本质就是对妇女的经济剥削和掠夺。

经济方面的性别不平等,集中在工作上。首先表现为同工不同酬,相同劳动下,女性的薪酬明显偏低。民主党智库美国进步中心2013年发布的研究报告显示,在美国做类似的工作男人每赚1美元女人赚77美分,黑人妇女挣64美分,拉丁裔妇女仅挣55美分。2012年度美国女性中位周工资是691美元,比上年有所下滑。而男性中位是854美元,比上年略有增加,男女薪水的差距进一步拉大,这种差距在亚裔中表现得尤为明显。亚裔男性中位是1 055美元,而亚裔女性为770美元。目前,美国近一半的劳动力为女性,其中以黑人和拉丁裔比例最高,各占31%。那些以女性为主要劳动力的家庭便很容易陷入贫困。2011年美国妇女的贫困率为14.6%,是18年来最高的,而黑人和拉丁裔妇女的贫困率更分别达到了26%和24%。[②]一项针对全球排名前25大商学院的调查显示,同样是刚毕业于工商管理硕士(MBA)课程,男性的月薪酬比女性高出大约4 600美元。这已经把工

---

① 焦兴恺:《美国两性工作平等之研究》,台北:月旦出版社2000年版。
② 新华网:"同工同酬只是梦? 美国女性比男性少赚43万美元",http://news.xinhuanet.com/world/2013-05/06/c_124669077.htm.2013/5/6。

作性质、经验、地域和行业等因素都考虑进去。行业是一重要的参考因素,因为男性和女性毕业后从事的行业有很大的不同,但即使所有的因素都持平,男女薪酬差异依然存在。[①]

其次,性别不平等还表现为女性较少获得晋升机会。即便拥有相同学历、背景,工作能力相当,女性不仅薪酬低于男性,其获得晋升的机会也明显少于男性;有时甚至女性的学历、背景和能力均强于男性,但女性晋升机遇仍然很低。女性晋升为基层领导的机遇相对较高,女性主管比例还能令女性接受,中层比例大幅下降,而高层主管则寥若晨星。影响女性晋升的主要因素包括:工作分配、前辈的指导和提携、生育阻碍以及职业发展的潜力或曰前瞻力。

2. 从文化角度看

美国的性别不平等具有深远的文化根源。父权制是制度化性别主义的最普遍形式,男性在父权制的社会组织体系中享有特权,父亲掌管家庭和部落的权力,妻子和子女必须依附丈夫和父亲,且权力通过男性谱系实现后代传承。美国的性别不平等与父权制文化不无关联,尤其受英格兰习惯法的影响。借助文化的传承作用,性别不平等意识代代相传,形成群体、民族、地区和国家的共同意识,沉淀在这个国家的深层次的文化结构和心理结构中,形成特定的思想观念、思维方式、信念信仰和心理状态,并以道德、习惯、风俗、传统,甚至法律等较为固化的形式继续延续。

从最为普遍的文化产品——中小学的教科书来看,西方国家在 20 世纪 70 年代还存在着严重的性别不平等现象。以美国为例,对 16 个出版社的 134 种小学初级读物的研究发现:以男性为主角的故事与以女性为主角的故事之比是 5∶2;男性的传记是女性的 6 倍,雄性动物是雌性动物的 2 倍。其他一些研究发现,在小学的社会研究、教学和拼写教材的插图中,女性只占 31%。在中学的教科书中情形也大致如此,只是女性人物更少,她们所做的社会贡献更难引起注意。当女性出现在教科书中时,对她们的描写经常是性别刻板的。但是自 20 世纪 70 年代开始,西方学者们对教科书进行了性别歧视研究和分析,研究结果的广泛传播引起了社会各界的广泛关注。出版商在各界的压力特别是妇女运动和家长的压力下不得不考虑所出版的教科书和课外读物的性别公平问题。从 20 世纪 70 年代中期开始,美国和其他几个发达国家的中小学教科书中的性别歧视开始改变,男女人物的比例、

---

① "性别差距窒碍企业发展",商业评论网。http://www.ebusinessreview.cn/articledetail-63175.html. 2010-04-15。

插图、社会角色的多样性等都有了明显的改善。1987 年的一项对六种受欢迎的初级读物的研究发现：在 1 121 个故事中，女性的职业有 37 种，与 1961—1963 年的读物中的 5 种和 1969—1971 年的 23 种相比，有了较大幅度的提高。以男性为主角的故事占 18％，以女性为主角的占 17％，其他故事的主角是"另类"，如会说话的树或动物等中性角色。出版商创造如此多的中性角色主要是为避免性别歧视的压力。这些努力在一定程度上改善了性别不平等的文化意识。

3. 从法律角度看

20 世纪初，美国在妇女劳动权问题上曾做过一系列的改革，为解决妇女在工作中的歧视问题做出过不少的努力。"经过三十多年的不懈努力，这些公平就业的法律已经成为体系完备、操作规范，为世界各国竞相效法的榜样。"①

尽管加大了对妇女劳动权益的保护，妇女的就业权遭受歧视的事实仍然存在。为解决这一现象，1963 年，美国颁布的第一部反就业歧视法律《同酬法》规定："禁止对从事实质上相同工作的受雇人因性别不同而产生的报酬歧视。雇主有义务给予在同一工作场所从事同一工作的男女受雇人同等待遇，除非差别待遇基于《同酬法》规定的四种例外情形：年资制度、价值制度、按照受雇人制作产品的质量或数量决定其应得工资的制度以及基于其他非性别的因素。"目的在于禁止由于性别原因而造成的男女同工不同酬。在保护妇女劳动权的立法中，《同酬法》与《1964 年民权法》第七项是联邦立法层面上具有中心地位的成文法。1978 年，美国《(反)怀孕歧视法》，旨在消除对怀孕妇女职员的差别待遇。1991 年，为了消除对女性职位晋升中的人为障碍又制定了《玻璃天花板法》②，与此同时还特别规定成立了玻璃天花板委员会。1993 年，美国又通过的《家庭与医疗休假法》，旨在给妇女适当休假照顾婴儿或病重的近亲属。一系列的立法，是为了达到男女平等，追求社会的实质正义。

虽然相对于其他国家而言，目前美国对于妇女劳动权的保护，有相对完善的立法及较为得力的救济措施。但是，不公平立法还是固化了美国社会的性别不平等。美国建国初期，选举权只是白人男子资产者的特权。内战和重建时期，妇女运动领袖们呼吁宪法给予妇女选举权，但是最高法院在 1890 年否定了妇女对宪法的诉求，拒绝把"公民的特权和豁免权"和"平等的法律保护"赋予妇女。直到 1920 年，

---

① 伍劲松："美国两性工作平等制度研究"，《外国法制》2004 年第 5 期。

② 玻璃天花板是指虽然公司高层的职位对某个群体来说并非遥不可及，却无法真正接近，是对职业女性的无形壁垒。在西方国家，女性员工占整个劳动大军的近半数，然而在许多大公司中，女性职员大多从事低层的工作，在公司高层中，女性所占比例少之又少，男性与女性的比例高达 10∶1。

在美国建国后约 120 年后,美国宪法才规定公民的选举权不得因性别缘故而被联邦或任何州加以否定或剥夺,妇女才获得选举权。

选举权的获得是美国妇女在实现性别平等道路上的关键性胜利,但是这并不意味着在法律上实现完全的性别平等。美国社会频发的同工不同酬案,让一些国会议员坐立不安,以至不断提出男女同工同酬的议案,但是议案大多得不到通过。在法律方面,美国争取性别平等的路还很长。

当今社会,西方发达国家在社交场合虽行女性优先之礼,但并不能消除性别歧视,女性社会地位还有待提升。倡导性别平等的国家,明目张胆的性别歧视已不多见,但是若隐若现的性别差异待遇仍然存在,且难以通过某种措施来消除。虽然人们已不再传统地按作为贤妻良母的成就而是按照她们的工作成就评价女性,但仍有许多妇女在家里操持家务、养儿育女、伺候丈夫,以依附男性而生存;妇女中的大多数还是小心翼翼地不去与她们的丈夫竞争以达到更大的成就,其原因在于她们还存在着这样的恐惧:太大的成就可能会令男人不愉快。尽管妇女也能当律师,但很少有女律师;尽管她们可以参加国会竞选,但很少有女议员;尽管她们能驾驶飞机,但很少有女飞行员;尽管她们学医,但女医生的比例要远远小于男医生。

三、发展中国家的性别不平等问题

发展中国家是一个比较笼统的概念,世界上还没有一个准确、统一、为人们所普遍接受的发展中国家的科学定义。作为一个约定俗成的概念,通常是指那些经济社会发展和人民生活水平相对较低、尚处于从传统农业社会向现代工业社会转变过程中的国家,即指经济上较落后的第三世界国家。从操作的层面来看,发展中国家是指处于不发达国家与发达国家之间的一些国家。联合国明确认定了 49 个国家为最不发达国家,世界经济合作与发展组织(OECD)的 34 个成员国则被认为是经济发达国家。最受到关注的发展中国家有亚洲的印度、印度尼西亚、马来西亚、泰国、中国,非洲的埃及、肯尼亚,美洲的巴西、阿根廷、智利等。发展中国家的性别不平等主要表现为如下几个方面:

1. 经济社会领域的性别不平等

女性的经济社会地位弱势主要表现为:从事无报酬的工作。大部分家务劳动如抚养和教育子女、烧饭、洗衣、打扫卫生均由女性承担,不仅在家庭中无报酬,也无法计入国家的国民生产总值或国内生产总值。大部分妇女必须承受家务劳动和工作的双重负担,所以,女性的劳作时间长于男性,劳动强度高于男性,收入低于男性,因而产生性别不平等。肯尼亚妇女的平均劳动时间比男子高出 1.3 倍,在农村地区女性每周的劳动时间比男性多出 14 小时。不仅如此,家务劳动性别分工模式还可能使女性在劳动力市场上处于不利地位。在时间和精力上要做到工作和家务两全,对妇女的挑战是极高的,发展中国家的女性在两难中挣扎,贫困家庭中的妇女更难以抉择。

2. 劳动力市场的性别不平等

由于用工歧视、工资和收入差异、职位上的差别对待,使女性处于弱势地位。用工歧视的存在受其他一些社会、文化、宗教因素的影响。用工单位常倾向于雇佣不承担或较少承担家务负担的男性,女性在争取有偿工作机会时面临很大困难。在几内亚,15 至 65 岁年龄段的女性的就业率只有 40%,其中仅有五分之一的受雇女性是拿固定工资的正式雇员。非洲的统计数据显示出男女工资收入差距巨大。在几内亚的政府和其他公共部门男性雇员的收入比女性雇员平均高出 20%,在马里男性每月的平均工资为 141 511 西非法郎,女性收入为男性工资水平的 84.5%。职位上的差别对待通常会使女性被分配从事那些收入较低、条件较差的工作。在巴基斯坦,77%的女工是在一些非正式的生产部门工作,她们的工资和福利无法与在正式部门工作的男性相比。[1]大多数女性雇员都集中在少数几个部门,从事少数几个职业,如教师、护士等,且与男性相比女性很难获得较高的职位。

3. 生产和消费资源的配置不平等

女性很难与男性获得同等的生产和消费资源的机会。亚洲、非洲和拉丁美洲发展中国家的妇女通常不能获得合法的土地所有权。在南亚一些国家的贫困地区,无地或少地的妇女人数比例要大大高于无地或少地的男性人数比例。妇女在占有和使用土地方面毫无保障,且很难在法律方面主张她们的权利,这在南亚和非洲尤为突出。在信贷方面,贫困妇女缺少支持。在非洲,在银行面向中小农户的贷款,妇女所获贷款比例约为 10%,贷款额仅占全部农业贷款的 1%。家庭收入和消费资源的分配也显现性别不平等。南非家庭中的大部分资源被用于满足男性家庭成员的消费和福利需求。相对于男性,妇女因缺乏信息和技术支持,加剧了其在生产和生活中的弱势。印度大部分农村妇女被排除在农业技术服务之外,非洲妇女所获得的农业技术人员现场指导比男性要少 33%。

4. 教育不平等

很多发展中国家的女性,特别是农村女性的受教育权遭到严重忽视。在马里,女性识字率仅为 15%,女童入学率为 25%,而男童入学率为 40%。亚洲的发展中国家女性的识字率、儿童入学率、受教育年限等均低于男性。导致女性教育弱势的原

---

① 赵颖坤:"发展中国家妇女贫困问题探源",《福建论坛·人文社会科学版》2012 年第 11 期,第 125—128 页。

因可能是多方面的。首先是这些国家整体教育资源的匮乏或有限。其次,这些国家中贫困家庭的规模还很庞大,国家的教育福利政策短缺。第三,面对短缺的教育资源,一些亚洲国家的贫困家庭把更多的读书机会留给男童。第四,繁重的家务以及缺少就业机会,阻碍了女童接受教育。在南部非洲,女孩要承担繁重的家务劳动,上学对就业也无多大帮助,当地女性接受教育程度明显低于男性。第五,女性的教育弱势代际影响。已有的社会心理学研究成果显示,母亲的受教育程度不仅影响到子女的学业成就,也会更多地影响女儿的教育。值得关注的是,两性在教育权利上的不平等将会进一步导致两性其他发展权的不平等,使教育不平等呈现累加效应。不过,大量的文献表明,在发展中国家女性教育投资是回报最高的一项投资。因此,家庭教育投资能力和投资意愿以及社会满足女性教育的机遇决定着女性受教育状况。

5. 社会保障和卫生保健方面的不平等

大多数发展中国家现行的社会保障制度是以就业为基础,忽略了家庭内部的分配不公,使女性在社会保障中获益较少。一些发展中国家的社会保障体系主要集中于一些精英人士,而这些精英人士的绝大部分是男性。此外,在一些发展中国家的结构调整中,妇女易受伤害。一些国家政策调整主要是削减社会保障措施和社会服务,通常以妇女的无偿劳动来替代。

发展中国家女性健康状况受诸多因素的影响,如地方病、健康相关行为、女性教育状况、接受健康信息能力及卫生保健的可及性等,这些因素的差异决定了各个国家女性健康状况有着明显的不同。另外贫穷、生活环境的恶化、战争及移民也影响着女性的健康。[①]在亚洲、撒哈拉以南的非洲及中东地区女性的发病率尤为突出,究其原因主要有性别歧视、女性生育及性病等。生物学和社会学因素都影响着妇女健康状况,而且作用日益明显,并在不同生命阶段有不同的表现。从婴儿期、幼儿期、青春期、生育期到生育后期,不同营养和健康问题都影响着女性的健康状况。女孩在儿童时期喂养不足导致发育不良,她们成年以后在生育过程中发生并发症的几率就会增加;儿童时期的性虐待、女性生殖器的损伤将增加以后其患躯体和精神疾病的可能性。

在卫生保健领域,由于贫穷和恶劣的卫生保健,孟加拉和尼泊尔的女性平均预期寿命要低于男性。实际证据和统计数据也表明在撒哈拉以南非洲,女孩在营养和保健方面面临各种偏见。家庭内部不平等的表现,以及印度某些地区的女性的明显偏高的死亡率,都根源于卫生保健上的不平等。

---

① 张银华、任小红、刘敬伟:"发展中国家女性的主要疾病与健康问题",《国外医学·社会医学分册》2004年第3期,第110—115页。

四、当代中国在性别平等问题上所取得的进步及存在的主要问题

旧中国妇女地位低下。她们被排斥在社会政治生活之外,无财产所有权和继承权,没有独立的经济来源,经济上处于依附地位。在家从父、出嫁从夫、夫死从子,没有独立的人格和身份,被剥夺了接受文化教育和参加社会活动的权利。妇女婚姻不能自主,须从"父母之命,媒妁之言",夫死不得再婚。一夫多妻制、娼妓制度、被迫缠足使妇女身心受损。新中国结束了妇女千百年来受封建社会压迫、奴役和受外国侵略者宰割、欺凌的历史,她们与男性一样成为国家的主人。新中国成立以来,我国一直致力于推进男女平等的进程,通过各种法律保障妇女与男子具有同等的权利和地位,同等的人格和尊严。由于法律和制度的保障,不仅改善了女性的生存与发展状况,提高了女性的地位,中国妇女曾被禁锢的聪明才智也得以释放,成为中国社会的建设者,在工农业生产、科学、文化、教育、卫生等各项事业中作出了重要贡献。

（一）当代中国追求性别平等所取得的进步

我国一直都在提高妇女地位、促进性别平等、推动妇女事业发展方面进行着坚持不懈的努力,而且成效显著。

1. 政治方面

新中国成立后,颁布了一系列保障女性参政的法律,对妇女的各种权利、义务、利益都做出了明确规定,妇女获得了与男子平等的社会权利和参与国家事务管理的权利,并享有平等的选举权和被选举权。使西方妇女经过几百年时间取得的成果,在新中国成立后短短几年就得以实现。以法律的权威性推进妇女参政的进程,是我国妇女参政的一个突出特色。为了切实保障妇女的参政权,法律规定,各级人民代表大会的代表中,应当有适当数量的妇女代表,并逐步提高妇女代表的比例;在任用领导人员时,必须坚持男女平等,重视培养、选拔女性担任领导职务。女性的参政意识和参政能力也得到了较快的提高。新中国成立后,全国各族妇女不仅在法律上而且在事实上开始参与国家和社会事务的管理。妇女参与民主选举、决策、管理、监督的水平不断提高,在国家政治生活中发挥着越来越重要的作用。

2. 法律制度方面

我国重视以法律保障妇女享有与男子平等的地位。目前,已形成了以宪法为基础,以妇女权益保障法为主体,包括国家各种单行法律法规、地方性法规和政府各部门行政法规在内的一整套保护妇女权益和促进男女平等的法律体系,涉及民法、刑法、婚姻法、劳动法、母婴保健法等。立法的基本原则是男女权利平等,保护妇女特殊权益,禁止歧视、虐待、残害妇女。宪法是我国的根本大法。从1949年第一届全国政治协商会议通过的具有临时宪法性质的《共同纲领》起,我国便开启以法律形式保障妇女在政治、经济、文化和社会等各方面均享有与男子平等权利的征程。1982 年修改后的宪法明确中华人民共和国妇女在政治、经济、文化、社会和家庭生活等各方面与男子享有平等的权利,实行男女同工同酬,培养和选拔女干部,婚姻、家庭、母亲和儿童受国家的保护,禁止破坏婚姻自由,禁止虐待老人、妇女和儿童。在宪法的基础上,又相继出台了《婚姻法》、《选举法》、《继承法》、《民法》、《刑法》等基本法律,将宪法和法律中规定的妇女权益具体化、系统化。另外,国务院及其各部门为落实和保障妇女权益相继出台了一系列政策,使妇女权益保护更具可操作性。我国政府还通过妇女发展计划指导全国妇女事业,努力促进性别平等。此外,我国积极参与保护妇女权益的国际行动。同时,为切实在法律层面维护妇女的权益,中国各级司法行政部门通过提供法律咨询、代理诉讼等方式为权益受到侵害的妇女提供直接的法律帮助,维护其合法权益。

3. 经济方面

我国妇女享有与男子平等的劳动权利。这主要有:劳动就业的权利,同工同酬的权利和休息的权利,获得安全和卫生保障以及特殊劳动保护的权利,享受社会保险的权利。我国政府采取各种政策和措施保障妇女在经济领域的合法权利,努力消除就业性别歧视,落实男女同工同酬,加强女职工劳动保护。现正计划适时修改女职工特殊劳动保护标准,推进已建工会的企业签订并履行女职工权益保护专项集体合同,保障妇女平等获得经济资源和参与经济发展的权利。确保农村妇女享有与男子平等的土地承包经营权、宅基地使用权和集体收益分配权。

4. 文化方面

我国妇女享有与男子平等的文化教育权利。这种平等的权利包括入学、升学、毕业分配、授予学位、派出留学等各个方面,以及妇女从事科学技术研究和文学艺术创作等文化活动的权利。政府、社会、学校和家庭保证女童接受义务教育的权利。在我国教育领域,女性小学、中学入学率普遍提高,女子高等教育规模扩展迅速、教育层次不断上移,全国女性知识分子达千万人以上,女性的文化素质整体上有了明显提升。但也存在一定的城乡差异和区域差异。《第三期中国妇女社会地位调查主要数据报告》显示:女性中接受过高中阶段及以上教育的占 33.7%,城乡分别为 54.2% 和 18.2%,城市比乡村高出 36 个百分点;中西部农村女性中,这一比例为 10.0%,比该地区农村男性低 4.6 个百分点,比东部地区女性低 47.4 个百分点。女性中接受过大学专科及以上高等教育的占 14.3%,城镇女性这一比例为 25.7%,农村女性这一比例为 2.9%,城乡差距为 22.8 个百分点。[①]

---

① 第三期中国妇女社会地位调查课题组:"第三期中国妇女社会地位调查主要数据报告",《妇女研究论丛》2011 年第 6 期。

5. 社会领域

新中国，妇女享有与男子平等的人身权利。妇女社会保障状况明显改善，同时女性在社会生活各个方面，特别是在教育、科技、文化体育、卫生等领域，获得了令人瞩目的发展。中国女性不仅在受教育程度方面获得明显改善，还为教育事业的发展作出了积极的贡献。以普通高等学校为例，我国女性专任教师比例自 1984 年以来呈稳步上升趋势（见图 9-1）。在各级教育机构中担任决策职务的妇女也在增加。在科技领域，我国政府重视对女科技人员的培养，致力于改善她们的工作和生活条件，鼓励和扶持她们进行科学研究，妇女已成为科技界一支重要力量。中国新闻网公布的数据显示，2012 年中国科技人才资源总数的 40％为女性，比 1993 年高出 5 个百分点，居世界前列。在医疗卫生方面，大量知识女性服务于该领域，医务工作者中女性已占到 60％以上，她们为我国的医疗卫生事业做出了贡献甚至牺牲。中国妇女的聪明才智在文化艺术领域得到充分的发挥。中国作家协会、电影家协会、美术家协会、民间文学研究会等 12 个全国性的文学艺术团体中，女会员十分活跃，比例最高的占 41.8％。中国政府积极创造条件使妇女与男子一样有参加各种体育训练和国际比赛的机会。女运动员在国际运动场上锐意进取，成绩辉煌。此外，我国妇女在促进社会文明与道德进步、维护社会稳定方面发挥了不可替代的作用。在遍布中国城镇的社区委员会中，女性社区工作者的比例在 80％以上。

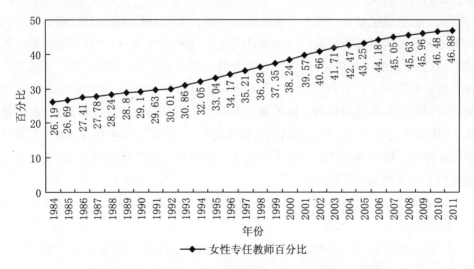

图 9-1　1984—2011 年我国普通高校女性专任教师比例图

资料来源：根据中华人民共和国教育部统计年鉴资料整理。

6. 家庭方面

数千年来,中国封建统治者以各种手段控制妇女,从肉体到精神对妇女极尽摧残,导致妇女处于愚昧、软弱、无知无识、任人摆布的状况。只有到了近代,中国社会发生重大变动,妇女的家庭地位才有了巨大变化。"把对人的关注提到了重要地位,人的存在、人的权利受到尊重,男尊女卑的不平等制度才开始受到严重挑战。女性角色从单一性向多元化发展,女性权利部分得到社会认可,女性的生存状态得到改善,在婚姻家庭中的地位得到提升,家庭关系发生了逆向转化。"①特别是新中国成立后,我国妇女享有与男子平等的婚姻家庭权利。1950年颁布的《中华人民共和国婚姻法》成为帮助中国女性摆脱传统家庭束缚的重要法律依据,妇女享有与男子平等的财产权利。法律上的性别平等转变为理念和行动上的平等,需要多部门合作和全民参与。中国法院系统建立妇女维权法庭3 000 多个,专门受理涉及妇女权益保护的民事案件。各地司法部门与妇联组织合作,成立"家庭暴力伤情鉴定中心"、"110 家庭暴力报警中心"、"家庭暴力投诉站"、妇女避救站、妇女权益法律援助中心等。2001 年 11 月,国家建立了由 19个部门组成的全国维护妇女儿童权益协调组。县级以上人民政府都成立了妇女儿童工作机构。同时,非政府组织、各级妇联、工会、残联等也在保护妇女权益方面发挥重要作用。多方的共同努力和合作保障着我国妇女在家庭中平等权利的实现,使我国妇女发展状况在发展中国家中处于领先水平,与发达国家比,也有着自己独特的优势。

实证研究成果显示,"民主平等依然是中国夫妻互动的主要模式,婚姻当事人对夫妻平等的满意度为最高。""对配偶尊重自己的评价也很高,""从夫妻的权力模式看,双方平权的比重为最高,""尽管家务劳动仍由妻子承担较多,但大多被访女性首肯家务分工很公平和较公平。"②徐安琪在总结了布拉德、森特斯等人关于家庭夫妻权力指标和婚姻权利指标的基础上,提出个人资源、家庭生命周期、家庭结构、文化规范、婚姻关系、家庭经济自主权六大类 17 项适宜衡量中国夫妻权力现状的指标体系。结果显示,"大多数具体的家庭事务由夫妻共同商议决定,其中日常开支由女性支配的更多些。"③

新中国建立以来,在性别平等化方面取得了巨大进步。"从总体来看,女性的

① 柯力:"近代中国女性婚姻家庭地位的变化及原因分析",《福建师范大学福清分校学报》,2010 年第 4 期,第 126—130 页。
② 徐安琪:"中国女性的家庭地位和生活质量",《妇女研究论丛》2000 年第 3 期,第 29—30 页。
③ 徐安琪:"夫妻权力模式与女性家庭地位满意度研究",《浙江学刊》2004 年第 2 期,第 208—213 页。

家庭地位呈现出不断上升甚至赶超男性的趋势。"①

（二）当代中国性别不平等方面存在的主要问题

随着社会文明程度的发展，女性地位也随之提高。但是，由于受经济和社会发展水平等因素的制约，中国妇女人权保护仍面临许多新情况和新问题，而历史文化中残存的男女不平等的陈规陋习也妨碍着妇女人权的实现。在社会的转型中，妇女人权面临不少挑战。性别不平等问题仍然程度不同地普遍存在，主要表现在以下几个方面：

1. 出生性别比异常

人口出生性别比是指在一定时期内（通常为一年）出生的男婴总数与女婴总数的比值，用每百名出生女婴数与相对应的出生男婴数表示。按照国际上长期观测的结果，正常的人口出生性别比值通常范围在 103.0—107.0 之间，如果长期低于这一范围的下限或高于其上限，都被认为是出生性别比失衡。新中国成立初期的1953 年我国总人口为 5.3 亿，性别比为 107.56，接近于正常范围。但是，自 20 世纪80 年代以来，我国人口出生性别比毫无缓冲地持续上涨，1982 年的出生性别比为108.5，此后呈持续失衡状态。特别是进入 20 世纪 90 年代以后，上升速度越来越快，2007 年和 2008 年我国出生性别比分别高达 120.2、120.56，严重偏离正常值域。我国已成为世界上出生性别比失常程度最严重、持续时间最长的国家。在全国出生人口性别比持续失衡的总体趋势下，性别比失衡也存在着城乡、省份、孩次的差异。2010 年我国第六次人口普查时数据显示出生性别比，城市为 118.33，镇为 122.76，农村为 122.09。除西藏外，中国其他省份的出生性别比均失衡，出生性别比随孩次呈攀升趋势：2005 年的第一孩为 108.4，第二孩为 143.2，第三孩为152.9。出生性别比的持续异常，成为导致我国自 2008 年后在全球 GGI 榜单上的排名持续下滑的主因。

我国出生性别比升高乃至失调始于独生子女政策的实施，既有胎儿性别鉴定与性别选择性人工终止妊娠的直接原因，又有传统观念以及中国的经济、社会与文化环境方面的间接原因。我国的现代化进程，虽然弱化了人们对子女的数量偏好，但由于经济、社会及文化因素的交互作用，并未彻底改变人们对子女的男性偏好。养儿防老、多子多福、传宗接代、男孩偏好的传统生育观念是高出生性别比的观念基础；从夫居的婚居制是高出生性别比的制度根源；时下依然严重存在的男性本位

---

① 全永根、高艳："中、韩、日三国女性战后教育、家庭地位变化及其异同"，《东南亚研究》2008 年第 3期，第 88—91 页。

是高出生性别比的社会文化土壤。观念、制度、社会文化的变革是治理高出生性别比的治本之策。①"伴随经济增长与社会变迁,歧视性性别偏好逐渐失去赖以存在的土壤,那些诱致出生性别比失调的因素不是被消除就是被弱化,从而为出生性别比在高位的回落创造了条件。促使中国出生性别比恢复正常的社会经济基础已经逐渐具备,这意味着出生性别比由上升转而下降的转折点已经或将要来临。"②

2. 就业中的性别歧视

第一,就业限制,就业率相对较低。

近年来,虽然数据显示我国女性的就业率高于世界平均水平,在家庭等私人领域,女性的权利有增长的趋势。但是在公共领域,中国女性依然面临严重的"玻璃天花板"(企业内部纵向的晋升)和横向"玻璃墙"(一些行业或职业对女性的限制)。2009年《中国职场性别歧视状况研究报告》显示,目前招聘中基于性别原因的歧视依然严重,职场性别隔离依旧存在。

第六次全国人口普查数据显示,2010年女性就业率比男性低13.8个百分点,且20年来我国16岁—59岁女性就业率持续下降,性别差异进一步扩大。在职业构成中"白领"女性所占比例低于男性,部分职业与行业性别隔离严重。2010年16岁—59岁女性的就业率为69.9%,表明我国该年龄城乡女性近七成在从事有收入的社会劳动。与2000年相比,男女两性的就业率均有所下降,但女性的下降幅度(7.0个百分点)大于男性(4.0个百分点)。此外,近10年女性就业率的下降幅度比1990~2000年的5.8个百分点还要大,而男性近10年的下降幅度则略小于上一个10年(4.1百分点),由此导致了就业率性别差异进一步扩大:2010年女性就业率比男性低13.8个百分点。

全国妇联相关负责人日前则表示,北京、上海、重庆等大城市在校女大学生数量已经超过男大学生,但9成以上的女大学生表示在求职过程中曾遇到过不同程度的性别歧视,平均投出9份简历才可能得到一次面试或笔试机会。在许多招聘会上,有不少用人单位打出了"只限男生"、"男生优先"的招聘条件。女性在整体就业结构中地位低于男性,且孕、产、哺乳"三期"内的性别歧视和男女同工不同酬问题突出;男女在职场待遇与升迁方面的差异也依旧明显。此外,职场性骚扰的问题

---

①　罗萍:"略论观念、制度与文化培植高出生性别比",《武汉大学学报(哲学社会科学版)》2012年第2期,第113—118页。

②　陈友华、胡小武:"社会变迁与出生性别比转折点来临",《人口与发展》2012年第1期,第13—18页。

也在一定程度上影响女性的发展,中青年女性受职场不愉快行为滋扰的比例较高。[①]

第二,女性占据优质岗位比重较小。

随着经济的发展、竞争的加剧,我国女性就业中存在的歧视现象也日益突出。相对于男性,女性就业集中在收入较低的部门和行业,就业的稳定性和福利待遇也较低。从就业的总体结构来看,越往技术部门、管理部门上升,女性的机会就越少,呈现出一种"金字塔"形状。在服装制造、零售、旅游、娱乐服务等这些技术层次低、收入低、主要是简单重复的体力劳动的经济类型部门中,女性占到 35%—60%,而在建筑业、国家党政机关和社会团体、科学研究和综合技术服务业、房地产业、电力煤气供应等技术层次高、收入高、对劳动者的综合素质要求也高的经济部门中,女性只占了 20%—34%。[②]女性在国家机关、党群组织、企业、事业单位负责人占1.0%,专业技术人员占 7.8%,办事人员和有关人员占 3.2%,如果将以上三类职业的从业人员称为"白领",那么"白领"女性仅占女性从业人员的 12.0%。与男性相比,女性在"白领"中所占比例偏低、在"蓝领"中所占比例偏高,反映出女性职业层次总体偏低的状况。妇女参与经济的层次与男性相比仍然偏低。男女起点的不一致使女性在就业、升迁等方面的机遇小于男性。

职场权力概念有利于我们更深入理解两性在职场中的不平等关系。职场权力包括四个维度:(1)处分权。它指的是能够影响他人薪酬和职位的能力,即人事权力;(2)决策权和管理权。指的是能够进行组织决策制定、控制产品、服务、预算和采购的能力;(3)正式的科层岗位。即在一个组织中占据某个管理位置;(4)权力的大小。即直接管理人员的数目。[③]四个维度权力不是相互排斥的,而是具有很强的相关性。研究显示,我国在完全处分权方面,男性拥有此项权力的比重是女性的 3倍,完全管理决策权方面,男性比重为女性的 2.5 倍。在直接管辖的下属人数上,男性平均下属人数为 11.11 人,女性为 5.28 人,这从另一个方面佐证了女性拥有的权力往往级别较低的特点。我国总体的性别权力差异非常大,已有研究发现其原因与女性在教育程度、党员身份、是否全职工作、工作年限等各个方面与男性相比都存在显著的差异有关。即便在控制了各种个人特征和单位特征变量后,这一性

---

①　北大法学院妇女法律研究与服务中心"中国职场反性别歧视"课题组:"中国职场性别歧视状况研究报告",《中国反歧视法律行动通讯》2009 年第 6 期,第 5—6 页。

②　张海燕:"中国女性就业现状与解决对策",《边疆经济与文化》2006 年第 9 期,第 80—83 页。

③　Smith, R.A.Race, Genderand Authority in the Workplace: Theory and Research. *Annual Review of Sociology*, 2002, (28).

别之间的权力净差异仍然是显著的。男性和女性在同样的工作单位工作,他们的教育程度、婚姻状况、年龄、党员身份、工作经历等个人特征变量都一样的情况下,女性获得权力的可能性仍然比男性显著的低,她们拥有权力的发生比是男性的43.3%。霍夫曼和科恩的研究在控制了上述个体特征和单位特征变量后,美国女性拥有权力的发生比为男性的56.0%。这一差异导致了女性在职场发展中处于劣势,而中国城市女性在获得职场权力的道路上比美国女性更为艰难。[①]

第三,女性收入低于男性收入,且差距呈扩大趋势。

新中国成立之初的30年在全国范围内采取了从摇篮到坟墓的社会福利主义工资体系,尽管农村的收入差别仍然存在,但是总体工资差别较小。从20世纪80年代开始,中国的企业可以在政府指导下自主决定自己的薪酬体系。随着不断上升的失业率和不完善的社会福利政策弊端的显现,无论是在城市还是农村,或不同地区,不同人群之间的收入差距越来越大。"女性的工资歧视已经成为收入不平等中的一个重要现象。"[②]根据中国官方统计数字,80年代后期,中国女性收入约是男性的80%,而在城市的私有企业仅为男性的50%。通过分析劳动统计年鉴的官方数字,可以发现1988年与1994年之间无论在全国哪个城市工业,性别工资差别都在加大;未经调整的性别工资差距在34%—54%。调查显示,1999年城镇在业女性的年均收入是男性的70.1%,男女两性的收入差距比1990年扩大了37.4个百分点;以农林牧渔业为主的女性年均收入仅是男性收入的59.6%,差距比1990年扩大了19.4%,低收入女性比男性高了20%。[③]

造成就业性别差距的主要原因是:第一,中国传统观念中的性别歧视依然存在。如,"男主外,女主内"圈定了男女的职业范围,"男尊女卑"使人们认同女不如男。第二,男性占据社会主要资源,用人单位的聘用与升迁以男性的偏好为主要标准,致使就业、升迁的各环节皆具性别歧视特性。第三,目前我国女性总体受教育程度尚低于男性,女性在就业、升迁等方面的机遇小于男性,女性的权益受损。大多数男性居于收入较高的行业,而大多数女性则处于收入较低的行业,导致男女收入差距拉大,进而加深了男女不平等的程度。

3. 女性的福利保障水平低于男性

调查显示,女性享受公费医疗或医疗保险的比例为52.3%,比男性低7.9个百

---

① 唐有财:"中国城市职场的性别不平等:基于权力的视角",《妇女研究论丛》2011年第4期,第20—26页。

② 刘变叶、艾翅翔:"中国性别工资不平等的国外研究综述",《商业研究》2011年第5期,第18—23页。

③ 张海燕:"中国女性就业现状与解决对策",《边疆经济与文化》2006年第9期,第80—83页。

分点；女性享受失业保险的比例为 41.8%，比男性低 6.5 个百分点；女性享受退休金或养老保险的比例为 60.5%，比男性低 5.4 个百分点；女性享有工伤保险的比例为 46.8%，比男性低 10.5 个百分点。其次，"生育歧视"在许多非国有企业大量存在。据调查，有些用人单位甚至明目张胆地在劳动合同或单位内部的规章制度中规定："女职工在劳动合同期内不得怀孕、生育。否则，一经发现，即予辞退。"用人单位对孕期女职工采取"变岗减薪"办法，怀孕或生产的女职员被调岗、降级较为常见。而那些招收季节性的临时用工的企业，除国家强制执行的年老、失业、大病、统筹、工伤等五大保险的执行情况比较好外，生育保险却只有 4 成。[1]综合来看，女性的社会保障程度和覆盖面均低于男性。上海市卫计委公布的一项对上海等五城市已婚育龄妇女的调查显示，因兼顾工作与家庭的压力导致女性的晚育、不育意愿增强，而且婴幼儿照料呈现"隔代化"倾向，可能导致亲子疏离等诸多儿童发展和家庭代际问题。近四成女性因经济压力不生育。

4. 家庭中的性别不平等

家庭中的性别不平等主要体现在两个方面：一是女性的家庭负担重于男性；二是相对男性，女性更多遭遇家庭暴力。

我国女性背负着家务、就业双重任务，使她们的压力增大。虽然，在"男女平等"观念和政策倡导下，大多数女性进入到与男性竞争和合作的公共劳动领域。但是，在家庭私人领域，"女主内"的观念依然普遍，家庭、家族和社会都没有放弃以"家务"、"持家"标准衡量女性的标准。2002 年第二期妇女社会地位社会调查的数据显示，女性的家务工作量几乎是男性的 3 倍，女性用在家务上的平均时间超过了 4 小时，而男性的家务平均时间仅为 1 小时 27 分钟。可见，家庭男女的家务分工是极不平等的。因此，进入职场的女性仍是家务劳动的最主要承担者，她们往往需要承受职业和家务的双重压力。[2]

全国妇联的一项调查表明，在我国 2.7 亿个家庭中有 29.7% 的家庭存在家庭暴力，其中 90% 的受害者是女性，施暴者多为男性。每年约 40 万个解体的家庭中，1/4 是缘于家庭暴力。[3]数据显示，农村妇女受到家庭暴力侵害的比城市女性多，总比例超过 40%，而城市女性的这一比例为 31.3%。但是，值得注意的是，女性一年内被伴侣打过的情况，城市并不比农村低，而曾经被打得比较重的比例，农村是 37.1%，而城市是 47.7%。城市和农村的家庭暴力差异显著，体现在家庭暴力的现

① 张海燕："中国女性就业现状与解决对策"，《边疆经济与文化》2006 年第 9 期，第 80—83 页。
② 徐安琪："夫妻权力模式与女性家庭地位满意度研究"，《浙江学刊》2004 年第 2 期，第 208—213 页。
③ 王振亮："我国家庭暴力的民事责任问题分析"，《前沿》2011 年第 10 期，第 96—98 页。

象和深层次的原因上,总体呈现出明显的城乡二元模式。①在城市中,随着现代化的进程和两性平等地位的深入人心,以及个体婚姻自主模式越来越为人们所认同,夫妻关系的本质越来越向着感情维系的方向发展,互动因素越来越成为影响夫妻关系的首要因素,夫妻间的冲突越来越表现为女性要求平等家庭权力或优势家庭权力而与男性之间爆发的冲突。农村中,现代化进程相对落后,男性中心观念还比较盛行,夫妻关系的互动在很大程度上仍受到传统婚姻观念的影响,除了互动因素之外,夫妻关系受门第的、个人资源的影响仍然很大。暴力作为一种解决争执的方式在农村地区似乎得到更多的宽容和承认,暴力得到了某种亚文化的默许和支持,这种亚文化在城市中的表现已经不如农村中明显。造成这种城乡文化差异的原因是现代化进程和新型两性关系的建立在农村的明显滞后。城市中,殴打妻子的行为普遍被看作是一种耻辱,而在农村中,这种道德评价并不强烈。

5. 女性参政不足

虽然我国在妇女有序政治参与上取得了一定的成就,但是由于受我国政治、经济、文化、社会和妇女自身等因素的影响,当前我国妇女政治参与仍存在一些不足,未达到理想的水平。在以男性为主导的政治权力系统中,对女性的偏见和排斥仍比较普遍,女性参政仍摆脱不了"照顾"的色彩。由于对女性的偏见和排斥,政治管理领域中的中国女性在一些情况下仅起到了陪衬的作用。女性参政不足主要表现在以下方面:第一,女性人大代表、政协委员比例不高。如前所述,虽然全国人大明确规定要求人大代表中妇女代表的比例不低于22%,但事实上只有1975年和2013年全国人大女代表比例实现了这个规定,其他各届均未达到。全国政协中女性代表数更低,女委员所占比例最低时为6.1%,最高时为18.19%(见表9-1)。

表 9-1　我国历届全国人民代表大会女性代表构成情况表

届	人大女代表人数	百分比	政协女代表人数	百分比
第一届	147	12.00	12	6.60
第二届	150	12.30	83	14.30
第三届	542	17.80	87	8.10
第四届	653	22.60	76	6.30
第五届	742	21.20	289	14.50
第六届	632	21.20	258	12.50

① 蔡鑫:"当代中国的家庭暴力与其城乡二元化表现",《首都师范大学学报(社会科学版)》2005年第3期,第102—105页。

（续表）

届	人大女代表人数	百分比	政协女代表人数	百分比
第七届	634	21.30	288	13.80
第八届	626	21.03	283	13.50
第九届	650	21.81	341	15.50
第十届	604	20.20	373	16.70
第十一届	637	21.33	407	18.19
第十二届	699	23.40	399	17.80

资料来源：倪素红、付翠莲："扩大妇女有序政治参与的路径思考"，《浙江海洋学院学报（人文科学版）》2013 年第 2 期，第 46—50 页。

在换届选举中，尽管人大代表、政协委员中的女性人选都能按规定比例提名，但由于缺乏有效措施的保障等多种因素，女性候选人落选的较多。第二，妇女政治参与的权利边缘化。女性参政过程中的弱势不仅体现在女性干部比例的不足，还表现在女干部大多集中在社会边缘领域，并未真正进入决策核心层，参与国家和社会事务管理的程度较低。现任女领导干部存在"五多五少"的情况，即年纪大的多，年纪轻的少；副职多，正职少；虚职多，实职少；群团部门多，党政主干线和经济主战场少；机关党委书记和纪检组长多，正副职领导干部少。1995—2005 年，公务员中女性负责人所占比例一直在 8％左右徘徊，且这些女干部多为副职，在决策层中90％以上是男性。[①]我国中高级女干部占干部总数的比例非常少，她们大多负责教育、卫生、环境、计划生育、群众团体等"非要害""非实权"部门，而难以进入行政机关、立法、司法等核心权力部门。第三，妇女参与选举和竞选的比例较低。相对于男性，我国妇女参与选举和竞选的比例不高，且在城乡和地区间存在差异。全国男女两性的参选率分别为 77.6％和 73.4％，男性比女性高出 4.2 个百分点；就不同地区而言，城市和农村的参选率男性比女性分别高出 3.5 和 4.2 个百分点。[②]

第二节　性别不平等的根源

性别平等主要指不同性别的公民在家庭、社会中的经济、政治、文化、社会等方面的地位、基本人权，人格尊严与价值，及应承担责任和应尽义务具有平等权利。

---

① 冯昀："女性参政的现实缺憾与对策"，《女性领导》2009 年第 3 期，第 46—47 页。

② 李影："论当前我国妇女政治参与存在的问题及对策"，《内蒙古农业大学学报》2008 年第 1 期，第13—15 页。

平等主义者相信基本平等权利,或在法律上、社会政策上给予所有性别平等的待遇。性别可以分为生理性别(sex)和社会性别(gender)。生理性别是男女两性在身体上的自然差异。而社会性别是指以社会性的方式建构出来的社会身份和期待,是指在特定的社会、文化环境中形成的男女两性的差异,如男女社会角色差异、语言和行为规范的差异、性格差异等。本文所指的"性别"不仅指生理意义上的性别,也包括了社会意义上的性别。

一、生物学根源

生物学性别理论认为,男女两性是有生理差异的。由于男女两性染色体组织不同而导致的男女两性出生后在生理上表现出一系列不同。生物决定论者认为,正因男女两性的生理差别,导致"男强女弱"、"男主外、女主内"等传统性别分工和性别观念。[①]该理论模式下,男女两性的生理差异对男女两性社会角色、社会分工、社会期待的形成都起着决定作用,是不可替代的因素。生物性别理论假设:男女两性不可能实现实质上的平等,只能朝着观念上的平等方向而努力发展。社会学家将这种假设的性别行为差异倾向加以一般化,帕森斯将男人定义为侵略性和工具性的,而女人则定义为服从和表达性的。然而,这种主张的假设前提本身存在诸多疑问。沃特斯便提出了三点疑问:首先,该假定以基因选择配偶,但实际上,人们选择配偶是以此前的经验和社会机会为基础的。其次,该假设忽略了一个事实,即每一个个体都是同时从父母双亲那里得到了基因遗传。第三,社会性别差异有许多种社会模式,而对于这种巨大的变异,基因差异无法做出说明。

还有一种严格的生物学理论,强调生物意义上的再生产强加给女性和男性的约束。例如,福克斯主张,女性生养孩子,而男性负责狩猎、战斗、决策,这样的灵长类物种会以某种方式通过遗传将这些因素传承下来,构造了当代的社会安排。因此,妇女在遗传程序上被安排为服从,而男人则被安排为统治,福克斯本人也承认,对于这个论点,可能会遇到一个经验性的问题:由于社会变得更加技术化,所以需要补充合适的人员,填补社会的许多角色,这必然意味着,网必须撒得更广,不仅限于男性,女性在某些领域将获得支配地位。但是,这通常会与女性要履行的基本功能发生冲突。

生物学性别理论受到后现代主义者的批判和挑战。实际上,男女两性的生理差别仅仅是解剖学意义上的差别,这种差异不仅存在于两性之间,也存在于同性别的个体之间,存在于地域形成的人种之间,甚至不同民族之间。即便是同卵双生子

---

① 王晶:"性别不平等根源的多重视角透视",《中华女子学院学报》2004 年第 6 期,第 34—37 页。

之间，也还是能够找到细微的差别。科学研究表明，男女两性生理差别只有两性生殖差异所导致的女性能够生育而男性不能生育这一项是不变的，其他差别都是一个变量。

　　随着科学的发展、计划生育政策的落实以及生育理念的改变，女性被生育所累的状况得以改善，女性对于生不生育以及什么时候生育有了一定的自主权。女性首先是作为人而存在，作为人的存在，性别、种族、地域的差异性不能取代人的共性，就是要享有人格的尊重和权利。否则，就会有歧视之嫌。因此，生理性别只是目前性别不平等的一个表象，它只是导致男女两性生殖差别的根源。这一差别给女性带来的不利影响可以通过一系列举措予以消除。技术设备的完善可以弥补女性体能的弱势，使女性与男性拥有同样的工作效能；站在历史和全局的高度与广度上理解生育，将女性的生育理解为与男性合作为社会繁衍后代，通过社会福利政策回馈女性的付出，从而达至女性生育时间与工作时间的平衡；从多元性的视角理解由于不同于男性的生理和天职所产生的女性心理和行为特质，给予女性平等的机遇和舞台，世界会有不一样的精彩。女性处于第二性的位置，与他们的生理特征并无必然联系，生理性别不应是导致性别不平等的根由。现代社会的性别不平等与父权社会结构与社会文化密切关联，解决性别不平等的策略必须突破父权文化和社会结构对女性的限制。

　　二、文化根源

　　社会性别不平等普遍存在于各个社会，这种社会性别不平等总是表现为男性支配。常用来描述这种男性支配的术语是"父权制"或"男权制"。男权制受到宗教、符号、语言和文化各系统的支持，并通过各系统实现再生产，它把女性排斥在系统之外，或贬低女性的价值。在男权制社会里，女性在物质和精神上都低于男性。父权文化与男权文化是同类的。父权社会文化重塑了女性，使女性在生理性别之外又附加一个社会性别，正如法国著名思想家、作家、女权主义者西蒙·波芙娃所说："女人不是生就的，而是造就的。"

　　首先，自古以来在文化观念上就认为男女具有截然不同的性别特征。自有文字历史以来，无论是西方还是东方的父权文化，都在不断地对女性进行文化塑造，竭力渲染"男强女弱"、"男尊女卑"的天然法则。延续至今的父权文化，在性别中扮演了压迫的角色。如果用性别视角审视我们的历史，我们会发现，自有文字的历史以来，我们的历史就是父权的历史。主流历史舞台上男性是主角，社会政治、军事、文化、经济各系统由男性主宰。在东西方的语言文化中存在着大量的带有性别歧视和性别划分的观点与学说。如"人"一词，在英语和法语中，是属于男人的专利，男人和人是同一词 man 和 human；具有极高权力象征的"主席"（chairman）一词，也显示出男人的特权，意味着男人的政治。《希腊神话》里潘多拉的故事和《圣经》里亚当和夏娃偷吃禁果的故事，是几千年来根深蒂固的"女人祸水"观的意识根源。在日语中，妻子的意思是"家内"，显示出男性对女性的家庭束缚和规范。在汉语中妻子常被男性称为"贱内"，更彰显了女性的附庸地位，成为男性的贬损对象。在中国最初的文字甲骨文中，"女"字被描绘成一个跪在地上的女性形象，表明女性的卑下地位；而"妇"字则是一个拿着扫帚的女子，表明了嫁为人妇的主要职能。为了说明女性卑弱符合天意，中国古代哲学家把女性的卑弱与阴阳五行乾坤之说融合起来，指出："乾，天也，故称呼父；坤，地也，故称呼母。""乾道成男，坤道成女"。因此，天尊地卑、男尊女卑，成为中国女性苦难与屈辱的根由。而中国儒家的"三从四德"的经典理论使男尊女卑的观念达到巅峰。"三从"即"在家从父，既嫁从夫，夫死从子"，可怜处于支配地位的妇女一生中三个时期从没有过独立的人格。但这还远远不够，儒家又在"三从"的基础上演绎出"四德"。宋朝儒家的代表、创建"程朱理学"的程颐最先提出了女子不得再嫁的理论，程颐的弟子曾问他："或有孤孀贫穷无托者，可再嫁否？"他回答："只是后世怕寒饿死，固有是说，然饿死事极小，失节事极大。"而朱熹则继承和发扬了程颐的理论。儒家的这些束缚女性的思想理论都被统治者奉为金科玉律，从而将女性的社会价值、人伦价值和个体价值都贬到了极低的地位。中国封建社会虽然几经更迭，但儒家的思想文化结构并无甚改变，尤其在对女性的观念认识上，儒家的思想对今人的影响依然深远。在儒家观念中，女性在历史中的全部价值可以用两句话概括："男女居室，人之大伦也。""饮食男女，人之大欲存焉。"。在父权文化的建构下，女性不可能有健全的意志、坚强的性格和卓越的能力，儒家"女子无才便是德"的传统观念是对女子受教育权的剥夺。

其次，社会通过社会化使社会性别角色刻板化的过程，使两性都顺从文化所规定的气质、角色、地位，使妇女接受了她们的次等地位。根据这种观点，性别不平等的结果是因为男人和女人被社会化为不同的角色。性别社会化理论把男和女视为习得性的"性别角色"及相应的男性和女性身份，即男性气质和女性气质。所谓性别角色是指社会赋予女人或男人的不同的行为期望与行为规范的总和，是与作为女性或作为男性相联系的社会角色通过一整套系统和机制，使得个人在其中习得"男"或"女"的性别身份和性别特征，接受性别规训，表现出与社会规范要求相一致的男性或女性的性别特征。而性别角色刻板印象又称性别定型观念，是人们对不同事物进行概括后形成的相对固定的看法，当人们以性别为基础，赋予男女两性以不同的特征框架时，性别刻板印象就形成了。在人们的性别刻板印象中，高大、风度翩翩、强壮、豪放、侠肝义胆、独立、自主、勇敢、冒险、进取和重事业被认为是男性的象征,而小巧、弱不禁风、亭亭玉立、美丽、温柔、害羞、细心、感情细腻、爱哭、重视家庭则被人们认为是女性形象与气质的代表。在传统的家庭角色定型化教育里,男人、父亲和丈夫是家长,是经济收入的主要来源,是养家糊口的人和创业者。男性应当是自信的、强壮的、开拓式的、高大的和有男子气概的。他们要承担风险,做出决定和充当家庭的保护人。而女性最重要的是结婚、成家和生孩子。女性应当具有感情、关怀、爱、同情、温柔和服从等特点,这样她才能成为丈夫的好妻子,孩子的好母亲。女人具有的女性气质(如在思想、感情、行为方面与男人不同的气质)不是天生的,而是后天的社会环境造就的;女人与男人相比处于弱者地位、低等地位、受压迫的地位自然也不是先天的原因造成的,而是她们所处的社会环境造成的。这是一种社会和文化现象,这种现象通过教育和日常生活一代代传下来。

三、经济与制度根源

人类社会不同的经济发展阶段,产生不同的家庭制度,不同的家庭制度下的家庭角色与社会经济角色决定了不同性别的家庭和社会地位。人类社会发展经历了母系氏族社会和父系氏族社会,而父系社会的制度成为现代性别不平等的根源。

母系社会是按母系计算世系血统和继承财产的氏族制度,是氏族社会的第一阶段。这一时期,妇女在社会经济生活中处于主导地位,对维系氏族的生存和繁衍都起着极为重要的作用。因此,妇女在氏族公社里占有重要的地位,氏族首领以女性居多,氏族长安排氏族成员的生产和生活。

随着游猎生活的结束和定居农耕生活的开始,女性的生理弱性显现出来,她们的骨骼不如男性粗壮,肌肉不如男性结实,力度也明显比不上男性,她们要把更多的时间用于生儿育女。这样就使女性丧失了生产主动权,男子成了生产资料和劳动产品的当然占有者。生产主动权的失去,导致了妇女经济上的不独立,也带来了行为上的被动,丧失了掌握社会组织和政治权力的机会。于是,男性占据氏族的主导地位,父系氏族社会开始。

父系氏族社会是一种新的社会文化体系,也是人类历史发生的最深刻的变革之一,这种变革是同当时生产力的发展相适应的。由于农业和手工业的进一步发展,男子在生产中的地位和作用越来越大,社会中心自然发生偏移,因此,从母系氏族社会发展到父系氏族社会,是社会生产力发展的必然要求。在父系氏族社会中,男性的财产权和社会地位高于女性,家庭婚姻关系也由母系氏族社会的"从妻居"改变为"从夫居",子女自然不再属于母系氏族的成员而成为父系氏族的成员,成为父亲财产的继承者。在父系氏族社会中,随着社会生产力的发展和劳动成果的有所剩余,一些人能够占有他人的劳动成果,并利用已占有的劳动财富役使他人,于是,贫富现象出现,私有财产开始萌芽。贫富悬殊的变化是阶级产生的基础,到父系氏族社会的后期,氏族社会开始走向瓦解,阶级社会开始出现。

马克思主义理论认为私有制的产生是妇女受压迫的决定性因素,社会的从属和压迫是起因于被压迫的经济的从属。恩格斯认为原始社会末期,由于生产力的发展,劳动生产率的提高,出现了剩余产品,这是私有制产生的基础。个体家庭已成为社会的基本生产单位,社会分工使女性脱离了社会生产劳动,男性是社会生产的主要劳动者。因此,私有制的产生使男子在劳动中使用的土地、森林、牲畜等生产资料由男性占有,女性从此丧失了生产资料,使她们在经济上处于依赖男人的从属地位。家庭内的分工决定了男女之间的财产分配,剩余财产的分配和私有财产归男性所有。妇女在经济上的从属地位,导致了她们在政治上、人格上等一切方面的从属地位和被压迫地位。

恩格斯把人类的历史分为蒙昧、野蛮、文明三阶段。在蒙昧阶段,是"采集"社会,属"原始共产主义"时期,财产公共所有,男女性别角色和功能分化,男人狩猎,女人采集;婚姻关系是建立在自由开放的基础上的群婚制,男女处于平等地位。在野蛮阶段,牧群和农业用地所有制变成了一种决定性的权力之源。随着私有财产的出现,两性关系以妇女的从属性为特征。男人们建立了父权制家庭,而这些父权制家庭能够聚敛地产、禽畜和奴隶。婚姻关系包括对偶婚制、纳妾制和一夫多妻制,婚姻处于男性的绝对控制之下。妻子的忠贞是保证子嗣的父亲纯正血统,因此丈夫为实施绝对控制权甚至不惜打死妻子。蒙昧和野蛮阶段属于集体财产时代。野蛮和群婚制因为无法清晰地确认个体的遗传地位,阻碍了个体私有财产制度的再生产。到文明阶段,大量财富集中于男子一人之手,且必须传给男子嫡系的子女,妇女的从属地位在一夫一妻制当中达到了顶峰,父权对妻儿实施严格控制,征服妇女,将她们限制在家庭领域。这并不是独立的过程,而是有赖于资本主义生产体系的发展。按照恩格斯的观点,一夫一妻制家庭是建立在丈夫对妻儿的统治之上的,其明显目的就是生育确凿无疑的出自一定父亲的子女;而确定出自一定的父亲之所以必要,是因为子女将来要以亲生的继承人的资格继承他们父亲的财产。由此可见,性别不平等起源于家庭和私有制,一夫一妻制的家庭和私有制,使妇女沦为社会和家庭的双重奴隶。不过,单从确认血亲关系和继承遗产的角度来看,即使没有现代基因诊断技术,一夫多妻制也依然能够实现。因此,家庭中的性别不平等是与"父权制"和以"父权文化"为核心的"家长制"关联更为密切。

马克思主义认为家庭以缩影的形式包含了一切后来在社会及其国家中广泛发

展起来的对立。就是说公共领域中的性别不平等现象和意识和家庭私人领域的性别不平等现象和意识是对应的,或者说是一脉相承的。恩格斯强调,社会性别之间的关系是一种阶级关系;在历史上出现的最初的阶级对立,是同一夫一妻制下男人和女人之间的对抗的发展同时发生的,最初的阶级压迫也是同男性对女性的压迫同时发生的。

由此可见,妇女受压迫不是从来就有的,而是社会发展到一定历史阶段的产物,是多种社会因素相互作用的结果。其中,私有制的产生起着决定性的作用。"私有制是妇女受压迫的根源。""马克思的这一论述,像发现剩余价值秘密一样,从经济领域中探寻到男女不平等的关键所在"。[①]

总之,性别不平等起源于私有制,在家庭中孵化,父(男)权社会文化则维持和强化了这种不平等。由于文化是传统习俗的沉淀,具有较强的稳定性。因此,尽管家庭会出现不断变迁,所有制形式可以发生某些变化,但是,性别文化观念的变迁却是一个漫长过程。因此,性别不平等的消亡必然经历一个漫长的过程,谋取性别平等的过程需要生活在不同家庭、不同文化氛围和不同制度中的男人和女人共同努力。

第三节　性别不平等的社会学视角

从上节我们看到,尽管性别差异有生物学的基础,但是社会文化、社会制度在性别差异中起着更重要的决定作用,所以我们认为性别是一个社会建构的概念,它赋予男人和女人不同的社会角色和认同。尽管妇女地位在世界上许多国家都得到了提高,但性别差异仍旧是社会不平等的基础。解释性别不平等已经成为社会学家主要的关注点,人们提出多种不同理论观点来解释男性在经济、政治、家庭及其他领域对女性的长期支配地位。在本节中,我们将回顾这些在社会层面上揭示性别不平等的性质的主要理论观点。

一、观察性别不平等的不同视角

1. 功能主义视角

功能主义理论把社会看成是一个由各种相互关联的地位和角色构成的系统,认为社会有一种均衡的基本趋势,并且各种角色和地位之间在正常情况下处于和谐与互补状态。这样,功能主义者往往把传统的性别角色看成是有助于社会有效

---

① 王晶:"性别不平等根源的多重视角透视",《中华女子学院学报》2004 年第 6 期,第 34—37 页。

运行的。因此,功能主义及受功能主义启发的关注性别的观点,都致力于揭示性别差异有助于社会的稳定和整合。

根据功能主义的观点,现代男性和女性的性别角色源于早期社会中所形成的劳动分工,这种分工是建立在性别差别的基础之上的。妇女所具有的生育孩子的能力决定了她们的工作角色;她们的大部分时间是在家庭范围内度过的,职责是喂养和照料孩子。在相当长的历史时期内,大多数婴儿都不能长大成人,这就要求每个妇女一生中要生育和照料 6—8 个孩子,以保证他们所处的这个社会的人口不会下降。上述原因,加上传统社会中人们的寿命很少超过 35—40 岁这个事实,严格地限制了妇女的工作选择。另一方面,由于男人没有受到必须待在家庭附近的约束,也由于他们拥有更强壮的体力,因此在早期社会中,男人的工作是打猎和帮助部落反击食肉动物和敌人的侵袭。他们这种获得食物的强壮与能力使得男性成为占统治地位的性别。这种统治地位慢慢地在全世界的社会价值观、行为规范和社会角色中变成一种制度化的安排。从而,传统的、以性别为基础的劳动分工在前现代化社会中可能是最有效率的或最实用的制度安排。

塔尔科特·帕森斯和罗伯特·贝尔斯将源自小群体动态研究的原则应用于家庭研究中,通过一个有关家庭的经典分析,得出结论:男女之间传统的、泾渭分明的分工,在现代社会仍然是一种有效的社会安排。在塔尔科特·帕森斯看来,劳动的性别分工分明的家庭运转效率最高。在这种分工模式中,女性扮演表达性(expressive)的角色,负责照料孩子并为其提供安全和情感支撑。而男性则扮演工具型的(instrumental)角色,负责养家糊口。由于这一角色要承担压力,因而女性的表达性和提供照料的倾向也应该用来抚慰男人。这一源自性别间生物差异的补充性劳动分工将加强家庭的团结。传统的功能论者认为,这种性别角色结构对于核心家庭的顺利运转是重要的。因此,从出生那一刻起,性别角色期望就开始传递并通过社会化过程得到加强,其中有两种机制起了很大作用:区别对待和角色认同。这两种机制在家庭、学校和大众媒体的活动中随处可见,到了成人期,通过社会化获得的性别态度便如此根深蒂固。

功能主义分析者们还强调了一个由夫妇双方和孩子组成的完整家庭对社会的重要性。约翰·鲍尔比(John Bowlby)认为母亲是孩子初级社会化的关键。如果母亲不在,或者孩子在很小的时候就与母亲分开——即一种被称为母爱剥夺的状况,孩子将可能面临不充分社会化的极大危险。这将对其以后的生活造成严重的社会和心理困难,诸如反社会和心理变态倾向等。鲍尔比认为,由母亲扮演传统的性别角色,有可能使孩子形成稳定的联系,并从稳定的角色模式中获益。只有通过与母亲紧密的、亲身的和持续的关系,孩子的幸福和精神健康才能得到最大的保证。他的确也认为生母不在时,"代母"可以取代其位置,但建议代母最好也是女人,这无疑表明了他的观点:养儿育女完全是女性的责任。

虽然功能主义的观点曾得到广泛的支持,但因为其忽视社会矛盾与社会冲突,以及传播一种过于保守的社会世界观而受到强烈的批评。

2. 冲突论视角

尽管大多数冲突论者同意功能主义者关于传统性别角色起源的说法,但他们认为在现代社会这已经过时。冲突主义理论强调,文化是由经济力量和技术力量形成的。从古到今,经济和技术的发展已导致了性别角色安排的改变。例如,人们认为妇女更早接受家庭角色,部分原因是当时缺乏现代药品和有效的生育控制方法,以及当时还不存在能够取代男子体力的技术。但是随着时间的流逝,这种情况已经发生了改变。

在工业革命时期,随着家庭已不再是一个生产的中心,妇女的角色也变得越来越窄,最后缩小到只剩下家庭妇女、母亲、妻子三个角色。但是,工业社会是以周期性的额外劳动力需求为特征的,因此妇女逐渐被允许进入市场经济。最早进入劳动力市场的妇女来自于下层阶级;中产阶级的已婚妇女仍然被要求待在家中。然而,随着阻碍妇女完全进入劳动力市场的经济、社会和技术障碍的消除,妇女角色发生重大改变的可能性就出现了。

冲突论者还强调,男性统治是我们这个社会的主要特征。作为统治集团,男性可以限制妇女接近由男性分享的社会经济和政治权力的机会,以减少来自女性的竞争。只有社会结构发生根本的转变才能改变这一模式。冲突论者把性别不平等当作另一种产生冲突的社会分层进行分析,特纳认为其中最具影响性和代表性的是科林斯、布鲁姆伯格与查非茨[①]。

在柯林斯的理论中,体力与关于物质和符号资源的讨价还价是关键变量。当两性中的一方控制了强制手段时,这一性别就可以用这一力量来支配另一性别,并建立一个性别不平等的体系。力量较弱的那一性别必须采取策略减少这种力量的优势。同样,当一种性别不均衡地控制了物质资源,以及产生这些资源的经济生产过程,这一性别就有能力控制两性间关系,并将这些关系建构进性别不平等的系统,而力量较弱的性别则必须寻求讨价还价策略以改善经济权力中的弱势。在历史上,这些性别不平等的基本动态明显地偏向男性,男性比女性有微弱的但决定性

---

① 乔纳森·H.特纳:《社会学理论的结构》,华夏出版社 2011 年版,第 241—256 页。

的强制力优势,并且他们用这一优势控制了经济、大部分的政治以及意识形态资源。

与柯林斯关于性别分层理论相反,布卢姆伯格提出的理论更加接近马克思主义取向。布卢姆伯格理论以狩猎、采集、农业社会及工业社会等不同社会类型的广泛的经验知识为基础,解释在不同类型的社会中妇女相对于男性的地位。布卢姆伯格认为,性别分层最终是由相对于男性、女性对生产手段和剩余产品分配的控制程度决定的,对生产手段和剩余产品的控制赋予妇女经济权力的大小,影响其政治权力、声望以及其他分层资源的水平。布卢姆伯格认为,性别不平等"嵌套"在不同层次的外部环境中:男女两性间的关系嵌套在家庭之中,家庭又嵌套在社区之中。如果一个社会大得足以产生强制性的国家和阶级分层的体系,那么家庭和社区就嵌套于阶级结构中,而阶级结构容纳在一个更大的由国家掌管的社会之中。这种嵌套是非常重要的,因为妇女对经济权力的控制可以被置于不同的层次,如果在某一层次上妇女拥有最强有力的经济权力,这一层次就会影响其他层次社会组织中妇女所掌握的权力。

特纳协调了各冲突理论之间的差异,提出了一个综合的、一般的性别分层理论框架,如图 9-2 所示。图中表现了性别分层变量作用的等级与"类别",每一类别都为关键的内部动态展现了一个模型,尤其是那些受到其他类别变量影响的变量。

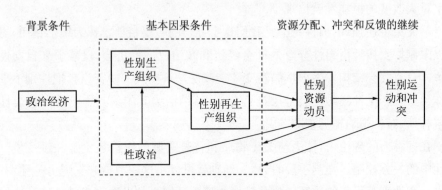

图 9-2　特纳关于性别分层的一般综合模式图

特纳认为政治经济变量作为背景因素,包括技术类型和水平、生产水平、权力的集中、与其他社会战争状态的程度、血缘和家庭与生产和政治之间的分化程度、社会分层的僵硬程度和政府结构的水平与形态等多种因素,对基本因果条件起作用。基本因果条件包括性别生产组织、性别再生产组织、性政治;性别生产组织包含三种理论因素:生产劳动与再生产劳动之间的调适程度、工作活动中性别分离程度以及与性别相关的劳动的供给与需求。性别再生产组织的关键变量包括生育与婴儿护理技术、两性花费在照料孩子上的时间、婴儿死亡率、组织或亲属群体提供婴儿照料选择的程度、再生产劳动中阶级分层的程度(在上层社会中雇用低层阶级的个人照料婴儿)。这些变量值决定了社会再生产的组织方式,再生产方式与生产的性别化组织相互影响;性政治变量表示男女向对方施加影响与权力的组织方式,包括四个变量:男性的冲突群体在社会中的存在程度、男人在多大程度上可以决定妇女的财产、性在多大程度上卷入了政治联盟以及性爱市场的广泛性。基本因果条件的三大类别是与政治性经济的本质相联系的,随着政治性经济的影响,这些基本条件对性别资源动员和性别运动、冲突产生因果影响。性别资源动员变量包括:第一变量是妇女在多大程度上掌握一定的收入,从而使她们建立组织的活动得到支持与资源。第二变量是妇女控制财产的程度以及男女财产之比。第三变量是社会继承结构:妇女是否可以继承财产。第四变量是家庭组织与政治力量是否允许妇女建立联盟,以防止丈夫向她们施暴。第五变量牵涉到男女性别的文化(意识形态、规范、刻板效应以及其他符号系统)独特性。与此变量相关的变量是两性在价值与其他标准上的地位:在标注着男女之间差异的文化符号系统中,妇女是否被赋予声望与荣誉以及被赋予的程度。第六变量是在政治、经济与符号领域精英中的男女比率。这些相互关联的变量,决定了妇女在性别分层体系中角力的资源水平与资源类型,也同样影响即将出现的冲突性质与水平。这些变量的取值受政治经济组织类别、生产的性别组织类别、再生产的性别组织类别、性政治类别中的关键变量影响。妇女可以动员的资源越多,她们就越可以寻求减少男性在政治经济上普遍优势的冲突,因为这些因素会影响性别化的生产与再生产以及性政治。但是,动员资源寻求冲突的能力还受别的变量影响。变量一是反向的运动可动员起来的程度。变量二是性别冲突可以从其他冲突中获得的同盟者(如种族群体与工人阶级运动中找到盟友)的数目。其他运动中的资源与组织越多地被吸引到以性别为趋向的冲突中去,动员的水平就越高,冲突就越有可能改变政治经济的背景性因素,以及生产、再生产与性政治领域的基本因素。

柯林斯、布鲁姆伯格关于性别不平等的社会学分析以及特纳的关于这些理论的归纳展现了性别不平等、分层与冲突中的因果联系线索,使性别分层的科学理论高度发展,以创造性的方式拓展了冲突理论的传统。

3. 互动论视角

符号互动论者极力强调人类制造和使用符号的能力。人类与世界之间的关联性是人类具有超凡的符号使用能力,这种能力既使人类区别于人类以外的"他者",

也与"他者"密切相联系。人们能用"符号"象征化表达和处理客观事物、思想,并进行交流。人们在交往之中不仅使用词汇和语言符号,他们还使用具有一般含义和相同理解的面部表情、语音语调、辅助体态和其他象征性姿态,象征性姿势也成为符号。正是人类所具备的制造符号和运用符号的能力,社会组织模式会被创造、维持和改变。

社会性别是被符号所定义的,性别符号作为一种基本的社会符号代表着重要意义。社会文化建构了一系列的关于"男性"和"女性"的符号,其实质就是一套建立在一系列二元对立基础上的、包含等级与区隔逻辑的分类系统。符号不是实在,甚至也不是人所能感受到的那部分实在,但是它的确建构了社会事实。这一点在社会性别的建构中尤其明显。从性别身份的语言符号比较可看出,"人"(man)的涵义或意义总与男性相关,甚至等同于男性,而与女性保持间接相关甚至不相关的联系。汉语中,凡是与女性相关的词汇,都不忘以"女"的偏旁等符号形式进行标示和限定。构成对"女"这个符号的强调;另一方面也构成了对男性与"人"的涵义之间的"必然"关系的强调。

该理论对性别不平等研究的贡献,在于以其社会学的框架和范式,为后续的符号互动论在性别不平等领域的应用性研究奠定了坚实基础。互动论认为人类是处于由许多有意义的实体组成的世界之中,这些"实体"可能包括有形物质、行动、其他人、与人的关系,甚至符号。例如斯坦福大学的理姬薇(Cecilia L. Ridgeway)教授于1997年在解释两性职业和报酬不平等的问题时提出的性别歧视理论。她认为,人们生活在互动的交往中,在求职、应聘、面试时都会有直接和间接的互动。基于性别的显著差异,互动过程形成了男性和女性不同的地位信心。在男性优于女性,更胜任工作的观念影响下,造成具有与男性同等能力的女性对自我的期望不同。同时,男性利用占据权威位置的机会,故意忽视或消除对他们不利的因素以维护他们的利益,使得女性很难改变这种状况。评价职业报酬时,人们通常较少选择异性参照群体,更多地采用与同等任职资历的、同样性别的人相比较的方法。这种通行参照群体的选择,导致社会网络的同性化和职业性别隔离。美国人类学家斯坦利·罗布森和苏姗·道曼斯则运用互动论,从父母对子女两性符号命名的机制方面,探析了现代性别角色符号的表征意义及对人际互动的关联制约因素。

总而言之,符号互动论认为人类制造和使用性别符号,借助性别符号进行性别角色交往;通过性别角色领会,包含对他人所传递或显露的性别符号进行解读,进行互动,性别角色的互动建构社会的性别基础。在此基础上或可寻觅出个别家庭内举案齐眉式的浪漫故事,随着女性社会互动面的增加,性别不平等的符号将日渐暴力化,进而冲淡那抹浪漫色彩,整个社会便难以演奏出男女琴瑟和谐的主旋律。

4. 女权主义视角

女权主义又称女权运动、女性主义(feminism),是指一个主要以女性经验为来源与动机的社会理论与政治运动,是一个跨越阶级与种族界线的草根运动,每种文化中的女性主义运动各有其独特性。女性主义根源于西方的进步主义,并与资本主义的人权运动有内在联系,以18世纪启蒙时代思想家为起源,在19世纪渐渐转变为组织性的社会运动,经历了三次高峰。

女权主义理论的目的在于了解不平等的本质,并争取妇女的权利、利益。女权主义的基本观念认为,现时的社会建立在一个男性被给予了比女性更多特权的父权体系之上。由于关于社会性别的社会学理论大体上具有男性主义的取向,在20世纪60年代,即女性主义的第二次高峰阶段,女性主义哲学进入高潮,在批判男性主义取向的理论缺陷过程中,波芙娃、弗里丹、米莉特被沃特斯认为是最具代表性的女性主义理论家。

在批判性别不平等的男性主义倾向中产生了各种理论派别,大致有自由主义的女权主义、激进主义的女权主义、马克思主义的女权主义、生态女权主义、文化女权主义和现代女性主义理论等。

自由主义的女权主义从社会和文化态度方面寻求对性别不平等做出解释,认为两性不平等不是天生的,是性别角色社会化的结果。强调无论男女,都不仅是自由的,而且拥有平等的权利和机会,特别是在政治、法律、军事、经济、职业和受教育方面。它呼吁通过改变对女性不公平的态度和法律,实现现存的资本主义制度下的机会平等。

激进主义的女权主义认为,性别不平等是由父权制造成的,男性控制女性的父权制是历史的必然现象,父权制获得了性别分工的支持和强化,渗透到工作、政府、宗教和法律领域。激进的女权主义的核心是男人造成了对妇女的压迫并从中获益。提出女权主义的理论任务是理解性别制度,女权主义的政治任务是终结这一制度,这种观点使性别政治作为社会问题得到了社会的广泛承认。激进的女权主义强调性压迫,认为性压迫自成一体,无所不在。

马克思主义的女权主义认为,性别不平等源于经济不平等、相关的社会制度和社会态度。在父权制和资本主义的共同作用下,妇女处于次等的位置和被压迫的位置。它关注女性经济地位与政治地位之间的互动关系,要求通过改变社会结构来改变不平等的性别关系。

生态女权主义认为,在父权制社会里,界定和划分这些二元对立范畴的目的是表明它们之间的高下之别,即每对范畴中总是一方比另一方更有价值。生态女权主义更多地发展成为行动,即各种各样的妇女环境活动,并通过这些行动来强调女性气质的优势。

文化女权主义又称为女权主义的道德理论,它以激进的女权主义为基础,希望把妇女从"男性价值"的重压下解放出来,根据"女性价值"创造一种替代性的文化,并由此形成反主流的文化社会运动。

后现代女权主义产生于 20 世纪 80 年代之后,这一理论思潮的出现是与有色人种妇女、工人阶级妇女和第三世界国家的女性学者对传统女权主义理论的反思和批判密切相连的。它首先否定了传统女权主义男女平等的概念,认为传统女权主义虽然始终在谈论平等,但对女性应该同哪个阶层、哪个种族的男性平等,却从未回答,也无力回答。"平等"就意味着"相同",而生活中相同是相对的,差异才是绝对的。后现代女权主义甚至认为"女性"也不是一个有用的女性主义概念,因为不存在一个具有共同经验和利益的妇女群体。后现代女权主义分为两大理论流派,即本质论和构成论。本质论基本上承认男女是两个相对立的范畴,它以解构主义为方法论,重新讨论女性解放的可能性。构成论则否认男性和女性观念,认为两性平等观是男权的思维逻辑的延续,不能从本质上认识女性受压迫的问题。它认为,"两性平等"的理论和实践无助于真正改变女性的地位,它广泛吸收当代各种后现代主义观念,放弃了对女性解放具体目标的追求,而是去解构社会意识、思维习惯、人的主体性及男权思想对女性主义的影响。

二、走向性别平等的历史路径

性别不平等是一种历史现实,也是一种社会现实,各理论流派观点极为一致;但对性别不平等的原因看法各异。正因如此,各理论对于解决性别不平等问题的条件和路径的看法自然也不会完全相同。其中,历史唯物主义理论的分析架构在中国影响久远。

(一)历史唯物主义的性别平等观

历史唯物主义认为,人非动物,而是一种历史现实;人不是被动地服从自然而存在,而是按照本身的意愿接管了自然的控制权。人本质上是社会存在物,是社会关系的总和。社会性别是一种关系,即男女之间在实践活动中所形成的分工、权力、文化等方面的关系。社会性别也是一种观念文化,它反映的是关于男女角色分工、精神气质、行为方式等方面的一整套社会观念和意识形态。历史唯物主义对性别不平等的分析主要包含以下三个要点:

首先,社会性别差异是历史的产物。男女两性的差异是在一定历史条件下形成的,由性别差异引起的性别歧视和女性受压迫的地位是一种历史存在。在《家庭、私有制和国家的起源》中,恩格斯指出女性的受压迫处境是历史的产物,这一历史主要有赖于技术发展史。在石器时代,土地归氏族全体成员所有,农业生产十分有限,而女人的体力对庭园种植业是胜任的。在这种原始的劳动分工中,两性在某种程度上构成了两个阶级,这两个阶级之间是平等的。男人狩猎捕鱼,女人则留在家里。但家务劳动也包括制陶、编织和庭园种植之类的生产劳动,因而女人在经济生活中起着重要作用。在原始的蒙昧时期,男女关系是平等的。随着铜、锡、青铜和铁的发现以及犁的出现,农业的范围扩大了。开垦林地和农田耕作需要集约劳动。于是一些男人便开始使用其他男人的劳动,这使一些男人处于奴隶地位。生产力水平提高了,于是出现了私有制。妇女因其在劳动中失去重要的地位,妇女的家务劳动变成了一种私人的服务,妇女被排斥在公共生产之外。男人成为奴隶或土地的主人,也成为女人的拥有者。这是"女性具有世界历史意义的失败"。这一点应当由旧的劳动分工的瓦解来解释,而这种瓦解是发明新工具带来的后果。"从前保证妇女在家庭中占统治地位的同一原因——妇女只限于从事家务劳动——现在却保证男子在家中占统治地位;妇女的家庭劳动同男子谋取生活资料的劳动比较起来已经失去了意义——男子的劳动就是一切,妇女的劳动是无足轻重的附属品。"母权让位于父权,财产由父亲传给儿子,不再由女人传给她的氏族。由此我们可以看出,父权家庭的出现是建立在私有制基础上的。在这种类型的家庭中,女人处在被征服者的地位。经济压迫造成了女性受社会压迫的地位。在男女两性在法律上享有平等权利以前,平等地位不可能重新确立;但要获得这种政治权利,全体女性就必须参与公共事业。女人在技术与其能力相适应时是有权力的,在失去利用技术的地位时,便失去了权力。在现代世界,女人重新获得了与男人平等的地位。在大多数国家,资本主义制度中的古老父权制所造成的阻力,在妨碍着这一平等进程的具体实现。

其次,社会性别差异是在一定社会关系中形成的,社会性别差异是文化的产物。社会性别差异是社会诸多因素相互作用的结果,经济因素是最根本的因素。恩格斯认为经济因素包括性别分工、私有制、阶级等相关因素在性别由平等转向不平等的历史转变过程中起着决定性的作用。性别不平等的父权统治与私有制、阶级是同期出现的。经济地位的不平等,导致两性在政治、社会地位上的不平等,使女性处于依附屈从的地位。经济、政治关系中性别的不平等形成"男尊女卑"的性别文化,表现为对女性劳动价值的贬抑和对男性价值的放大。在父权文化模式下,女性生产价值和人的价值被无限贬抑,被视为男性的物化财产和生育工具。性别关系被制度和秩序的形式固定下来,而形成不平等的社会性别关系。从前文所述恩格斯对人类社会发展的历史梳理中可以发现,在人类历史的相当长时期,受父权主义文化主导,女性都处于制度和秩序的压迫之下,使两性关系不平等。整个社会性别制度都是以男性为中心的,它把以生理性别为依据的社会分工模式化、固定化。

再次,两性平等具有相对性。从历史唯物主义观点出发,不难发现如同两性生理、角色分工、精神气质、行为方式的差异客观存在一样,历史发展过程中男女两性之间不平等状况同样客观存在,并由此发展出社会性别理论为代表的一系列关于两性关系的社会观念和意识形态。对照历史唯物主义理论,这些理论存在一些性别平等观的认识偏差。事实上,两性平等不是绝对的,而是相对的。第一,不能过于强调社会性别,而忽视了自然性别。社会性别理论认为性别完全由社会文化建构的,生理方面的差异被认为是无足轻重的。这样在一定的程度上,使女性走入男性世界,适应男性世界,同化男性世界。然而,过于强调社会性别而忽视自然差异本身的男女差异就是对女性身体的否定和性别歧视。历史唯物主义认为,人是自然、社会、文化的统一体。社会因素和生理因素同时对性别差异的形成产生影响。性别差异的形成是生产力发展到一定阶段的产物,是在社会分工的基础上形成的。最初的性别分工与生理因素有着密切的联系,"分工起初只是性行为方面的分工,后来是由于天赋(例如体力)、需要、偶然性等才自发地或'自然形成'分工"。[1]最初的分工主要是顺应人的自然特性而进行的分工,自然性别是社会性别的基础与载体。第二,不要忽视了性别差异。社会性别理论主张消除两性的差异,建立一个无性别身份的社会。历史唯物主义认为,改善女性的处境并不等同于完全消除性别的差异,在承认性别差异的前提下,更有利于建立合理的性别角色规范。恩格斯认为男女平等不是抽象的、绝对的平等,承认性别差异才是历史唯物主义者应有的科学态度。两性的差异是两性存在的价值和意义,建立单一的男性文化或者单一的女性文化都是对两性存在意义的否定。第三,不能片面归因于男性统治。社会性别理论片面地认为男性中心文化是导致女性从属地位低下的主要原因。认为女性是由男性特征的观点来界定的,女性的特征是文化的产物。社会性别理论在一定程度上把性别对立看成了女性受压迫的主要根源,女性不解放主要是男性统治的结果。[2]从历史唯物主义来看,男女的两性差异是我们必须尊重的客观事实,性别

① 《马克思恩格斯全集》第3卷,人民出版社2002年版,第304页。
② 张娜、刘江薇:"历史唯物主义向度下的社会性别理论评析",《传承》2010年第7期,第102—103页。

的不平等问题是社会实践的结果,女性解放程度取决于社会生活和社会实践的发展。如果在社会物质条件不足以提出变革的要求下,一味地进行观念革命、道义谴责,都无益于妇女的解放与发展。同时,从人的解放的高度看,女性的不解放就是男性的不解放。两性关系是人类最直接最自然的关系。性文化在规范女性的同时也束缚着男性。因为社会的各个方面不允许男性的脆弱。然而,无论是身体素质还是心理素质,男性都没有相对于女性的绝对优势。男性对女性的压抑和奴役实质上就是对自身的压抑和奴役。

总之,历史唯物主义观点认为,由两性的生物学差异为基础形成的某些社会分工的不同有一定的合理性。性别平等并非绝对的、无差异的平等。

（二）两性平等的条件与途径

在消解社会性别不平等方面,马克思主义认为,必须客观看待两性差异,根据两性的差异确定适当的性别分工,通过大力发展生产力、促进制度与文化的改革,实现人的解放,最终实现性别平等,实现两性共同和谐发展。

首先,要大力发展生产力,实现生产力变革。从历史唯物主义观点出发,性别不平等根源于生产力与交往形式之间的矛盾,因此实现性别平等、妇女解放的最根本条件是发展生产力。实现性别平等的先决条件是妇女摆脱对男性的经济依赖。恩格斯以此为出发点提出了妇女解放的三个前提条件。恩格斯指出"妇女解放的第一个先决条件就是一切女性重新回到公共的劳动中去",以使妇女经济上不再依赖于男子;第二个先决条件是必须"依靠现代大工业",只有在高度发达的工业化社会里,才可以想象妇女能够真正得到解放;第三个先决条件是家务劳动的社会化,即把私人的家务劳动溶化在公共的事业中。这三个条件归根到底都有赖于生产力的发展。消除性别不平等必须依赖于生产力的高度发展,在新的生产力条件下,不同性别者在劳动中的作用和地位不因其体力和生理结构的差异而受到任何影响。当前的社会生产力发展水平还不具有妇女彻底解放、实现男女完全平等的条件。

其次,要通过政治改革,实现制度变革。马克思主义认为,最初的性别分工与人的生理条件、体力有关。现代大工业的发展,弥补了女性的生理和体力的不足,为妇女的解放提供了条件,使基于两性生理区别的分工不再重要。但要消除性别不平等,还需实行政治变革,消除私有制的束缚,使两性平等变成现实。为了实现男女的平等和社会的公正和谐,社会需要通过法律和社会经济政策,保障妇女的平等权益不受侵蚀和剥夺。妇女的权益保障实质是归还女性作为人的基本权利,通过政治法律制度和社会规范,缩小女性与男性的起点差距,使女性获得与男性在社会中平等竞争的机会。按照马克思主义的观点,只有到了共产主义社会,生产力高度发展,脑力和体力差别消失,劳动成为生活的第一需要,妇女才能和男子一样成为全面而自由发展的共产主义新人。政策既是男人的责任,也是女人的使命,没有性别平等,便没有真正意义上的社会平等,公平和正义将成为奢谈。在生产力发展水平具备的条件下,变革制度,是妇女解放的必经之路。

再次,必须进行文化变革,实现性别平等意识转变。马克思主义认为,在社会经济变革之后,妇女的最终解放更多地成为一种思想斗争,而且这一思想斗争将是长期的、艰巨的。权利决不能超出社会的经济结构以及由经济结构制约的社会的文化发展。人类的实践不断证明,文化、理念虽不能决定制度,但却会影响制度变革的进程。因此,从个体观念引导,到社会文化倡导,都必须摆脱"男尊女卑"思想,使性别平等意识深入到文化环境的每个细节,促进性别不平等文化的变迁。

马克思认为,女性解放和男性解放是相辅相成的,包括妇女在内的人的解放是妇女解放的前提,妇女解放的本质在于妇女作为人的本质的解放和实现。只有到了共产主义社会,才能实现包括妇女在内的每一个人的解放。马克思把妇女的解放和人的解放相联系起来,认为消除不平等的性别关系不仅仅是妇女的解放,而且是每一个人全面自由的发展,整个社会的文明与进步。性别平等的最终目的是要实现女性和男性作为人的全面自由的发展。

思考题:

1. 反映性别平等或不平等状况的主要指标或指数是什么?

2. 现阶段我国的性别不平等问题主要表现在哪些方面?

3. 简述观察性别不平等的几种主要社会学视角及其基本观点。

4. 简述历史唯物主义的性别平等观。

5. 两性平等的条件与途径是什么?

第十章 社　区

人们在社会生活中结成一定的社会关系,离不开一定的地域环境。人们在一定的地域内形成的区域性生活共同体是社会结构中十分重要的组成单元,社会学家称之为"社区"。

第一节　社区概述

一、社区的概念

作为地域性的聚居共同体,早在原始社会,即人类进化到群体相对定居时期就已经出现了。而作为社会学的一个范畴和研究对象,"社区"概念则出现在工业社会的发展过程中。1887 年,德国现代社会学的奠基人之一 F.滕尼斯发表了他的代表作《社区与社会》(Gemeinschaft und Geseiischaft)一书,社区概念由此问世。在德语中 gemeinschaft 原意是共有、共享的,有亲密关系的团体或共同体,英语翻译中将此译成 community,含义相近。

但是,滕尼斯并不是在一般意义上使用共同体这个概念的。在滕尼斯看来,人们相互的社会关系可以分成两类,一类是基于情感、恋念和内心倾向的关系,一类是为了达到某种目的而建立在占有物的合理交易和交换基础上的关系。滕尼斯把通过血缘、邻里和朋友等基于情感、恋念和内心倾向关系建立起来的人群组合称为共同体。他认为,这种共同体是根据人们的自然意愿(natural will)结合而成的,人们的关系建立在习惯、传统和宗教之上,人们之间有着亲密的、面对面的直接接触,能够强烈地感受到群体的团结,并受传统的约束。在这里人们交往的目的和手段是一致的,传统的乡村是共同体的典型代表。滕尼斯虽然没有直接给社区下定义,但却赋予了"共同体"这个概念特定的内涵,使它具有了后人所理解的"社区"的意义,从而建立了社区研究的新范畴和新领域。

随着社会生活的变迁和社区研究的发展,人们发现滕尼斯的"社区"的内涵和外延并不能说明现代工业社会中社区的变迁和状况,现代社区的许多特质无法包容在滕尼斯的"社区"概念中。注重经验性研究的美国社会学家在接受和阐发滕尼斯的"社区"思想时,立足现代工业社会特别是现代城市社区的研究,强调了社区概念的地域性,进一步丰富和发展了滕尼斯的社区理论。第一个较明确地给社区下定义的是以人文区位学研究著称的芝加哥学派的代表人物 R.E.帕克,他认为:"对一个社区所能作的最简单扼要的说明是:占据在一块被或多或少明确地限定了的地域上的人群的汇集。但是,一个社区还不止这些。一个社区不仅仅是人的汇集,也是组织制度的汇集。"①帕克的这个定义第一次使"社区"概念有了"地域社会"的含义。这以后社会学家和社区研究者们从地域、功能、社会文化等不同角度纷纷给社区下定义,以至社区定义多达百余种。进入网络时代以后,又出现了流行于网络的虚拟社区概念,所谓的"网络社区"是指由网民在电子网络空间进行信息交流和社会互动形成的具有某种文化认同的共同体及其活动平台,如人人网、第一社区、手机社区等。网络的虚拟社区不同于传统的实体社区,社区概念因此变得更为多样和复杂。

中国在 20 世纪初引进西方社会学理论和社区的概念时,吸收了当时社区理论研究的新成果,也强调了社区概念的地域性。古代汉语中,并没有"社区"一词,中国早期的社会学家们在把握其含义的基础上,进行学术创造,将德语的 gemeinschaft 和英语的 community 翻译成汉语"社区",体现了这个概念的区域社会的含义。②

国内外社会学家们对社区含义的解释虽有不同的角度和重点,分歧一直存在,但是大多数学者对这个概念的基本内涵还是有共识的。在中国,人们对社区定义的表述虽然也不一致,但大多数学者认同社区的实质是一个地域性的社会生活共同体。2000 年中共中央办公厅、国务院办公厅转发民政部《〈关于在全国推进城市社区建设的意见〉的通知》中,提出"社区是指聚居在一定地域范围内的人们所组成的社会生活共同体"。这表明社区的地域社会共同体的属性也得到了国家层面的认同。

综合社区的理论发展成果,根据社区的性质和特征,我们认为,社区一般是指聚居在一定地域内的社会个人、群体和组织在社会互动的基础上,依据一定的社会文化规范结合而成的地域性社会生活共同体。

上述概念表述了社区的本质属性和总体特征。即社区是由社会个人、群体和组织组成的社会生活共同体,社区的主体是人。社区是在一定地域空间内以聚落

---

① R.E.帕克等:《城市社会学》,华夏出版社 1987 年版,第 110 页。
② 《费孝通文集》第五卷,群言出版社 1998 年版,第 530 页。

形式存在的社会生活单位,它是社会相对独立的一个组成部分。社区是在人们密切的社会互动中结合而成的,以共同的社会文化规范、组织方式和心理认同为基础的社会生活实体。社区是区别于国家、一般社会组织和社会群体的、有着自身独特功能的社会结构单元。社区与一般的行政区是不同的两个概念,行政区是根据行政管理需要设定的地域区划,社区和行政区可能在地域上存在着空间重合,但其内涵并不相同。

二、社区的构成要素

社区作为一个社会生活实体,是一个复杂的社会系统,由一系列要素构成。对于社区的构成要素,学者们也有不同的概括。我们认为,一个社区通常应该包括以下5个基本构成要素:

(1)一定数量的社区人口。人是构成社区的主体,是社区的第一要素。一定规模的人口是社区存在的前提,社区的要义在于人,在于人的集合。没有一定数量和质量的人口,就没有人群的活动,也就不可能形成社区。但一定量的人口不是孤立的、没有联系的个人,而是结成一定的社会关系、组织起来共同从事社会活动的群体,只有这样才能形成一个地区性的社会生活共同体,构成一个社区。社区人口的数量、质量和人口的自然、社会、地域构成等影响着社区生活和社区发展。

(2)一定范围的地域空间。从事着社会活动的人们总是要占据一定的地域空间,并且与共同生活在这一地域中的人们产生这样或那样的联系。一定范围的地域是社区存在的基本的自然环境条件,社区的地理位置以及社区各个部分在空间中的分布。社区的自然生态环境,包括社区的地势、资源、气候等,无不影响着社区人群的活动性质和特征,影响着社区人群的生存方式和社区类型,并且在很大程度上制约和影响着社区发展的方向和进程。它为一个相对独立的地域社会提供了活动的空间和生存的资源。人们总是在一个特定的地域环境中与自然界进行物质与能量的交换,实现人与自然的具体统一。不同社区的地域空间大小各异,但每一社区都有明显的地理界限,社区作为地域性社会实体,空间界限的大小是界定社区的重要标准。社区的地域界限一般同社区所依托的聚居场所的界限是相重合的。

(3)一定规模的社区设施。社区的设施是社区成员的生产与生活所必需的物质条件。它既包括生活设施,如住房、服务网点等,也包括生产设施如工厂、库房、排灌站等,还包括交通通讯设施、文化娱乐设施等等。在这些设施中,不少社区会有一个满足大多数社区成员进行社区内部社会互动的活动中心。社区设施是人们长期从事社区建设所取得的物质成果,它们不仅为社区成员现实的社会生活服务,而且还为社区的发展提供物质基础。社区设施的完善程度往往是一个社区发达程度的物质标尺。

（4）一定形式的社区组织与规范。社区是一个地域性的社会生活实体，为了维系人们之间各种持续稳定的社会关系，实现人们的利益，其成员在互动中结成一定的组织形式并形成相应的制度和规范。社区里的每个人都要与一定的社区群体或组织相联系与沟通，并按照相应的规范和制度参与社区的活动。社区则通过一定的组织和规范对社区成员实施管理、提供服务，实现社区的共同利益。

广义的社区的组织可以包括存在于社区中的非正式社会群体和正式的社会组织，如家庭、邻里、街道群众组织和经济、政治、文化、福利等机构。狭义的社区组织则专指由社区建立的以满足社区需要、促进社区发展为目标的，从事社区管理与服务，吸纳社区成员参与社区活动的各种社会组织及机构。如社区居民委员会，社区服务站等。它们都是适应于社区生活的需要而存在和发展的，而这个社区组织体系的健全和良好运转，则是维持社区整合的必要条件。

社区的各种规范是人们行为的共同准则，是社区组织正常运转的重要保证，由社区制定的各种乡规民约往往对社区生活有着重要的规范和引导作用，有利于社区利益的整合和社区生活的协调稳定。

（5）一定特征的社区文化。社区文化是一个社区得以存在和发展的内在要素。文化是人类独有的特征，是社会生活因而也是社区生活不可缺少的要素。社区在长期形成的过程中，囿于经济、社会、历史、宗教、种族或民族等因素，会形成与其他社区相区别的特有的文化，它是人们在社区这个特定的地域性社会生活共同体中长期从事物质与精神活动的结晶。它浸入到社区生活的各个方面。一个社区的风土人情、风俗习惯、婚姻生育、家庭模式、政治态度、宗教信仰、心理特质、行为方式、价值观念等无不体现着社区文化。不同特征的社区文化是一个社区与另一个社区相区别的主要标志之一，也是一个社区内在凝聚力和认同感的基础。正是对这种特定文化观念的认知和共享，塑造了人们的社区心理和思维方式；反过来，又影响和形成了社区一定的生存活动方式。社区文化是整个社会文化的有机组成部分，社区文化既受整个社会文化的制约，同时也促进和丰富着社会文化大格局的形成和发展。

社区的构成要素是多样而复杂的。上述五个方面是构成社区最基本的要素，是一个社区形成的不可或缺的条件。这些构成要素之间又都互相联系、互相影响，形成为一个有机整体。

三、社区的分类

社区与社区之间存在着种种差别，将不同的社区作出类型区分，这对于社区问题的研究,对于社区建设和发展都是十分必要的。按不同的标准可对社区作出不同的分类。

按社区的形成方式分类。社区形成方式是多种多样的,但有两种方式是最基本的,即自然性社区和建制性社区。有的社区是自然形成的,特别是传统社区,大都是人们在长期的共同生活中逐渐扩展而形成的,具有自然的社区边界,其最典型的形式是农村中的自然村。而有些社区则主要是出于社会管理的需要,在行政机制作用下形成的,这一类社区可以看作是建制性社区。例如我国城市中的街道办事处辖区共同体、农村中的"行政村"等等。

按社区所发挥的主导性功能来区分,又可将社区分为经济社区、政治社区、文化社区和特殊社区等。经济社区是人们集中从事某类经济活动而形成的社区,如工业园区、矿区、林区、第三产业集中的服务性社区等。政治社区一般是国家或者行政区域的各类行政管理机构、政治组织的聚集区,这类社区主要发挥的是政治、行政管理中心地的功能。高等院校、科研、文化艺术单位比较集中的社区是文化社区,如日本的筑波科学城,英国剑桥的大学城和中国北京的中关村等都属于这类社区。特殊社区包括劳改农场、传染病隔离区等。

社会学根据研究的角度不同可对社区作出种种分类,但最基本和最一般的是根据社区的结构、功能、人口状况、组织程度等综合因素,把社区分为农村社区和城市社区两大最基本的类型。农村社区和城市社区具有各自不同的发展历程和结构功能,是迄今为止人类生产与生活的两个最基本的社会环境。因此它们是社区研究首先关注的两大类型。

社区不仅分为不同的类型,而且有着不同的层次。由于构成要素自身的不同规模,以及它们所聚集的社会关系的不同性质,社区就在其规模与性质上呈现出不同的层次。

一般地说,人口较少、地域较小,社区内在功能较简单的是初级的微型社区,例如单个的自然村落,目前我国城市基层的居民委员会辖区等。[①]人口、地域规模相对初级社区为大,社区内在的社会关系较复杂,综合功能较完备,包含若干个初级社区的,可视为次级的大型社区,例如乡镇、城市的街道和城区等。

对于社区的分层标准与方法,如同其他社会学的范畴一样,研究者们往往会有不同的看法。由于社区作为地域社会生活共同体,有自己特殊的性质和功能,因而

---

①　根据中共中央办公厅、国务院办公厅[2000]23号文件《关于转发〈民政部关于在全国推进城市社区建设的意见〉的通知》,目前我国城市中的"社区范围"是指调整后的居民委员会辖区。

其外延的界定一般不宜过大。

四、社区研究的意义

社区在社会生活中有着自己特殊的功能和地位,社区的研究有着重要的理论意义和实践意义。

(1) 社区是认识社会的窗口。社会是一个综合的、整体的概念,而社区则是具体的、局部的概念,要正确认识社会必须从研究具体的社会现象和社会单位入手。与其他社会单位相比,社区是一个具有相对独立和完整意义的社会单位,能更多地反映人类社会的一般特征。同社会整体相比,社区又是一个具体直观的社会实体,剖析一个社区的结构与功能,研究一个社区的建设与管理,比研究剖析社会整体容易得多。社区的研究可以用具体、真实、感人的资料直接向人们揭示出社会生活的面貌,从而使人们对社会的认识更加深入具体。社区具体的存在形式和功能又是不断发展和变化的,这种变化在相当程度上综合地反映着社会的变迁和发展。深入地研究社区的性质、特征、功能和变化发展的规律,可以从社区这个窗口揭示人类社会的一般特征与基本需求,认识社会整体的变迁和发展趋势。

(2) 社区研究可以为城乡社区的建设与发展提供理论和方法的指导。在现代社会中,由于工业化、城市化和市场经济的影响,社区的结构与功能都发生了前所未有的变化,要使社区更好地发挥其社会功能,就需要人们积极地建设和发展社区。社区的建设与发展已经成为社会发展的重要基础。但是社区发展并不是一个自发的过程,它需要有科学的理论和方法作指导。开展社区研究,正确认识社区的结构、功能及发展规律,掌握科学的社区工作方法,可以直接为现代社区的建设与发展提供理论和方法的指导,使社区科学地规划发展远景,探索新型社区工作的模式,从而提高社区的功能效率,促进社区与社会的协调发展。

(3) 社区研究有利于提高我国基层社会的管理与服务水平。社区是基层社会管理的着眼点和落脚点。当代中国正处于社会转型时期,在经济高速发展的同时,社会的全面、协调和可持续发展,也面临着一系列新的问题和挑战。社区在我国社会生活中有着特殊的政治、经济、文化功能和地位,它不同于政府和市场。作为地域社会生活共同体,社区是非政府的社会公共领域,它承载着为社区成员提供经济福利和社会参与的职能,是解决一系列新的社会问题和矛盾的重要载体。因此,通过社区研究科学地提高社区的管理和服务水平,推进我国基层社区民主自治和社区建设,对于认识和发挥社区的社会功能,建立社区福利服务体系,解决新的社会问题和矛盾,促进我国经济社会协调发展,构建和谐社会具有十分重要的现实意义。

第二节 农村与城市——社区的两大基本类型

一、农村社区

农村社区是人类社会中最基本的一种社区形式。它是指以从事农业活动为主的人们所组成的地域性社会生活共同体。

农村社区是伴随着原始农业的出现而出现的。原始先民们从渔猎、采集经济逐渐向相对定居的农业经济过渡时,原有的流动性减少了,社会生活共同体与地域的结合紧密了。人们在适宜从事农业耕作的地方建舍聚居,形成了最初的原始村落,这便是农村社区的起源。中国古代传说中的有巢氏教民筑屋正是这种历史进程的反映。我国西安半坡村遗址就是一个典型的原始农业村落,它包括有居住区、制陶窑场、氏族聚会活动场所、公共墓地等,总面积约五万平方米,是一个氏族共同体的生产生活聚居地。从遗址看,它已具备了构成社区的各项基本要素,故已是一个初级的原始农村社区。

农村社区有着悠久的发展历史,它的形成途径是多种多样的,我国早期的社会学家对此曾作过相当的研究与探索。杨开道教授在 20 世纪早期所著的《农村社会学》一书中就曾研究了农村社区形成的三种途径。

(1)自然起源。这是由一个农业家庭因人口的增加,自然演化扩展为一个单姓的大家族村落,从而形成一个社区,这在我国农村是相当普遍的一种形式。

(2)社会组合。这是由若干个独立的农业家庭联合而成的。这里的居民原先并非同宗,而是因迁移等原因汇集在一起的。这些家庭通过在同一地域中一起从事生产和生活,慢慢在交往中形成了社区。这种社区的产生途径,在我国并不多见,而在美国和加拿大的中西部却是一种基本的形式。

(3)农村建设。这是指在一个原来空旷的地域上,用人为的力量建设起一个新的农村社区。它既不是一个家庭的自然演化扩展,也不是独立家庭的汇集,它从一开始就是一种有意识有组织的群体运动。英国新教徒集体迁移去美洲便是一个典型的例子。他们因为受到宗教迫害,远涉重洋去美洲建设新家园,开始建立新的农村社区。在这种社区里,虽然没有很强的血缘关系,却有很强的集体感。

农村社区由于自然环境、劳动方式、居民构成、文化特征等与城市相比有许多差异,因而有着一系列自身的社区特点。

1.人口分散、密度低

农村社区的人口密度一般都比城市低,就整体社区来看,人口聚居规模也小得多,这是农业生产的特点所决定的。广阔的自然空间是农业生产的必备条件,没有足够可供耕种的土地,就无法从事农业生产活动,农业所需要的高比率的土地配置决定了农村社区每平方公里的人口密度一般都低于自然条件大体相当的城市。

2. 经济以第一产业为主,经济活动呈现自然周期性

农村经济以农业生产为主,属于第一产业的种植业、养殖业、林业、渔业等是农村的主导产业,第二、三产业一般处于从属地位。受产业结构的制约,农村经济活动的复杂程度和市场化的发展水平通常要低于城市。

农产品有一定的自然生长周期,现有的科技水平决定了农业生产尚不可能像大机器工业生产那样高速度、连续性。所以农村的经济活动呈现出明显的自然周期性和季节性,春播秋收、夏忙冬闲是一般规律。在年复一年的劳作中,农村居民一般在农忙期间忙于农业生产,农闲期间较多从事其他产业活动或进行社会交往和娱乐活动,外出务工的农民也大都在过年时集中返乡。

3. 社会结构简单,家庭血缘关系浓厚,人际交往面窄

农村社区社会分工不发达,人口的同质性较强。尽管随着农业生产力的提高,农村的社会分工也在不断地发展,但职业分化程度总体要比城市社区低得多。

社会分工的相对不发达和人口的同质性强决定了农村的社会结构比较简单。农村社区以农业劳动者为主,职业分化和阶层分化程度都较低,农村没有城市中那种无所不包的、庞大的科层制组织系统,组织化程度远较城市为低。家庭是农村社区中最重要的社会生活单位。一般家庭不仅是血缘单位,也是生产、消费和保障的基本单位。由于农村家庭在社区生活中的重要作用,人们十分重视血缘关系,家族观念在农村社区中也比较浓重,家族关系往往成为农村居民形成合作关系的纽带。与上述特点相应,农村社区中习俗、道德、舆论等非制度化的社会控制形式对社区生活有重要作用。

受地域、交通、信息、生产方式等条件的限制和影响,农村的社会交往一般以家庭为中心向外扩展,大多数人的社会活动半径较小,社会交往面较窄。但是,由于农村社区聚居规模小,人们世代生活在一起,因而农村社区是个"熟人社会",人们之间发生的经济、政治、文化关系较为直接,相互之间有较深的了解,在人际交往中扮演较全面的角色,而不是就事论事的片面角色,人际关系较城里人密切。

受农业生产自然周期特点的影响,农村的工作节奏不同于城市,总体而言,农村社区居民的生产和生活节奏较慢。

4. 社区设施简单,公共服务水平较低

农业生产是以植物、动物、微生物等生命体为主要对象,与自然界进行直接物

质与能量交换的经济活动,土地是它最主要的生产资料,它所需要的生产设施较二、　三产业简单。同时,与农业劳动生产率相应的农村居民的生活设施、交通通讯设施和文化、教育、卫生等公共服务设施也较城市简陋落后。加上其他社会因素的影响,农村总体的公共服务水平低于城市,农民可以享受到的社会保障、医疗卫生、科技教育、信息传播、就业培训等社会公共服务一般都不及城市居民。

5. 精神文化生活相对落后,社会心理比较保守

农村社区一般离社会的政治、经济、文化中心较远,受交通信息、教育水平、文化娱乐设施相对落后等因素的制约,农村社区的精神文化生活一般不如城市丰富多彩,人们对精神文化生活的追求往往也不如城市居民强烈。

农村社区大多是自然形成的,一般都有较长的社区历史,社区文化会有浓郁的地方特色和传统特色,这种特色文化是农村社区内在凝聚力和社会心理认同的根基。它既包含着优秀的文化遗传,也有落后的文化沉淀。农民往往传统观念浓厚,社会心理总体比较保守。农村社区的文化及社会心理形成后,它的变迁频率较低,变化的速度较慢,在整个社会文化大系统的变迁中,农村社区通常跟随着城市的变化而变化。

农村社区的上述基本特点是在长期的历史发展中形成的,并非一成不变。随着社会的进步与现代化,农村的面貌正在发生着深刻的变化,农村社区的特点必然也要在社区的发展中不断变化。

二、城市社区

城市社区是人类社会另一大基本的社区类型。城市社区是指以从事工商业及其他非农社会活动的居民所组成的、有一定人口规模的地域性社会生活共同体。城市社区的界定标准主要有两个:一是社区居民的从业性质,社区人口中必须以从事非农产业的居民为主;二是聚居的人口要达到一定的规模。联合国建议所有国家的人口普查和官方统计,把集中居住人口达十万以上的地方称为城市。[①]美国人口普查局一般将常住居民不少于五万人的地区统计为城市。[②]

城市社区的出现晚于农村。人类最早的城市大约出现在 5 000 年前;是由古巴比伦的苏美尔人在现今的伊拉克南部建立的。其后在古埃及、印度、中国以及地中海沿岸也都出现了城市。古希腊、罗马时期城市发展相当迅速,当时全希腊境内城市多达 200 多个。我国是世界上最早出现城市的国家之一。在古代中国,城与

---

① 麦夷、江美球:《城市社会学概论》,贵州人民出版社 1988 年版,第 25 页。

② *Webster's New World College Dictionary*, Third Edition, 1996, By Simon & Schuster, Inc. p. 1467.

市是两个概念,城是指帝王、贵族们的居住活动地,围以高墙,设以重防。市则是人们从事商品交换的场所,开始时交易的场所并不是永久性的,而是"日中为市",交易结束,人走市散。天长日久,一些专门做买卖的商人,在集市地点盖起了专门出售商品的房子,"市"也就出现了。随着社会生产的发展和人口的聚居,当市在城周围衍生,城逐渐包容市时,城市便合而为一了,成为社会的政治、经济、文化活动的中心。

城市社区的产生是需要一定的自然条件和社会条件的。城市的所在地,一般都是气候适宜,物产丰富,交通便利,水源充足的地区。这是聚居较高密度人口、结成城市社区的必要自然条件。城市的出现还必须具备相应的社会条件。城市是社会生产力发展、科学技术进步的直接结果。当农牧业、手工业的发展使人们不仅能满足自己的消费、而且还有大量剩余产品时,交换活动便日趋频繁,交易市场的发展与固定便必不可少。同时,社会分工的发展和私有制的确立,使社会分裂为不同的阶级与阶层,在社会成员中出现了一大批不直接与土地打交道的人,其中既有王公贵族、官吏士兵,也有商人工匠,他们需要有一种非农性质的聚居区。而社会的阶级分化和阶级之间的冲突斗争,也使得社会的管理机器日趋复杂、庞大。政治、军事、文化活动也都需要城市这种新的聚居形式为之服务。正是这种社会的客观需要创造了不同于农村的另一大基本社区类型——城市。

城市出现后的几千年里,就世界范围而言大体经历了三个发展阶段。从最初的城市产生到公元17、18世纪,为古代城市发展阶段。从18世纪工业革命到20世纪中叶是现代城市的发展阶段。20世纪中叶以来世界城市已经开始进入后现代城市的发展阶段。

古代城市的产生和发展主要是以农业文明为基础,城市社区的功能也受到这一基础的制约。现代城市的发展是以工业文明为基础,工业革命把人类的生产领域从地球的表面扩展到了地球的深层和地表以上的空间,把大量的人口带进了一个新的生产领域,也带进了城市。工业革命后的二百多年,城市的发展超过了以往的几千年。后现代城市则是以信息网络、航天技术、生物工程等高新科学技术和服务经济迅速发展为基础,具有后工业化时代经济与社会结构赋予的多样性的发展特征和趋势。

城市依据不同的标准可分为不同的类型。根据城市居住人口的多少来区分城市的规模等级,是当今世界各国通行的一种做法。我国规定100万人口以上的为特大城市,50—100万人口的为大城市,20—50万人口的为中等城市,20万人口以下的属小城市。

按照城市发挥的主要功能来分类,也是一种重要的方法。各类城市中有政治城市,即其主要功能是政治活动中心,美国首都华盛顿、澳大利亚首都堪培拉等就是这类政治城市。工业城市,即以工业生产为主的城市,如我国的钢都鞍山、煤都抚顺等。教育城市,即因教育机构特别是著名的高等学府的建立而形成的城市,如英国的剑桥、牛津。宗教城市,即一些宗教圣地,如麦加、梵蒂冈等。军事城市,通常是军事重地、因驻军设防而形成的城市,如我国历史上的山海关等。此外还有科技城市、旅游城市等。

现代城市功能的发展趋势是综合性、多功能。特别是大中城市,一般都具有综合性的多种功能,单一功能的城市现在已经比较少了。

城市社区的外部特征和内在功能与农村相比都有很大的差异,这种差异就形成了城市社区的特点,这主要表现在以下几个方面:

1. 人口集中,密度大

进入城市给人的第一印象就是人来车往,楼房林立,街道纵横。大城市更是灯红酒绿、商贾云集。人们常用"繁华"来形容城市的景象,这反映了城市社区人口的集中,它是城市不同于乡村的一个显著特点。

城市是人类非农性质的社会及经济活动的产物,是政治、经济和文化的中心,城市的社会经济活动既需要也能够容纳大规模、高密度的人口。我国是个人口大国,城市社区不仅人口规模大,而且人口密度高。上海、北京等城市的人口规模和密度都位于世界城市前列。

2. 经济以第二、三产业为主体,商品经济发达

城市经济的主体是第二、三产业。加工业和服务业的运作过程和组织体系比农业生产要复杂许多。整个生产、流通、分配、消费过程,都需要复杂的决策、管理实施及反馈修正等,都需要对人、财、物进行复杂的配置与协调。进入经济活动过程的人力资源与物力资源,经济活动中所产生的矛盾与问题,都显得十分的集中复杂且变化多端。

工商业经济本身具有很强的商品性,大量的产品要进入流通领域进行交换,才能实现其价值。因此,无论是古代的小商品经济,还是工业革命后日趋发达的市场经济,它们的主要舞台,始终是在城市。商品经济的程度相对较高更加强了城市经济结构与经济活动的复杂性。

3. 阶层与职业分化充分,人际交往面宽

城市社会分工发达,居民在职业、收入、教育水平和文化背景等方面的差异显著,人口的异质性强。社会的阶层与职业分化较为充分,社会的阶层结构比农村复

杂。与复杂的社会经济活动相适应,城市社会的组织化程度大大高于农村,科层制组织遍及城市社会的各个系统。同时,由于社会政治、经济、文化活动的集中,社会矛盾冲突复杂,社会的开放度大,所以存在着大量的不同阶层之间的社会流动和地域空间上的人口流动现象。

城市中家庭和血缘关系在社会关系中的地位与作用远不如农村那么重要,人们之间的社会交往更具业缘性。城市居民人际交往面宽,但交往大多以"感情片面投入"为主,属于"片面角色交往",人们的行为具有较浓的"事本主义"色彩。同时,大规模、高密度的人口聚集使人们无法详知每个交往对象的各方面情况,交往对象往往是陌生人,这使人们的行为有一定的匿名性。

4. 社区设施完备,公共服务水平较高

作为政治、经济和文化中心的城市,人口密集,工商业发达,要求社区的设施必须与它的功能相适应。城市政治、经济、文化运作所需的设施,包括庞大的国家机器和社会管理设施,体育、卫生、教育、文化娱乐设施等,林林总总,复杂多样。完整的交通网络、供水排污、电力照明系统等社区基础设施更是必不可少,这些公共设施的复杂性与完备性绝非农村社区可比。

城市不仅设施完备,而且公共资源集中,在社会保障、医疗卫生、科技教育、法律服务、信息传播、就业培训等方面,城市居民可以享受到较高水平的社会公共服务。

5. 精神文化生活丰富,社会心理较为开放

社会政治、经济、文化活动中心在城市,文化教育设施和知识阶层又大多集中在城市中,因而城市居民所能享受到的文化教育条件要优于农村,精神文化生活要比农村丰富多彩,人们对精神生活的追求也比农村居民强烈。城市复杂多样的社会和经济活动,以及人口自身的异质性,使城市生活面貌呈现出多样性,人们的生活节奏较快,社会心理较为开放,人们的进取心和创新意识较强。城市一般都是社会新的知识观念和新的生活方式的发源地,经常会流行各种新的时尚、新的思想观念。城市生活面貌和社会文化的变迁通常是整个社会文化变迁的源头。

三、城乡关系

城市与农村这两大类综合社区的产生是人类社会一定历史阶段的产物。城乡社区的关系,也一直对社会的发展产生着重要影响。

如前所述,城市社区的产生晚于农村,它的出现是与农村社区分不开的,古代城市的基础从总体上说乃是农业文明。城市产生后与农村有着密切的联系并相互影响,城市需要农村为它提供衣食生存资料和劳动力的补充,农村则接受着城市作

为政治、经济、文化中心的辐射作用。随着生产力的发展,在现代社会中城市与农村的相互依存关系更加紧密了。

但在另一方面,城市从它诞生之日起,就是社会统治集团的聚居地和工商业中心。在阶级社会和私有制的条件下,城市就其发挥的功能而言,又是与农村相分离、相对立的。在政治上它服务于统治阶级,压迫着农村;在经济上它通过不等价交换,甚至以超经济的强制,剥削掠夺农村;在文化上则控制和支配着农村。城乡的这种对立与分离,其实质并不是人类两大基本聚居形式的对立,而是阶级的压迫与对立在社区关系上的表现。

几千年来城乡之间的分离与对立,是人类社区发展史上迄今为止最为重要的一个历史现象。在不同的国家和时期,这种对立的表现是不同的。奴隶社会是城市产生的初期,广大从事农业生产的奴隶与平民居住在农村,统治压迫他们的奴隶主贵族则聚居在城里,农村供养着城市,而城市则奴役着农村。

在封建社会,中国的城市一直是封建专制制度的神经中枢。封建统治以政治上的专制独裁和经济上的横征暴敛,压迫掠夺着农村。城市中的富商大贾、高利贷者也以不等价交换等手段盘剥着农村。与中国不同,中世纪的欧洲城市则几经兴衰。罗马帝国覆灭后,大批的城市纷纷衰落。封建领地上兴盛的是领主庄园。随着生产和商品经济的发展,在封建领地里逐渐兴起了一批新兴的工商城市,它们是一种新的产业城市,不同于中国的封建城市。封建领主们利用手中的封建特权,压榨和限制着这些城市。而城市的居民则利用自己日益壮大的经济力量,同封建领主进行长期的斗争,以谋求自治权利。他们虽然也在经济上剥削着乡村的农民,但在反对封建主的斗争中又不得不联合广大农民。因此欧洲当时的城乡关系与社会阶级关系一样,呈现出复杂的交叉性。

到了近代,城市资产阶级依靠民众的力量推翻封建制度后,工业革命使城市发展进入了一个新阶段。城市成为现代工商业的集中地。城市所强化了的产业性功能,使得城乡关系也具有了一种产业分工的意义,但这种变化并没有根本改变城乡之间的对立关系。城市中的产业资本、金融资本仍然是农村的剥削者,资源和财富都向城市集中,城乡对立依然严重。

中国近代,除了沿海的一些口岸外,缺少像欧洲那样的产业性城市。由于外国资本的入侵,中国近代工商业主要集中在上海、天津等口岸城市,而大量的内地城市则仍是消费性城市。城乡关系的对立不仅仍具封建性而且还具有了半殖民地的性质,城市对农村除了封建主义的压榨外,又加上了外国资本的掠夺,使中国农村更加凋敝不堪。

社会主义制度的建立,为消除几千年来的城乡对立奠定了历史基础,开始形成城乡协调发展的新局面。但是,由于生产力水平的限制和社会体制、文化等因素的制约,在社会主义条件下,城乡差别仍然不可能一下子消灭,城乡二元的经济与社会结构甚至还可能长期存在。在这种二元结构下,农村社区的居民承担着为城市和工业发展提供原始积累的重负,但经济与社会资源的配置却倾向于城市,农民在劳动就业、收入分配方面与城市居民相比还存在着较大的差距(见表 10-1),在社会保障、文化教育、医疗卫生等方面还不能与城市居民享受同等的社会公共产品与公共服务。

表 10-1　中国城乡居民家庭人均收入比

年份	城乡收入比(以农村为 1)	年份	城乡收入比(以农村为 1)
1978	2.57	1999	2.65
1980	2.50	2004	3.20
1985	1.86	2007	3.33
1990	2.20	2010	3.23
1995	2.71	2012	3.10

资料来源:① 2000 年前数据来源于《中国社会统计资料 2000》,中国统计出版社 2000 年版,第 57 页。
② 2004、2007、2010、2012 年数据,按国家统计局当年《国民经济和社会发展统计公报》发布的数据测算。

在我国现阶段,随着经济的高速增长和社会的现代化转型,解决城乡关系的着眼点,应加大统筹城乡发展力度,让广大农民平等参与现代化进程、共同分享现代化成果。"加快完善城乡发展一体化体制机制,着力在城乡规划、基础设施、公共服务等方面推进一体化,促进城乡要素平等交换和公共资源均衡配置,形成以工促农、以城带乡、工农互惠、城乡一体的新型工农、城乡关系。"[1]

第三节　社区发展与社区建设

一、社区发展

研究社区的根本目的是为了认识社区变化发展的规律,进而有效地增强社区的功能,促进社区与社会的协调发展。

社区发展的概念最早是 1915 年美国社会学家 F.法林顿在《社区发展:将小城

---

① 胡锦涛:《中国共产党第十八次全国代表大会报告》。

镇建成更适合生活和经营的地方》一书中首先使用的。其后，其他社会学家也对社会变迁与社区发展的关系、社区发展的基本方法等进行了研究，学者们的研究引起了人们对社区发展的重视。

第二次世界大战前后，许多国家尤其是不发达国家面临着贫困、疾病、失业、经济发展缓慢等一系列社会经济问题。一些发展中国家的有识之士在 20 世纪 30—40 年代，开始探索政府与社区合作的发展模式，以期开发社区民间资源，发展社区自助力量，以社区发展推动社会经济的发展。

20 世纪 30 年代，中国在以晏阳初、梁漱溟、陶行知等为代表的一批知识分子的推动下，兴起了"乡村建设"运动，运动的倡导者们组织和培训乡村建设的工作人员，开展农村社会调查，制定乡村建设规划，并身体力行深入到农村去，从农民的文化教育入手，推广农业生产技术、提供医疗卫生服务、倡导文明家庭生活。1939 年埃及开始在农村建立社区中心，通过吸引农民参加社区的活动和建设，来促进埃及农村经济社会的发展。中、埃等国这些建设农村社区的开创性实践，成为二次世界大战以后世界性社区发展运动的先驱。

联合国成立后，对社区发展给予高度的重视，希望通过社区发展工作促进第三世界国家的经济和社会进步。1947 年联合国经济社会理事会设立亚洲及远东经济委员会，委员会的中心工作就是推动亚洲各国农村社区的发展，以促进亚洲和远东国家的经济与社会进步。

1951 年，联合国经济社会理事会通过"390D 号议案"，正式倡议开展"社区发展运动"，并试图通过建立社区福利中心等举措来推动不发达地区经济、社会问题的解决。1952 年，联合国成立了"社区组织与社区发展小组"，1954 年改名为"联合国经济和社会事务部社区发展组"，负责推动世界各地的社区发展活动。

根据联合国发表的《社区发展与经济发展》报告的解释，联合国倡导的社区发展是指"一种过程，即由人民以自己的努力与政府当局配合，去改善社区的经济、社会、文化环境。在这一过程中包括两个基本要素：一是由人民自己参加自己创造，以努力改进其生活水准；二是由政府以技术协助或其他服务，助其发挥更有效的自觉、自助、自动、自发与自治"。

1955 年联合国提出了社区发展运动的目标和原则，社区发展的目的是动员和教育社区内居民积极参与社区和国家建设，充分发挥创造性，与政府一起大力改变贫穷落后状况，以促进经济的增长和社会的全面进步。

最初联合国的社区发展计划侧重点在发展中国家，尤其是广大农村地区，联合国专门设置了土地改革、垦荒、水利建设以及教育培训等项目，以资助一些落后国家农村地区的发展。1957 年开始,联合国的社区援助项目向发展中国家的城市延伸,如城市住宅和贫民区改造计划等。20 世纪 70 年代以后,联合国的社区发展计划愈来愈关注社区成员的"社区参与"和社区管理水平的提高,强调社区与经济社会的协调发展。

随着社区发展运动的内涵日益丰富、作用日益明显,人们认识到社区发展运动不仅推动了发展中国家的经济与社会进步,同样也有助于解决发达国家的社会问题。美国的社区运动在 60 年代发展迅速,英国政府于 1971 年制定和实施了社区发展计划,希望借以推动社区的社会服务以及居民的自治与互助,解决或改善城市贫民区的社会问题。90 年代以后,欧美各国更提出了社区复兴的口号,政府、社区、社会服务和志愿组织等相关利益主体广泛参与了社区治理,以增强社区功能,增进社区福利。据联合国的报告,50 年代初期,世界上只有 7 个国家制定了全国性的社区发展计划。如今,社区发展运动已经遍及世界上 70 多个国家及地区。其中,美、英、法、德及北欧发达国家都普遍开展了社区发展工作。世界各个国家和地区开展的具有不同特色的社区发展工作,已经成为当代重要的社会发展途径和方式。

考察当代世界性社区发展运动,可以发现,对各个具体的社区来说,它的发展任务与发展途径可能是各不相同的,但以下几个方面一般是社区发展的共同任务。

1. 优化社区的区位结构

所谓区位结构,是指一个社区整体及其内部各构成要素、系统在空间环境中的分布状况。区位学原是生物学的一个分支,是研究生物与环境关系的学科。社会科学家把这一学科的方法运用到社会现象的研究上,形成了人文区位学。社区区位结构的研究,便是人文区位学在社会学中的应用。

区位结构是否合理,直接影响到社区的正常发展。以一个城市为例,如果它的住宅区、商业区、文化行政区位置不当,城市道路、输电网络、地下管线布置紊乱,那就会造成"城市病",严重地削弱城市功能的发挥,阻碍社区的发展。在农村,如我国的农村社区,由于布局过于分散,不仅不利于生产和生活,也给交通发展造成很大的困难,使得这些社区长期处于相对封闭、落后的状况。所以,无论是建设一个新社区,还是改造一个老社区,优化社区的区位结构,使之布局合理科学,是首先应该考虑的问题。区位结构的合理科学是协调人与自然环境、人与人文环境关系的重要条件,是提高社区居住效率和生态效率的重要环节。

2. 提高社区的价值创造能力

一个社区有没有生命力,能不能有长远的发展前景,从根本上说取决于它有没有创造价值的能力。这里的价值既包括直接或间接的经济价值,更包含社会价值和文化价值。一个社区如果不具有创造经济价值和社会文化价值的能力,它就失去了自身存在的意义。如果它不能不断地提高这种创造能力,也就不会有发展的潜力。从人类社区发展史看,城市社区之所以能取代乡村成为人类活动的主要舞台,就因为它有着比农村社区更强的价值创造能力,并能不断提高这种能力。不论未来城乡社区会怎样变迁,社区的形式会有什么变化,有更强的价值创造能力,将始终是社区发展的一项基本任务。

3. 完善社区治理

为了合理配置社区资源,提高社区成员的素质与生活福利,需要有良好的社区管理与服务。当代的社区管理和服务已经从传统的"管理"模式发展为社区"治理"模式。社区治理的概念是 20 世纪 90 年代以来出现的社区管理和服务的新理念和新模式,1989 年世界银行首先使用了"治理"的概念,其后政治学家、社会学家、经济学家们纷纷对"治理"作出了多角度的阐释。在治理理论的影响下,出现了政府治理、社区治理、公司治理等新的理念和模式。

社区治理是指社区利益相关的各种主体包括政府、社区组织,社区居民等,通过民主协商机制,共同参与社区公共事务的管理过程。社区治理的目标是达成社区的善治,就是使社区的公共利益最大化。实现社区的善治需要政府与社区形成新的合作伙伴关系,需要社区成员广泛自觉地参与社区公共事务的决策与管理,需要建立民主协商和依法治理的机制与架构。只有社区的善治才能使社区的需要得到最大的满足,使社区的问题得到最合理的解决,社区与社会才能协调发展。因此,实现和完善社区治理是当代社区发展的重要任务和途径,它不仅对社区而且对整个社会的进步与发展都具有深远的历史意义。

二、中国的社区自治、社区服务与社区建设

1. 中国的社区自治

社区的治理体制在不同的国家和地区,由于政治、经济、文化制度和历史传统的不同,具有不同的类型,综观世界各国社区治理的模式,大体可分为社区自治型、行政主导型和混合型三类,但是这种分类并非是绝对的,现实生活中的社区治理体制往往在以某种属性为主的同时也兼具其他的类型特征。

当代中国基层社区的治理体制在制度建构和法理层面上属于社区自治型。所谓社区自治是指,社区居民对社区事务依法行使自我管理、自我服务、自我教育、自我监督的权利。

新中国成立以后,基层社会的管理体制经历了一个曲折的发展过程,在人民共

和国建立之初,为了巩固新生政权,国家政权组织一直延伸到社会的最基层。在农村,建立了村(行政村)一级的政权,即村人民政府;在城市,建立了具有政权组织性质的居民委员会,比如,1950年天津市建立了具有政权性质的居民委员会。

1951年上海市根据其城市管理的任务和实践经验把城市基层组织建为具有自治性质的居民委员会。1953年6月北京市根据中央的要求调研完成了《关于街道办事处组织、居民委员会组织和经费问题的报告》,报告建议:①街道的居民委员会必须建立,它是群众自治组织,不是政权组织,也不是政权组织在下面的腿;②城市街道不属于一级政权,但为了把很多不属于工厂、企业、机关、学校的无组织的街道居民组织起来,为了减轻区政府和公安派出所的负担,还需要设立市或区人民政府的派出机关——街道办事处。中央批准了这个报告,由此形成了中国城市的街道—居民委员会体制。

1954年12月,全国人大制定并通过了《城市居民委员会组织条例》,以法律的形式明确规定了居民委员会是"群众自治性的组织"。但在整个计划体制时期虽然居民委员会具有群众自治组织的法定地位,然而其自治功能的发挥却受到了行政体制的诸多制约,有着较明显的行政色彩。

改革开放以后,加强基层民主制度建设成为中国特色社会主义道路的重要内容。1982年召开的中共十二大提出要"发展基层社会生活的群众自治"。同年12月通过的《中华人民共和国宪法》第111条明确规定:"城市和农村按居民居住地区设立的居民委员会或者村民委员会是基层群众性自治组织。"

1987年11月,全国人大常委会通过了《中华人民共和国村民委员会组织法(试行)》。初步规定了村民委员会的法定权利和义务、直接选举原则、运作机制等。1998年11月4日,根据农村经济、政治与社会发展的实际状况以及广大农民积极参与农村社区自治的要求,全国人大常委会修订通过了新的《中华人民共和国村民委员会组织法》。法律对村民委员会的性质、村委会选举的具体程序和办法、村民会议的组成、村民自治组织的权利与义务、村务公开等都作了明确的规定。村民委员会依法自治极大地促进了中国农村社区的发展。

在推进村民委员会建设的同时,1989年12月全国人大常委会通过了《中华人民共和国居民委员会组织法》,明确规定:"居民委员会是居民自我管理、自我教育、自我服务的基层群众性自治组织。"村民委员会和居民委员会两部组织法的颁行,奠定了新的历史时期我国基层社区自治体制的法律基础。

城乡社区自治的全面推进,使中国基层社区治理的格局开始发生重要的变化。政府开始在基层社区管理中逐渐淡出,正在由以往的直接管理实施者,转变为指导者和扶持者。居民委员会和村民委员会等社区自治组织开始成为相对自主的社区治理主体,社区的管理与服务开始由社区自治组织、社区居民和其他社会组织,在政府的指导扶持下更为有效地自主开展。

城乡社区自治在经济社会建设中有着其特殊的功能,它可以促进社会自组织程度的提高,满足行政管理无法满足的社区居民社会参与和社会服务的需求。它也有利于各种社会矛盾和问题的解决,降低社会的运行成本和政府的社会管理风险。因此,在中国实现现代化的进程中,为了适应市场经济体制和社会转型的需要,推动城乡社区自治,就成为新时期实行社会体制改革的一个必然选择和重要目标。

中共十七大报告指出:"要坚持中国特色社会主义政治发展道路,坚持党的领导、人民当家作主、依法治国有机统一,坚持和完善人民代表大会制度、中国共产党领导的多党合作和政治协商制度、民族区域自治制度以及基层群众自治制度,不断推进社会主义政治制度自我完善和发展。"这是执政党的文献中第一次把基层群众自治制度确认为我国政治制度的一个重要组成部分。在阐述要加强基层民主建设的问题时报告还指出,"人民依法直接行使民主权利,管理基层公共事务和公益事业,实行自我管理、自我服务、自我教育、自我监督,对干部实行民主监督,是人民当家作主最有效、最广泛的途径,必须作为发展社会主义民主政治的基础性工程重点推进。"

中共十八大报告再次强调,"完善基层民主制度。在城乡社区治理、基层公共事务和公益事业中实行群众自我管理、自我服务、自我教育、自我监督,是人民依法直接行使民主权利的重要方式。"随着基层社区自治体制的不断强化和完善,我国的基层民主不断地扩大,城乡社区的医疗卫生、环境治安、养老助残、扶贫帮困等公共服务的水平不断提升,社区的文化、体育、教育等活动日趋活跃,社区自治是中国改革开放以来,在重构社会微观结构和治理方式中取得的最为重要的成果之一。

我国的基层城乡社区自治虽然取得了长足的进步,但在总体上还处于初级阶段。尤其是实践层面还存在着一些行政部门对社区自治的不当干预,社区自身的自治意识和能力不足,居民的有效参与度不高,村务、居务的民主监督不完善,在自治组织选举、财务管理、低保等社会保障的实施、农村的土地经营与利益分配等方面违规以至违法的现象仍大量存在。这表明,中国基层社区的自治是一个需要不断推进的历史过程,社区自治的成熟不仅有赖于法理基础的奠定,而且还需要政府行政体制的改革,社会自组织力量的增强,公众有序参与社会公共生活的意识和能力的养成等条件的具备。中国的社区自治作为政治体制和社会管理体制的重要组成部分,必将在社会现代化的进程中不断地得到强化和完善。

2. 中国的社区服务和社区建设

为社区居民提供良好的社区服务是社区治理的核心功能之一。当今世界各国在推进社区发展和实施福利性社会政策中,普遍注重发展社区服务事业。在世界各地,社区社会服务的形式多样,在概念上西方国家一般使用"社区社会服务"(Community Social Service)、"社区照顾"(Community Care)或"社区照顾服务"(Community Care Service)等。我国是在 20 世纪 80 年代中期开始倡导"社区服务"(Community Service)的。各类社区服务活动,可以是由社会服务机构在社区内开展的服务,或是社区组织为社区居民提供的服务,也可以是政府和社会力量等为了社区发展和增进社区福利所提供的服务。

我国的社区服务实践是在社会主义市场经济体制改革的过程中,为了适应经济和社会转型的需要而发展起来的。我国的"社区服务体系,是指以社区为基本单元,以各类社区服务设施为依托,以社区全体居民、驻社区单位为对象,以公共服务、志愿服务、便民利民服务为主要内容,以满足社区居民生活需求、提高社区居民生活质量为目标,党委统一领导、政府主导支持、社会多元参与的服务网络及运行机制"①。中国进入改革开放和建立社会主义市场经济体制的新时期之后,社会结构发生了深刻的变化,社会的微观结构和基层社会的组织管理体制也发生了相应的变化。80 年代,社区和社区工作的概念重新为政府和社会所认同,社区发展在现代社会中的功能与作用开始得到重视,在中国城乡开展社区服务和社区建设,被确定为一项重要的社会发展工程,纳入了国家的国民经济和社会发展规划。

社区服务作为社区发展和社会服务体系中的重要组成部分,具有以下一系列基本特征:

(1) 福利性。社会福利性是社区服务的首要特征。提高社区成员的生活质量、增进社区公共福利是开展社区服务的宗旨,社区内的"三无"人员、残疾人、优抚对象等是社区福利服务的重点对象,其中大量的服务是无偿的,对全体社区居民提供的有偿服务也不以营利为目的。服务便利,收费标准较低,体现着公共福利和社会公平的原则。此外,许多服务设施的建设和服务项目的开展是政府的投资与社会的资助,国家在政策上给予了很多的扶持与保护,这都表明社区服务具有鲜明的社会福利特性。

(2) 服务性。以人为本、服务居民是社区服务的基本属性和任务。社区从自

---

① 《国务院办公厅关于印发社区服务体系建设规划(2011—2015 年)的通知》。

身的需要出发,自主兴办服务机构,自觉为社区居民服务。专业的社会工作机构,发挥其专业特长,在社区开展各项专业性的社会福利服务。政府则主要通过政策和资源配置发挥其服务职能。社区服务要求政府、社区、社会工作机构都要在服务中实现其社会功能,通过服务推动社区和社会的协调发展。

(3) 群众性。社区服务以全体社区成员为服务对象,通过系列化、多样化的服务内容,满足群众多种需求。社区服务不仅服务对象有群众性,而且它也是以社区群众的广泛参与、以群众性的自助和互助为基础的,它的服务队伍也是群众性的。数百万志愿者的无私奉献和群众的广泛参与,使社区服务真正体现了"我为人人,人人为我"的社会公益精神。

目前我国各地开展的社区服务项目大都因地制宜,根据服务对象的服务需求而形成,主要包括有:

(1) 老人服务系列。主要为老年人提供各种社会服务。老人供养方面有养老院、老人公寓、托老站等。老人文化活动方面有老人文化活动室、老年活动中心、老人文体协会等。老人保健方面有老人医院、老人保健中心,老人心理咨询站等。老人生活服务方面有老人家政服务、慰老陪老服务、老人婚姻介绍等。

(2) 青少年服务系列。为社区青少年身心健康和成长提供的各种服务与帮助。包括:校外辅导站、小学生课后寄托站、学生午餐服务、青少年文化活动室、待业青年职业培训班、失足青少年帮教组等。

(3) 儿童服务系列。为社区儿童提供的各种服务,如婴幼儿家政服务、托儿所、幼儿园、育儿学校等。

(4) 残疾人服务系列。为社区残疾人提供的保障服务。包括残疾人就业服务、社区康复中心、残疾人生活照料、残疾人教育培训等。

(5) 就业服务系列。为社区失业、下岗职工提供就业培训、职业介绍、再就业信息服务等。

(6) 家政服务系列。为社区居民提供家政服务和家政服务中介,如家庭保姆,钟点工介绍、早餐、午餐配送,拆洗衣被、自助洗衣站,服装加工等。

(7) 优抚对象服务系列。包括开展拥军优属服务、解决优抚对象生活困难、与驻区部队双向共建、帮助部队培养军地两用人才、协助政府做好征兵和退伍安置服务工作等。

(8) 便民利民生活服务系列。为方便社区居民生活提供的各种服务,如家电、日用品维修,电话传呼,自行车寄存,代为加工食品等。

(9) 社区医疗保健服务系列。结合医疗保障体制改革,为社区居民提供医保服务,努力做到小病不出社区,医疗服务上门,服务包括医疗保健、残疾康复、计划生育、心理咨询、家庭保健计划、家庭病床等。

(10) 文化生活服务系列。设立社区阅览室、科普站、广播室,开展各类文娱体育健身活动,以丰富社区居民文化体育生活。

(11) 民俗改革服务系列。为社区群众的婚丧嫁娶提供移风易俗、现代文明的服务。

(12) 治安调解服务系列。建立社区治安联防小组,开展安全保卫宣传,调解居民之间、邻里之间、居民与集体之间发生的各种纠纷,维护社区的社会安定。

社区服务的内容和形式是因社区居民服务需求的变化而不断变化的。随着社会经济的发展和人民生活水平的提高,社区服务的内容和形式也必然会不断丰富扩展。至"十一五"末,我国社区服务体系建设取得显著成效,全国共建成街道社区服务中心 3 515 个,社区服务站 44 237 个,社区综合服务设施覆盖率达 50.81%。①

社区服务的普及和深入,推动了中国城市社区的各项建设与发展,而社会的转型和工业化、城市化进程的加快也对城市社区的管理与服务功能提出了新的要求和挑战,单纯的社区服务已不能适应社区发展的新趋势。

20 世纪 90 年代初,政府有关部门和理论界根据中国城市社区发展的实际需要,借鉴国际"社区发展"的基本经验,提出了中国城乡"社区建设"的理念和思路,.社区建设是指在党和政府的领导下,依靠社区力量,利用社区资源,强化社区功能,解决社区问题,促进社区政治、经济、文化、环境协调和健康发展,不断提高社区成员生活水平和生活质量的过程。②

为了全面深入地推进我国城市的社区建设,1998 年政府机构改革以后,国家民政部设立了基层政权和社区建设司,国务院明确赋予了民政部"指导社区服务管理工作,推进社区建设"的职能。

1999 年开始,沈阳、上海、南京等地结合居委会换届选举,以基层社区体制改革为突破口,重新划分社区,建立社区成员代表大会、社区协商议事会。社区居民委员会由居民民主选举产生。以社区民主自治全面推动社区建设,显示了实现社区民主自治是推进社区全面建设的核心任务和基本前提。

同年民政部在全国确定了北京市西城区、上海市卢湾区、南京市鼓楼区、沈阳市沈河区等二十六个社区建设实验区,以探索和积累城市社区建设的经验。在此

---

① 《国务院办公厅关于印发社区服务体系建设规划(2011—2015 年)的通知》。
② 《中共中央办公厅、国务院办公厅转发民政部关于在全国推进城市社区建设的意见的通知》。

基础上,民政部向中共中央和国务院上报了《关于在全国推进城市社区建设的意见》。2000 年 11 月 19 日,经中央政治局常委会讨论,中共中央办公厅、国务院办公厅下发了《关于转发〈民政部关于在全国推进城市社区建设的意见〉的通知》。通知就中国城市社区的基本范围,城市社区建设的重要意义、指导思想、主要目标和内容,城市社区的组织体系、队伍建设等作了明确的阐述。指出城市社区建设的基本原则是:(1)以人为本、服务居民。(2)资源共享、共驻共建。(3)责权统一、管理有序。(4)扩大民主、居民自治。(5)因地制宜、循序渐进。社区建设的重要内容是(1)拓展社区服务。(2)发展社区卫生。(3)繁荣社区文化。(4)美化社区环境。(5)加强社区治安。(6)因地制宜地确定城市社区建设发展的内容。

不断推进的社区自治和社区建设是我国新时期社区治理理论与实践探索的新成果,适应了我国转型时期社区发展新的特点和要求。我国的社区自治和社区建设还处于起步阶段,在取得令人瞩目的成就的同时,也存在着诸多深层次的矛盾和问题。随着我国社会和经济的发展,我国的社区自治和社区建设将在实践中不断得到完善和发展。

第四节 城 市 化

一、城市化概述

自 18 世纪工业革命以来,城乡发展中出现了一个突出的现象,就是城市化的趋势。所谓城市化,是指农村人口大量向城市集中,城市的数量不断增加、城市的规模不断扩大的历史进程。这个进程的实质是城市文明在社会生活中的扩张,是一个社会现代化的变迁过程。

城市化趋势产生的直接原因是工业革命。发生在 18 世纪欧洲的工业革命是人类历史上的一场生产力大革命。它所产生的影响,不仅在于使社会生产力有了突飞猛进的发展,而且它还改变了整个人类的生活方式,把人类生产的支点从农业移向了工业。而城市乃是工业的摇篮与集中地。由于工业是一种连续性的专业化生产,它的产品主要是用于交换的商品,因此需要一个交通便利、市场发达、生产场所相对集中,并能为大批工人集中居住提供条件的环境,城市社区具有的功能可较好地满足工业生产的要求。所以,工业革命后,大批的工厂及其他企业在城市兴建,与此同时工商业又大量吸受着来自农村的新的劳动力。农村人口大量地流进了城市,城市的规模与数量与日俱增,于是现代城市化运动便开始了。

正因为城市化是工业革命的直接产物,所以它最早就出现在工业革命的策源地欧洲,特别是英国。18世纪后期,英国的城市数量迅速增加,规模不断扩大,农村人口大量进入城市。恩格斯对英国出现的这个历史现象十分关注,他敏锐地洞察出了这个现象中所包含的社会变迁的实质。他在《英国工人阶级的状况》中深刻地指出:"六十年至八十年前,英国和其他任何国家一样,城市很小,工业少而不发达、人口稀疏而且多半是农业人口。现在它却是和其他任何国家都不一样的国家了;有居民达二百五十万的首都,有许多用极复杂的机器生产的工业,有勤劳而明智的稠密的人口,这些人口有三分之二从事于工业,完全是由另外的阶级组成的,而且和过去比起来实际上完全是具有另外的习惯和另外的需要的另外一个民族。"①

　　这种现象当时不仅出现在英国,也出现在欧美其他工业化国家,而且其发展速度越来越快,涉及范围越来越广。1800年全世界的城镇人口占总人口的比例仅仅3%,1900年上升为13.6%,1920年为19.9%,1950年为28.8%,到1981年全世界城镇人口已占总人口的38.2%。1979年城镇人口比重超过70%的国家达23个(不包括人口在20万以下的国家),城镇人口比重在30%—70%之间的国家有78个(包括苏联和南斯拉夫)。而城镇人口不足30%的国家降为62个,且大多是最不发达的国家。城镇人口比重的迅速增加是与城市的规模及数量同步俱增的。从1900年到1975年,全世界200万人口以上的城市数目增加了23.7倍,100万到200万人口的城市数目增加了12.4倍。500万人口以上的大都市在20世纪初只有英国伦敦一个,到20世纪中叶增加到6个,80年代后期达到20多个,21世纪初特大城市发展的趋势更是有增无减。城市越来越多,越来越大,使一些大城市的郊区几乎连接了起来,形成了城市带,如美国东海岸的波士顿经纽约到华盛顿的城市带,我国沪宁铁路沿线的城市带等等。

　　资本主义国家城市化的快速发展,导致了严重的"城市病"。环境污染、住房拥挤、犯罪增加等现象成了社会新的病灶。因此,从20世纪中叶开始,在城市化程度比较高的发达国家,出现了一种人口从城市中心迁移到市郊,从大城市迁移到中小城市的逆城市化趋势,郊区较低的地价,较少的污染,较好的治安,以及现代交通的便利,能满足人们躲避城市病的需要。大批较富裕的人口迁移到郊区,形成了城市新的郊区环,出现了星罗棋布的卫星城。大批富裕居民迁出后,城中心留下的主要是穷人、老人、未婚者等,这又产生了一系列新的社会问题。这种逆城市化的趋势,是对城市化进程中一些不合理的、特别是大都市的过度膨胀现象的自发校正,它并

---

① 恩格斯:《英国工人阶级状况》,《马克思恩格斯全集》第2卷,第295—296页。

不能表明整个城市化的历史进程已发生了逆转。它显示的是:人们应该走一条更科学、更合理的城市化道路。

二、探索中国特色的城市化道路

如前所述,我国是世界上最早出现城市的国家之一,无论在上古还是漫长的封建时代,城市的发展始终没有间断过。11 世纪到 15 世纪期间,世界上最大的城市一直在中国。

但到了近代,由于帝国主义列强的入侵,打断了我国社会发展的原有轨迹,中国逐渐沦为半殖民地、半封建的国家,城市也因此而步入了一个畸形发展的格局。它没有像欧美那样出现以工业化为基础的现代城市化进程。在外国资本和封建主义的双重压迫下,大批原来的名城古都变得千疮百孔,日益衰败,而在东南沿海一些通商口岸却畸形地膨胀起一批新城市,它们成了帝国主义、买办势力和官僚资本的聚集地。这些口岸城市一方面是中国近代工业的摇篮,另一方面又是外国资本倾销商品和掠夺我国资源的据点。它们的出现并不能导致中国城市整体的健康发展。直到 1949 年解放前夕,我国近代城市的发展是缓慢而艰难的,城市人口总共不足 5 000 万。

新中国成立以后,我国城市的发展进入了新的历史时期。这一时期,城市的性质发生了根本的变化,城市生产得到了巨大发展,消费性的旧城市被改造成生产性的新城市。但是,解放后半个多世纪以来我国城市的发展也不是一帆风顺的,出现过大起大落的局面。改革开放后,随着工业化进程的加快,我国城镇发展迅速,并在探索中国特色的城镇化道路上取得了可喜的进展。到 2011 年末,全国有城市657 个,镇 19 683 个,城市中直辖市 4 个,地级市 284 个,县级市 369 个。[1]

我国的城市化虽然取得了很大的进展,但是相对于我国的工业化进程和社会发展的要求,其总体水平仍较落后。为了探求适合中国国情的城市化道路,加快我国的现代化建设,党的十一届三中全会以后,国家提出了我国城市化的基本方针,即"控制大城市规模,合理发展中等城市,积极发展小城市"。

这个方针强调我国是个发展中的人口大国,经济发展的总体水平还不高,农业人口仍占大多数。在城市化的进程中,如果像西方国家和某些发展中国家那样盲目发展大城市,让农村人口大量流入大城市,那就势必会造成城市布局与结构的失衡,使一些大城市因畸形发展而染上严重的"城市病",其结果反而会破坏城乡经济的协调发展,引发出各种社会问题与矛盾,阻碍我国城市化的健康进程。为避免大

---

[1] 中华人民共和国民政部:"中华人民共和国行政区划统计表"(2011 年)。

城市过度膨胀的弊端,要使更多的中等城市得到合理的发展,增强其功能与辐射力。同时,要立足于我国农村面广人多、生产还较落后的现实,积极发展小城镇,使广大农村依托小城镇逐步实现城镇化,走一条适合我国国情、科学合理的城市化之路。

在贯彻上述城市化方针的过程中,人们对探索适合我国国情的城市化道路的认识在不断深化,进一步提出了实现我国城市化目标的不同的具体思路,而其探索的焦点是中国应该走集中型城市化道路还是分散型城市化道路,其中有代表性的观点是"大城市论"和"小城镇论"。

主张走以大城市为主导的集中型城市化道路的观点认为,现阶段我国还处于城市化的初级阶段即实现国家工业化阶段,而要发展现代化大工业,就离不开大城市。大城市的特点是较高程度的集中,只有集中,才能满足大工业对供应、协作、运输、市场、情报、科研和服务等各项要求,才能把多种物质和精神的力量汇集在一起,才能以较小的支出取得最大的经济效益。

而主张走以小城市和小城镇为主体的分散型城市化道路的观点认为,我国农村人口多,在城乡劳动力严重过剩的情况下,现有城市无力吸纳数以亿计的农村人口,对此,只能以投资少、设施较简单的小城镇、小城市起步推进城市化。以小城镇、小城市为基点和主体的城市化是循着由农业—农村工业化—农村现代化和城市化的轨迹生长与发展的一种颇具中国特色的城市化道路。

中国是一个人口众多的发展中国家,这决定了中国的城市化是一个艰巨、复杂的历史进程。对中国城市化道路的选择及其客观规律的认识,需要在吸取世界各国城市化经验和教训的基础上,不断与时俱进,使其更加科学,更加符合中国的国情。中国城市化的核心问题是要建立一个适应生产力发展布局需要,符合我国人口结构变迁特点,与区域、环境、资源相协调的现代化城镇体系。

改革开放以后,我国经历了世界历史上规模最大、速度最快的城镇化进程,初步形成了大中小城市和小城镇相结合的较为完整的城镇体系。大量农村劳动力进入城市务工,按在城市居住半年以上的常住人口统计,2010年中国的城市化率已突破百分之五十。但在城市化快速发展的同时,也出现了一系列新的挑战和问题。由于城乡二元的户籍制度、社会保障制度等体制性障碍,进入城市数以亿计的农民,难以真正融入城市,成为享有同等社会权利的市民。在城市建设中,一线大城市人口暴涨,房价高企,环境污染,交通等基础设施难以适应城市迅速发展的需要,"大城市病"十分严重。一些人口和产业优势相对较弱的中小城市急于扩张,大肆征地、盖楼、造城,结果出现空城现象。不少小城镇,由于缺乏产业和就业支持,也存在空心化问题。

党的十八大以后,国家提出了新型城镇化的发展战略,新型城镇化就是要克服以往中国城市化进程中存在的矛盾和问题,通过户籍、土地、财政、行政管理等体制改革,走以人为核心,以产业化带动就业,注重提高城镇建设质量,与农业现代化相辅相成的城镇化道路。

推进新型城镇化应遵循的原则是坚持以人为本,为人民群众提供更好的生产生活条件;坚持以产业为基础,推动产业集聚发展和转型升级,努力创造更多就业机会;坚持规划约束,着力增强规划的科学性、权威性,加大监督执行的力度,切实发挥规划的长远指导作用;坚持改革推动,建立健全相关体制机制,努力为城镇化健康发展提供不竭动力;坚持协调发展,统筹推进工业化、信息化、城镇化、农业现代化,努力提高城镇化质量。

为了推进新型城镇化建设,国家制定了城镇化中长期发展规划,确定了新型城镇化发展的指导思想、规划目标、实现路径等,有关部门根据新型城镇化的需要和我国的国情,提出应重新制定城市规模划分标准。根据市区常住人口的数量认定城市的规模等级,与上个世纪90年代起实施的城市划分标准相比,拟将小城市人口认定从20万以下提升至50万以下,中等城市认定从之前的20至50万上升至50至100万,大城市从之前50至100万上升至100至500万。并增加一个特大城市等级,将超过500万人口的城市认定为特大城市。

新型城镇化战略的提出标志着中国特色城镇化道路的进一步成熟,它无疑将会成为中国经济、社会发展的新引擎,将会引起中国城乡结构和社会结构的深刻变化,将会有力地拉动中国城乡经济的发展和经济增长方式的转变,将会有效地提高人民群众的生活水平。经过不懈的努力和奋斗,一个具有中国特色的现代化的城镇体系必将出现在中国的大地上。

思考题:

1. 什么是社区? 它的基本构成要素是什么?

2. 农村社区与城市社区有什么区别?

3. 如何评价一个社区的功能及其实现程度? 它与社区发展的关系是什么?

4. 什么是城市化? 它产生的原因是什么?

5. 什么是中国特色的新型城镇化? 实施新型城镇化战略的原则和重大意义是什么?

第十一章 社会制度

社会整体是复杂多变的。为了保证各种组织、团体以及个人在社会中正常生活，人们创造了一整套社会制度来约束自己的行为，以维持社会的有序性。因此，社会制度就成为社会学研究的重要范畴。

第一节 社会制度概述

一、社会制度的含义和特征

"制度"一词的英文含义是"设立、制定、学院、机关"等。有人把这个词翻译为"设施"，专指社会学意义上的制度。在我国，制度一词有特定的含义，"制"是指制约和控制，"度"是指限度。这符合社会学中制度的原意，即是指一种行为规范。我国古代以"礼"作为社会制度的中心，规范各种社会关系和行为模式。当代各国社会学家都十分重视对社会制度的研究，但对制度的理解各有不同。人们一般讲的"社会主义制度"、"资本主义制度"，是把制度作为一种经济形态。有的人常用于指各种组织机构的制度，如经济制度、政治制度、家庭制度，等等。还有人把制度一词广泛地应用于各种具体的规章制度，如工厂里的考勤制度、学校的作息制度，等等。社会学者们虽然对制度所下的定义各有不同，但是有一种比较一致的倾向，就是社会学中研究的制度既不是指一种社会经济形态，也不是指各种具体的规章制度，而是取制度的"中层"含义，是作为一种管理和控制社会的有效方式和规范体系来探讨的。它本质上是人们社会关系的体现，但它又反过来对人们的社会关系和社会行为起制约作用。从这个意义出发，我们认为，社会制度是指在一定的历史条件下形成的人们的社会关系和社会行为的相对稳定的规范体系。

制度与规范是既相区别又相联系的两个范畴。它们的联系主要是，制度是规范中的一种重要类型，是一种比较稳定的规范体系。它们的主要区别是，社会规范的范围要比社会制度广得多。社会制度是一种社会规范体系，但并不是所有社会规范都是社会制度。在这里，美国社会学家萨姆纳的思想对我们有一定的启发。萨姆纳认为，人们在一定的环境中，经过不断地摸索，形成某种行为模式。这种行为模式最初表现为民风,这种民风几乎与习惯的意义相同。以后对民风再加以反省,于是,在民风中增添了社会的、伦理的强制力,就发展成为一种民德。当民德脱离了感情的或宗教的色彩,就像特定的规则和法令那样,为一定的组织机构所制定,于是民德就成为制度。这就是说,风俗、习惯、道德等在一般情况下只能称为社会规范,而不能称为社会制度,只有那些脱离了感情的、宗教的色彩,为一定的组织机构所制定,以特定的规则和法令的形式表现出来的比较稳定的规范才能称之为制度。

关于社会制度的起源主要有三种观点:

第一种观点认为社会制度起源于风俗习惯,这种观点以美国社会学家萨姆纳为代表。他认为社会制度起源于民俗,由民俗发展到民德,再由民德发展成制度。民俗是被大家认同的习惯行为,民德已成为有一定的道德倾向的规范,民德的结构化和系统化发展就形成了制度。这种观点影响较大也有一定的合理性。

第二种观点认为社会制度起源于人的共同意志,或者说起源于人的生理心理需要。例如,这种观点认为人们由于恐惧而产生了宗教制度等等,这种观点是从心理上寻找制度产生的原因,看不到社会制度的本质,有很大的局限性。

第三种是马克思主义的观点,这种观点认为社会制度是在一定的社会物质资料的生产方式基础上产生的。也就是说,社会制度的产生受到人类社会生产和再生产发展的制约。马克思曾经指出:"在人们的生产力发展的一定状况下,就会有一定的交换和消费形式。在生产、交换和消费发展的一定阶段上,就会有一定的社会制度,一定的家庭、等级或阶级组织,一句话,就会有一定的市民社会。"①马克思主义的观点从本质上揭示了社会制度的起源,也阐明了社会制度是一定的社会历史发展的必然产物。

社会制度作为一种规范体系,它具有以下几个主要特征:

第一,公认性。社会制度必须得到其适用范围内人们的公认,并得到大家的共同遵守。正如孙本文先生所指出的,社会制度必须是社会公认的行为规则。一项制度如果得不到人们的公认和共同遵守,就不成其为制度,或者说这项制度还没有真正形成。

第二,强制性。社会制度作为制约人们社会关系、社会行为的一种规范体系,对社会成员的作用具有强制性。就是说,一项社会制度,在其适用范围内,要求其成员必须遵守它的规定,不遵守或违反其规定者必定要受到一定的谴责和惩罚。

---

① 《马克思恩格斯选集》第四卷,第 320、321 页。

如果一项制度其成员可遵守也可不遵守，就不成其为社会制度。

第三，相对稳定性。社会制度一旦形成，便具有其一定的生命周期，保持其相对稳定的面貌。即使某项制度已丧失其功能，它也还会继续存在。没有自觉的社会变革的冲击，它一般是不会轻易地发生改变的。这一特点既是社会制度的优点，也是它的弱点。因为社会制度具有稳定性，所以它是人类社会秩序的有力保障，如果制度是朝令夕改的，社会生活就会无所适从，就不可能形成安定有序的社会生活；也正因为社会制度具有其稳定性，它就会具有惰性，就会落后于充满活力的社会生活的变化，因而当其存在的社会基础变化以后它往往就成了社会的保守力量，成为社会发展的阻力，也就成了社会改革的对象。当然，制度的这种稳定性并不是绝对的，它也会随着社会的发展而发生变化，因而制度的稳定性只是相对的。

第四，系统性。是指某个特定形态的社会制度都是围绕某一核心制度或基本制度而形成的、各种制度之间具有内在联系的一个系统。在这个系统中，任何制度都要受其他制度的制约，任何制度又都会影响到其他制度。

二、社会制度的构成

任何一种社会制度都由以下四种基本要素构成，即制度的概念系统、规范系统、组织系统和设备系统。

(1) 社会制度的概念系统是指一切社会制度都有一套概念所组成的理论基础，来说明它的目的和价值。例如，法律制度是根据一整套的法律概念所组成的法学理论来制定的。在社会制度的概念系统中包括了一些抽象的社会学说和社会思想，它们支持和维护着某一社会制度的存在和发展。社会制度的概念系统是在人类长期的实践活动中形成的。在不同的历史条件下有不同的制度理论，不同的统治阶级也有不同的制定制度的指导思想，而且不同的社会制度所依据的理论体系也有所不同，例如经济制度与法律制度就分别受到经济学和法学这两种专门理论的指导，社会制度的概念系统是理解和解释一种社会制度的核心部分，因而它被称为制度的"灵魂"。

(2) 社会制度的规范系统是指一切社会制度中都包含着一整套行为规则，用以规定社会成员之间的相互关系。例如在家庭制度中规定了结婚的条件和夫妻双方的权利与义务；在教育制度中规定了教育方针和教育过程的各种学制、考试、升级、毕业等规则；所有这些都是以一定的行为模式来规定和限制人们的社会行为。在社会制度的规范系统中包括各种准则、条例、章程、法律等。社会制度的规范系统由于自然环境和社会环境不同，它的作用也有所不同。另外社会制度的规范系统也不是一成不变的，它是以社会经济基础的发展为变化的主要条件，大到国家的法律条文,小到每个单位的组织章程都在随着社会的发展变化而不断变化。

(3) 社会制度的组织系统是制度运行并发挥作用的保证,它主要起着制度的组织实施的作用。没有这个系统,任何制度都会仅仅是一纸空文。社会制度的实际作用是通过组织活动来实现的,社会组织把一定数量的社会成员集中在一个被赋予特定目标和职能的组织中,组织通过对其成员的行为进行规范来体现社会制度的协调与规范的功能,维持特定的秩序,提高行动效率,从而满足人们的社会需要。正因为组织系统是保证制度运行并发挥作用的不可缺少的要素,因此组织系统的结构和效能如何,对制度的功能的发挥关系极大。一种社会制度能否顺利运行并发挥其应有的功能,除了必须有一套明确的概念系统和规则系统以外,还必须有一套与一定的制度相适应的、高效率的组织系统。当原有的组织结构已经不能适应制度变革的要求的时候,当组织的工作效率低下的时候,对组织系统的改革就成为制度改革的重要环节。

(4) 社会制度的设备系统是社会制度运行的物质手段和物质条件,如果没有一套物质设备,制度就发挥不了它的作用。制度的设备系统包括实用的设备和象征的标识两种。实用的设备指工厂的厂房、机器,学校的教室、教具,国家的军队、法庭、监狱,教会的教堂等等。象征的标识如国家的国旗、国徽,政党的党旗,军队的军旗,企业的标记,商品的商标等等。制度的实用设备固然十分重要,没有它们,制度就不能运转,但也不能忽视制度的象征标识的重要作用。它们代表着一个社会组织、一种制度的威严和力量,起到树立组织形象,团结成员,激励成员的作用,而这些作用往往是实用设备所起不到的。

社会制度的这四个基本的构成要素是相互联系、相互影响、缺一不可的。任何一个健全的社会制度都必须有理论的指导,明确的规则,完善的组织和相应的物质设备,所以,我们对制度的建设也应该包括这四个方面的共同建设。此外,社会制度的四个构成要素的发展有时是不平衡的,任何一种制度的构成要素的僵化和落后都会影响到整个制度功能的发挥。在现实社会中,社会制度的概念与规则系统应该适应不断发展的组织变化和物质设备的更新,各种社会组织也只有不断适应制度的变革才能有效的完成任务。因此,社会制度的制定应该考虑到四种构成要素的一致性和协调性,社会制度的改革也应该使这四种构成系统整体协调。如果我们只注意制度的规则的制定,而忽视制度的组织条件和物质设备基础,我们制定的制度就可能只是一种形式,不能被很好的贯彻执行,也就不能起到应有的作用。我国目前正处在社会的转型时期,有许多具体的制度都有待于改革和完善,而这个社会制度的完善过程,不仅是制度内部构成的协调过程,而且也是制度与社会各方面的协调过程。

三、社会制度的分类

从不同的角度,可以对社会制度进行不同的分类。

美国社会学家萨姆纳以制度的性质来分类,把制度分为四类:社会自存制度(包括工业组织、财产和统治组织制度)、社会自续制度(包括婚姻与家庭制度)、社会自足制度(包括许多不相关联的社会形式:如服饰、装束、礼节等,以及关于娱乐的游戏、赌博、艺术等)、宗教制度(包括灵魂鬼怪等信仰)。

当代美国社会学家英格尔斯从功能的角度把社会制度分为四组:"第一组是政治制度,它涉及的是权力的行使和对力量的合法使用的垄断……第二组是经济制度,它涉及的是货物和服务的生产和分配。第三组是表意整合制度,它是关于戏剧和消遣之类的制度。这一组也包括有关思想和价值传递制度。所以,我们还可以把科学、宗教、哲学、教育的组织归入这一类。第四组是亲属制度,它主要是关于性的调整问题,同时也为抚育幼小子女提供稳定而可靠的机构。"①

社会制度是社会关系的规范体系,按照历史唯物主义把社会关系划分为两大类的原则,社会制度也可以相应地分为两大类:一类是本原的社会制度,另一类是派生的社会制度。在本原的社会制度中,包括经济制度和家庭制度,在派生的社会制度中包括政治制度、法律制度、教育制度、宗教制度等。

1. 经济制度

经济制度是指历史发展一定阶段上生产关系的总和。它旨在满足人类物质生产活动的需要。财产所有方式、分配形式、资源的利用、经济管理机制等都是经济制度的主要内容。这一制度是人类社会最主要的制度,它对社会的发展具有决定性的影响,这一制度也是最复杂的制度。随着社会经济的发展,社会分工越来越细,人的需要越来越多样化,为经济发展和人的需要服务的经济制度也就越来越复杂。

2. 婚姻家庭制度

婚姻家庭制度是关于婚姻家庭关系、家庭的性质、结构和家庭成员权利义务的规定。它旨在满足人类劳动力再生产、性行为和感情交流的需要。婚姻家庭制度不仅是人类社会早期的核心制度,而且也是现代社会生活的主要制约制度。因为只有在婚姻家庭制度的规定下进行的家庭生活,才能与整个社会的生活协调起来,才有利于社会的团结和安定。

---

① (美)英格尔斯:《社会学是什么》,中国社会科学出版社 1981 年版,第 99 页。

3. 政治法律制度

政治法律制度是对国家的管理和社会秩序的维护作出的各种规定。它旨在满足公共事务的管理和社会秩序的维持的需要。一个国家的性质主要是由其政治制度决定的。由于公共事务涉及全体社会成员以不同利益要求为基础的共同社会行动,因此,如何使这些行动的目标以及行动本身被限制在社会的整体目标和既定秩序范围内,就是政治制度的核心任务。法律制度主要任务是调节人与人之间、人与社会之间的关系。它是体现统治阶级意志的,由国家制定或认可并由国家强制执行的社会行为规范。

4. 教育制度

教育制度是为满足文化知识与观念传授需要而设立的各种制度的总和。它包括教育活动的组织准则、活动程序规定和各种教育管理章程等等。教育制度保证着社会成员的社会行动与相关的知识、观念的发展符合一定历史阶段的社会的要求,也是确保文化的继承与发展的一种必要的手段,它在推动社会进步方面起着越来越重要的作用。

5. 宗教制度

宗教制度的目的主要是满足人类对超自然力量的崇拜和敬畏的需要,它对社会起着控制和整合的作用。人类对复杂的社会现象的理解往往受到超自然力量的影响,这种超自然的力量所形成的一系列价值准则、仪式、组织和章程就构成了宗教制度。在现实社会中宗教所反映的虽然是人与人之间虚幻的、纯精神上的联系,但是它也使处在不同社会地位、有着不同利益和愿望的个人或团体能够在一个社会中生活,从这个意义上讲,宗教制度是维持社会秩序的巨大精神力量,但是它同时也成为约束人们行为的强有力的社会规范。

除此之外,还有军事制度、文化艺术制度、科学技术制度、社会保障制度等等。

以上所说的各种制度并不是各自孤立地存在于一个社会之中的。它们相互之间密切联系,组合成了一个有机的整体,或者说构成了制度体系。制度之间的联系不仅反映在本原性制度与派生性制度之间的关系上,而且还反映在制度的不断创新和完善的过程之中。因此,当我们考察现实社会的社会活动时,我们看到的是一个现实社会的制度体系。在这个体系中各种社会制度都在制约着人们的行为,而且各种社会制度之间也是相互协调和相互约束的,例如经济制度的发展和变化直接影响着社会保障制度的发展变化,也影响教育制度的变革。我国目前正处于社会转型的变化之中,社会制度体系的协调问题也是社会学研究所关注的重要问题。

第二节 社会制度的功能

一、社会制度的基本功能

任何社会制度的建立都是为了满足社会运行与发展的需要,因而社会制度对于社会的运行与发展发挥着极其重要的作用。它的基本功能主要表现在以下几个方面:

第一,行为导向功能。社会制度是一套规范体系,它把人们的社会活动纳入一定的轨道,以维持社会秩序,保证人类生活的正常进行,这是群体生活的需要。因为社会中的每个人都是自己行为的主体,每个人都有自己的利益、价值、观念、理想和性格特征,这些差异使人们可能在行为上发生冲突。但是,社会生活要求人们的行为协调一致,保持一定的生活秩序。社会制度通过规定行为模式,以提倡或禁止某一行为的方式,把社会所需要的行为模式树立起来,使社会中的个人或群体知道应该怎样做,或不应该怎样做,使人们的社会行为有规可循,形成一定的社会生活秩序。社会制度还可以通过理想行为模式的提倡使人们的行为受榜样的影响,从而推动社会的进步。社会制度的导向功能是使个人顺利完成社会化过程的必要条件,也是使社会的理想角色不断涌现的制度性保障。

第二,社会整合功能。虽然社会制度规定了社会成员的行为模式,但是,并不是所有的人都按制度行事,在现实社会中总会出现对制度执行的偏差倾向。为了保持社会正常秩序,社会制度就会干预越轨的行为,根据行为的偏离程度,对越轨者给予批评教育、惩罚或制裁,从而起到控制、整合社会行为的作用。社会制度不仅以强制的手段来维护社会秩序,而且也从积极的建设性方面来维护社会秩序。在社会组织中,为了避免矛盾和冲突,就必须建立一套制度,使每个人在社会组织和社会关系结构中所处的地位和角色行为、权利和义务都有明确的规定,这样人们在组织中按角色规范行事,发挥自己的作用,也促使组织的效率提高。总之,是社会制度把人们以有序的方式结合起来,也是社会制度使社会成为一个整体朝着目标方向运行。

第三,文化传递功能。社会文化的传递主要依赖于一定的社会制度,社会制度一方面把过去人类创造的文化保存下来,传给下一代,另一方面社会制度不断地创造出新的文化,促进社会的发展。社会化的过程就是通过家庭制度、教育制度、经济制度、政治法律制度等把社会文化传递给个人,使个人成为社会的一员。同时,社会化的过程也是个人通过社会制度接受社会文化,使社会文化得以继承的过程。

社会文化就是在这种传递过程中得到继承、发展和交流的。虽然制度本身也是一种文化现象,但它却成为传递文化的主要手段之一。各种各样的社会制度使人类文化的发展具有历史的连续性,社会文化发展的实践活动也遵循一定制度的规定进行。因此,社会制度不仅是传递文化的重要工具,而且也是促进文化发展的重要手段。

二、社会制度功能的失调

社会制度并不是任何时候都能很好地发挥其功能的,当生产力和生产关系发生尖锐矛盾,导致原有的制度与社会现状不相适应时,社会制度也会阻碍人类需要的满足,在功能上表现为紊乱或不起作用,这种现象被称为制度功能的失调。

社会制度功能的失调是社会关系体系失调和社会矛盾加剧的表现。因为任何一种制度都是对现存社会关系的肯定,但是一切社会关系都处在不断变化和发展的过程中,而制度则是相对稳定的。因此,相对于不断变化发展着的社会关系来说,任何制度都有其保守性,这种保守性又被称为制度的惰性。社会制度的惰性在社会变革时期表现得特别明显。当某一社会制度不能适应社会发展的要求的时候,它对社会的发展就不会起促进作用,甚至会起阻碍作用。当这种情况发生时,可以通过社会革命的方式来建立新的社会关系和新的社会制度,也可以通过对旧的社会制度的改革来适应新的社会关系的变化,使社会制度的功能得以正常发挥。

社会制度功能的失调,除了由于制度与变化了的社会生活不相适应以外,在社会制度内部还由于:制度原有的意义和价值变得模糊不清,致使制度失去了行为导向功能;制度结构内部出现某种程度的混乱,使行为与规范、角色与地位以及组织与个人的关系脱节,导致制度的整合功能不能有效发挥;还有制度的活动流于形式,对人们失去约束力。所有这些都会影响社会制度功能的正常发挥,导致社会制度功能的失调。

一般说来,任何一种具体的社会制度都不会是永恒的,都会有一个从产生、发展到消亡的过程,这个过程被称为制度的生命周期。制度的生命周期,一般表现为四个阶段,第一是开始阶段,这是制度的初创阶段,有许多不完备和不成熟的地方需要改进。第二是效能阶段,这一阶段的制度比较能够适应社会现状,有效性较强,是制度发展的黄金阶段。第三是制度的形式主义阶段,这一阶段制度的有效性减弱,开始走向形式主义,制度有形无效,功能不能正常发挥,这时就应该考虑制度的调整和改革。第四是制度的萎缩阶段,这一阶段制度的概念系统不明确,规范系统不健全,组织系统不协调,使制度完全不能发挥其功能。这时,就需要以新的制度来代替旧的制度,实现制度的更替。因为任何一种社会制度都应该随着社会关系的变化而不断更新,这不仅是社会发展的需要,也是制度本身的发展特点所决定的。

我国目前正处在由计划经济体制向市场经济体制变革的社会转型时期,在这个过程中有许多制度要调整,还有许多制度要被淘汰,同时也会有更多的制度产生,这个过程是一个痛苦的过程,也是一个充满生机的过程,我们相信我国的制度改革必将带来新的社会进步和稳定发展。

三、社会制度的功能分析

对社会制度的功能分析存在着不同的角度,一般包括对制度功能的层次分析和性质分析两个方面。

对社会制度功能的层次分析主要把社会制度的功能划分为显功能和潜功能两种。这种划分最早是由美国社会学家默顿提出的,它表达的是人类行为动机与功能之间的关系。默顿认为,显功能是指社会制度被人们认识到的具有主观意图的客观效果。潜功能是社会制度所表现出的人们没有认识到的,也没有主观意图的客观效果。它是一种客观的自发力量,往往处在我们的认识范围和控制范围之外。例如,我们的教育制度旨在培养社会主义现代化建设的有用人才,但是,在我们的学校培养出来的学生中,理论脱离实际的书呆子有之,反社会分子也有之。虽然这些结果都不是我们的教育制度所期望的,但是我们的教育制度确实客观上存在着这种潜在的作用。

为什么社会制度会产生潜功能?这首先是由于人们的认识与客观事物的发展之间总有一定的距离,因而人们所制定的制度与他们所期望达到的目的之间也总会有一定的距离。其次,一种社会制度在发挥其作用的过程中,往往要受到许多主客观因素的影响,如成员的素质、宏观环境的变化等等,这些影响可能使制度原有的功能发生转换,或者产生原来没有估计到的作用。第三,由于制度内部的构成要素之间不协调,如制度的组织系统不健全,与制度实施的要求不一致,由于这种不协调、不一致,就有可能使制度原有的目标发生转移。第四,社会制度本身有它发展的生命周期,在制度的效能时期就可能存在着潜在的问题,随着制度的形式阶段和萎缩阶段的到来,自然会产生许多人们原来没有预料到的新问题。

对社会制度潜功能的分析研究具有重要的意义。其一,它能够促使我们在制定制度时,注重调查研究,尽可能全面地考虑到影响制度发挥作用的各种因素,使所定的制度更切合实际,更符合事物发展的客观规律。其二,在一项新制度正式实施前,一般应在小范围先进行试点,以了解其可能产生的副作用。其三,一旦发现制度产生出未曾预料到的负功能时,就应及时修改和完善原有的制度,以使制度与目标真正达到一致。

如果对社会制度的功能从性质上来划分，又可以把它划分为正功能和负功能两种。正功能是社会制度的积极功能，也就是一项制度对维持社会系统的良性运行与协调发展所具有的积极贡献。负功能是指社会制度的消极功能，也就是一项制度对社会系统的运行所起的不良影响与作用，它使社会运行偏离其所期望的目标。将社会制度的功能从性质上作这样的区分，最早是由美国社会学家帕森斯和默顿提出来的。他们的研究发现，一项社会制度对社会系统运行的作用并不都是积极的和符合人们的期望的，它在对社会运行产生积极作用的同时，不可避免地会产生一些负面影响和消极作用，来干扰其正功能的发挥，影响其目标的达成。例如，高校实行学分制改革，将有利于学生的自由发展，有利于教师教学水平的提高，但是如果学分制搞得不规范，它就有可能造成教师迎合学生的要求，成绩的评定不严格等副作用，从而影响教学质量的提高。制度的负功能往往是违背制度制定者的初衷的，因而它往往是以潜功能的形式起作用的。当然，潜功能并不一定都是负功能。

研究制度的这两种不同性质的功能的意义主要在于：它告诉我们，任何制度对社会系统运行的作用一般都不会是纯粹的正功能，它在发挥积极作用的同时，都会不可避免地存在某种负功能。正像显功能必然会伴随着某种潜功能一样，正功能也必然会伴随某种负功能，这是人的意志难以完全避免的一种客观现象。懂得这一点，我们在制定制度时，一方面必须尽可能全面地分析一项制度实施时各种因素可能对它产生的影响，以及制度实施后会产生的各种可能的后果，从而使所定制度尽可能地完善；另一方面，要对一项制度实施后可能产生的负功能有足够的估计，并采取积极措施以尽可能缩小负功能所产生的消极影响。

第三节　制度化和制度改革

一、制度化

制度化是指人类的社会行为普遍被制度制约并逐渐模式化的过程。它包括以下两层含义：第一，它是指人类社会行为的定型化与模式化。如果某种社会行为没有受到制度的严格制约，而是具有随意性，那么就不能称之为制度化。第二，它是指人类的社会行为普遍被制度所制约。制度化的过程是人类的每一种社会行为都被纳入明确的制度轨道的过程。如果某些行为受到制度制约了，而另一些行为却没有明确的制度制约，那就不能称之为制度化的社会。

制度化是现代社会的一个特征。在近代社会以前，人们的行为主要靠风俗习惯、伦理道德来调节，而不是靠具有明确约束力的制度来制约，社会管理带有浓厚的人治色彩，主观随意性比较大。现代社会则是高度制度化的社会，各种各样的制度几乎渗透到人们社会生活的一切领域，成为调节人们的社会关系、制约社会行为的主要的社会规范。

制度化具有如下两方面的基本作用：

第一，制度化促使人们认定某种行为的合理性。一般来说，符合制度规范，就是合理的行为，越出规范的轨道，就被认为是违反制度，就是不合理的行为。正是通过制度化的过程，社会秩序得以形成和维持，正常的社会生活得以运行。无论哪一类社会行为，都必须经历这一过程，制度化的结果就是一定秩序的形成。因此，社会制度被人们所理解并遵守的过程，实际上就是赋予人的社会行为合理性的过程。

第二，制度化使人们的社会行动具有可期望性，即人们必须依循一定的规范来行事。可期望性的依据就是社会制度。例如，在当代中国的教育制度中，如果期望获得大学毕业文凭的话，可以通过参加高考等大学入学考试制度获得，这是一种制度化的模式。同社会化过程相联系，社会制度的规范对人的各种角色行为都有明确的角色规定，这样人们按角色规定的行为行动，就成为被期望的行为。当然，一旦人们因各种原因对这种制度规范产生不满或怀疑时，制度化就会转化为反制度化，新的符合人们理想的制度也就开始萌生了。

制度化也会给人类社会带来另一方面的副作用。制度化的同时也是人们行为模式化的过程。从历史的发展来看，人们的社会需要在不断地推动着制度的改造，使旧的行为模式被新的模式所取代；但从现实的过程分析，制度化就意味着某种行为方式的固定化，惰性也就开始产生。结果，人们创造了制度，却反过来成了制度的奴隶。某项制度明明已落后于时代发展的要求，已失去了合理性，但它仍然会以其强大的惰性向前运行，从而成为社会发展的阻力。所以，克服制度的惰性，充分发挥制度的积极功能，是制度化过程中必须重视的一个重要课题。

二、制度改革

在人类历史的发展过程中，在社会生活向制度化方向发展的同时，制度的改革也从来没有间断过。社会制度之所以要不断地改革，主要是由于以下几个原因：

第一，人类社会需要不断的发展。人的需要总是不断发展的，要求获得满足的欲望也会不断增强，需要的满足离不开制度的保证；而一种需要被满足了，新的更高的需要又会产生。当原有的社会制度不能有效地、全面地满足新的需要，制度改革就会产生。社会需要的不断发展构成了制度改革的原动力。

第二,社会制度的惰性与生机勃勃的社会生活的矛盾。相对于充满生机的社会生活来说,社会制度是相对稳定的和具有惰性的,因而一般来说,制度总会滞后于社会生活的发展步伐。这种制度的惰性与充满生机的社会生活的矛盾就形成了制度改革的另一动因。制度运行涉及制度与社会成员和社会成员所处的历史环境这三者的关系,只有这三者的有效结合,社会制度的功能才能充分的发挥。当社会制度与现实的社会生活不相适应的时候,制度就需要改革。也只有进行制度改革才能使社会制度与社会现实生活的变化相适应,发挥其有效的作用。这一点在社会历史发展的过程中也已明显地反映出来,每当社会生活发生重大变革的时候,也必然要引起社会制度较大的改革,社会制度的不断改革,使它能成为人们实现理想目标的有效保障。

第三,社会制度有其自身一定的生命周期。正如前面已经指出的,任何制度都不会是永恒不变的,它们都具有从产生到发挥效能、形式化以至于萎缩的发展变化阶段。制度发展到形式化阶段就提出了变革的要求。因此,制度的改革不仅是社会发展的要求,也是制度本身的发展特点所决定的。

我国目前正处在社会主义初级阶段,正在向社会主义市场经济及社会现代化的目标迈进。新中国建立以来,由于我们曾经教条式地对待马克思主义理论,由于受到苏联模式的较大影响,由于在社会主义建设中缺乏经验、急于求成,结果所制定的具体制度与生产力发展的水平和发展要求不相适应,从而在一定程度上阻碍了我国生产力的发展和社会主义优越性的发挥。因此,必须对原有的制度进行改革。

社会是一个复杂的整体,我国又是一个经济比较落后的发展中的人口大国,制度的改革必然是一项十分复杂的系统工程。要使社会制度改革产生预期的效果,就应该在制度改革的过程中,注意社会经济发展战略与制度的统一,注意制度与制度之间的配套和注意组织与制度之间的协调。

1. 社会经济发展战略与制度的统一

社会经济发展战略是指整个社会发展的长期目标。我国社会发展的战略目标是,把我国建设成为富强、民主、文明的社会主义现代化国家。邓小平同志为我们设计了分"三步走"基本实现现代化的宏伟蓝图。我们党还进一步明确了经济体制改革的总体目标是建立社会主义市场经济体制。要实现这些战略目标,必须以制度改革作为强大的动力,同时制度的改革必须紧密围绕战略目标,以战略目标作为制度改革的导向,使制度成为实现社会经济发展战略目标的有效保证。

我国幅员辽阔,各地区的自然环境和社会环境差异较大,生产力的发展水平也不平衡。在我国要实现一个统一的目标,应根据各地区的特点来制定制度。制度是为实现目标而制定的,但是一个总目标的实现要依赖于许多分目标的实现。社会制度以它相对稳定的特征使人们的行为具有目标导向,它成为实现社会经济发展战略目标的重要手段。另一方面,社会制度相对稳定性的特征又有可能使它成为实现社会经济发展战略目标的障碍。因为社会发展并不以制度为转移,而是由生产力的发展变化所决定的。所以,社会制度的改革既要为实现社会经济发展战略的总目标服务,又要针对各地区的差异性和具体的发展特点留有一定的余地,使制度有调整的可能,这样的制度才更具有生命力。

2. 制度与制度之间的配套

制度改革,无论是经济制度还是政治制度的改革都应该注意制度与制度之间的配套发展。这不仅是由于每一项具体制度本身是一个由多种要素构成的系统,而且也由于整个社会是由各种制度有机联系而构成的一个大系统,各种制度之间存在着密切的不可分割的联系。

首先,制度的构成要素之间要协调配套。社会制度的构成系统包括概念系统、规则系统、组织系统和设备系统四个部分。概念系统是指导思想,我国社会主义发展阶段理论的提出,就是为了更好地使生产关系适应我国生产力的发展现状。但是,仅仅从理论概念上认识还不够,还必须通过制度的规则系统体现出来。例如,我国目前还存在着多种所有制,怎样才能使它们有序的协调发展,就需要有各种具体的制度的规则来控制。制度的组织系统和设备系统也同样需要随制度的概念和规范系统的变化而变化。社会制度的改革,一方面是指具体规则的调整和建设,另一方面是指组织机构的合理化,组织目标的实现和组织化的过程。因为任何制度要发挥作用都需要有一个有效的社会组织结构的配合,庞大的、松散的、低效率的组织机构正是我们要改变的现状。任何一种制度若不能与组织机构相配套,那么它将不能起到应有的作用。物质设备系统是制度得以实现的必不可少的条件保证,组织的建立以一定的物质条件为前提,社会制度的改革也是以一定的物质条件为基础的。严格的管理制度、完善的组织结构是与现代化的技术设备分不开的。因此,社会制度的改革是制度系统的改革,它包括概念、规则、组织和物质设备四者之间的协调与平衡。我国的现实情况是有些制度的概念不清,有些制度的规则不全,有些制度与组织结构不相适应,还有一些制度与物质设备脱节,所以我们要树立制度的系统观念,只有树立了制度的整体系统观念,才会重视社会制度内部构成系统之间的协调改革。

其次,制度与制度之间要协调配套。社会生活是由多种制度来控制管理的,任何一项制度要充分发挥它的作用都会与其他制度发生联系,正因为如此,在制度的改革中就存在着制度与制度之间的配套问题。如果各种相关制度的改革不配套,那么就会影响一种制度功能的发挥,甚至由于各种制度之间的作用相互抵触而造成更大的社会矛盾,影响社会生活的正常运行。

社会是一个复杂的大系统,改革总是从局部开始的。为了使局部的制度改革与整体协调,改革就应该分阶段进行,而且应该注意制度改革的内部配套和外部配套。内部配套是指制度自身系统的变化配套与发展配套,外部配套是指一种制度的改革与其他相关制度改革的相互配套。例如,物价改革是整个经济体制改革的一个重要组成部分,物价制度改革必须同财政、金融、计划、物质、工资等制度改革配套进行,这些都是价格改革的外部配套改革。劳动制度的改革也应该与社会保障制度改革相协调。由于一些改革的实施效果不易把握,也由于我们正在进行的制度改革是历史上前所未有的社会变革,许多问题都难以预料,只能在实践中逐渐加以认识和总结,因此,改革中可能会出现难以调和的摩擦和冲突;还有一些制度的改革由于受到各种条件的限制难以同步进行,在这样的条件下,制度的改革一定要与政策相配套,使政策起到与制度相同的作用。如果不这样,制度的改革就不能顺利进行。一项制度的改革再合理,当它实施时不能与其他制度协调,它的功能就不能发挥。所以说,改革的过程不仅是新旧体制交替的过程,也是一个制度内部协调和外部配套的过程。

再次,要根据我国的国情来借鉴外国的制度,使借鉴来的制度有机地融进我国的制度体系之中。每个制度系统都有自己的特质。这是由于各国的生产方式、生活方式、历史文化传统、民族性等因素的不同而造成的。正因为每个制度系统都有自己的特质,所以当一些外来的制度加入该系统时,如果不与该系统的特质相融合,就很难被该制度系统耦合并产生作用。因此,我们一定要根据我国的国情来借鉴外国的一些好的制度,使借鉴来的制度有机地融进我国的制度体系之中,从而更好地发挥其应有的功能。

3. 组织与制度的协调

组织与制度的协调是一个问题的两个方面。组织依靠一定的制度来完成组织目标,而制度要发挥其功能也离不开一定的组织,所以,组织系统是制度构成的重要部分。制度的改革不仅是制度规范的调整,而且也是组织结构关系的调整。制度的变更必然会引起组织的变更,组织结构的调整也依靠着制度的改革。以企业管理制度为例,现代企业管理制度应该适应于一定的生产组织形式和技术要求,一般而言,生产组织形式越复杂,技术要求越高,相应的管理制度就越严格。企业管理制度如果脱离了生产组织形式,过松或过紧,都会使制度要么成为一种形式,没有导向和整合的作用,要么就变成一种桎梏,束缚着组织的活力和运转。因此,可以这样认为,一方面社会制度的合理性取决于它与组织机构的协调程度,另一方面制度的变革或迟或早地会引起组织方面的变革,引起组织结构的重组。

我国现行政治体制的特征是高度集中,表现为权力集中和组织形式集中两方面。权力集中通过组织形式集中来表现,组织形式的集中又成为权力集中的基础条件。于是,形成社会各种组织的主要关系是隶属的垂直关系,而不是网络关系,制度比较僵硬,各种社会的职能混淆,作用相互抵消。虽然提出政企分开,但目前做的还仅仅是开始。我国行政机构庞大,部门林立,但效率却很低。各种社会组织,如经济组织还缺乏活力和主动性。进行社会制度改革的目的就是要使各种社会组织的功能从混同状态中分化出来,使它们各自的功能单一化,各司其职,政企分开,以便更有效地发挥各自的作用。制度改革同时也是按照社会发展的需要和各种社会组织的性质,重新确定它们在社会中的地位、更新社会组织结构的过程。组织结构的变更需要有新的制度产生,用以确保组织结构的稳定和发挥作用。例如,干部组织结构的改革中,要废除终身制,就要健全干部退休、任期、淘汰制以及干部的考核评议、招聘、奖励、升降等具体管理制度,完善监督制度和岗位责任制。我国实行国家公务员制就是干部组织结构改革的成果,所以,组织结构的调整过程也是制度的改革过程。

我国目前正处在社会的转型时期,为适应对外开放和对内搞活的经济发展需要,我们正在不断的调整各种组织结构,以形成有利于经济发展和社会进步的有效的社会组织系统,这个过程的完成要靠制度化控制。我们对制度的改革,也应该从组织入手,通过组织结构的调整,使制度更为完善,只有有效的制度才能促进社会组织完成它应有的任务,从而推动整个社会现代化进程的发展。

思考题:

1. 什么是社会制度？它的构成要素和特点是什么？
2. 怎样理解社会制度的功能？
3. 什么叫制度化和制度的生命周期？研究它有何意义？
4. 联系实际谈谈我国体制改革中应当注意的问题。

第十二章　社会生活方式

社会生活方式是社会结构及其运行状况的一种综合性反映,因此,社会生活方式也是社会学研究的重要范畴之一。随着我国社会主义现代化建设事业的不断发展,人们的生活方式正在发生深刻的变化。如何在经济发展的同时,逐步提高我国人民的生活水平和生活质量,如何完善和发展社会主义的生活方式,这对于促进社会主义物质文明和精神文明建设的协调发展具有重要的理论意义和实践意义。

第一节　社会生活方式概述

一、社会生活方式的概念

社会生活方式这一概念在社会学和其他学科中有着不同的理解。主要分歧表现在对这一概念有广义和狭义两种解释。持广义解释的人,把它理解为人们在物质生活和精神生活领域所从事的一切活动方式,既包括物质生活资料和精神生活资料的生产方式,又包括它们的消费方式。狭义的理解,则是把社会生活概念限定在物质生活资料和精神生活资料的消费方式,社会交往方式和日常生活方式的范围内。这两种理解并不是对立的。在实际研究中,广义的理解一般并不包括对具体的物质生产过程的考察;狭义的理解一般也会涉及诸如劳动就业、劳动时间等与劳动有关的一些内容。所以,在实际研究中,关于社会生活方式的广、狭两种含义的理解并没有绝对的、明显的界限。

我们认为,对生活方式这一概念,不能单纯从它所涉及的范围的大小来机械地理解其含义,而应该从它特有的研究角度和研究内容去加以理解。它的特有角度是,它是从具体的人们怎样生活的角度,即是从主体的生活活动的角度来加以研究的。从这一研究特点出发,生活方式研究所涉及的领域是十分广的,即要涉及物质生活、社会生活、政治生活和精神生活等人们参与社会生活的所有领域。但是,它又并不包罗这些领域的所有方面,而仅是从人们怎样生活的角度来涉及这些领域。比如,生活方式研究要涉及人们的劳动生活,但是它并不研究生产、流通、交换、消费(生产性消费)等具体的生产过程以及生产过程中人与人之间所结成的关系,而是从人们怎样生活这个角度涉及诸如就业方式、劳动时间、劳动条件等与劳动生活有关的方面。又如，生活方式研究要涉及人们的政治生活，但它并不研究阶级、政党、国家这些上层建筑领域的问题，而是从人们怎样参与政治生活的角度，研究人们参与政治生活的方式与程度等方面的内容。

因此，我们认为，社会生活方式是指在一定的社会经济条件下，各阶级、各民族、各社会集团以及个人生活活动的全部特征的总和。这一定义表明，生活方式的研究包括了对不同层次的社会主体的生活方式的研究，而且它研究的是人们生活活动的特征，即是从人们怎样生活的角度来考察人们的社会生活的。

特定的生活方式既包括了特定的质也包括了一定的量，是质与量的统一。生活水平和生活质量是生活方式在量上和质上两个方面的反映。生活水平侧重反映生活方式的量的方面，它主要是指人们所拥有的用以消费的物质财富的数量。衡量生活水平的指标主要有人均实际收入水平与支出水平，人均食物消费量，人均拥有的住房面积和其他生活资料的数量等等，它们都可以用货币或实物形式进行直接的数量测定。生活质量侧重反映生活方式的质的方面，它是指在一定的社会制度下，人们的生活所达到的保证个人健康、自由和全面发展的程度。生活质量一般不是用货币或实物形式，而是用一套综合性的评价指标来进行测定的。这些指标主要有：人的健康与寿命，受教育程度，精神生活需要的满足程度，人的自由发展和创造性得到实现的程度等等。由于对生活质量的测定包括了主观评价指标，所以并没有一套公认的评价生活质量的标准。在不同的社会制度下生活质量有不同的含义，不同的个人对生活质量的理解也不一样，可见生活质量是同一定的价值观密切联系在一起的，生活质量只有同一定的价值观相联系才有其确定的含义。

生活水平与生活质量是反映生活方式的两个不可分割的方面，它们之间的关系是辩证统一的关系。一方面，它们是互为条件、密切联系在一起的。一定的生活水平都内在地包含人们生活的特定的质，没有人们的生活资料在质上的不断丰富和完善，也就谈不上生活水平的提高；一定的生活质量又必须以一定的生活资料的量的积累与提高为前提，没有较高的生活水平，就没有高质量的生活方式。另一方面，这两者又是有区别的，不能将它们等同起来。生活水平主要反映的是人们的物质生活状况，而不能全面反映人们社会生活的其他方面的状况；生活质量与生活水平并不是绝对地同步发展的，有了较高的生活水平，并不一定有好的生活方式。贫穷困苦的生活固然是不幸的，但是富裕的生活本身并不等于幸福。因此，我们只有在生活水平与生活质量的辩证统一上，才能对某种特定的生活方式作出科学的评价。

研究社会生活方式，具有重要的理论意义和实践意义。第一，有助于揭示社会的整体结构及其运行状况,为促进社会的良性运行提供科学的依据。生活方式是社会整体结构及其运行状况是否协调的具体而生动的反映,所以,研究生活方式,能够使我们对社会整体结构及其运行情况有一个具体的认识,从而有助于对人们的社会生活进行有效的调节;第二,有助于促进社会物质文明与精神文明建设的协调发展。生活方式研究可以揭示社会物质文明建设与精神文明建设之间的相互关系,从而可以协调这两者之间的关系,促进社会物质文明建设与精神文明建设的共同发展;第三,有助于协调社会各阶层人民的利益。研究社会各阶级、阶层的生活方式是生活方式研究的重要内容。通过对不同的阶级、阶层的生活方式的比较研究,可以为协调各阶级、阶层之间的利益关系提供科学的依据;第四,研究社会生活方式,有助于在社会主义现代化建设事业不断发展的基础上,逐步完善与发展社会主义初级阶段的生活方式,为在我国建立科学、文明、健康的生活方式作出重要贡献。

二、生活方式的研究方法

对某种特定的生活方式如何加以考察和研究? 我们可以从生活方式的质与量的统一中,建立生活方式的指标体系来进行考察。

建立生活方式的指标体系是研究生活方式的一项基础性工作。无论是生活方式的描述性研究还是解释性研究,都离不开生活方式的指标这一有力的工具。生活方式的指标是指反映生活方式各个方面特征的、能够加以度量的具体项目。按照指标所反映的量的广度和深度的不同,可以将生活方式指标分为反映生活方式数量特征的外延量指标和反映生活方式各部分内部结构的内涵量指标,前者如医院病房床位数、新建住房面积数、月工资收入等,后者如人均住房面积、离婚率、在生活消费中各种消费支出所占比重,等等。按照指标所反映的内容的性质的不同,可以将生活方式指标分为反映生活方式发展状况的客观性指标和反映人们对生活方式的主观评价和态度的主观性指标两类。前者如人均年收入,在校大学生数等;后者如人们对职业的评价,对工作环境的满意程度等。

由于生活方式所包括的内容十分复杂,所以,要全面、完整地反映某一生活方式各方面特征,仅有个别指标是远远不够的,必须有从各个侧面反映某一生活方式多方面特征的具有内在联系的一套指标,即指标体系。

生活方式的指标体系一般有两种表现形式,一种是结构式,它通常可以用数学形式表现出来,如生活性消费＝食物消费＋衣着消费＋文化教育消费等等。另一种是综合式,即若干相互联系、相互补充的指标的组合。它通常是综合地反映生活方式某一方面特征的指标体系。如衡量居住环境的质量就应当包括居住密度、交通条件、离商业网点的距离、周围生态环境、文化娱乐设施、教育设施等从各个侧面反映居住环境质量的一套指标。

建立科学的生活方式的指标和指标体系是生活方式研究的关键。为此,生活方式的指标与指标体系的设计必须符合以下要求:(1)全面性。即既要有反映生活方式量的指标,又要有反映生活方式质的指标,能在生活方式的质与量的统一中全面反映某种特定的生活方式;(2)可度量性。所设计的指标要能够凭经验观察,并能够加以具体度量;(3)通用性和可比性。指标的内涵、所使用的计算单位、所涉及的时间与空间范围以及计算方法应该一致。比如,成人识字率这一指标,在美国指的是17岁以上(包括17岁)人口中识字人口所占的比率,而我国的这项统计数字常常指的是12岁以上人口中识字人口所占的比率,两者相去甚远,具有不可比性。

比较研究是生活方式研究的一种重要方法。生活方式的比较研究包括:当代生活方式与历史上的生活方式的比较研究,本国和外国的生活方式的比较研究,我国不同地区之间生活方式的比较研究,不同阶级、阶层以及不同职业集团之间生活方式的比较研究,等等。进行生活方式的比较研究,有利于我们开阔眼界,看到不同时代、不同地区、不同社会集团之间生活方式的差异,认识生活方式变化发展的规律性,从而能为协调和完善我国社会主义初级阶段的生活方式提供科学的依据。然而比较研究只是生活方式研究的一种方法。比较研究的得当与否,正确与否,还要取决于生活方式的研究方法和研究内容。由于对生活方式的考察方法和考察内容不同,所依据的评价指标不同,就会得出不同的比较结果,见表12-1。

表 12-1 部分国家人文发展指数比较

	预期寿命(岁)		成人识字率(%)		初、中、高等教育入学率(%)		人均国内生产总值①(美元)		人文发展指数		人文发展指数与人均国内生产总值位次之差②	
	1998	2005	1998	2005	1998	2005	1998	2005	1998	2005	1998	2005
挪 威	78.3	79.8	99.0	99.0	97	99.2	26 342	41 420	0.934	0.968	1	1
美 国	76.8	77.9	99.0	99.0	94	93.3	29 605	41 890	0.929	0.951	−1	−10
日 本	80.0	82.3	99.0	99.0	85	85.9	23 257	31 267	0.924	0.953	1	9
俄罗斯	66.7	65.0	99.5	99.4	79	88.9	6 460	10 845	0.771	0.802	−3	−9
中 国	70.1	72.5	82.8	90.9	72	69.1	3 105	6 757	0.706	0.777	7	5
蒙 古	66.2	65.9	83.0	97.8	57	77.4	1 541	2 107	0.628	0.70	10	21
印 度	62.9	63.7	55.7	61.0	54	63.8	2 077	3 452	0.563	0.619	−7	−11
塞拉利昂	37.9	41.8	31.0	34.8	24	44.6	458	806	0.252	0.336	0	−5

注:① 人均国内生产总值按购买力平价法计算。
　　② 正值表示人文发展指数排序比人均国内生产总值排名位次靠前。
资料来源:①《国际统计年鉴2000》,中国统计出版社2000年版,第515页。
　　　　　②《国际统计年鉴2008》,中国统计出版社2008年版,第361页。

从表 12-1 可以看出,衡量一个国家的社会发展水平和生活水平的高低,取决于所使用的评价指标。如果将 2005 年的人均寿命、成人识字率和人均国内生产总值三项指标综合而成的人文发展指数作为排列的依据,相比于仅按人均国民生产总值这一个指标排列,中国的名次要上升 5 位。联合国开发计划署的研究人员认为,人文发展指数能较全面而客观的反映一个国家的发展水平和生活水平。

三、生活方式的社会制约性及其对社会过程的反作用

不同国家、不同社会的生活方式是不同的,就是在同一个社会、同一个国度里,不同阶级、不同社会职业集团的生活方式也不一样。那么,造成这些差别的原因是什么呢? 也就是说,特定的生活方式是由哪些因素决定的? 这就是一个生活方式的社会制约性问题。

一种特定的生活方式不会是从来就有的,不会是从天上掉下来的,而是一定的社会历史条件的产物。一定的生活方式的形成和变化取决于两大类因素,一类是客观的社会因素,另一类是人们的主观因素。在影响和制约生活方式的诸因素中,生产方式起着决定性的作用。马克思曾经指出:"物质生活的生产方式制约着整个社会生活、政治生活和精神生活的过程。"[①]一般说来,社会有什么样的生产方式,就会有什么样的生活方式。

生产方式对生活方式的决定作用,主要体现在以下几个方面:

(1) 生产方式决定了生活方式的具体内容、结构和水平。生产力发展水平不同,社会所能提供的生活资料的性质、品种、数量、质量就不一样,从而也就决定了人们过着怎样的社会生活,包括用什么样的生活资料生活;这些生活资料在整个生活性消费中占多大比例;各类物质资料的消费达到了多高的水平等。使用石器的原始人,只能钻木取火,茹毛饮血,住洞穴,穿兽皮。而现代工业生产则为人民提供了高楼大厦、家用电器等各种现代化的生活资料。现代生活方式与原始人相比已完全不同了。

(2) 生产关系决定了生活方式的质的特征。生产关系决定着人们在社会生活中的地位,影响和制约着人们的政治生活和精神生活过程,并且制约着人们的生活态度。这些都决定了在不同经济制度的国家,生活方式具有不同的质的特征。

(3) 生产方式的变革和发展推动着生活方式的变化。生活方式的变化都是从生产方式的变革开始的。生产方式的变革和发展必然会带动生活方式的变化。生产方式的变革是生活方式发展变化的最深刻的根源。

---

① 《马克思恩格斯选集》第二卷,第 82 页。

从以上三点可以看出,在影响和制约社会生活方式的诸因素中,生产方式是首要的、决定性的因素。但是生产方式不是影响和制约生活方式的唯一因素。影响和制约生活方式的社会因素还有社会政治制度、文化传统、自然环境、人口等。例如,在阶级社会中,统治者总是通过行政的、法律的、意识形态的手段,来维护符合其利益的生活方式,禁止和取缔违反其利益的生活方式;各个民族由于其传统文化的不同,它们的生活方式就会有不同的民族特点,而且这种特点一般不会轻易地随着社会制度的改变而改变;地理、地质、气候条件对人们的生活方式也有很大的影响,南方人和北方人,海边渔民和草原牧民的生活习惯就有许多不同的地方。

人们的生理、心理特点,职业特点以及价值观等主观因素是影响生活方式的另一类因素。不同年龄、不同性别的人,其生活方式会有不同的特征;从事不同职业的人的生活方式带有鲜明的职业特征;具有不同的人生观、价值观的人会具有不同的生活态度,会对个人的生活道路和生活模式作出不同的选择,等等。

影响人们的生活方式的因素是多方面的。它们的作用有决定性的和非决定性的之分,但其中任何一个因素都不能单独决定某一特定的生活方式的全部内容。一种特定的生活方式都是以上多方面因素综合作用的结果。

由于上述多种因素的影响,不同时期、不同民族、不同阶级的生活方式便呈现出不同的特点,从而使生活方式具有时代性、民族性和阶级性。生活方式的时代性是指生活于同一时代的大多数人,其生活方式具有由共同的经济、政治、文化背景而确定的时代特征,所谓现代或现代人的生活方式就是指的生活方式的时代性。生活方式的民族性是指不同民族的生活方式都具有各个民族自己的传统文化、风俗习惯等特性。生活方式的阶级性是指在阶级社会里不同的阶级有不同的生活方式。上述一、二两种特征是任何一种生活方式所具有的共性,而阶级性则是阶级社会的生活方式所具有的共性。

某种生活方式一经形成,就具有其相对独立性,并对生产方式和整个社会产生重要的影响。科学、文明、健康的生活方式能够促进社会生产力的发展和社会的进步,愚昧、落后、腐朽的生活方式则会妨碍生产力的发展和社会的进步。可见,建立什么样的生活方式,对于生产力的发展和社会的进步具有十分重要的意义。

第二节　生活方式的基本内容

生活方式的研究包括哪些内容? 马克思在《政治经济学批判》一文中把人们的整个社会生活分为物质生活、社会生活、政治生活、精神生活四个方面。后来也有的人把社会生活分为物质生活和精神生活两大类。我们这里主要从劳动生活方式、物质资料的消费方式、精神生活方式以及闲暇生活方式等四个方面来阐明生活方式的内容。

一、劳动生活方式

如前所述,尽管人们对生活方式这一概念的理解有广义和狭义之分,但在实际研究中,大多数人都将劳动生活方式作为生活方式的一个重要内容。我们这里所考察的劳动生活方式与生产方式并不是一回事。劳动生活方式侧重研究主体的活动本身,而生产方式侧重研究这种活动的结果;生产方式作为社会形态最基本的要素之一,它要研究生产力与生产关系的矛盾运动过程,劳动生活方式作为主体的最基本的活动方式之一,它要研究与主体的劳动有关的生活活动方式。当然,作这样的区分只是相对的。

劳动生活方式的研究内容主要包括劳动就业方式、劳动条件、劳动时间,以及劳动态度、劳动习惯等方面。

劳动生活方式在人们的生活方式中占有十分重要的地位。第一,劳动就业方式影响到人们生活的基本保障和人的积极性的调动问题。高就业率能使广大人民群众的基本生活需要得到保障,但同时也带来一个工作效率问题。如何在保证普遍就业的同时提高劳动效率和工作效率,这是我国劳动就业制度改革需解决的主要问题。第二,劳动性质会影响人们生活需求的结构。一般说来,从事脑力劳动的人对精神文化生活的需求比从事体力劳动的人要强烈。随着脑力劳动在人们的劳动中所占的比重逐渐增大,人们对精神文化生活的需求也必然会呈现出逐渐增高的趋势。第三,劳动条件不同会对人的劳动态度、劳动习惯以及人的健康发展产生不同的影响。我国农民过去过惯的日出而作、日落而息的生活方式是与繁重的、效率很低的体力劳动分不开的。在机器工业发展的初期,劳动者成了机器的奴隶,紧张的、机械的劳动动作以及恶劣的劳动环境严重地损害了劳动者的身体健康。随着劳动工具和工艺的逐渐现代化,人们正逐渐从繁重的体力劳动中解脱出来,从而劳动本身越来越成为人们生活的第一需要。第四,劳动时间会对社会生活的时间结构产生直接的影响。劳动时间的缩短能使个人可以自由支配的闲暇时间延长,从而为个人的自由而全面地发展创造条件。第五,人们的劳动态度会对劳动效率与工作效率产生不可忽视的影响。因此,积极的劳动态度的形成和劳动积极性的充分发挥是各项制度改革的基本出发点和改革是否成功的重要检验标准。总之,劳动生活方式在人们的生活方式中占有十分重要的地位,劳动生活方式的研究在生活方式的研究中具有十分重要的意义。

二、物质生活资料的消费方式

物质生活资料的消费方式是生活方式研究的主要内容之一。物质生活资料的消费方式的研究内容主要包括：消费水平、消费结构、消费观念等。

消费水平是反映物质生活资料消费数量的标志，因而也是反映生活水平的主要标志。衡量消费水平的指标是人均收入水平和人均支出水平。这两者虽然并不是一回事，但它们之间有着极为密切的联系。在通常情况下，支出水平取决于收入水平。收入水平较低的国家或地区，其支出水平也较低；收入水平较高的国家或地区，其支出水平也较高，两者处在大致均衡的水平上。一个国家或地区的人均收入水平与支出水平是否大致均衡是衡量这个国家或地区的经济是否健康、协调的重要标志之一。

影响一个国家或地区人均收入水平的因素主要有两个。一是劳动生产率。劳动生产率是影响收入水平的决定性因素。劳动生产率较高的国家或地区，劳动者的收入水平一般较高。劳动生产率低是我国特别是广大农村地区收入水平较低的主要原因。另一个因素是每个就业者所负担的人口数。在一定的劳动生产率和每个劳动者的一定的收入水平下，家庭的就业人口增加，所需负担的人口减少，则每个就业者所负担的人口数就减少，人均收入水平就提高。

判断实际生活水平的高低，不能仅仅看收入水平的高低。在一定的收入水平的条件下，居民的实际生活水平的高低还要受到下列因素的影响：第一，通货膨胀率。一般说来，通货膨胀率高，价格上涨，货币贬值，会影响到居民的实际生活水平。严重的通货膨胀会导致在名义收入增加的情况下实际生活水平反而下降的后果。第二，支出水平。衡量实际生活水平不仅要看收入，还要看支出。发达国家的劳动者收入高，支出也高；我国人民的收入低，支出也低，两者的实际生活水平的差距并没有收入水平的差距那么大。第三，国家税收和财政补贴。国家为了维持社会的稳定与正常运转，需要运用税收和财政补贴等经济手段来调节人们的社会生活。因而税收和财政补贴等经济杠杆也会影响人们的实际生活水平。西方国家的工资水平比较高，但它还要扣除数额很大的税收，而我国的工资收入并不包括数额很大的国家财政补贴。

消费结构，是指在生活性消费中，各种消费支出所占的比重。消费结构的分析可以分为不同的层次。第一个层次是消费总量的结构分析，主要是指衣、食、住、行等消费支出占总消费支出的比重。第二个层次是消费分结构分析，是指各类消费支出的内部结构分析。如在食品消费中，各类食物所占的比重；在日用品消费中，高、中、低档日用品所占的比重，等等。

　　根据马克思关于人的需要的分类方法,可以将消费资料分为必要消费资料、享受消费资料和发展消费资料三大类。这三类消费资料在消费总量中的构成情况,是由社会生产力发展水平所决定的。在生产力水平很低的自然经济时代,必要消费资料在消费结构中占极大的比重,而且整个消费结构呈现出高度的稳定性,不会发生大的变化。在生产力高度发达的现代社会,不仅消费水平不断提高,而且消费结构也不断发生变化。这种变化的总趋势是,必要消费资料在消费结构中所占比重逐渐下降,享受和发展资料在消费结构中所占比重逐渐上升。(见表 12-2,表 12-3)

表 12-2　我国城镇居民家庭平均每人消费性支出构成(%)

	1985 年	1990 年	1995 年	2000 年	2006 年	2010 年
食　　品	52.25	54.25	50.09	39.44	35.78	35.67
衣　　着	14.56	13.36	13.55	10.01	10.37	10.72
家庭设备用品及服务	8.60	8.48	7.44	7.49	5.73	6.74
医疗保健	2.48	2.01	3.11	6.36	7.14	6.47
交通通讯	2.14	3.17	5.18	8.54	13.19	14.73
娱乐教育文化服务	8.17	8.78	9.36	13.40	13.83	12.08
居　　住	4.79	4.76	8.02	11.31	10.40	9.89
杂项商品与服务	7.02	5.20	3.25	3.44	3.56	3.71

　　资料来源:①《中国统计年鉴 2004》,中国统计出版社 2004 年版,第 360 页。
　　　　　　②《中国统计年鉴 2007》,中国统计出版社 2007 年版,第 348 页。
　　　　　　③《中国统计年鉴 2012》,中国统计出版社 2012 年版,第 346 页。

表 12-3　美国家庭消费支出构成(%)

	1950 年	1977 年	1992 年	1996 年	2000 年	2006 年	2010 年
食　　品	30.3	21.7	12	10.6	9.3	8.96	8.62
穿　　着	12.3	7.9	6	5.7	5.3	4.56	3.51
住　　房	11.3	15.3	18	18.6	16.8	17.45	19.19
家庭设备*	15.2	14.7	6	5.4	5.1	4.82	4.14
医药保健**	10.5	16.5	17	18.0	16.4	18.99	20.57
交通通讯	—	—	14	14.4	13.3	13.02	12.07
教育、休闲与娱乐	—	—	10	10.8	11.4	11.65	11.69
其　　他	—	—	16	16.5	22.4	20.56	20.20

　　资料来源:①《经济研究参考资料》1982 年第 30 期。
　　　　　　② 国家统计局:《从数字看国情》,《瞭望》1997 年第 48 期。
　　　　　　③《国际统计年鉴 1999》,中国统计出版社 1999 年版,第 568 页。
　　　　　　④《国际统计年鉴 2004》,中国统计出版社 2004 年版,第 206 页。
　　　　　　⑤《国际统计年鉴 2008》,中国统计出版社 2008 年版,第 218 页。
　　　　　　⑥《国际统计年鉴 2012》,中国统计出版社 2012 年版,第 249 页。
　　* 1992 年以前为"家庭运转"支出;＊＊1992 年以前为"医药文娱费"支出。

19 世纪德国统计学家恩格尔,根据统计资料得出了消费结构变化的一般规律:家庭收入越少,家庭总支出中购买食品的支出比重就越大;随着收入的增加,用于购买食品的支出比重将会下降。消费结构的这种变化情况可以用恩格尔系数表示如下:

$$恩格尔系数 = \frac{食品支出金额}{总支出金额}$$

恩格尔系数能大体衡量出一个国家或地区的生活水平的高低。恩格尔系数在 60％以上为绝对贫困,50％—59％为温饱,40％—49％为小康,30％—39％为富裕。

消费观念是消费方式中的一个有机组成部分,任何消费方式都内在地包含了一定的消费观念。一般说来,消费观念是一定的经济发展水平和消费水平的反映,在一定的消费水平和消费结构的基础上会产生与之相适应的消费观念。反过来,某种消费观念的形成,也会有力地制约和影响人们的消费生活。由于消费观念的形成还要受到人们的价值观念以及社会参照点的影响,因此,消费观念并不会绝对地与经济发展水平和消费水平相一致,有时会出现消费观念滞后或超前的现象。我国曾经是一个经济发展十分落后的国家,人民群众只求有饭吃,有衣穿。"新三年,旧三年,缝缝补补又三年"固然反映了以往我国人民群众的艰苦朴素精神,同时也是我国经济不发达、消费水平比较低的反映。随着经济的逐步发展,人民群众不再满足于有饭吃、有衣穿了,而是开始追求吃得好、穿得好的舒适生活了。这是我国经济和社会发展的必然结果。进入 20 世纪 80 年代以来,随着商品经济的迅速发展和对外开放的实现,国外的消费方式和消费观念对我国产生了很大影响,以致在一些人中出现了一股盲目的奢侈性消费热。这种奢侈性消费热脱离了我国的国情,对社会风气产生了不良影响。因此,在经济发展的同时,如何正确地引导消费,树立健康的消费观念,是各级政府不能忽视的一件大事。

三、精神生活方式

精神生活是人们社会生活的重要组成部分,这一点是由人的本性所决定的。人是社会的人,人的本质在于人的社会性。人的这一本质决定了人具有其他动物所没有的高级的精神生活需求。精神生活在人的社会生活中的重要地位主要体现在:第一,精神生活能使人的归属感得到满足。人不能孤立于世界而生活,任何人都必须归属于一定的群体,都具有归属感。与群体的其他成员进行交往,能使这种归属感得到满足。第二,精神生活能使人获得精神上的寄托。人与人之间的思想与情感交流,男女之间的情爱,闲暇时间中的娱乐与欣赏等等,都会使人感到生活的充实和精神上的满足。第三,精神生活能满足人的创造性需求。人具有实现自己的价值和取得成就的需要。闲暇时间的创造性活动能使这种需求得到满足。正因为精神生活在人的社会生活中具有十分重要的作用,因此,它就成了衡量生活质量的重要方面。

精神生活的内容包括:(1)获得群众信息(看报纸、杂志、电视,上网,听广播等);(2)家庭成员之间的交往;(3)社会交往;(4)宗教活动;(5)业余爱好与创作;(6)参加或观看文艺、体育活动、旅游等。

在不同的民族和国家,人们的精神生活具有不同的内容和形式。造成精神生活的内容与形式不同的原因主要是:经济与社会发展水平不同,社会制度不同,人们的受教育程度不同和价值观不同等。社会经济发展状况与精神生活之间的关系是,随着经济与社会的不断发展,人们对精神生活的需求逐渐提高,精神生活的内容与形式越来越多样化,用于精神生活的时间也逐渐增多。但是,社会经济状况与精神生活之间的这种关系仍受到社会制度的强有力的制约。在一些经济发达的西方国家,人们的物质生活丰富了,但人际关系却越来越淡薄,精神生活越来越空虚,不得不借助于赌博、性等感官的刺激来寻求精神上的满足。人们对精神生活的需求与其受教育程度和价值观也有密切的联系。一般说来,受教育程度较高的人对精神生活的需求也比较高,而价值观的不同则会产生对精神生活内容的不同评价和追求。

人的精神生活是一种客观需要。人们可以自由支配的闲暇时间以及人们身上多余的精力为满足这种需要提供了条件。人们总是在以各种不同的方式进行着自己的精神生活。当正当的精神生活不能满足人们需要的时候,一些不正当的精神生活就会乘虚而入。精神生活的贫乏和空虚会导致不良社会后果的产生,应当引起社会生活的组织者和管理者对这一问题的重视。

近几十年来,全球的现代化进程正在深刻改变和影响着人们的精神生活。值得指出的是,人类社会的现代化进程并不必然给人们带来高质量的精神生活。现代社会对人们的生活方式的影响是双重的:一方面,它使人们的物质生活水平大大提高,并且为人的精神生活的丰富化和人的自由发展创造了条件;但另一方面,它又给人们带来了激烈的竞争,紧张的生活,人际关系的淡化,精神压力的增大,精神生活的空虚,精神疾患的增加,等等。据日本企业 1999 年对高科技人员的调查,35岁到 60 岁的男性离家出走者逐年增多;因精神紧张患胃溃疡、高血压、心脏病、神经官能症的人 5 年内翻了一番;自杀人数则从 1.1 万增加到 1.5 万人。[1]1996 年 12

---

① 柯宝成:《漫话"高科技综合症"》,《光明日报》1999 年 4 月 28 日。

月在莫斯科举行的欧洲"琼浆玉液计划"研讨会向全球发出警告:大脑中枢神经系统的疾病在发达国家迅速蔓延,有可能成为 21 世纪危害人类最严重的继心血管疾病、肿瘤之后的"第三号"病症。随着我国改革开放的深入,现代化进程的加快,精神疾患也呈明显增长之势。20 世纪 50 年代我国城乡精神病患病率仅 1.3‰—2.8‰,80 年代锐升至 10.54‰。①因此,在现代化进程中,如何在极大地提高人们的物质生活水平的同时,努力提高人们的精神生活质量,使现代人生活得更健康快乐,更符合人的本性,这成了一个世界性的难题。

四、闲暇生活方式

劳动者一昼夜的时间分配可以分成两大部分。一是劳动时间,即为生产和再生产社会生活的物质条件所必需的时间。二是业余时间,即劳动或工作以外的所有时间。业余时间包括以下几个部分:(1)与工作相关联的时间消费,如上下班路途时间。(2)满足生理需要的时间,如睡觉、吃饭所需要的时间。(3)家务劳动的时间,包括买菜、做饭、洗衣、抚养与教育子女等维持家庭生活所必需的时间。(4)闲暇时间。所以,闲暇时间不等于业余时间,而只是业余时间的一部分。闲暇时间与业余时间中其他部分的区别在于闲暇时间是可以由个人自由支配的时间,而其他一些活动则是必要的时间消费。当然,这两者的界限只是相对的。

闲暇时间一般包括以下活动内容:文化学习,体育锻炼,获得群众信息,文化娱乐,业余爱好和创作,社会交往,无事休息和消遣等。

闲暇时间是以时间形态存在的宝贵的社会财富。它在人们的社会生活中的作用主要体现在:第一,补偿劳动消耗,恢复脑力和体力,增进身体健康。第二,满足人们日益增长的精神生活的需要。第三,有助于科学、艺术的发明与创造。第四,激发人的各方面的才能,为人的自由全面发展创造条件。总之,闲暇时间无论对于社会的进步还是对于个人的发展都具有重要的意义。

社会所拥有的闲暇时间不是固定不变的。它会随着社会的物质文明和精神文明建设的发展而发生变化。闲暇时间发展变化的一般规律是,社会的物质文明和精神文明发展水平越高,它所拥有的闲暇时间也就越多。

在现代文明社会以前,社会财富的生产主要依靠直接投入的劳动时间和劳动量(如资本主义早期的绝对剩余价值生产)。那时能为每个劳动者占有的闲暇时间极少,而且简单而繁重的体力劳动使得劳动者对精神和社会活动的需求也不多。随着大工业的发展,社会财富的创造越来越不是依赖于所消耗的劳动时间和劳动

---

① 苏开源:《全球关注脑疾患》,《光明日报》1999 年 3 月 30 日。

量,而是依赖于科学技术在生产上的应用,依赖于劳动生产率的提高。同时,职业劳动的智力化使得劳动者对精神和社会活动的需求也越来越高,这就势必造成劳动时间缩短和闲暇时间增多的趋势。据美国学者约翰·麦克哈勒于 1972 年出版的《世界的事实和趋势》一书中所提供的资料。原始人一生中的闲暇时间仅为整个生命时间的 16.6%,而劳动时间占 33.3%;旧式农民一生中的闲暇时间占 22.9%,劳动时间占 28.6%;发达的工业部门的工人一生中的闲暇时间占 38.6%,劳动时间只占 10.4%。所以,从闲暇时间的多少也可以看出一个国家的发达程度。

随着我国劳动生产率的逐步提高,我国劳动者的劳动时间也在逐渐缩短。从 1995 年 5 月 1 日开始,我国也实行了每周 5 天工作制。这样,我国的劳动者每周工作时间从原来的 48 小时缩短为 40 小时。从 2008 年开始,我国的法定节假日从 10 天调整为 11 天,加上双休日 104 天,全年休假日共达 115 天。这样,人们日常生活中个人可以自由支配的时间显著增加。如何合理利用和愉快地度过日益增多的闲暇时间就成了摆在人们面前的一个新问题。因此,研究闲暇时间的合理利用就显得很有必要。

判断闲暇时间的利用是否合理,有两个基本标准,一是看其是否有利于社会的物质文明与精神文明建设,二是看其是否有利于个人的自由全面发展。目前,我国的闲暇时间的利用还存在一些不合理现象。如:学习时间在时间分配中所占比重不平衡;用于增强体质的体育锻炼时间不多;文化娱乐活动还不够丰富;一部分人受西方文化影响,在空余时间中追求低级庸俗的精神刺激,或无所事事,在空虚的精神状态中打发时日,等等。

随着闲暇时间在人们的社会生活中的作用的不断提高,各级政府必须采取积极措施,为闲暇时间的合理利用创造各种条件。第一,要努力创造更多的社会主义的、高尚的、健康的精神产品;第二,要大力发展满足闲暇生活各种需要的文化娱乐设施;第三,要加强闲暇时间的研究和指导工作。

第三节　完善和发展社会主义生活方式

一、社会主义生活方式的特征

社会主义生活方式,是指人们在社会主义条件下生活的本质特征的总和。社会主义生产方式的本质特征规定了社会主义生活方式的本质特征。这些特征主要体现为:

(1) 劳动是社会主义生活方式的基础。生活在社会主义社会中的人们,人人必须参加劳动,不劳动者不得食。劳动已成为社会成员的普遍义务和个人发展的手段,成为衡量一个人社会价值的尺度。

（2）人们在社会生活中的相互关系是平等、友好和互助合作的关系。在社会主义条件下，社会、集体和个人的根本利益是一致的，不存在阶级的对立，不允许人压迫人的现象存在，这就为人与人之间建立平等与互助合作的关系提供了可能性和现实性。

（3）集体主义是人们社会生活的指导原则。社会主义生产关系的性质决定了社会、集体和个人的根本利益的一致性。因此，在社会主义社会，"只有在集体中，个人才能获得全面发展其才能的手段"①，集体主义原则成为人们社会生活的指导原则。在这里，坚持集体主义原则并不意味着排斥个人利益与个性的发展，而是要求将集体利益与个人利益，社会的发展与个性的发展有机地结合起来。

（4）人们的共同富裕。社会主义的本质，是解放生产力，发展生产力，消灭剥削，消除两极分化，最终达到共同富裕。社会主义社会能为满足全体社会成员的日益增长的物质和文化需要创造条件。

社会主义生活方式的上述特征正在中国特色社会主义实践中逐渐体现出来。

一种生活方式的形成和确立是一个长期的过程，社会主义生活方式同样是如此。当前，我国还处在社会主义初级阶段，人们的生活方式不可避免地存在一些局限性，表现为生活水平还比较低，物质和文化生活还不够丰富，甚至还存在一些腐败现象，等等。之所以如此，原因是多方面的。首先，我国社会主义制度建立的时间还比较短，加之社会主义建设过程中的一些失误，因此社会主义制度还有一些不健全、不完善的地方，社会主义制度的优越性还没有得到充分体现。其次，我国的生产力还比较落后，各地经济社会发展还很不平衡。人们受教育的程度、收入水平等等还存在着差别。职业的局限性使一些社会成员的发展受到限制。再次，我国是一个从半封建半殖民地的旧社会脱胎出来的国家，旧社会生活方式的痕迹还不可能在社会主义生活方式中一下子消除干净。最后，随着我国的对外开放，国外资本主义的种种腐朽堕落的生活方式也会对我国产生消极的影响。

总之，我们既要看到社会主义生活方式区别于封建主义的和资本主义的生活方式的崭新本质，又要看到建设社会主义新生活方式的长期性和艰巨性。随着我国社会主义建设事业的不断发展，社会主义生活方式的崭新本质一定会得到充分体现。

二、建立科学的、健康的、文明的社会主义生活方式

我国社会主义新生活方式的目标是建立一种科学的、健康的、文明的生活方式。所谓科学的、健康的、文明的生活方式，是指与社会生产力发展水平相适应的，

① 《马克思恩格斯选集》第一卷，第82页。

社会的物质文明建设与精神文明建设协调发展的,有利于人的自由而全面发展的生活方式。其判断的标准主要是:第一,要与社会生产力发展水平相适应。消费水平与消费结构要符合生产力发展水平,既不能超前消费,又应在生产力发展的基础上,不断提高人们的物质生活水平。第二,社会物质文明建设与精神文明建设的协调发展。社会不仅要在生产力发展的基础上逐步提高人们的物质生活水平,而且要有教育水平的普遍提高,高尚而丰富的精神生活,良好的社会秩序和社会风尚。第三,要有利于人的自由、全面、健康的发展。科学的、健康的、文明的生活方式要与人的健康发展相和谐,使人的积极性和创造性得到充分的发挥。这种生活方式既不同于某些西方国家的纵欲主义的生活方式,也不同于封建礼教统治下的禁欲主义的生活方式,而是最符合人的生理与心理健康发展的生活方式。

要达到社会主义新生活方式的上述目标,我们必须不断完善和发展社会主义的生活方式。完善和发展社会主义生活方式的途径主要是:(1)大力发展社会主义市场经济,大力提高生产力水平,实现社会主义现代化,以使社会主义生活方式具有雄厚的物质基础。(2)大力发展社会主义的精神文化。包括大力发展科学、教育事业,努力提高人的精神需要的层次和水平;加强满足人们精神生活需要的文化娱乐设施的建设,进一步丰富精神文化生活的内容;坚决抵制封建主义和资本主义的腐朽思想意识和生活方式的侵袭,使社会主义精神文明建设与物质文明建设和谐发展。(3)逐步推进社会主义民主,健全社会主义法制,为广大人民群众参与国家的政治生活创造条件。(4)将现代化的生活方式与我国的具体国情有机结合起来。既要在我国现代化建设深入发展的同时,逐步使我国人民的生活方式向现代化方向发展,又要使生活方式的现代化进程不脱离我国的具体国情,从而建设起具有中国特色的现代化的社会主义生活方式。(5)倡导和树立与社会主义新生活方式的本质特征相适应的新观念。包括适度消费观念,公平竞争观念,时间与效率观念,以及开拓进取,艰苦奋斗的精神。

总之,只有物质文明建设与精神文明建设一起抓,才能使我国的社会主义生活方式不断得到完善与发展,才能顺利地向科学、健康、文明的社会主义生活方式的目标迈进。

第四节　网络社会的来临及对生活方式的影响

一、网络社会的来临

1969 年 9 月,加州大学洛杉矶分校的研究人员成功地通过一条 4.6 米长的电缆将数据从一台计算机传输到另一台。这些研究人员未曾料到,在其后的三十年里,这项新技术会催生出一个全新的产业——网络产业,从而使美国经济发生了革命性的变革,并使世界其他各国经济发生或即将发生革命性的变革。目前,这场变革正在全方位、深层次地改变着当代人类的经济、社会生活和世界面貌,主导着人类未来社会的发展趋势。

Internet(因特网)中文译名为互联网,泛指由多个计算机相互连接而成的一个网络,它是在功能和逻辑上组成的一个遍布于全球的大型网络。

互联网的真正起点是 1986 年建成的美国国家科学基金网。它的迅速发展则始于进入商业运用的 1991 年。1995 年以后,随着数字化技术的发展,各种知识可以编码和储存,而随着网络技术的快速发展,又使各种知识和信息可以传输。由于有了数字化和网络化技术的支撑,计算机互联网络不断扩展开来,千家万户的计算机成为全世界计算机联合体。网络信息技术应用方面最先进的是美国和北欧国家。根据德国信息经济、电信和新媒体协会于 2000 年 2 月发布的一项调查报告显示,1999 年美国每 100 个家庭拥有 61 台个人电脑,瑞典和德国分别是 58 台和 32台;美国每 100 个家庭拥有 28 个互联网账号,德国为 13 个。

互联网的出现及其目前发展的情况已远远超出了信息传播和辅助学术研究的早期目标,对人类社会的意义也不仅仅局限于推动经济迅猛发展,其更深刻的意义是在一个全新的基础上重塑人类的文明,即人类即将进入一个数字文明的时代。这是与人类历史上的农业文明、工业文明并称的全新历史阶段,并且较前两个阶段有着更大范围和更为深远的历史性影响,因为从此人类必须从全球化的视角看待一切事物,并要迎接一个前所未有的不断加速变化的时代。

国际互联网络不仅仅是一个简单的网络,它更是一个由成千上万的个人组成的网络"社会"。网络社会是在电子信息网络上由计算机构成的新型社会组织,是一种全新的虚拟化和符号化的社会系统。它是以生产知识信息为目的,并以知识的生产、使用和分配为主导与以生产物质产品为主导的工业社会范式相区别。网络社会破坏了人类以往的社会结构提供给人们的安全感和生活的连续性,变化和不确定性成为这一时代人类生活的主题,社会秩序在这一飞速变化的时代里面临不间断的变革和重构。因而,在网络社会中出现了现实社会组织所没有的新特征,它们主要表现在以下几方面。

1. 虚拟化。在传统社会里,无论是生活交往还是生产交往,均需要物化的空间场所的分化,包括不同的主体和不同的场所以及相互之间的物理联结。而采用互联网技术后,许多事务都由计算机系统来完成,从而使事务主体虚拟化为网络单元。许多智力型的工作可以由员工在家里（分散远程办公）甚或在其他国家完成，然后通过网络传送到需要的地方。即使是制造性的工作，也可以通过外包的方式委托给相关企业，这种现代的信息化企业已经不需要过去那种庞大的物理组合，而呈现出一种虚拟的特性。特别是随着数字化技术的发展，"虚拟公司"、"虚拟社群"正在出现，人们在网络中自我建构、设计身份，自我认定和呈现角色，有人甚至认为这将导致人类生存方式的根本变革，形成"虚拟生存"。

2. 隐匿性。接受信息方不知道发送信息方的真实和全面的情况。在互联网上，使用者和提供者之间的界限模糊不清，人们总是随便地选个假名字参加网络讨论。非面对面的情境，让人们在互动时，常可保证不会有人监视，也不用太顾忌社会规范的压力，而且随时可以撤退。

3. 多方同时可及性。网络聊天是借助高科技手段进行的新型人际交往方式，聊天者不受身份、地位等的限制，可以同时与多个对象进行平等交流。而且工作群体和非工作群体的界限越来越模糊，个体与组织、组织与环境的关系在发生巨大的变革，地理空间约束不再成为利益群体形成和扩展的根本性限制因素。

4. 开放性与全球化。网络的信息资源是开放的，而且呈现无限扩充和发展的态势，这些开放的信息资源可以被人们共享。随着知道的人越多，使用者越多，信息的价值也越大。开放性主要体现在：网络信息量的无限增长，并且处于不断的传播之中，体现出信息运动的绝对性。"信息化正在消除时间和空间的壁垒，由它导致的全球化将使边界的概念，进而使国家的概念受到冲击。各网络之间可以不必考虑地理上的联系而重新组合在一起。"[1]网络是实现人们快速交往的纽带和桥梁，它使人们打破了时空的界限，共同生活在五彩缤纷的地球村之中。

5. 个性化。交往疆域的扩大，必然导致网络社会的包容性的增强，因而使各种个性得以舒展，只要不触犯法律，每一个人都可以尽情表现自己的个性。由于网络社会的匿名性和虚拟性，更使个性化的特征得以强化。由于时空的缩小，导致个体对群体作用和影响的成倍递增，产生放大效应。

6. 知识成为主要的生产力。在高技术的数字化世界中，知识、智慧将成为推动社会前进的基本动力。在网络社会，知识变成了主要的生产力，并已明显地影响了高度发达国家的劳动力构成，对发展中国家来说，则构成其主要的瓶颈。知识的多寡是衡量资源多少的标准，也是量度生产力高低的标尺。信息商品形成的知识，成为世界范围内权力竞争的一个主要的对象。在今后的经济和产业发展中，关键不

---

① 金吾伦：《迎接知识社会的到来》，《社会学研究》1998 年第 6 期。

是电子仪器,而是知识专业人员的社会地位和社会对其价值的承认,这才是保持经济和技术上领先的关键。①

二、网络对社会生活方式的广泛影响

机器的引入,曾经深刻改变了人类的生产方式和生活方式。它把人从农田带入了工厂,从农村面对面的熟悉人的社会带入了城市陌生人的社会。而当今的计算机技术和网络技术架设起信息高速公路,将人们带入一个全新的、无限制的交往环境中。网络社会的出现,对人们的生活观念和行为方式产生着潜移默化的影响,并且直接作用于人们的消费生活方式、闲暇生活方式、交往生活方式和家庭生活方式的方方面面。

1. 对劳动方式的影响

网络的发展对劳动就业方式、劳动条件、劳动时间、劳动态度及劳动习惯等诸多方面发生着影响。

从物质型生产向非物质型生产转变。随着信息通信技术的快速发展,人们工作的性质发生了变化,以货物为基础的生产明显地转变为高技能、高技术的服务,人类社会的生产正在从物质型生产向非物质型生产转变。

从体力劳动向脑力劳动转变。随着物质型生产向非物质型生产的转变,人们的劳动方式也更多地从体力劳动转向脑力劳动。在高科技工作场所从事工作的人,不再是体力劳动者而是知识工作者。以网络技术为特征的知识经济的兴起,也将在不久的将来改变社会的劳动关系。认为资本是关键的资源,金融家是老板,用奖金和股份收买知识工人,把他们仍然看作是雇员的传统心态将受到挑战;传统的吸引、笼络和动员知识工人的各种方法,将很难奏效。管理阶层必须适应知识工人的价值观,给予他们社会承认和社会权力,把他们从从属者变成合作伙伴。

从封闭性、地区性向开放性、全球性转变。互联网为自由平等地获得知识和信息开辟了道路。远程工作代替了集中工作、集中办公的方式。人类将从集中化劳动转为分散化生产。美国当代著名的未来学家尼葛洛·庞蒂认为:人类生产将从集中再次走向"分散"。②人类生活也势必会出现"分散"的趋势。人们的工作组织形式变得灵活松散,利用电脑在家中、火车上或地点分散的办公室办公的人与日俱增。即使在偏远地区也可以通过网络办公。随着信息技术的发展与自动化进程的加速,许多人可以在家上班。SOHO(small office and home office)现象越来越普

---

① 肖琳益、王智勋:《因特网喜中有忧》,《社会》1999年第1期。

② 尼葛洛·庞蒂:《数字化生存》,海南出版社1996年版,第104页。

及。在美国和欧洲,目前个体职业者在就业人口中的比例已经超过了 12%,分时职业者的比例正在迅速增长;在美国,永久性职业岗位越来越少,一些企业组织越来越朝管理人员核心化和一般雇员分散化的方向发展。

交叉分工。传统企业在组织内部采取的是一种专业化分工,不同的工作由不同的专业人士来完成;传统的信息分配是按垂直层级不平均分配的,因此企业的权力主要集中在最高管理层。而互联网络的引入使得信息的获得已经不再有层级的区别,甚至一线员工由于更接近市场往往掌握的信息更快更充分。当企业的结构由垂直分化向网络互联结构转变之后,原来的工作职能的严格的专业分工就已经不再适应,企业将要求每个员工都必须具备多方面的专业知识及技能。另一方面,由于网络的特性及竞争的需要,部门之间的边界也被不断打破并相互渗透。网络技术摧毁了原有的产业界线,互联网促成的是全新的融合经济,电信业,网络业,硬、软件业,有线电视业,甚至娱乐业等都构成了新的融合。因此,在企业内部,劳动者必须适应新的竞争和协作关系。

提高劳动生产率。包括电子商务及产业基础设施、软件应用等在内的互联网产业迅猛发展,使企业的生产经营方式发生了根本性的变化,产品的设计、生产、营销和运输等各个环节的效率大大提高,库存大幅度减少,从而推动了劳动生产率的加速增长。互联网同样也大大提高了服务业的生产效率。它能够方便而快捷地提供大量的新的产品和服务,并能消除不必要的中间环节,从而大大降低生产成本。

增加新的就业机会。互联网形成巨大的吸引力,将人才和资金吸进信息网络业。根据美国劳工部的报告,从现在到 2008 年,美国劳工职位数量增长最快的行业是计算机和数据处理业,预计该行业将增长 117%,对受过训练的高科技员工的需要量也随之增长。计算机工程师的数量将增长 108%,技术支持专家的需要将增长 102%,系统分析师将增长 94%,数据库管理员将增长 77%,桌面出版专家将增长 73%。当人类的脚步刚刚跨入 21 世纪,高科技员工短缺的状态,已使各国的IT 人才大战一触即发,各国都在使出浑身解数培养和网罗人才。

另一方面,网络也冲击了原有的人才市场,那些不具备网络知识结构的人可能会难以找到理想的职业,从而导致社会的结构性失业。这样,虚拟社会的竞争会给现实社会的稳定带来隐患。网络对某些职业而言,具有替代功能。如教育,电脑在教学方面日渐显示出其优点,担当起对人的终身教育的职能,并在知识获得上消灭了地域差别。网络技术在教育实践中扮演的角色,使得各类知识呈现迅速易得性,社会对教师的需求将会减少。

2. 对消费方式的影响

电子商务(即互联网作为全球商品、服务、管理和专业性工作的一种重要的甚至于是主要的分配渠道①)作为新的分配渠道,它不仅改变着顾客购买的方式,而且改变着他们购买的内容。

消费模式多样化。传统的消费模式无论是商家对个人消费者还是企业对企业,都是面对面的直接消费方式。然而随着电子商务的兴起,精明的商家把商品的经营和服务搬上互联网,使消费模式呈现多样化的倾向。首先,通过上网,坐在家中就可以货比千家,在全面的信息比较后再作选择和决定。其次,随着网络商场、网上书店、网上售票、网上旅行社等经营和服务方式的发展,消费的时间和空间可以有更多的选择余地。再次,消费地点发生转移,网上采购物品、购买书籍、预订机票、预约旅行社,享受的绝大部分是上门服务,而传统消费往往是在商品和服务提供者的经营场所里进行的。第四,无论是个人消费者还是企业消费者,网络技术条件下的消费模式可以轻松帮助用户解决付费、运输、验货等问题。

大服务经济。所谓的大服务经济,是以真正的满足消费者个性化需求为导向,真正以消费者为中心的经济。传统的消费行为,消费者只是在生产者生产的商品中选择消费,并不能真正地按照消费者的需求消费。在网络社会中,消费者能按照自己的需求设计商品,生产者按此来组织生产,生产者把产品设计权交给消费者。

降低消费成本。网络消费虽然增加了消费者的上网费用支出,但相比较而言,网络消费的价格比同类非网络消费价格低。例如,一份电子邮件的费用比国内传真和国际传真的费用低得多;网上查询省时省钱。网络消费大大降低了我们的消费成本(主要指时间、金钱)。

资源共享。医疗、教育等资源通过互联网可以在全球范围内实现共享。网上看病逐渐被人们所青睐,通过计算机网络成功治愈疑难、危重病人的消息不断见诸报端。"名医"不再是大城市人的独享,即使是想得到世界名医的指点,也非难事。人们不必为求名医而越万水千山,只要将病历以及 X 光片之类的资料通过 E-mail(电子信箱)传给专家医生即可获得诊断和治疗指导。

3. 对精神生活与闲暇生活的影响

网络社会的来临,给人们的精神生活和闲暇生活增添了许多新的内容。

作为第四媒体的网络,其新闻栏目可以使我们十分便利地了解国内外最新的新闻。网上的广播电台、电子报纸和联机新闻服务机构,可以使我们与整个世界的

---

① 德拉克:《超越信息革命》,《国外社会科学》,2000 年第 2 期。

距离拉得更近,甚至与世界融为一体。但是,网络社会的开放性、匿名性和虚拟性,也会使网络上虚假信息急剧增加,往往会混淆视听。因此对网络信息的管理应是各国政府急待解决的问题。

网络使人们的文化娱乐更加丰富多彩。网络不仅承续传统的娱乐方式和内容,如歌曲、戏剧、电影、棋、牌、书画,而且还不断创新。各种网络游戏,令人眼花缭乱、应接不暇。通过在线游戏你可以与分布在世界各个角落的人玩多人游戏。

网络为有各种不同业余爱好的人提供了一个新天地,大大增加了各种业余爱好者的有关信息量,从而提高了业余爱好的专业性和系统性。网络突破传统的时空限制,开辟了全球具有相同和相似爱好者的共同乐园,为交流经验和感受打开了方便之门。

网络的发展为人们的旅游提供了更方便的服务。使人们出行更方便、快捷、舒适,例如,网上订票、订房间等等。网络的发展给旅游业带来巨大的商机。

4. 对人际交往方式的影响

网络世界大大扩展了人际交往的范围,并产生了交往身份的虚拟化、交往内容的自由化以及交往方式的便捷性等新特点。网络人际交往可以克服传统交往模式中的社会性障碍和心理障碍。不管身在何处,网上成员的交流和沟通就像和邻居打招呼一样方便。人们可以通过互联网建立国际友谊,增强对他国文化的了解。互联网有助于孤独者与他人交流,有助于老年人和残疾人社会交际面的扩大。

但是,另一方面,网络世界也对社会生活中的面对面的人际交往产生了某些消极的影响。人机相伴的生存方式虽然使人们的交际面扩大,但直接的面对面的互动却会因此大大减少。网络对于交友的"质量",尤其是情感质量,以及真切感等方面的作用,还不尽如人意。通过网络交往,增加了彼此之间的想象,比起"雾里看花、水中望月"来更加朦胧和抽象,网友之间的感情建立在对方的文字述说和自己的想象之上,何时能将对方看个"清清楚楚、明明白白、真真切切"? 缺乏真切的社会化环境,长期沉迷于虚幻世界,也会给青少年的社会化带来障碍。网络使"遥远的人变亲近了,身边的人变遥远了;陌生的人变亲近了,亲爱的人变疏远了"[①]。电子环境是人造的"虚拟现实",会使人缺乏真实的生活体验和自然体验。现在,互联网络使一些青少年长时间沉溺于电子世界中,现实生活和世界割断了联系,网上成瘾症(俗称"网痴")日渐增多,已成为特定的社会问题。[②]

---

① 卜卫:《百姓、青年与网络》,《青年研究》1997 年第 4 期。
② 王恬:《信息高速公路与未来社会五大趋势》,《社会学研究》1997 年第 3 期。

三、迎接网络社会的挑战

凡事都有两面性,网络社会也不例外,飞速发展的互联网(IT)产业带给我们的并不都是喜讯。

一方面,它对社会发展起到了积极的推动作用。由计算机、微机终端和相互联通的电讯网络构成的国际互联网传递着文字、数字、图像、声音等各类信息,由于其具有便捷、准确和迅速等特点,目前已被广泛用于学习、娱乐、医疗、商贸、航空等领域,成为世界上信息传输的最主要方式之一,直接影响着当今世界人们的生产与生活方式。

另一方面,新的社会问题也由此产生。互联网络传播的内容令人忧虑。屏幕上出现的大量淫秽内容和宣扬种族、民族和政治仇恨的信息,毒化着人们的精神世界。计算机病毒开始影响我们的生活,1988 年全球出现首例计算机病毒破坏大案,"蠕虫"病毒使上万台计算机被感染,直接经济损失达 8 800 万美元。[①]其他如计算机犯罪、信息资源分配的不公正、社会控制与信息交流自由之间的冲突等问题也纷纷接踵而至。有的学者认为,新的电子通讯形式将腐蚀语言、思想和知识,"语言必须是标准的和适应接收者的,而盈利性使得书写和演说的语言被电报语言所取代",取消了所有的细腻之处。"思想被排除在创造性之外,知识被极粗俗的而曾是睿智的思想所侵蚀"。[②]

由于网络对人类社会的影响具有两重性,因此在对待网络发展的态度上就出现了两种不同的态度。

持积极态度者认为,网络社会是社会发展的必然趋势,它的存在和发展不以人的意志为转移;网络的发展将不断提高人们的生活质量,网络所表现出的负功能可以通过技术上的努力和主观上的选择加以避免和克服。因此,他们主张大力发展网络。这些人还指出,互联网用户急速增多并长盛不衰,说明人们可以从网上得到更多的信息和潜在的合作伙伴,同时也说明人们在现实生活中都想从全球性的网络上获得更多益处。

持消极态度者认为,网络的形成和发展是人类创造的产物,但在已经认识和证实的网络的负功能中,网络极有可能异化为奴役人类的新工具,使人类创造的成果成为人类进步的桎梏。电子环境是人造的"虚拟现实",会使人缺乏真实的生活体验和自然体验。现在,互联网络已使一些青少年长时间沉溺于电子世界中,与现实

---

① 郑凡:《挑战大文明》,《思想战线》1998 年第 2 期。

② (美)莫尔根:《笔、印刷和奔腾》,《中国社会科学》1997 年第 5 期。

生活和世界割断了联系,成为特定的社会问题。"网络"不但征服了世界,也控制了人类。人已不是"网络"的主人,而变成了它的奴隶。因此,在网络还没有给人类带来灭顶之灾之前,就应将其扼杀在摇篮中,以免后患。

我们对待网络社会的态度是,既不能对其造成的任何不利后果视而不见,也不能因噎废食地拒斥网络。我们应以积极的姿态去迎接网络社会的挑战。首先,国际互联网具有不可阻挡的发展趋势。所有国家将无一遗漏地卷进网络化的漩涡中。信息设备的高频使用,使人类社交圈子扩展为整个地球,网络化是全球化的技术支持,也是全球化的后果之一。某些发达国家网络发展的领先地位,对其他后发展国家已经形成了巨大的压力,发展网络正成为这些国家刻不容缓的大事。其次,网络社会确实为我们带来了巨大的利益。如:就业机会的增加,劳动效率的提高,体力劳动强度的降低;消费方式的多样化,消费成本的降低,资源共享;精神生活的丰富,闲暇生活多姿多彩;人际交往范围的扩大等等。网络巨大的利益魅力对于每个国家都具有不可抗拒的吸引力。第三,网络社会的发展确实带来了许多问题。网络病毒、网络色情、网络黑客、网络沉溺及其他网络犯罪行为正日益威胁着人们的社会生活,如果不采取积极的预防和治疗措施,就无法实现网络社会的稳定和发展,并会最终危及网络自身的存在基础。

思考题：

1. 什么是生活方式？研究生活方式有何意义？

2. 生活方式与生产方式有什么关系？

3. 生活方式研究有哪些主要内容？

4. 试述闲暇时间的职能及其发展变化的一般规律。

5. 什么是科学的、健康的、文明的生活方式？其判断的主要标准是什么？

6. 我们应如何正确看待网络社会对人类生活方式所产生的影响？

第十三章　社　会　变　迁

人类社会是一个不断运动和变化的过程。社会学既要从相对静态的角度考察社会的结构问题，又要从动态的角度考察社会的运行和变迁问题。研究社会变迁，能够使我们全面、深刻地认识社会发展变化的规律性。

第一节　社会变迁概述

一、社会变迁的概念

社会处在不断地运动变化之中。对于社会变化的表述，社会学多用"变迁"一词。所谓社会变迁，是指社会的发展、进步、停滞、倒退等一切现象和过程的总称。社会发展寓于社会变迁之中，社会变迁的主要形式和总趋势是社会发展，两者是密切联系在一起的。但这两个概念又不是等同的。首先，社会发展指的是社会的进步，它具有一维性和单向性的特点，而社会变迁既包括社会的进步又包括社会的退步；既包括社会的整合，又包括社会的解体，它具有多维性和多指向性的特点。非洲尼罗河流域的逐渐沙漠化，人类文明的逐渐被淹没，我们可以说这是一种社会变迁，如果说这是一种社会发展就不大合适了。其次，社会变迁较社会发展更具有整体性和综合性变化的特点。社会变迁一般是用来描述那些包括特定的人口、地理环境以及政治、经济、思想文化等各种要素在内的社会整体性单位和社会综合性现象的系统变化，而不是指某些单一性要素的变化。如我们一般只讲城市的变迁、乡村的变迁、生活方式的变迁等等，而不讲经济的变迁、政治的变迁、思想的变迁等等。再次，社会发展通常侧重于从宏观的角度反映社会变化的本质和一般规律，而社会变迁除了反映社会整体的变化过程以外，也重视研究社会微观领域的具体变化过程和变化规律。

将社会变迁与社会发展这两个概念相对地作一区别是很有意义的。它可以帮助我们对社会的变化作多角度的、多方面的研究，帮助我们了解社会生活变化的全部丰富和复杂的内容及其形式，帮助我们从整体性和综合性的角度把握这些变化的过程和规律。

二、社会变迁的形式

社会变迁有两种基本形式,即社会渐变和社会革命。

社会渐变式变迁是指事物逐渐地、缓慢地演变的过程。社会进化、社会改良和社会改革都采取渐变式变化的方式。由于西方社会学都用社会进化来说明社会的变迁过程,因此,过去我们对社会进化论和社会改良论一直持批判的态度,认为它们是西方社会学的专利品,其实这是一种误解。马克思主义不是不承认社会进化和社会改良,而是对社会进化这一概念有着与西方社会学不同的观点。

第一,马克思主义社会学认为,社会进化是客观存在的社会现象,推动社会进化的深刻根源在于社会生产力与生产关系的矛盾运动。而西方社会学往往不是从社会自身的原因出发,而是简单地照搬生物进化的理论来解释社会进化。

第二,马克思主义社会学认为,社会进化的总趋势是由低级向高级发展的过程,是社会的进步。社会在进化过程中虽然有曲折和迂回,但向前发展的总的趋势是改变不了的。西方社会学常常把社会进化中的曲折和迂回解释为历史发展的循环论。

第三,马克思主义社会学认为,社会的进化是人们由消极地适应社会走向自觉地改造社会的过程。在人类社会发展的早期,社会力量完全像自然力一样支配着人们的活动。在这种情况下,社会进化在很大程度上表现为一种自发的过程。随着人类社会科学技术的发展和人类社会制度的进步,社会进化越来越成为人类自觉地改造社会的过程。西方社会学(以斯宾塞为代表)则主张人们应消极地顺应社会进化的必然性,而不应去干预社会进化的过程。

第四,马克思主义社会学认为,社会进化只是社会变迁的一种形式,而不是唯一形式。社会变迁除了社会进化以外还有社会革命这种形式。而西方社会学的庸俗进化论只承认社会的量的变化,不承认社会的质的变化;只承认社会改良,不承认社会革命。这一点是两种进化观点的根本分歧所在。

社会渐变式变迁具有以下几个主要特点:

第一,变迁过程中既包括了量的逐渐积累,也包括了质的变化;质的变化不是采取突变的方式,而是在量的逐渐积累的基础上逐渐实现的质变。

第二,这种变迁形式不会带来社会系统的震荡,能够在平稳发展的过程中逐步实现社会的变迁。

第三,变迁过程中,新旧事物交替的时间比较长。

了解社会渐变式变迁的上述特点,对于我们的改革开放和社会主义现代化建设具有重要的指导意义。

　　社会变迁的另一种基本形式是社会革命。它是指自阶级社会产生以来,通过革命阶级夺取政权而实现的社会变革。突变式变迁的基本特征是:它是一种显著的突变过程;变迁的实现是以新旧阶级之间政权的易手为标志的。人类社会的历史已经表明,在阶级社会里,先进的生产方式代替落后的生产方式,先进的社会制度代替陈旧的社会制度,都是通过先进阶级推翻反动阶级的社会革命而实现的。历史上已经发生过新兴地主阶级推翻奴隶主阶级的革命,资产阶级推翻封建地主阶级的革命,以及无产阶级推翻资产阶级的社会主义革命。革命是历史的火车头,没有社会革命,一种社会形态向更高级社会形态的转变就不可能实现。社会革命的根本任务是建立适合生产力发展要求的新的生产关系,从而解放生产力。但是社会革命首先集中表现在政权问题上,社会革命的根本问题是国家政权问题。国家政权从腐朽没落的统治阶级手里转到新兴的革命阶级手里,是实现整个社会的革命性转变的重要标志。然而,政权易手并不一定是社会革命,它可能是同一社会阶级内部各阶层和社会集团之间的权力争夺,也可能是反动阶级的复辟。现在,"革命"一词已被广泛运用于社会的各个领域,出现了所谓工业革命、技术革命、宗教革命、教育革命等概念,以反映这些领域所出现的快速的变革进程。这些领域的"革命"虽然对社会变迁都会产生十分重要的影响,但是它们与作为社会变迁基本形式之一的社会革命的涵义是不同的,它们都不具备社会革命的两个基本特征。

　　社会渐变与社会革命这两种形式既有本质的不同,又有密切的联系。一种社会形态向另一种社会形态的转变,是通过社会革命完成的,没有革命也就没有旧制度的灭亡和新制度的诞生。正是在这个意义上,马克思强调了社会革命的作用。但是,任何社会革命的发生,都要有社会的渐变过程为其作准备,没有社会的渐变,也就不会有社会革命。例如,社会主义革命的发生,一方面必须以革命前的旧社会内部的矛盾冲突的逐渐积累为前提,另一方面必须以无产阶级革命力量和斗争经验的逐步提高为其准备条件。如果没有这些量的积累过程,无产阶级革命的爆发及其胜利就不可能。所以,社会渐变与社会革命是相辅相成、互为条件的。同时,这两者之间又是可以相互转化的,社会渐变过程中量的积累到一定的度,就会转化为社会革命,社会革命成功以后又必然转变为新的社会渐变过程。

　　我国社会主义革命实现了生产关系和社会制度的根本变革,这就为生产力的进一步发展创造了条件。然而,社会主义制度建立不久,必然还会有许多不完善的地方,需要不断地改革和完善,才能更好地适应并促进生产力的发展。在社会主义建设时期如何继续前进,以往我们党在指导思想上曾经发生过很大的偏差,以为仍然要靠革命的手段,靠阶级斗争,靠群众运动,才能够推动社会主义社会继续前进。

这种"左"倾错误给我国的社会主义建设事业造成了极大的危害。党的十一届三中全会以后,党在指导思想上彻底扭转了以往的错误。我国的社会主义建设进入了以经济建设为中心的新时期。历史的经验一再告诉我们,社会主义建设和社会主义制度自身的改革决不能用过去革命战争时期所惯用的急风暴雨式的手段,它必须而且只能是一个渐进的过程。因为社会主义建设的中心任务是发展生产力,而生产力的发展是一个逐渐积累的渐进的过程;社会制度与社会体制的改革和完善是一项系统工程,任务十分复杂和艰巨,不可能通过突变的形式,在短期内完成;建设与改革特别需要在和平、安定的环境中进行,突变易于伴随不稳定和动荡,只有渐变式变迁,才不会产生大的社会震荡。

三、社会变迁的动力

是什么力量在推动和影响社会变迁? 历史唯物主义为我们揭示了引起社会变迁的根本原因。"一切社会变迁和政治变革的终极原因,不应当在人们的头脑中,在人们对永恒的真理和正义的日益增进的认识中去寻找,而应当在生产方式和交换方式的变更中去寻找。"①恩格斯的这一观点为我们研究社会变迁的动力问题提供了基本的指导思想。按照历史唯物主义的基本观点,推动社会变迁的根本动力是生产力的发展以及生产力与生产关系的矛盾运动。"社会的物质生产力发展到一定阶段,便同它们一直在其中活动的现存生产关系或财产关系(这只是生产关系的法律用语)发生矛盾。于是这些关系便由生产力的发展形式变成生产力的桎梏,那时社会革命的时代就到来了。随着经济基础的变更,全部庞大的上层建筑也或慢或快地发生变革。"②生产力的发展要求生产关系与之相适应。当生产关系与生产力水平相适应时,生产关系就会促进生产力的发展;而当生产力发展到一定阶段时,又会与原有的生产关系发生矛盾。当这种矛盾发展到一定程度、旧的生产关系已经严重束缚生产力的发展时,经济基础和上层建筑的矛盾必然激化,这时社会革命就会到来,因此,社会形态的更迭,各社会形态内部的变化和发展,归根到底都是由生产力的发展、生产力同生产关系的矛盾运动引起的。

经济发展对社会的推动作用是从"终极原因"这一意义上说的。在阶级社会里,经济因素对社会的推动作用总是表现为阶级斗争,并且总是通过阶级斗争而实现的。因此,阶级斗争是阶级社会变迁的直接动力。

社会变迁并不只是激烈的社会革命和政权的更迭;经济因素也并不是推动社

---

① 《马克思恩格斯选集》第三卷,第 307 页。
② 《马克思恩格斯选集》第二卷,第 82 页。

会变迁的唯一因素。自然环境、人口、社会文化等构成社会系统的基本要素的变动都会对社会变迁过程产生重要的影响。

自然环境的变动能对社会变迁产生重要的有时是巨大的影响。自然环境的变动对社会变迁的影响可以表现为两个方面。一是人类不能控制的自然力,主要是指自然灾害对社会变迁的影响。地震、水灾、龙卷风等严重的自然灾害会给人类社会造成巨大的灾难。我国1976年爆发的唐山大地震给唐山市带来的巨大变化,以及日本2011年2月发生的本州岛东北部大地震及海啸对当地生态环境造成的巨大破坏就是突出的例子。另一方面,由人类的活动所引起的生态环境的变化也会给社会变迁产生很大的影响。人类会因为违背了自然规律,盲目地破坏生态环境,而遭到大自然的无情报复,也会因为按自然规律办事,创造出良好的社会生态环境,而造福于自身。非洲北部,由于过度放牧和大片农田被毁而出现了日益严重的沙漠化趋势。我国的黄河上游,由于树木的过度砍伐,植被的严重破坏,而出现了严重的水土流失现象。而我国三北防护林工程建设正在使我国北方形成一座巨大的绿色长城。这样的例子不胜枚举。

人口变动对社会变迁也能产生不可忽视的影响。人口变动包括自然变动与社会变动两个方面。人口的自然变动包括出生率、死亡率、自然增长率以及人口的性别、年龄构成等方面的变动,它们都会对社会变迁过程产生影响。人口增长过快,会使社会资源紧张,人口密度增大,生活空间拥挤,既影响人们生活水平和生活质量的提高,也影响社会的发展。人口的死亡率过高(如瘟疫的流行,饥荒等),会使原有居民点衰落甚至消失。人口的社会变动对社会变迁的影响主要体现在人口迁移方面。大规模的人口迁移会使一些社区衰落,另一些社区兴起。盲目的人口迁移会造成社会生活的不安定。青壮年劳力的盲目外流是影响我国一些农村社区发展的重要原因之一。

社会文化的变化对社会变迁的影响正在越来越受到人们的高度重视。科学技术的进步,是推动经济发展乃至整个人类历史发展的革命力量,这一点在现代社会尤为明显。如今,社会的进步在越来越大的程度上要依赖科学技术的进步,国与国之间的竞争越来越取决于科学技术与教育的竞争。

思想理论与价值观念的变化归根到底是社会存在变化的反映,但同时它们又会给社会变迁以不可忽视的影响。执政党、最高决策者的思想路线,国民的传统习惯、传统观念及其变化都会给一个国家的经济体制、政治体制,政策法规的制定与实施过程,乃至生活方式的变迁以深刻的影响,进而影响到社会经济的发展。我国20世纪80年代以来所发生的深刻变化与我们党的思想路线的转变是分不开的。

随着世界日益走向开放,文化传播正在成为影响社会变迁的一个越来越重要的因素。在人类历史上,不少新事物、新文化并不是在社会内部生长起来的,而是从别的国家或民族传入的。马可·波罗给欧洲带去了中国的面条。古代日本吸收了我国唐朝的文化。如果说在资本主义社会以前,整个世界还处于封闭之中,不同文化之间的相互影响还十分有限的话,那么到了现代社会,不同文化之间的传播、渗透、相互影响已是一个不可避免的客观趋势。由于文化多种多样,良莠掺杂,文化传播给社会变迁带来的影响也不同。20 世纪 80 年代以来,我国从国外引进了许多先进的科学技术和管理经验,从而有力地促进了我国的现代化建设。与此同时,一些腐朽的思想意识和生活方式也给我国带来了许多消极影响,而国外的一些敌对势力也试图利用文化渗透这一手段来影响我国社会主义现代化建设的方向。

四、互联网对社会变迁的影响

在现代社会,科学技术已成为推动和影响社会变迁的越来越重要的力量,互联网的出现及其对社会变迁所产生的广泛而深远的影响就是其中最突出的一例。

按照马克思的观点,"现存制度只不过是个人之间迄今所存在的交往的产物"。[①] 生产力和交往方式的矛盾是一切历史冲突和社会发展的根源。而互联网的出现使人们的交往方式产生了革命性的变革:它能使人们的交往突破时空的限制,远隔万里之遥的人们可以通过互联网轻松实现即时沟通联络;它能通过网络实现人与人之间的即时双向互动;它能帮助人们方便地在网上交流(获取和发布)信息;人们通过互联网进行交往与信息沟通的成本低廉,等等。正因为互联网极大地改变了人们的交往方式和信息沟通方式,因此,它对社会的经济、政治、文化、制度,乃至整个社会的运行与变迁都产生了广泛而深远的影响。

互联网对经济的影响主要表现在:(1)互联网催生了大量新兴的经济业态,极大地促进了第三产业的发展。如今互联网经济已经红红火火,势不可挡,形成了诸如信息服务类产业(百度,谷歌)、网络游戏产业(盛大、巨人、九城等)、娱乐产业(开心网、土豆网等)、在线电子商务(淘宝、京东、苏宁、当当、海淘等)、旅游产业(途牛网、驴妈妈、携程旅游网等)、生活信息服务产业(口碑网、大众点评网等)、新兴传媒产业(新浪、雅虎、搜狐、网易、腾讯等)、中介服务产业(我爱我家、珍爱网、百合网、宜信公司等),以及网上银行、远程教育(中国远程教育网、21 互联远程教育网等)、远程医疗服务(天虹远程医疗系统、Gensee 远程医疗系统等)等等,对经济发展和人们生活质量的提升起到了极大的推动作用。(2)互联网给商品流通模式带来了

---

① 《马克思恩格斯选集》第一卷,第 78 页,人民出版社 1972 年版。

革命性的变化。以往,商品流通都要在实体店之间进行,一件商品从生产企业到最终的消费者手里往往要经过层层批发转手。如今通过互联网,商家或厂家可以直接和远在万里之遥的客户做生意,可以通过在线电子商务直接获取商品订单,并根据订单组织生产和实现销售。(3)互联网给人们的消费带来了极大的便利。正如本书在第十二章中已阐述的,互联网使人们足不出户就可以得到包括食品、穿着、娱乐、生活信息等众多丰富的商品与服务。2010 年中国的网购市场规模达到了390 亿美元,成为世界第二大网购市场(美国 2010 年的网购市场规模为 1 560 亿美元)。

互联网对政治的影响主要表现在:(1)互联网明显提高了人们参与政治生活的热情。正如本书第十二章中已指出的,以往,中国人对政治参与一直持比较消极的态度,但是自从有了互联网以后,由于在互联网上发表言论的匿名性、平等性、开放性和较大的自由度,人们参与政治生活的热情明显提高。网络政治参与的方式多种多样,包括网络选举、网络信访、网络听证、网络舆论、网络监督、网络民意调查等。(2)互联网有效地促进了政治民主化的进程。如今,互联网已成为党和政府体察民情、了解民意、倾听民声、汇聚民智的重要渠道,也成了普通民众评论时政、传播信息、释放情绪、表达意愿、维护权益、监督权力和影响政府决策的有效途径。(3)互联网有力地推动了对权力的监督和反腐败斗争。互联网的发展为民众参与对权力的监督及反腐败斗争提供了一个十分有效的平台。为了进一步发挥网络在反腐败斗争中的作用,2013 年 4 月,人民网、新华网、光明网、新浪网、搜狐网、网易网等主流网站同步推出了网络举报监督专区,鼓励广大网民举报违纪违法行为。

互联网对思想文化的影响主要表现在:(1)互联网为民众提供了自由发表言论和交流思想的阵地。我国宪法规定,公民有言论自由的权利。互联网的出现和发展为公民言论自由权利的实现提供了有效的平台。人们可以通过互联网上的电子公告板、博客、微博、微信、论坛、聊天室等等,自由地发表言论,交流思想。而且,互联网上的言论和信息能突破时空局限,并能即时互动,从而产生大范围迅速扩散的效果。这都是传统传播媒体所无法比拟的。因而,在互联网时代,人们的思想更容易获得交流和碰撞,更容易形成舆论的力量,从而在社会运行和变迁中发挥着越来越重要的作用。(2)互联网极大地丰富了人们的文化精神生活。这在本书生活方式一章中已有阐述。(3)互联网能有力地促进思想文化的进步。人类是理性的动物,互联网上各种思想的交流与碰撞,其总的方向是促进思想文化的进步。各种社会事件所引发的网络上的热议及其结果,都彰显了网络舆论对促进思想文化进步的力量。

互联网对制度的影响主要表现在:它能对旧制度的消亡与变革和新制度的创立与推行起到有力的促进作用。我国的原收容遣送制度的废止就是一个典型案例。收容遣送制度源于新中国成立初期,是在计划经济条件下形成的产物,从最初对游民的收容发展到对外流灾民、流浪乞讨人员的救助、教育、安置和遣返。但这一制度在后来的实践中逐渐演变为限制外来人口流动、带有惩罚性的强制措施。2003 年 3 月发生孙志刚案后,许多媒体详细报道了此一事件,并曝光了许多同一性质的案件,在社会上尤其是网络上掀起了对收容遣送制度的大讨论,引发了对收容遣送制度的反思和抨击。最终导致原收容遣送制度的废止和新的《城市生活无着的流浪乞讨人员救助管理办法》的建立。此外,我国节假日制度的演变、高速公路收费制度的改变、个人所得税起征点制度的变革等等,均与网络上舆论的作用息息相关。

互联网对社会运行与社会变迁的影响作用并不总是正向的。互联网是一把双刃剑。它对社会运行与变迁的负面影响也决不能小视。互联网的电子商务平台上充斥着形形色色的假冒伪劣商品,在上面可以买到包括枪支、毒品在内的几乎所有东西。网络成了诈骗、贩枪、贩毒、赌博、盗窃、色情、黑客等犯罪活动的高发地带。互联网上无孔不入的不良信息给青少年群体的社会化进程带来了不可忽视的消极影响。网络信息量的无限性以及信息真伪的难辨性可能削弱公民网络参与的理性,少数别有用心的组织和个人利用互联网炮制虚假信息误导舆论方向,跟风形成的所谓民意常常被少数人操纵和裹胁,从而对民众的网络参与行为产生消极影响。由于互联网在城市和农村的渗透率存在较大差距,故不同地区居民和城乡居民之间运用网络的能力和机会也存在较大差距,从而又造成了不同地区居民和城乡居民之间的新的不平等,等等。

互联网对社会变迁的影响势不可挡。我们一方面要顺应互联网发展的大势,充分发挥互联网的正向功能,另一方面又要积极应对互联网所带来的负面影响。网络运营商都应切实负起社会责任,政府部门都应切实负起监管责任。在继续保持互联网自由、开放、便利的优势的同时,将它可能带来的负面影响降到最低程度。

第二节 社 会 发 展

一、社会发展的内容和意义

社会发展是社会变迁的主要形式和总趋势。对社会发展这一概念,可以作广义和狭义两种理解。广义的社会发展概念,是指包括经济发展在内的整个社会的进步过程。狭义的社会发展概念,是指除经济领域以外的社会其他各个领域的进步过程。这两种理解在不同的场合都可以使用。在社会学研究中,社会发展作为一个专门概念,通常作狭义的理解。

社会发展包含的内容主要有:生活环境的不断改善;教育与人的素质的普遍提高;人民生活水平与生活质量的普遍提高;平均寿命的延长;社会保障体系的建立与完善;科学文化、医疗卫生和体育事业的发展,等等。与此相应,评价社会发展程度的指标主要有:成人识字率、人均寿命、社会保障体系的覆盖率、就业率、贫困人口所占比重、犯罪率,等等。

社会发展与经济发展是相互依存、相互促进的关系。经济发展是社会发展的前提和基础,没有经济的发展,社会发展就是一句空话;社会发展是经济发展的结果和目的,也是经济进一步持续发展的重要条件。但经济发展与社会发展毕竟不是一回事。经济发展并不能自动带来社会发展,高速的经济增长并不能直接解决社会发展中的问题,一些社会问题的产生甚至是由经济增长带来的。因此,单纯追求经济增长是不可取的。经济发展只是社会发展的必要条件和前提之一,在经济发展的同时,应该重视环境、贫困、就业、教育、社会保障、医疗卫生等社会问题的解决,使经济与社会协调发展,共同繁荣。

第二次世界大战结束以后,各国政府普遍重视发展经济。然而几十年的发展实践告诉我们,经济的发展并不能直接带来社会进步。在当代世界上,地区冲突、局部战争四处蔓延,南北贫富差距日益扩大。贫穷、失业、吸毒、犯罪、人口膨胀、环境恶化等社会问题,正困扰着越来越多的国家。联合国的统计数字表明,全世界56亿人口中有近10亿文盲,20%的人生活在贫困线以下,世界人口中的20%的最富有者占有世界总收入的83%,而最贫穷的20%的人口仅占有1.5%,28亿劳动人口中有1.2亿失业,工业发达国家平均失业率为10%,发展中国家的潜在失业现象也很严重。这些现象被人们称之为"当代社会危机"。事实一再证明,经济增长不会自动带来社会的发展,若忽视社会其他领域的发展,整个社会的发展就会是畸形的,而且经济的发展也难以持久。

面对日益严重的全球性社会危机,联合国在其成立50周年之际,于1995年3月在丹麦首都哥本哈根召开了联合国历史上第一次社会发展问题世界首脑会议,有100多个国家的元首与政府首脑参加了会议。会议的主要议题是:减轻和减少贫困,扩大生产性就业,加强社会和睦。这次会议的召开充分表明了谋求社会发展已成为当今世界不可阻挡的潮流,也表达了国际社会加强合作、促进全球社会发展与繁荣的共同愿望。

社会发展是靠什么实现的？它是依靠自觉的政府行为，人民群众的广泛参与，以各项社会事业的建设为载体，通过实施一系列社会政策和法律法规来实现的。

中国是一个发展中的社会主义国家。在社会主义现代化建设进程中，我们同样遇到了许多社会发展方面的问题。为此，党和政府在坚持把发展经济放在第一位的同时，也一直十分关注经济与社会的协调发展问题。从第六个五年计划开始，我国就明确地把国家发展计划（包括五年计划和年度计划）确定为"国民经济和社会发展计划"，对经济和社会发展进行统筹规划和部署，使之相互协调、相互促进。改革开放30多年来，我国在经济建设取得举世瞩目的成就的同时，社会发展也取得了多方面的成就，主要表现在：（1）有效地控制了人口增长，人口自然增长率从20世纪70年代初期的20‰左右下降到21世纪初期的6‰左右；平均寿命从20世纪70年代中期的65岁提高到2010年的74.83岁；（2）以占世界7%的耕地养活了占世界22%的人口，并使人民的生活水平和生活质量不断提高；农村贫困人口已由1978年的2.5亿减少到2010年底的2 688万人；①（3）随着劳动力市场化进程的不断推进，城镇失业率虽然有所上升，但仍维持在较低的水平上；多层次的社会保障体系正在建立和不断完善；（4）教育、科学、文化、体育、医疗卫生等事业均得到了迅速发展。与此同时，我们也必须清醒地看到，我国在社会发展方面还存在着不少问题，如城乡发展不平衡的问题，教育发展不平衡的问题，城市居民的失业问题，社会保障不完善的问题，环境污染问题，犯罪问题等等。为此，我们在建立和发展社会主义市场经济体制的过程中，必须坚持物质文明与精神文明并举的方针，依靠积极的政府行为和人民大众的广泛参与，解决市场经济所不能解决的问题，走出一条具有中国特色的经济与社会协调发展的道路。

二、战后世界发展战略的历史演变

第二次世界大战以后，世界各国都在致力于本国的发展，发展成了当今世界的最大主题。但这种发展总是在一定的发展观的指导下进行的，不同的发展观导致各国形成了不同的发展战略，并且引起了不同的社会经济后果。因此，研究世界各国的发展观和发展战略的演变，对于我们的社会主义现代化建设具有重要的借鉴和指导意义。

---

①　这是按1 274元的扶贫标准得出的数字。2011年，中央决定将农民人均纯收入2 300元（按2010年不变价）作为新的国家扶贫标准。这一新标准的出台，使得全国贫困人口数量由2010年的2 688万人扩大到了1.28亿人。

战后世界发展观与发展战略经历了如下发展过程[①]：

1. 以经济增长为核心的"传统发展战略"

所谓"传统发展战略"是指以经济增长为核心的发展观指导下形成的发展战略。它盛行于20世纪50至60年代。这种发展观认为，社会发展归根到底是经济发展，只要经济发展了，人民的生活水平就能提高，社会贫困现象就能消除，社会稳定和政治民主化问题也就能得到解决。总之，经济发展了，其他一切问题都会迎刃而解。因此，发展的根本问题是尽可能提高经济增长率，GDP、人均GDP及其增长率等指标也就成了衡量一个社会发展水平的最重要的指标。

这种发展战略曾得到了当时许多国际组织的支持，联合国在第一个发展十年（1960—1970）中，规定不发达国家的发展目标是国民生产总值年增长率最低为6%。1969年应世界银行要求提出的皮尔逊报告以及1970年联合国第二个发展十年所提出的廷伯根报告也都代表了传统发展战略。

但是，经过30年的实践证明，这种发展观和发展战略存在着一系列的弊病。首先，经济增长并没有自动带来贫困的消除。经济增长并不意味着财富的平均分配，GDP完全可以在大部分人的生活毫无改善的情况下上升，并带来社会的两极分化。例如美国在20世纪80年代初，收入最低的20%家庭收入的份额只占5.3%，而收入最高的20%家庭收入的份额则占到39.9%，二者相差7.5倍。巴西更是一个典型的例子。巴西经济自50年代便发展较快，60年代和70年代速度加快，产生了举世闻名的"巴西经济奇迹"。其人均收入从60年代的不足1 000美元提高到1994年的3 500多美元，成为世界第8工业大国。但据世界银行1995年6月发表的一份社会发展报告，就在这一过程中，巴西社会产生了严重的通货膨胀、社会两极分化和社会分配不公问题。1994年巴西20%的富裕家庭拥有63%的国民生产总值，1995年这一数字又上升到67.5%。但全国1.5亿人口中却大约有7 500万人处于贫困状况，其中约3 500万人为赤贫。严重的通货膨胀、社会两极分化和社会分配不公导致巴西社会犯罪猖獗，社会问题成堆。这种状况又反过来制约巴西经济持续健康的发展。因此，大多数经济学家认为，20世纪60至70年代巴西的经济奇迹使巴西经济得到了长足发展，但其忽视社会发展，人民生活水平未得到相应的提高，是一种不完善的经济奇迹，是发展过程中的一种偏差。其次，经济增长并不能自动导致实现其他社会目标。像中东一些盛产石油的国家，人均国民生产总值高达1万美元以上，但其社会进步并不见有根本好转，医

---

① 参见吴鹏森：《战后世界发展观与发展战略的历史演变》，《南京师大学报》1996年第2期。

疗卫生水平低,文盲人口多,婴儿死亡率高,社会分配差距大。第三,传统发展战略未能考虑资源浪费和环境污染问题。单纯追求经济增长,造成对资源的大量掠夺性开采和巨大的浪费,使生态平衡遭到严重破坏,威胁到人类自身的生存和发展。正因为如此,进入70年代以后,世界各国纷纷放弃传统发展战略,寻找新的替代发展战略。

2. 以人的发展为核心的"基本需求发展战略"

"基本需求发展战略"是70年代出现的影响最大的一种替代发展战略。它是国际劳工组织在1976年日内瓦召开的世界就业大会上提出来的。这种发展观包括了两个基本思想:第一,强调以人的发展为目标。传统发展观单纯重视"物"的因素,即以经济增长为目标。新的发展观则以人的发展为目标,把经济增长仅仅看作为人的发展提供的一种物质条件和手段。人的发展包括三个方面的内容,即人的基本需求的满足、人的素质的提高和人的潜力的充分发挥。第二,强调经济与社会的协调发展。经济发展是社会发展的物质基础和基本前提,社会发展是经济发展的最终目标和重要保证,二者必须均衡发展,不能忽视其中的一个方面。因此,社会发展实质上是经济、政治、科技、文化和人的全面的综合发展。

按照这种发展观,衡量发展程度的主要指标应有五个方面:基本必需品的消费量、收入和分配的均等程度、识字率、健康水平、就业情况。

显然,以人的发展为目标的"基本需求发展战略"比单纯追求经济增长的发展战略要更全面、更成熟。实现这一战略思想的转变,是社会发展的客观要求。

3. 以人类整体利益为核心的"可持续发展战略"

进入20世纪80年代以后,随着发展过程中的全球性问题的日益突出,一种更新的发展战略即"可持续发展战略"又提了出来。80年代中期Ⅰ·迈尔斯在《人类发展的社会指标》一书中指出,以人为核心的发展应当是有利于所有人的发展。它应包括四个方面:(1)社会所有成员都有同等的发展机会和可能性,一些人的发展不应以压制另一些人的发展为前提;(2)不同国家、民族、地区之间应当有平等的发展机会,一个国家、民族、地区的发展不应损害和妨碍其他国家、民族、地区的发展,要尊重世界各国、各民族的发展权利;(3)现代人的发展不能以损害后代人的生存和发展为代价,同时还要尊重前人所创造的历史文化成就和价值;(4)关心后代人的发展也不应当意味着对现代人的剥夺,以遥远的未来的名义来压制现代人是不公正的。迈尔斯的这些思想反映了以人为核心的发展观向持续发展观的进一步发展。到1992年联合国在巴西的里约热内卢召开的环境与发展大会上,可持续发展战略成了国际社会的共识,在世界首脑大会上被正式确定下来。

可持续发展战略的基本思想有三:第一,强调人类追求健康而富有生产成果的生活权利应当坚持与自然的和谐与统一,而不能凭借人们手中的技术和投资,采取耗竭资源、破坏生态和污染环境的方式来实现。第二,强调当代人在创造与追求今世发展与消费的同时,应承认并努力做到使自己的机会与后代人的机会相平等,不能允许当代人自私地为了追求今世的发展与消费,而剥夺后代人本应合理享有的同等的发展与消费机会。第三,强调发展是人类共同的和普遍的权利,无论是工业化国家还是发展中国家都有平等的、不容剥夺的发展权利,特别是对于广大发展中国家来说,其发展权尤其要得到尊重。

显然,可持续发展战略代表了一种崭新的发展观,这种发展观的核心是重视人类的整体利益,或者说它是以人类整体利益为核心的发展观。我国从制定"九五"计划时就开始将可持续发展战略作为国民经济与社会发展的总体战略。这充分体现了我国对全球发展和人类整体利益的关注和负责精神。

第三节　社会现代化

一、社会现代化的含义与内容

第二次世界大战以后,社会现代化已成为一股世界性的潮流,现代化的理论研究也引起了众多社会学家的兴趣,并取得了许多有价值的研究成果。

所谓社会现代化,是指一种由传统社会向现代社会转型的特殊社会变迁过程,是以科学技术进步为先导,以工业化、城市化为主要内容,经济与社会协调发展的社会变迁过程。它包括以下基本内容:

(1) 科学技术的现代化。科学技术的现代化既是社会现代化的重要内容,又是社会现代化的先导。在现代社会,科学技术正在越来越大的程度上成为推动生产发展乃至整个人类历史发展的革命力量,没有科学技术的现代化,其他一切现代化都将成为一句空话。

(2) 经济发展的工业化。欧洲的现代化进程是以英国的工业革命为发端的,没有工业化,也就没有欧洲经济的迅速发展。经济发展的工业化主要是指以现代工业为核心的现代经济体系取代以传统农业为核心的传统经济体系的变革过程。它既是社会现代化的基础,又是它的核心内容。第二次世界大战后,一些发达国家的产业结构中服务行业的比重在不断增大,并上升到主要地位(见表13-1),但产业结构的这种发展变化仍然是以高度发达的工业为基础的。

表 13-1 世界部分国家按三次产业分的就业构成(%)

	第一产业		第二产业		第三产业	
	2000	2009	2000	2009	2000	2009
美 国	2.6	1.5①	23.2	19.9①	74.3	78.6①
日 本	5.1	4.2①	31.2	27.3①	63.1	67.3①
俄罗斯	14.5	9.7	28.4	27.9	57.1	62.3
韩 国	10.6	7.2①	28.1	25.0①	61.2	67.8①
印度	59.8	55.8②	16.1	19.0②	24.1	25.2②
孟加拉国	62.1	48.1②	10.3	14.5②	23.5	37.4②

注:①2008 年数据。②2005 年数据。
资料来源:《国际统计年鉴 2012》,中国统计出版社 2012 年版,第 123 页。

中国的产业结构变化也与之相似(见表 13-2)。

表 13-2 中国按三次产业分的从业人员分布情况(%)

	第一产业(农业)	第二产业(工业)	第三产业(服务业)
1952 年	83.5	7.4	9.1
1970 年	80.7	10.1	9.2
1980 年	68.7	18.2	13.1
1990 年	60.1	21.4	18.5
2000 年	50.0	22.5	27.5
2005 年	44.8	23.8	31.4
2010 年	36.7	28.7	34.6

资料来源:《中国统计年鉴 2012》,中国统计出版社 2012 年版,第 128 页。

(3) 政治的民主化。这是社会现代化的重要组成部分。社会现代化的一个突出标志和要求,就是对社会的有效的、高效率的管理,动员社会成员积极参与社会发展进程,参与各项政治和社会事务。这就要彻底改变传统社会的专制体制,建立政治上的民主制度,并不断扩大民主的范围,这样才能发挥各个部门、各种机构的积极性,激发广大社会成员投身到社会现代化的事业中去。

(4) 社会生活空间城市化。这是指随着社会现代化的发展,城市人口在整个国家人口中将占据主要地位。城市化是社会现代化的必然结果,也是社会现代化的重要标志之一。

(5) 社会价值观念和生活方式的现代化。随着社会经济的日益现代化,人们的生活方式也会趋向现代化。生活方式现代化是社会现代化的必然结果和综合性标志。生活方式现代化的主要标志是:物质生活水平的极大提高,闲暇时间的不断增多,精神文化生活的极大丰富,精神生活在整个社会生活中比重的不断提高,人们健康水平的日益提高以及人均寿命的延长,等等。

生活方式现代化内在地包含了社会价值观念的现代化。一切观念的变革,归根到底是社会生活的变更在意识形态上的反映,同时又是影响社会生活变革的能动力量。因此,社会价值观念的现代化是社会现代化的重要评价尺度。开放、进取、公平、正义、民主、法治、竞争、效率等精神或观念的产生与确立,既是社会现代化的结果,又是社会继续向现代化迈进的强大精神动力。

(6)人的现代化与教育的发达。社会生活领域的任何现代化都离不开人的现代化。人的现代化既是社会现代化的结果,同时又是社会现代化的条件,两者是互为条件,不可分割的。发展中国家社会现代化的实践逐渐使人们认识到,社会现代化不仅是工业、农业、国防、科技方面的现代化,更重要的是人的现代化。人的现代化也就是人的素质的现代化,是人的心理、态度、观念的改变过程,这是社会变革中最深刻的变革。美国斯坦福大学教授英格尔斯在总结发展中国家现代化进程中的深刻教训时指出:"一个国家可以从国外引进作为现代化最显著标志的科学技术,移植先进国家卓有成效的工业管理方法、政府机构形式、教育制度以至全部课程内容。在今天的发展中国家里,这是屡见不鲜的。进行这种移植现代化尝试的国家,本来是怀着极大的希望和信心,以为把外来的先进技术播种在自己的国土上,丰硕的成果就足以使它跻身于先进的发达国家行列之中。结果,它们往往收获的是失败和沮丧。""痛切的教训使一些人开始体会和领悟到,那些完善的现代制度以及伴随而来的指导大纲、管理守则,本身是一些空的躯壳。如果一个国家的人民缺乏一种能赋予这些制度以真实生命力的广泛的现代心理基础,如果执行和运用着这些现代制度的人,自身还没有从心理、思想、态度和行为方式上都经历一个向现代化的转变,失败和畸形发展的悲剧结局是不可避免的。再完美的现代制度和管理方式,再先进的技术工艺,也会在一群传统人们的手中变成废纸一堆。"[1]人的现代化并不是凭空就能实现的,它有赖于整个社会的进步尤其是教育的现代化。离开了教育的普及与提高,离开了教育的现代化,人的现代化就是一句空话。现代科技与生产的发展向劳动力的素质提出了越来越高的要求,用以提高劳动力素质的教育投资的增长速度有逐步超过固定资产投资增长速度的趋势。各国间实力与发展速度的较量越来越体现在教育的竞争上。普及与提高教育作为实现社会现代化的必由之路,正在受到越来越多的有识之士的高度重视。

---

① 殷陆君编译:《人的现代化》,四川人民出版社1985年版,第4页。

为了使社会现代化的目标和内容更为明确,一些社会学家进一步将社会现代化的内容定量化,试图为现代化规定一套特定的可操作的标准。其中最具有代表性的是美国英格尔斯提出的所谓现代化的十项标准。这十项标准是:

人均国民生产总值达 3 000 美元以上;

农业产值在国民生产总值中占 12%—15%;

第三产业在国民生产总值中占 45%以上;

非农业就业人口在总就业人口中占 70%以上;

识字人口在总人口中占 80%以上;

适龄青年受高等教育的人数占 10%以上;

城市人口在总人口中占 50%以上;

平均每个医生服务人口在 1 000 人以下;

平均预期寿命 70 岁;

人口自然增长率在 10‰以下。

上述十项标准并没有把现代化仅仅局限于经济发展这一个方面,有一定的合理性。但是,由于各国的具体国情不同,上述标准很难有普遍的适用性。

二、关于社会现代化的理论

社会现代化作为一场深刻的社会变革,起始于 16 世纪的欧洲。16 世纪以前的欧洲曾经处在中世纪漫长的黑暗时代,那时,欧洲的生产与技术落后于东方的许多国家。然而,从 16 世纪英国资产阶级革命开始,欧洲获得了迅速的发展,只经过二三个世纪,欧洲列强就把世界其他国家远远地抛在了后面。他们开始在全世界到处扩张,建立殖民地,开拓贸易市场。他们用洋枪洋炮打开了一个又一个国家的大门。为什么欧洲的发展会如此之快?为什么世界的大多数地区没有获得像欧洲那样的发展速度?许多学者都试图对欧洲为何能率先走上现代化道路这一现象作出科学的理论解释,从而出现了几个具有代表性的不同的理论解释。

韦伯的新教伦理说。韦伯认为,欧洲的资本主义之所以会获得迅速的发展,主要是因为他们获得了一条自我约束的戒律,即在增加生产的同时抑制了自己的消费。世界上许多民族和国家也是提倡抑制消费的。苦行僧主义的宗教教导人们蔑视物质生活,提倡禁欲主义。但这种对消费的抑制是与生产的不发达和贫穷为伴的。而欧洲人在控制自己消费的同时却在努力生产。韦伯认为,这一点得归功于欧洲的新教改革。在他的名著《新教伦理与资本主义精神》一书中,他指出,新教教义促使人们既能最大限度地生产财富,又能限制自己的消费,然后将节省下来的财富再用于投资,这是一条致富的捷径。①虽然韦伯并不认为新教伦理是资本主义发展的唯一原因,但是多数人还是认为,他过于强调了宗教价值的作用,而忽视了经济方面的原因。

现代化的国家理论。这一理论以美国社会学家丹尼尔·切罗特等人为代表。这一理论认为韦伯的观点是正确的,但存在局限性。他们赞同马克思关于资本主义加速了欧洲现代化进程的观点,但是认为资本主义的兴起本身还需要加以说明。他们不同意韦伯的新教伦理导致资本主义兴起的假说,认为其中必定有更深一层的原因。这更深一层的原因是国家力量的削弱。他们认为,在封建专制政府统治下,所有剩余产品都被统治者无偿征用,以维护他们的统治。在这种情况下,即使是最强有力的宗教也不可能使资产阶级得以兴起。他们认为,欧洲历史中的关键事件,是政府的权力遭到削弱,这样人们才获得了追求他们自己的经济利益的自由,资本主义经济的发展才有了可能。但这一理论没有能进一步说明,是什么力量促使国家力量遭到削弱的。

世界体系理论。与前面两种理论不同的是,世界体系理论认为欧洲的现代化并不是出于其内部的原因,而是由于国家之间的关系发生了变化的缘故。这一理论的首创者是英国经济学家 J.A.霍布森。他认为,欧洲国家的工业化是建筑在殖民主义基础之上的,它们迫使殖民地各国以极低的价格出卖其原材料,又以极高的价格向殖民地倾销它们的制成品。当代世界体系理论的代表人物美国社会学家沃勒斯坦在他的《现代世界体系》一书中指出,西方国家工业革命的原因不在这些国家的内部,而在于已经组成了单一世界体系的各国之间的关系之中。他认为,在这一世界体系中,国与国之间存在着等级,少数国家成为核心国,多数国家成为它们的附属国。核心国可以从附属国那儿夺取财富而不需要像过去的帝国那样诉诸武力,原因在于它们主宰了贸易关系,使附属国的经济畸形发展,从而不得不依赖核心国。西欧国家就是靠这种不平等的国与国之间的关系,从附属国那儿获取了巨额财富,才使它们的工业得到迅速发展的。但沃勒斯坦的理论还不能解释为什么西欧国家在最初能够成为核心国家? 这是世界体系理论的一个缺陷。

上述理论都试图对西欧的现代化进程作出解释,都有一定的参考价值。然而真正从本质上揭示西欧现代化的根源的是马克思的资本主义学说。按照马克思的看法,欧洲的迅速发展,包括欧洲的资产阶级本身,是欧洲历史长期发展的产物,是生产方式和交换方式的一系列变革的产物。他阐述道,美洲的发现,东印度和中国

①　罗德尼·斯塔克:《社会学》,美国韦德沃思出版公司版,第 444 页。

市场的建立,使商业、航海业、工业空前高涨,以前的封建的或行会的工业经营方式已经不能满足新市场出现而增加的需求了,于是工场手工业代替了这种经营方式。随着市场的扩大和需求的增加,工场手工业也不能满足需求了,于是蒸汽机引起了工业生产的革命,现代大工业代替了工场手工业。这样,市场、交通、工业在相互促进中获得了迅速的发展。与此同时,资产阶级也迅速发展,把中世纪遗留下来的一切阶级都排挤到了后面。"生产的不断变革,一切社会关系不停的动荡,永远的不安定和变动,这就是资产阶级时代不同于过去一切时代的地方。""它第一次证明了,人的活动能够取得什么样的成就。"总之,按照马克思的看法,资本主义生产方式的建立,资本主义生产方式内部生产力与生产关系的永不安定的矛盾运动,是欧洲迅速走向现代化的根本原因。

三、社会现代化的途径

一些社会学家认为,现代化是一种模式,而且这种模式只有一个,即由西方发达国家开创的现代化模式。发展中国家都将经过同样的途径,转变为同西方发达国家基本相同的社会模式,即现代工业社会。这一观点被称为"现代化模式"理论或"社会趋同论"。这一理论一提出,就遭到了包括一些西方社会学家在内的许多研究者的批评。批评者指出,当前发展中国家所面临的现实条件与西方发达国家当初所面临的条件相比有极大的不同,因此它们不能按照西方国家那样的途径来实现西方国家那样的现代化。

近代以来的历史表明,世界各国走向现代化的模式大致上有两个,即西方发达国家的发展模式与发展中国家的发展模式。

西方发达国家的现代化发展模式有三个基本特征:第一,剥夺农民,奠定资本原始积累的基础。在资本原始积累的历史中,对正在形成的资本家阶级起过推动作用的首要因素是:"大量的人突然被强制地同自己的生存资料分离,被当作不受法律保护的无产者抛向劳动市场。对农业生产者即对农民的土地的剥夺,形成全部过程的基础。"①第二,发展工业,残酷剥削雇佣工人,积累资本。新兴的资产阶级利用立法手段,强迫那些遭到剥夺的人成为雇佣工人,并任意延长工作日,把工资强制地限制在有利于赚钱的界限内,"这是所谓原始积累的一个重要因素"②。第三,剥夺殖民地,控制国际市场。新兴的资产阶级刚刚站稳脚跟,就开始向世界各地扩展。"在欧洲以外直接靠掠夺、奴役和杀人越货而夺得的财宝,源源流入宗

---

① 马克思:《资本论》第一卷,人民出版社1975年版,第784页。
② 同上书,第806页。

主国,在这里转化为资本。"①欧洲资产阶级就是靠上述手段获得了实现现代化所必需的大量资本,并使其经济获得迅速发展的。

发展中国家是现代化的后来者,他们所面临的现实社会条件决定了他们不可能通过西方发达国家的模式走上现代化的道路。大多数发展中国家向现代化迈进的途径也有三个基本特征:第一,引进发达国家的先进设备与技术;第二,引进发达国家的资金;第三,为发达国家提供原料和商品市场。由于大多数发展中国家在实现现代化的过程中不得不依靠发达国家的帮助,所以它们中许多国家的现代化进程正面临两大困境。

困境之一:对发达国家的依赖。发达国家向发展中国家投资的真正目的,并不是为了帮助那些国家建设独立的经济体系和实现现代化。恰恰相反,他们的目的是要使发展中国家在经济上更加依附于他们。大多数发展中国家对发达国家的依赖主要表现在:第一,对外国资本的依赖。从发达国家不断输入资本的结果,使得越来越多的发展中国家陷入债务陷阱。1986 年,墨西哥和巴西负债都高达 1000亿美元,为了偿还所借债的利息,他们必须借更多的债,于是在债务这一陷阱里越陷越深,越来越没有能力掌握他们自己的命运。第二,对出口的依赖。为了增加发展资金和偿还债务,发展中国家必须增加出口。而发达国家为了自己的利益,往往要发展中国家出口原材料等他们所需要的初级产品,发展中国家的经济也因此而不得不听命于发达国家,从而导致这些国家经济的畸形发展。由于出口要依赖于发达国家,所以出口商品的价格也操纵在发达国家手里。第三,对跨国公司的依赖。发展中国家一般都鼓励外国企业特别是跨国公司在本国投资办厂,因为这样做能增加建设所需的资金和就业机会。但是,这样做的结果同时也使发展中国家在出口方面进一步依赖于外国公司,使本国的经济进一步失去控制能力。

困境之二:外来的政治、经济、文化模式与本国传统文化之间的冲突。由于发展中国家的现代化进程都离不开对外开放和发达国家的资金、技术援助,由于发展中国家在引进发达国家的资金、技术的同时,还不可避免地会受到发达国家的社会制度、生活方式、意识形态的影响,因此,外来文化与本国传统文化之间势必要发生矛盾与冲突。社会学家将由于外来文化的影响而引起的社会某些领域的变化超越了本国传统文化模式的现象称为"文化滞后"。在文化滞后时期常常潜伏着社会冲突的危机。

20 世纪 60 年代至 70 年代,伊朗国王巴列维想在他的国家迅速推进西方式的

---

① 马克思:《资本论》第一卷,人民出版社 1975 年版,第 822 页。

现代化。他将成千上万的年轻人派到西方去学习,建立了大量现代化的企业,请进了大量外国专家来培训本国技术人员,同时他还鼓励引进西方文化,包括电影、音乐、书籍、服装等等。当时许多西方社会学家认为伊朗是中东现代化程度最高的国家,把伊朗看作为发展中国家走向现代化的典范。但是在这种表面繁荣的下面,多数伊朗人仍然深深地保持着他们的传统文化观念,伊斯兰的严格教规仍然在起着强大的作用。总之,整个伊朗的社会结构与西方式的现代化格格不入,这种格格不入导致了伊朗社会的一系列冲突,最后终于导致了 1979 年巴列维国王的下台和宗教领袖霍梅尼领导的伊斯兰革命的胜利。一些社会学家指出,巴列维实际上成了"文化滞后"的牺牲品。伊朗的历史告诉我们,不顾本国国情而一味追求西方式的现代化最终只会导致现代化的失败。

多数发展中国家在现代化进程中不仅经常受到上述两个难题的困扰,而且还经常受到人口膨胀、教育落后、过度城市化、环境污染等社会问题的困扰,所以发展中国家在实现现代化的道路上面临着发达国家当初所没有遇到过的难以想象的困难。

但是另一方面,发展中国家作为现代化的后来者,也面临着一些有利条件。第一,它们可以吸取发达国家现代化过程中的经验教训,从而避免或少走发达国家过去所走过的弯路;第二,它们可以引进和开发处于当今世界前沿的先进技术和设备,从而可以在高起点上实现国民经济的跳跃式快速发展。

有的学者将发展中国家在现代化进程中所面临的种种不利因素和有利因素,以及这些因素对发展中国家现代化进程的影响称为"迟发展效应"。

作为现代化的后来者,发展中国家在现代化进程中应当特别注意解决好两个问题。第一,贯彻独立自主,自力更生方针。发展中国家既要向发达国家学习一切先进的东西,争取发达国家的帮助,又必须根据本国的实际情况,主要依靠自己的力量,建设独立自主的经济体系和社会发展体系。第二,注重本国内部的改革,实现经济与社会的协调发展。随着经济的发展,传统的社会结构、社会文化与经济的发展需求之间的矛盾会不断发生。解决这一矛盾的唯一途径是积极而稳妥地推进社会的改革,克服"文化滞后"的矛盾,努力实现经济与社会的协调发展,依靠社会自身的活力,向现代化的目标迈进。

四、中国特色的社会现代化道路

1. 中国社会现代化的历史前提与基本特点

正确认识我国现代化建设起步时的现实历史条件,对于正确认识我国现代化的特点和应当采取的方针政策具有十分重要的意义。我国现代化的历史进程可以一直追溯到清代的洋务运动。那时，一些立志救国的知识分子提出了"西化"、"洋化"的口号。可是在灾难深重的旧中国，他们的愿望只能是一种梦想。新中国成立以后，实现现代化的梦想才真正变成了现实。在1964年三届全国人大会议上，中央政府向全国人民发出了实现现代化宏伟目标的号召。但由于众所周知的原因，我国社会现代化的历史进程又延误了一段时间。中国共产党第十一届三中全会以后，中国这艘巨轮才真正拨正了驶向社会主义现代化的航向。

那么，我国是在一个什么样的历史起点上向现代化迈进的？换言之，我国现代化起步时的具体国情如何？

(1) 人口多、底子薄，人均资源相对不足。我国幅员辽阔，自然资源比较丰富，但相对于庞大的人口来说就显得不足了。我国的人均耕地面积只有世界人均面积的不到一半，人均草原面积、人均林地面积均只占世界人均面积的不到1/3，人均水资源占有量仅为世界人均占有量的1/4。

(2) 各地经济社会发展极不平衡。由于我国东、中、西部之间、城乡之间自然环境和交通条件差异很大，因此我国东、中、西部之间以及城乡之间的经济社会发展极不平衡。显著的地区差异和城乡差异是我国的一大基本国情。

(3) 仍处于并将长期处于社会主义初级阶段。虽然我们经过30多年的改革开放和社会主义现代化建设，综合国力得到了很大的提升，人民生活水平得到了很大的提高，但这些基本国情并没有发生根本改变。虽然我国的国内生产总值2011年已跃居世界第二位，但人均GDP还只有5 000多美元，在世界上的排位还比较靠后（2011年排在第89位），与发达国家相比还有较大差距。虽然随着改革开放和社会主义现代化建设的逐步深入，我国中西部地区正在实现跨越式发展，广大农村地区的面貌也正在发生深刻变化，但地区之间、城乡之间发展不平衡的问题仍然会长期存在。党的十八大报告指出："我们必须清醒认识到，我国仍处于并将长期处于社会主义初级阶段的基本国情没有变，人民日益增长的物质文化需求同落后的社会生产力之间的矛盾这一社会主要矛盾没有变，我国是世界最大发展中国家的国际地位没有变。在任何情况下都要牢牢把握社会主义初级阶段这个最大国情，推进任何方面的改革发展都要立足社会主义初级阶段这个最大实际。"[1]

总之，人口多、底子薄，人均资源相对不足，各地经济社会发展极不平衡，以及我国仍处于社会主义初级阶段，这是我国将长期面对的基本国情，也是我们制定现

---

[1]　胡锦涛：《坚定不移地沿着中国特色社会主义道路前进，为全面建成小康社会而奋斗》，《人民日报》2012年11月18日。

代化发展战略的基本依据。

由我国的具体国情所决定,我国的现代化必然既区别于发达国家,又区别于其他一些发展中国家,而成为具有中国特色的社会主义的现代化。我国现代化的目标模式具有以下几个基本特征:

(1) 我国的现代化是建立在公有制基础上的社会主义现代化。在社会主义初级阶段,我国的经济结构中还会存在多种经济成分,但其中公有制经济始终占据主导地位。我们能依靠公有制经济的强大优势,集中有限的人力、物力去办更多的事情。

(2) 我国的现代化是以全体劳动人民共同富裕为目标的现代化。我们鼓励一部分人通过诚实劳动和合法经营先富起来,但其最终目标是实现全体劳动人民的共同富裕,而不是贫富的两极分化。

(3) 我国的现代化是经济发展与社会进步、物质文明与精神文明的同步现代化。我们既要实现经济和技术的高度发达,又要实现政治的民主化,以及全社会精神文明建设的高度发展。

(4) 我国的工业化不是以剥夺农民、牺牲农村为代价的工业化,而是城市与农村、城市大工业与乡村工业互相促进、互相补充、共同发展的工业化道路。

(5) 我国的城市化不是人口向大城市高度集中的城市化,而是大中小城市协调发展的新型城市化道路。

总之,我国的现代化必须是符合我国国情的、具有中国特色的、经济与社会协调发展的社会主义现代化。

2. 中国社会现代化的发展战略及基本方针

我国社会现代化的战略目标是把我国建设成为富强、民主、文明的社会主义现代化国家。实现这一目标的战略部署为:第一步,实现国民生产总值比 1980 年翻一番,解决人民的温饱问题。这一目标已于 1987 年基本完成。第二步,到 20 世纪末,使国民生产总值再增长一倍,人民生活达到小康水平。第三步,到 21 世纪中叶,人均国民生产总值达到中等发达国家水平,人民生活比较富裕,基本实现现代化。

为实现现代化的上述战略目标,我们党确定了以下基本方针:

(1) 把发展生产力作为全部工作的中心,社会主义社会的根本任务是发展生产力。在初级阶段,为了摆脱贫穷和落后,尤其要把发展生产力作为全部工作的中心,并以此作为我们考虑一切问题的出发点和检验一切工作的根本标准。

(2) 坚持四项基本原则。坚持社会主义道路,坚持人民民主专政,坚持中国共产党的领导,坚持马克思列宁主义、毛泽东思想,这四项基本原则是我们的立国之本,是我国各族人民团结统一的政治基础,是我国现代化的社会主义方向的根本保证。

(3) 坚持改革开放的方针。社会主义是在改革中前进的社会。由于长期形成的僵化体制严重束缚着生产力的发展,改革更成为迫切的历史要求。没有社会主义生产关系和上层建筑的改革与自我完善,我国的现代化事业就不可能成功。社会主义又是在开放中前进的社会。在当今国际经济关系越来越密切的形势下,任何国家都不可能在封闭状态下求得发展。在落后基础上建设社会主义,尤其要发展对外经济技术交流与合作,努力吸收世界文明成果,逐步缩小与发达国家的差距。一句话,改革开放是我们的强国之路。在改革开放的同时,我们必须坚持马列主义、毛泽东思想、邓小平理论和"三个代表"重要思想为指导,坚持以科学发展观统领经济社会发展全局;同时,我们还必须坚持独立自主、自力更生、艰苦奋斗、勤俭建国的方针,牢牢地掌握住自己的命运和现代化的发展前途。

(4) 大力发展社会主义市场经济。市场经济是社会经济发展不可逾越的阶段,是实现生产社会化、现代化的必不可少的基本条件。在初级阶段,要坚持和完善公有制为主导、多种所有制经济共同发展的基本经济制度,坚持和完善以按劳分配为主体的多种分配方式,以充分调动广大人民群众的积极性。

(5) 努力建设社会主义民主政治。社会主义应当有高度的民主,完备的法制和安定的社会环境。发展社会主义民主政治是我们党始终不渝的奋斗目标。要坚持党的领导、人民当家作主、依法治国的有机统一,不断推进社会主义政治制度的自我完善和发展。随着改革开放的逐步深入,不安定因素会增多,维护安定团结成为保证现代化建设顺利进行的头等重要大事。社会主义民主政治的建设,既因为封建专制主义影响很深而具有特殊的迫切性,又因为受到历史的社会的条件限制,只能有秩序、有步骤地进行。

(6) 以马克思主义为指导,努力加强社会主义精神文明建设。现代化建设和改革开放,对社会主义精神文明建设是巨大的促进,同时也对它提出了更高的要求。我们必须提高整个民族的思想道德素质和科学文化素质,大力建设社会主义核心价值体系,巩固全党全国各族人民团结奋斗的共同思想基础,努力形成有利于现代化建设和改革开放的理论指导、舆论力量、价值观念、文化条件和社会环境,振奋起各族人民献身于现代化建设事业的巨大热情和创造精神。

鉴于许多第三世界国家现代化建设过程中的经验教训,我们在社会主义现代化建设过程中,尤其要重视协调好以下四个方面的关系:(1)发展、改革、稳定三者之间的关系;(2)经济增长与保护生态环境之间的关系;(3)经济增长与教育、科学、社会保障等社会发展事业之间的关系;(4)物质文明、政治文明、精神文明、生态文明以及社会和谐之间的关系。只要这四种关系协调好了,我国的国民经济和整个社会就会向着社会主义现代化的目标持续、稳定、协调、快速地发展。

第四节 全球化与中国社会现代化

一、全球化趋势概述

20 世纪 80 年代以来,全球化成为国际社会的一个最热门话题。"全球化"一词已涉及许多社会现象,从电视的卫星传送,计算机的国际网络,全球的生态平衡和环境保护,到世界范围的移民潮,打击贩毒领域的国际合作,不同国家经济基于比较优势的相互依赖,都可以看到世界已越来越成为一个整体,地球已越来越成为人类共同的家园。联合国前秘书长加利在 1992 年联合国日致词时指出:"第一个真正的全球性时代已经到来。"全球化确实已经成为一个不能回避的现实,一个不以人们意志为转移的大趋势。

所谓全球化就是指人类不断地跨越空间障碍以及制度、文化的差异等社会障碍,在全球范围内实现充分沟通(物质的与信息的)和达成更多共识与共同行动的过程。全球化不仅是一种经济现象,而且是一种文化现象、政治现象。说它是一种经济现象,是因为生产活动正在走向全球化,世界多边贸易体制业已形成,各国金融日益融合在一起,投资活动遍及全球,全球性投资规范框架开始形成,跨国公司作用进一步加强,经济贸易的往来和文化的交流、人才的流动呈现世界性。说它是一种文化现象,是因为国际社会存在共同的利益,人类的文化行为、文化创造具有普遍性、共同性,文化完全可以超越不同国家、不同民族社会制度、意识形态诸方面的分歧,打破时空和种族、地域限制,形成全球文化。全球文化要求从全球意识把握人类文化发展的普遍规律、揭示文化共性的意义。它意味着对文化霸权主义的排斥,对偏居一隅、抱残守缺观念的唾弃。说它是一种政治现象,是因为经济、文化上的全球化趋势要求各个民族国家的发展必须承认、维护和促进世界政治体系的共同标准,比如民主、平等、人权、法治等等。它要求各个民族国家应逐步把自己的政治发展纳入全球化的轨道中。

"全球化"的概念尽管是在 20 世纪 80 年代才提出,但全球化并不是什么新现象。早在 150 年前,马克思在《共产党宣言》中,就通过对资本主义社会的分析,宣告了人类全球化时代的到来及其发展前景。马克思尽管没有直接使用"全球化"这一术语,但是他最早发现和考察了全球化的趋势问题。在马克思看来,资本主义对人类历史的影响,除了创造了一种全新的生产方式之外,还使这种生产方式世界化,开始了人类全球化的历史进程。马克思分析道:"资产阶级,由于开拓了世界市场,使一切国家的生产和消费都成了世界性了……,旧的、靠本国产品来满足的需要,被新的、要靠极遥远的国家和地带的产品来满足的需要所代替了,过去那种地方的和民族的自给自足的闭关自守状态,被各民族的各方面的相互往来和各方面的相互依赖所代替了……,一句话,它按照自己的面貌为自己创造出一个世界。"①在此,马克思敏锐地揭示了资本主义制度的本质:它自始至终是一种扩张性制度,是一种"全球性"制度。由资本的无限增殖和扩张的本性所决定,"资本主义生产方式是发展物质生产力并且创造同这种生产力相适应的世界市场的历史手段"②。可见,全球化的本质就是资本主义向全世界扩张的过程,是使整个世界范围"资本主义化"的历史进程。

全球化历史进程发展到 20 世纪 70—80 年代,出现了从旧全球化时代向新全球化时代的重大转折。新全球化时代以第三次科技革命的开始为标志,各个国家、地区、企业和个人在社会生活各领域的相互依存与联系发展到了前所未有的水平。今天的人类社会不再是一个人为的、简单的拼盘,而是一个有机的系统和整体。因此人们又都普遍倾向于认为新全球化时代才是真正意义上的全球化和一体化过程。

全球化作为人类社会发展的客观历史进程,其产生和发展具有历史的必然性。全球化以经济全球化为核心和基础。经济全球化是生产社会化和经济国际化发展的新阶段,在这个发展过程中,起决定作用的因素是生产力。18 世纪中叶,随着一些西欧国家相继完成产业革命,建立起机器大工业生产体系,社会分工开始超越国界,世界市场开始形成。在战后第三次科技革命的强大推动下,世界范围内生产力水平有了更大提高,国际分工不断扩大和深化,世界市场空前扩展,商品和资本、技术、劳动力等各种生产要素的国际流动日趋频繁和加快,从而进一步加深了各国经济的相互联系和相互依赖。进入 20 世纪 80 年代后,伴随着科技的更快发展,经济国际化潮流在全球范围内进一步高涨,国际经济联系和合作无论在广度和深度上都取得了全新的突破。知识信息网络化、全球贸易自由化、金融资本国际化、生产体系跨国化和运行机制趋同化趋势都有了空前的增强,标志着人类社会经济国际

① 《马克思恩格斯选集》第一卷,第 267 页。
② 《马克思恩格斯全集》第 25 卷,第 279 页。

化进程已经迈向一个更高级的阶段,反映出真正的全球化时代的到来。同时,当代交通运输和通讯手段的革命,对促成经济全球化提供了必要条件。如果说国际化是以 20 世纪初邮电、海洋运输和铁路运输的发展为前提,全球化则是与 20 世纪后半叶商用喷气飞机、大型远洋超级货轮、运输集装箱化、卫星通讯、光纤传导技术特别是电子计算机的发展相适应的。90 年代以来,从美国开始并日益风靡其他发达国家与发展中国家的以现代计算机网络通讯技术为基础、以光导纤维缆为骨干的联系全世界的双向高速与大容量的电子数据传递系统即所谓信息高速公路的建设,更将全球化推向前所未有的高度。

另外,国际政治格局的变化,也对全球化进程产生了促进作用。如长期冷战对峙的结束,消除了过去东西方两大阵营实行两个"平行市场"的人为分割状况,使世界市场连成一个整体;20 世纪 80 年代后,改革与开放越来越成为世界各国发展的主流,越来越多的昔日封闭的国家走向对外开放,实行市场经济体制改革;各种国际政治组织纷纷成立,并发挥着越来越重要的作用等等,这些都为全球化进程创造了良好的国际政治环境。

全球化作为当代的一种世界潮流,它具有以下几个本质性规定。其一,就其发展过程而言,全球化是一种不以人的主观意志为转移的客观历史进程和发展趋势。其二,就其发展动力而言,全球化的形成和发展是以科技进步和经济发展特别是市场经济的发展为根本动力的。其三,就其内容而言,全球化是一种人类社会发展的整体化趋势,其内容广泛涉及经济、政治、文化、科技、生活方式、意识形态等各个领域。其四,就其方式而言,尽管全球化包含着矛盾与冲突,但相互依存、和谐发展的目标与特征决定了全球合作与协调应该是全球化进程的主要手段。其五,就其目标而言,全球化追求的是人类整体的共同利益,尽管在相当长一段时期内,国家作为一个行为主体仍将长时期地发挥其无可替代的作用。其六,就其性质而言,全球化是一个具有内在矛盾性的统一体。全球化不是单一化、同质化,而是一体化与多元化、国际化与本土化的辩证统一。其七,就其影响而言,全球化给社会经济发展所带来的变化将是双重的。一方面,它为各个国家的发展带来了机遇,为各国提供了参与全球发展的舞台。另一方面,它在很大程度上强化了竞争,促使两极分化进一步加剧。

二、西方社会学家关于全球化的理论

全球化作为当今国际学术界最为热门的课题之一,也为当代西方社会学家所关注。西方社会学家对全球化的理论研究始于 20 世纪中后期,90 年代以来西方社会学者以其独特的研究视角和方法,逐步形成了各具特色的全球化理论。其中最富有代表性的有沃勒斯坦的世界体系论、罗伯逊的文化系统论和斯克莱尔的全球体系论等。

1. 沃勒斯坦的世界体系论

伊曼纽尔·沃勒斯坦(Immanuel Wallerstein)的世界体系论堪称全球化理论的先驱。尽管他在自己的理论中从未提出过"全球化"这一概念,但是以后的全球化理论中有相当一部分都是对沃氏世界体系理论的回应。尤其是他 1974 年出版的《现代世界体系:资本主义农业和 16 世纪欧洲世界经济的源起》一书,被认为是全球化理论发展的里程碑,它标志着全球化理论开始彻底摆脱了经典方法,以体系代替了国家,并真正开创了从全球角度对资本主义这一世界性现象进行系统研究的先河。

沃勒斯坦的世界体系论,其最显著的特征就是反对西方中心主义。他比较客观公正地分析了发展中国家的现状,并给予它们在世界体系中应有的地位。沃氏的世界体系论的核心概念是核心、边陲、半边陲。沃勒斯坦指出,资本主义从开始就不是在单个国家内孤立地出现的,而是作为一个世界性的体系出现的,是由核心、半边陲和边陲这三个组成部分连结而成的一个整体结构。核心的特征是输出制造业产品,边陲的特征是输出农业初级产品、工业原料和自然资源,半边陲则是输出"边陲产品"到核心地区,又从核心地区输出"核心产品"到边陲地区。因此,半边陲地区在世界体系中是体系稳定的主要因素,它的既被核心地区剥削、又剥削边陲地区的双重角色,增加了世界体系内的异质性和多元性。以此为基础,沃勒斯坦以发展的眼光,分析了核心、边陲、半边陲地区在世界体系中的层位变化,同时也把对各个国家、各个民族经济与政治的多样性、差异性的分析,纳入到了对世界体系整体的分析考察和宏观研究之中。沃勒斯坦还认为这种研究不宜以个别的民族或国家的社会变迁作为研究单位,而只能以一定的"世界性体系"作为研究单位。

沃氏对资本主义世界体系的分析,表面上看似乎与全球化关系不大。但是从全球化的起源及其历史发展进程来看,我们可以看到正是资本主义的产生与扩张为全球化的启动与加速提供了强大的动力和因素,而世界体系的形成和发展,又在很大程度上强化了全球化的效应,推动了全球化的进程。当然,沃氏的世界体系论在解释全球化方面也有其致命的弱点,尤其是其过分的经济主义取向招致了大量的批评。

面对学者们的批评,沃勒斯坦开始对自己原有的方法进行修正。1991 年,在其结集出版的《地理政治和地理文化》一书中,沃勒斯坦力图融入对文化、文明的考虑。他认为我们现在正处于世界体系发展的第三个转折时期中。在这个时期,现代世界体系面临着各种反体系力量的挑战。这些反体系力量冲击着维持世界体系的文化基础和文明观念。同时,其他文明的发展也动摇了以西方为中心的世界体系。他特意考证了文明的两种用法(单数和复数),认为单数的文明具有"欧洲中心主义"的色彩,实际上指的是西方文明。这种观念起源于启蒙时代,以后随着现代世界体系的扩张,成了为体系辩护的工具。这种文明观长期压抑,甚至贬损着其他非西方文明。而复数的文明则体现了各种文明之间的平等关系。①因此,沃氏认为文化是对抗现代世界体系不平等的一块战略要地。资本主义并非唯一的文明,资本主义全球化将由于其他文明崛起受到挑战,未来的全球化应是全球多种文明的共存。面对着其他文明参加的广义的反体系运动的冲击,整个世界体系都将面临着转变,其最终可能性归宿是建构一个相对平等而且民主的体系。

沃勒斯坦的理论转变在一定程度上丰富和发展了世界体系理论,但是他没有做到世界体系和文化因素的有机结合。在看待文化时,他实际上采用的是功能主义,用世界体系来圈定文化的作用。尽管他在一定程度上承认文化差异,但他的文化上的功能主义又使他在理论上很难承认还存在着关于全球秩序的其他文化定义,尤其是他的资本主义将一统天下的"世界体系"观念从根本上还是没有摆脱西方文明优越、西方中心主义的思想束缚。

2. 罗伯逊的文化系统论

罗兰·罗伯逊(Roland Robertson)是从文化角度研究全球化的代表学者之一。

罗伯逊的文化系统论是从与全球化密切相关的现代化理论入手进行考察的。罗氏发现当时十分流行的现代化理论大多只是局限于可以客观衡量的指标,而很少关注现代化中主观的、解释的方面。而在现实政治领域中,文化的因素及其影响力要比许多人想象的还要多得多。可以说,我们还处在一个全球范围的文化政治时期。因此,在罗伯逊看来,全球化不仅是指目前全球日益增长的相互联系的种种客观事实,而且更是指文化和主观上的问题。全球化不是单纯的经济问题、政治问题、社会问题或国际关系问题,而首先是一个文化问题。我们不但要对全球化采取一种文化的关注,而且首先要从文化系统视角来理解和研究它,因为全球领域作为一个整体,首先是一个社会文化系统,是一个由多元社会构成的全球文化系统,这正是我们考察和分析全球化问题的最佳窗口。②

---

① 俞可平主编:《全球化时代的"社会主义"》,中央编译出版社1998年版。

② 文军:《90年代西方社会学视域中的全球化理论评析》,《开放时代》(广州)1999年第5期。

罗伯逊在 1992 年出版的《全球化》一书中系统地阐释了他描述全球化的方法和主要观点。他认为需要对世界在成为"单一场所"过程中出现的,在分析上相互分离而实际相互联系的经济、政治和文化逻辑进行系统解释。在研究的概念上,他使用"全球场域"来代替通常使用的"全球体系"。"全球场域"由四个参照点组成,即民族国家、民族社会、个人和人类。罗伯逊认为以往的研究单位——民族国家已经不能成为分析和理解世界的出发点了,应该抛弃"国家中心论",把"民族社会"视为分析全球人类状况的总的参照点。而且要认识到,在 20 世纪民族社会的普遍性已经成为全球化的一个原因。在罗伯逊的全球化模型中,四个基本参照点互相"回应",促成各自的不断"推进"以及彼此间关系的转变,推动了全球化进程的发展。罗氏的全球化模型的主轴是普遍——特殊这对关系。在他看来,全球化不仅是一个整体化过程,更是一种多样化过程。在这个过程中不同的生命形式进行互动,认识世界,表达自己关于世界的看法,同时也确认自己的身份。因此,这个过程不是平稳的、和平长入的过程,而是充满矛盾和冲突的过程。

罗伯逊称自己的理论是"唯意志论",以区别于沃勒斯坦的世界体系论的"经济主义"。他突出文化的重要性,分析了全球文化的独立动力,以及"文化因素"在目前的世界体系论中的地位。他认为文化多元主义是当代全球情景必须具备的特征,包括对全球化的象征反应和解释世界的体系概念,这些本身是决定全球化轨迹的重要因素。全球文化不可能也不应该是一元文化或同质文化,更不是某种文化中心的文化,而是多元文化构成的全球文化。

罗伯逊的文化全球化模型对于拓宽全球化的研究领域,即从以往的世界体系只讨论政治和经济层面上的东西,或"世界政体"或"世界经济",转向对全球文化和全球文明的研究,无疑具有十分重大的意义。但是,罗氏的全球化模型也有一些不足之处。弗里德曼指出:"罗伯逊的全球化模型既没有说明相对化过程的本质,也没有指出它可能变迁的道路,相反它详述的只是一个对世界还没证明的认知的假设,而这只是罗伯逊自己对世界全球化状态的认知。"①

3. 斯克莱尔的全球体系理论

莱斯利·斯克莱尔(Leslie Sklair)对全球化理论的最大贡献是他提出了全球体系模式。

斯克莱尔认为全球化观念的主要特点是:当代的许多问题都无法在民族国家的层次上,即从国际(国家间)关系的角度去进行充分研究,而必须超越民族国家的

---

① 转引自文军:《90 年代西方社会学视域中的全球化理论评析》,《开放时代》(广州)1999 年第 5 期。

层次,从全球(跨国)过程的角度去加以研究。为此,斯氏提出了"跨国实践"这一基本概念。所谓跨国实践指的是在特定的制度背景下人们的行动所产生的影响,是由非国家行为主体所从事的并跨越国家疆界的实践。跨国实践虽然是抽象概念,但是它们直接指向其代理机构的实践。从分析的角度看,跨国实践包括三个层次的运行,这三个层次是经济、政治及文化——意识形态。每一层次都有自己的代表性制度,有组织的、固定的、一致的实践结构。具体而言,在经济方面有跨国经济实践,其主要代理机构和制度是跨国公司。在政治方面是跨国政治实践,其主要代理机构是跨国资本家阶级。而消费主义则占据了文化—意识形态领域。跨国公司制造商品,提供服务,从而使生产与销售成为必要;跨国资本家阶级创造政治环境,在该环境中一国的产品能够在他国成功地销售;消费主义的文化—意识形态提供创造和维持商品需求的价值与态度。斯氏认为,这些都是分析的,而非实证的。在现实世界中,它们错综复杂。跨国公司参与东道国政治,宣传消费主义;跨国资本家阶级直接服务于跨国公司,其生活方式是消费主义扩展的主要典型。

与沃勒斯坦的世界体系模式和罗伯逊的文化系统论相比,斯克莱尔的全球体系理论显得更加全面。他所引入的"跨国实践"的概念,无论是从理论上还是在经验上为解决那些传统的国家中心论观念所无法充分或全部予以解决的问题提供了良好的思路。而且斯克莱尔把全球体系的概念建立在跨国实践的基础上,同时也并没有忽视对民族国家的分析。而在构建全球体系过程中,斯氏总是试图把全球体系的政治、经济、文化三层面的关系理清,并力图把全球的(跨国的)同国际的概念区别开来。但是从整体上看,斯氏的全球体系理论的侧重点仍然是全球体系的经济方面。显然,这种偏重经济因素的分析,使其理论对全球化进程中其他因素所发挥的作用考虑不够,这是全球体系理论的不足之处。

上述三种全球化理论模式,即世界体系模式、文化全球化模式和全球体系模式,可以说是目前西方社会学界最具代表性的关于全球化的三种理论模式。除此之外,吉登斯从制度角度对全球化的研究,亨廷顿的文明冲突论,海纳兹的网络分析法等,也都是西方社会学界较有影响的全球化理论,它们也都为研究全球化问题提供了可资借鉴的研究视角。

三、全球化对民族国家的冲击

全球化作为不可抗拒的世界潮流和客观历史进程,它把世界各种不同社会制度、不同发展水平的国家都纳入到统一的全球体系中,对世界各国的政治、经济、文化领域都将产生深刻的影响。由于全球化进程首先和主要是由发达资本主义国家引导和推动的,全球化的实质是西方发达资本主义主导下的全球化。包括中国在内的第三世界民族国家与发达国家相比,处在弱势的地位。因此,全球化给发达国家与发展中国家带来的利益是不平衡的。从世界性与民族性的关系来看,全球化对发展中国家的冲击主要表现在以下三方面。

第一,在经济领域,全球化趋势既为发展中国家提供了一个重要的发展机遇,又使发展中国家的发展遇到发达国家的重重阻挠。经济全球化进程中,发展中国家通过吸收外资、引进先进技术、更新产业结构、开拓国际市场,促进了本国的经济发展。积极参与经济全球化,可能是发展中国家赶超发达国家的唯一所能选择的必由之路。经济发展不仅意味着经济总量的增长,更重要的是体现在产业演进、技术进步、制度创新和现代经济结构的不断发展和变革。发展中国家要实现上述目标,必须积极从外部引进先进的科学技术和管理经验。否则,单纯依靠自身的力量是不可能成功的。以技术进步为例。现代技术创新是世界性的,任何国家的科学技术活动都必须也只能以世界上现有的科技成果为前进的基础。这一点对于广大发展中国家尤其具有重要意义。在始于西方工业革命的现代经济中,绝大多数经济技术和方法都发轫于西方发达国家。根据世界知识产权组织的统计,发展中国家占世界发明专利的比重,1967—1979 年只有 0.004,1983 年则下降为 0.002。发展中国家要实现经济现代化,就必须积极地引进这些技术和方法。固然,发展中国家自身的技术创新也很重要,但这必须建立在充分利用国外现成的技术方法尤其是基本技术方法的基础之上。目前,由于经济全球化所带来的规模经济效应,新技术产生和应用的速度大大加快,发展中国家如果不积极从外部引进技术而仅靠闭门造车,势必不断拉大同先进国家的差距,永远停留于落后状态。从这个意义上说,经济全球化已成为发展中国家加速实现现代化的重要发展机遇。

但是在经济全球化进程中存在着一个悖论:世界经济一体化进程愈推进,民族的经济利益问题愈突出。在经济全球化的过程中,发达国家与发展中国家之间,虽然存在着利益互补的一面,但也存在着经济利益尖锐冲突的一面。发达资本主义国家与发展中国家在经济全球化中的收益不均现象十分严重。以美国为首的西方发达资本主义国家往往在平等竞争的旗号下掩盖其经济霸权主义、金融霸权主义、技术霸权主义,实行有利于发达资本主义国家的对外经济贸易战略,千方百计地阻挠发展中国家经济发展的进程。例如,在科学技术方面,发达资本主义国家对发展中国家并不"慷慨",它们不仅不会提供高新技术,而且千方百计对发展中国家发展高新技术进行阻挠或封锁,甚至把一些早已陈旧的和导致严重污染的生产部门转移到发展中国家。据绿色和平组织的报告,发达国家以每年 5 000 万吨的规模向发展中国家转移有毒或危险的废物,把发展中国家变成发达国家的"垃圾场"。又据联合国有关机构统计,世界上绝大部分有毒污染是发达国家造成的,20多个发达国家生产了占世界95%的有毒垃圾。另外,发达国家还凭借其资本和技术上的优势和控制力,依仗先进的信息技术和强大的跨国公司,在全球范围内实施资源的不平等分配,致使发达国家和发展中国家的贫富差距在扩大。1965年,7个主要发达国家的人均收入是世界最贫困国家的20倍,1995年则扩大到39倍。联合国开发计划署1998年9月9日发表的一份报告显示,占世界人口20%的富人享用世界财富的80%。报告指出,全球仍有26亿居民缺少最基本的卫生设施,20亿人无法喝到符合标准的饮用水,还有20%的儿童受教育不足5年。报告认为,这一结果与经济全球化有关,因为经济全球化和市场全球化进一步加剧了各民族国家之间的竞争和经济发展的不平衡。幻想经济全球化会自动带来资源的合理配置而放弃自我保护,只能导致毁灭性的灾难。发展中国家如若不利用经济全球化带来的先进的科学技术和先进的管理经验及管理制度,迅速发展本国的经济实力,增强竞争能力,就难以在经济全球化进程中生存下去。

第二,在政治领域,民族国家的主权受到了前所未有的挑战。在全球化时代,高科技手段、市场经济和资本的顽强的扩张力超越了国家的疆界,超越了民族相互隔离的界限与个性差异,增强了世界的统一性和整体性。与此同时,民族国家原有的稳固地位受到了挑战:跨国公司的活动,超越了国家传统意义上的主权和边界,各国的经济活动越来越多地遵循国际条约、协定、规范和惯例来运作。一些西方学者以资本无祖国为前提,推导出国家无主权的结论,鼓吹"民族国家终结论"、"国家主权过时论"。这种观点为少数发达国家干涉别国内政、肆意践踏别国主权提供了辩护。少数经济、政治大国甚至以"人权高于主权"为名挑起和操纵地区性战争。实际上,经济全球化并不必然导致国家主权的弱化。在一定范围内与世界经济接轨,对外开放,并不是放弃主权。从一定意义上说,全球化对发展中国家的主权提出了更高的要求。一方面因为发展中国家参与世界经济,实行对外开放,可能会使国家对于外部价格冲击或不稳定的资本流动的承受能力降低。另一方面因为现行的国际经济、政治法律和规则是以西方发达资本主义国家的经济社会条件为依据的,执行这些规则,对于经济文化落后的广大发展中国家的经济主权和民族利益势必造成冲击。因此全球化使得发展中国家政权的作用更为重要。事实上,在经济全球化中,越是彼此相互尊重各自的主权,加强协作,就越有利于国家间争端的解决。相反,如果不尊重别国的主权,或者不注意保护自己国家主权的安全,就会对别国或者本国利益带来危害。

第三,在文化领域,发达国家正在借助全球化向发展中国家输出其文化及价值观念,从而对发展中国家的民族文化构成严重威胁。在经济全球化进程中,信息高速公路的发展和资本的全球性流动为文化的广泛而迅速的传播提供了载体、工具和渠道,促进了各民族之间的文化交流与学习,各民族文化在冲突和融合中,统一性和共通性不断增加。但是,经济全球化没有也不能造成全球文化的"同质化"。事实上,在一些生活方式、文化观念越来越被人们共同接受的同时,某些文化上的民族差异乃至对立不仅没有被消除,反而比以往更加明显或突出。文化观念的冲突主要表现在意识形态或价值观念的冲突上。全球化为西方垄断资产阶级推行其思想文化战略提供了便利条件。英国著名的社会学家吉登斯的话是一针见血的:全球化的意义生产是由西方的跨国资本主义利益集团来主导的。西方以美国为首,形成了庞大的全球信息传播体系,形成了以美国好莱坞、迪斯尼为主导的影视娱乐体系,更有强大的知识、学术、教育体系作为意识形态体系的支柱,从而成为全球化意义生产的主宰者。在这种情况下,对于以信息接受为主的发展中国家来说,全球化就有可能造成对本国文化的冲击和忽视。事实上,早在冷战时期,美国新闻署直属的美国之音就制定了一份共八条的宣传提纲,集中攻击和歪曲社会主义国家的国家政体和政党制度。冷战结束后,西方发达资本主义国家尽管对外宣传手段有所变化,但极力颠覆和演变社会主义制度仍然是西方传媒的首要任务,宣传的内容仍集中在鼓吹和传播经济私有化、政治多党化、人权人道化、民族自治化、社会多元化等方面。近年来,西方发达国家更是利用信息高速公路等高科技手段向发展中国家输出其政治制度、价值观念乃至腐朽的西方文化和生活方式,其目的就是希望形成由西方主要是美国所主宰的全球单一文化。正如有的专家提出的,"美国大力倡导信息高速公路,决不仅仅是为了科技和社会的进步。宁可停了'星球大战计划'而重点来搞信息高速公路,'醉翁之意不在酒'。因为信息不同于工业化产品,信息高速公路流通的大量信息,必然地会带有明显的政治和文化色彩。"①因此,对西方发达国家的文化侵略,我们必须保持高度的警觉。实际上,文化的发展具有特殊的规律,它同一定民族的传统或特点紧密联系在一起。越具有民族性特点的文化,往往越具有文化的价值和生命力,也就越能走向世界。全球化不仅不应该削弱文化的民族性,而且应该提倡文化的多元性,使人类的思想文化和精神生活更加丰富多彩。

全球化作为一种国际化运动,它对民族国家经济、政治、文化等生活领域的影响是深远的。发展中国家在利用全球化带来的机遇,积极利用外来资金、先进科学

---

① 徐如镜:《发展信息产业事关国家命运》,《信息论坛》论文集(一),计算机世界报社 1995 年版,第 230 页。

技术和管理经验,积极发展民族经济的同时,又要保持清醒的头脑,尽量避免和减少经济全球化进程中的消极影响和危害因素,努力保护和促进民族经济的发展,保护民族国家的主权和安全,保持民族文化的传统和优势。

四、全球化对中国社会现代化进程的影响及对策

现代化与全球化虽然不是完全重合和同步的,但是在人类走过的现代化历史进程中,现代化与全球化具有相当程度的关联性,在特定的历史阶段甚至带有重合性。现代化始于西方,经过几百年的发展,西方已建立起了比较成熟的现代文明。在全球化时代,西方的现代化文明模式愈来愈产生全球性的影响。中国的现代化是全球现代化的一个组成部分,离不开全球化的国际背景。1999年以来,中国与美国等西方国家和国家集团就加入世界贸易组织的谈判取得了实质性进展,标志着中国这个东方大国即将以平等贸易伙伴的身份进入经济全球化的现实进程。全球化对中国社会现代化的进程必将产生深远的影响。

全球化作为一柄"双刃剑",对中国正在进行的现代化所产生的影响,表现为挑战与机遇并存。

首先,经济全球化为我国企业利用最有利的地点和资源从事生产经营活动提供了最大限度的可能,它带来了国际分工的发展,产业的转移和资本、技术等生产要素的流动,这对弥补我国经济建设资金不足,改进生产技术,学习国外先进的管理经验,利用后发优势迅速实现我国产业结构优化、技术进步,制度创新和经济发展都提供了难得的机遇。第一,经济全球化进程中,发达国家正把传统工业和技术成熟的部分产业向发展中国家转移,即使是某些高技术产业,也在力求扩大和加强国际合作。我国应充分利用这一有利时机,大量吸收和引进国外先进技术,积极参与国际经济,加速我国传统产业的升级换代。第二,遍布全球、发展迅猛的跨国公司日益成为我国与西方大国进行有效合作的经济载体。由于我国巨大的市场潜力,随着投资环境的不断改善,我国已逐渐成为跨国公司投资的主要对象。这将有利于我国进一步引进外资,学习国外先进的技术、管理方式,使我国的技术产业跟上全球技术更新发展的潮流。因此,经济全球化有利于我国实现以工业化为核心的经济现代化。

其次,全球化有利于我国民主法治政治的形成。一方面,中国通过融入全球化潮流,在制订法律方面可以更多地学习、借鉴、吸收甚至移植国外立法和国际立法的成功经验,在经济立法方面更加注意同国际立法接轨,按照国际惯例办事。同时,我国立法体制的民主化、立法行为的程序化、立法技术的规范化等立法环节,也都会直接或间接地受到全球化的影响,从而逐渐向国际规范靠拢。

最后,全球化还有利于中国文化的现代化。伴随着经济全球化的进程,国外先进的、为世界各民族人民普遍认同的文化价值观念也传入我国。自由、民主、平等、法治、理性等现代理念,对于消除我国传统国民意识中的特权、等级、身份、均平的落后观念和意识,形成与社会主义市场经济、民主法治政治相适应的现代观念,将起到积极作用。此外,全球化为我国学习国外先进的科学技术知识,促进中国的文化学术走向世界并与国际文化学术研究接轨,起到了催化剂的作用。

应该看到,全球化在给中国的现代化发展带来机遇的同时,也使中国面临着巨大的挑战。

在当代世界经济体系中,由于发达国家已经在经济、科技、金融、贸易等领域占据巨大优势,并力图维护不合理、不正当的世界竞争秩序,这必然使包括中国在内的发展中国家在世界经济竞争中处于不利地位。因此经济全球化的进程也同时伴随着发达国家的经济利益不断扩大,发展中国家成本增加的过程。特别是经济全球化可能会危及国家经济安全。对于中国来说,经济全球化对我国经济安全的威胁,主要有以下五方面[1]:第一,对外开放步步深入,包括加入世界贸易组织,可能会冲击我国一些产业部门,由此还可能发生相关联的失业等社会问题;第二,经济全球化既传导经济景气,也传导经济衰退,因此,它会增大有关国家经济的波动性;第三,国际金融市场巨额资金的流动性、投机性和风险性,一方面在某些方面有益于世界经济,但另一方面又使世界经济增加了发生大危机的可能性;第四,由于对外经贸关系的发展,我国经济生活的某些方面和某些部门有被外国经济组织控制的危险;第五,政治制度的稳定性和民族文化将受到威胁。在政治领域,某些西方大国往往把自己的意识形态和政治价值观念强加给我国,在人权问题上搞双重标准,并以人权为借口干涉我国内政。在文化领域,信息高速公路使得信息得以在全球传播,占强势的西方文化有可能对我国的民族文化建设产生冲击。

面对全球化对中国社会现代化带来的机遇和挑战、利益和弊端,我们应有正确的认识。它们实际上是一个事物矛盾的两个方面,我们的工作就是要把机遇和利益变成矛盾的主要方面,从而使矛盾在总体上向对我们有利的方向发展。为了使我们在全球化过程中趋利避害,面对全球化的潮流,我们必须有相应的应对策略。

1. 树立新的安全观。传统的安全观,一般是集中在政治和军事领域,即维护国家主权的独立,保卫本国国土不受外来侵犯。全球化时代,经济安全的地位日益重要。因此,中国要减少经济全球化所带来的负面影响,必须把经济安全放到国家安

---

① 裒元伦:《经济全球化与中国国家利益》,《新华文摘》2000 年第 3 期。

全的战略位置上，在全方位的开放中实现国家的经济安全。

2. 不断进行制度创新，加速国内改革进程。中国要在全球化竞争中取得与发达国家同等的地位，减少全球化进程中的损失，最根本的是要进行国内改革。在经济方面，要进一步完善我国的社会主义市场经济体制，实施科技发展与人力资源培养战略，积极培育跨国公司，与发达国家一体化组织加强经贸联系，建立全球合作战略等。在政治方面，要进一步加强社会主义民主法制建设，坚决惩治腐败，建立高效、廉洁、法制的政府机构。在文化方面，要积极培育我国公民的自由、民主、理性、法制观念，同时也要注意保持和发扬我们优良的文化传统和价值观，防止西方社会的极端利己主义、拜金主义和享乐主义滋生蔓延。

总而言之，全球化作为中国社会现代化的国际背景，它对中国社会现代化的影响是积极的，是机遇大于挑战，利大于弊。我国应勇敢地面对全球化的挑战，以积极的姿态融入全球化进程，促进我国改革开放和社会主义现代化目标的实现。

思考题：

1. 社会变迁有哪两种基本形式？它们之间的关系怎样？

2. 为什么说社会主义现代化建设和改革开放必须是一个渐进的过程？

3. 社会发展包括哪些内容？它与经济发展是什么关系？

4. 什么是社会现代化？它包括哪些内容？

5. 发展中国家能否通过西方发达国家的模式走上现代化道路？为什么？

6. 我国现代化起步时的具体国情如何？认识这一点有何意义？

7. 什么是全球化？它对我国现代化进程会产生哪些影响？

第十四章 社 会 控 制

人们的正常生活和社会的正常运行需要一定的社会秩序，为此，社会需要建立一套社会控制体系。我国自改革开放以来，社会分化日益明显，社会矛盾更加复杂，加强社会控制对于维护社会的稳定和发展具有十分重要的意义。

第一节　社会控制的构成和功能

一、社会控制的概念

最早提出"社会控制"概念的是美国社会学家罗斯。19 世纪末，罗斯就社会控制问题进行了深入研究，写出了一系列论文。1901 年，他出版了论文集《社会控制》。此后，社会控制概念在美国社会学界得到了广泛使用。

罗斯认为，人生来具有同情心、互助性和正义感，这三个部分构成了人性的"自然秩序"，并能够自行调节人们的行为，使得社会生活处于自然的有序状况。19 世纪末 20 世纪初由于美国社会迅速的城市化和大规模的移民，使人性中的"自然秩序"遭到破坏，越轨行为频繁发生。因此，必须建立一种新的机制来维护社会秩序，这就是社会控制。

罗斯的社会控制是针对人的天性的"自然秩序"的破坏而言的，它与天生的自我约束不同，是一种依靠人性之外的社会因素来约束人们行为的过程。随着社会学研究的不断进展，人们对社会控制现象的认识也逐步加深，使社会控制的概念不断得到发展。今天的社会控制概念并不只是片面地控制人们的行为，而且还含有协调与积极引导人们行动的重要内涵。因此，社会控制通常是指人们依靠社会的力量，以一定的方式对社会生活的各方面进行约束，确立与维护社会秩序，使其符合社会稳定和发展需要的过程。狭义的社会控制专指社会对越轨行为的禁止、限制与制裁。

综合起来，对社会控制概念的理解，包括以下四个方面：

（1）社会控制的任务既包括对违反社会规范行为的制裁，又包括引导广大社会成员认同并自觉遵守社会规范，以协调个人、群体、组织、社会整体的关系。

（2）社会控制的目的不仅要使个人和团体的行为服从社会稳定的需要，还要服从社会发展的需要，使个人和团体的自由与社会秩序达到和谐的统一。

（3）社会控制必须依靠社会力量才能进行，同时社会控制又必须使社会规范被每个社会成员"内化"，从而达到积极控制的目的。因此，社会控制的实现途径必须是社会力量控制与社会成员自我控制的统一。

（4）社会控制是一个动态过程。它不仅包括对现有社会秩序的维持，还包括建立新的社会秩序。随着社会的变迁、控制过程的实现，社会规范也在不断发展和更新，并在此基础上形成新的社会秩序。

二、社会控制的构成要件

社会控制既是一个过程，又是一个系统。构成社会控制体系的主要因素有：控制主体、控制客体和控制手段。

（1）控制主体。这里的控制主体不仅指国家，也可以指社会群体、组织和个人。控制主体可以分为三个层次。第一，社会场的控制。即社会成员之间的相互影响和相互制约。只要有人群的地方，就会存在这种社会场。它能对社会成员造成无形的压力，迫使他们遵从社会规范，发挥社会控制功能。他人在场时的拘谨，舆论指责的担心等都是社会场发挥社会控制功能的具体表现。第二，社会组织的控制。社会组织是最普遍的社会构成单位。任何社会组织，为了保证自身的存在和发展，都必须对其成员进行控制。国有国法，党有党纪，校有校规，军有军令，工厂、医院、家庭、工会、妇女等组织都有自身的控制机制。第三，全社会的控制。全社会的控制也是由一定的社会组织进行的。它与社会组织控制不同的是，社会组织控制是一种面向内部成员的控制，而全社会的控制则是某些社会组织以全社会的名义对全体社会成员的控制，这种控制对象不是其组织内部成员，而是组织外部的整个社会。例如警察机关对社会治安的控制，执政党、国家行政机关对全社会的控制等等。由于这种控制是以全社会的名义对全社会成员的一种控制，因而它在社会控制体系中居于主导地位，对社会的存在和发展发挥着极大的影响作用。

（2）控制客体。社会控制的客体是社会行为，包括个人行为和组织行为。个人行为在社会控制系统中是最基本的控制对象。个人行为既反映了一个人的主观需要、动机和目标，又表现了与社会的规范、需要和目标的关系。社会控制正是从个人行为的结果所表现出来的与社会规范、需要和目标的一致性与否来评价这些行为的。社会控制的对象还包括组织的行为。组织的行为离不开作为组织代表的个人行为，但是它又具有单独的个人行为所不具有的性质，故成为社会控制的重要对象。无论是个人行为还是组织行为，都与其他个人或组织处在紧密的社会联系之中,都会产生一定的社会影响,故都属于社会行为。任何社会行为又都是人的有目的、有意识的活动。人们总是根据自身利益去选择自己的行为,只有通过社会控制,才能保证人们的行为符合社会的整体利益,形成社会赖以存在和发展的基础。

(3) 控制手段。社会控制的基本手段是社会规范。没有社会规范,社会就缺乏约束人们行为的依据和标准,社会控制也就无从谈起。由于社会的复杂性,每一个社会都存在着不同的价值观与社会规范,这里的社会规范主要是指在社会中占主导地位的价值观和规范。社会规范依次分为习俗、道德、宗教、纪律、法律、政权等不同的层次,处于最高层次的社会规范控制力最强,例如政权与法律。社会规范预先决定了社会行为的产生和定向,使社会行为符合社会稳定与发展的要求,从而达到社会控制的目的。

(4) 控制的保障。社会控制的保障是明确而有力的奖惩措施。奖惩措施可以包括在规范之中,但它又具有其独特的意义与价值。人们之所以会遵守社会规范,除了有自觉遵守的一面以外,很大程度上有赖于奖惩措施的激励和威慑作用。我国社会生活中比较普遍存在的有令不行有禁不止的现象在很大程度上是由于一些规章制度缺乏明确的奖惩措施或者奖惩措施执行不力所致。

三、社会控制的功能

社会控制伴随着人类社会的产生和发展,发挥着不可或缺的重要功能,主要包括以下几个方面:

1. 维持社会秩序和社会稳定

社会秩序是指社会整体的各组成部分在结构上相对稳定有序,在运行中相互协调、平衡的状态。秩序是社会存在和发展的基本前提,有了一定的社会秩序,社会成员和群体间的交往,就具有可期待性,社会生活也就处于某种程度的模式化状态,社会的运行也就相对平静,从而确保社会稳定。但由于种种原因,人们并不总是能自觉地遵守既定的行为规范,而是不断发生越轨行为,给社会秩序带来混乱,使社会充满着矛盾和冲突。尤其在社会急剧变动时期,原有的固定模式和僵化观念受到了冲击,使现有行为规范的权威性受到挑战,人们可能同时面临两个或两个以上相互矛盾的规范,从而导致个人和社会团体偏离社会规范的行为增多。为了不使社会在混乱中走向崩溃,统治阶级及其社会利益的代表者就要对各种偏离社会规范的行为加以制止、分化和引导,并在社会控制主体、控制手段上加以变革,以协调个人与社会、社会各部分之间的平衡,保持社会稳定。

在我国现阶段,还存在着各种敌视和破坏社会主义现代化建设的敌对分子,他们总是企图破坏社会的稳定和正常秩序,对此必须进行有效的社会控制。如果丧失警惕或处理不当,就会对社会稳定构成威胁。当前,国内形形色色剥削阶级腐朽思想的侵蚀和影响,以及国际垄断资产阶级的"和平演变"战略的渗透,是产生社会不稳定乃至动乱的重要原因。此外,社会分配不公、党风与社会风气不正、价值观念的混乱等也是影响社会稳定的原因。必须正视这些不稳定因素,实行有效的治理和控制。

2. 维持社会正常生活

社会稳定从整体看表现为社会各部分协调发展、社会良性运行的状态。从社会成员个体的角度看,则应理解为个人生活具有起码的安定性,全体社会成员能有序地生活。但是,在现实生活中,这种正常生活状态并不完全符合所有社会成员的愿望和要求,甚至某些社会成员可能会自觉不自觉地违反既定规则以达到自己的目的,某些人为了实现自身的利益而不择手段。在这些行为影响了其他社会成员所享有的、由既定的社会关系规定的利益时,就可能引发冲突。为了维持正常的生活秩序,社会就要采取控制手段进行协调、约束甚至制裁。否则,人们的正常生活就会陷入混乱,继而影响社会稳定。

3. 促进社会发展

社会控制不仅是为了维护社会秩序,而且要有利于促进社会发展。诚然,社会稳定与社会发展有着不可分割的联系和一致性。稳定是社会存在和发展的基本前提;社会的稳定有利于社会的发展。但稳定本身还不等于发展。稳定有不同的形态,有死气沉沉的稳定,也有充满生机与活力的稳定。我们所要的不是前者而是后者。因此,我们的社会控制应当既着眼于社会稳定又着眼于社会发展。应当在全社会形成一种既有集中又有民主,既有纪律又有自由,既有统一意志又有个人心情舒畅、生动活泼的局面,在规范与控制人们行为的同时,最大限度地激发人们建设社会主义现代化的积极性和创造性。

社会控制具有维持社会秩序、促进社会发展的积极功能,但在一定的条件下也具有负功能,对个人与社会的发展起阻碍作用。具体表现为:

(1) 僵化的社会控制模式不利于个人和社会的发展。社会控制所维护的社会规范体系是在一定条件下建立的,当社会条件发生了变化,人们对利益的追求有了发展,原有的社会控制体系就会对人们的创新行为和价值观念的更新起阻碍作用,进而会阻碍社会进步。

(2) 不合理的社会控制会产生和扩大社会矛盾,影响社会的正常秩序。社会控制总是统治阶级维护其阶级利益的手段。如果统治者社会控制的出发点只是为了维护少数人的既得利益,而不顾大多数人民群众的利益,就会引发社会矛盾,严重的可能酿成社会冲突,危及社会的稳定。

(3) 片面的社会控制会妨碍社会的发展。如果将社会控制仅仅理解为对人们社会行为的严格约束,把社会稳定作为社会控制的唯一的和终极的目标,那么这样的社会控制就会不利于人的积极性和创造性的发挥,也就会不利于社会的发展。

第二节　社会控制的类型与手段

一、社会控制的类型

社会控制的表现形式非常复杂,从不同的角度可将社会控制的类型作不同的划分。

(1) 按照社会控制的性质可将社会控制分为经济的社会控制、政治的社会控制、思想的社会控制。经济的社会控制是为了保持经济持续、稳定、协调发展的秩序,确保人们生活水平稳步提高;政治的社会控制在于保持政治形势的稳定;思想的社会控制是为了社会基本价值观念的认同,保持群众情绪的稳定,进而形成社会的凝聚力和向心力。

(2) 按照社会控制的层次,可将社会控制分为对社会组织的控制与对社会成员的控制。对社会组织的控制就是要保持社会各部门协调合作,以达到经济、政治、文化生活之间协调发展,经济基础与上层建筑之间相互适应,社会生活实践与社会观念意识间的同步与一致。对社会成员的控制在于保证人们的社会生活正常有序,使个人的活动可以预料和把握。

(3) 从社会控制的手段看,可将社会控制划分为硬控制和软控制两大类。硬控制采用的是强制性的控制手段,包括政权、法律和纪律等来控制社会行为。软控制指采用非强制性的控制手段,包括风俗、道德等来控制社会行为。硬控制和软控制的作用力及作用后果都不同。

(4) 从社会控制的实现途径来看,可将社会控制分为积极的和消极的两种。积极的社会控制是指通过对人们社会行为的正面引导所实现的社会控制。消极的社会控制是指通过对各种偏离行为的限制与惩治所实现的社会控制。积极控制能够向人们提供明确的目标导向,而且更易被人们所接受,从而有利于良好社会秩序的形成。因此虽然这两种控制形式都是必要的,但我们主要应依靠积极控制,充分发挥积极控制的作用。

(5) 从社会控制的表现形式来看,可将社会控制分为内在的和外在的社会控制。内在的社会控制通过将社会规范内化而作用于人们的行为。例如,风俗对人们日常生活的影响已成为人们自觉的行为。外在的社会控制通过外部的强制力量将社会规范作用于人的行为,起到约束作用。例如,法律对违法犯罪行为的制裁。

二、社会控制的手段

社会控制的手段也是多样化的,主要有以下几种:

1. 习俗

习俗是指在社会生活中由习惯而来、经过人们相互模仿,逐渐形成并共同遵守的行为规则和行为模式。习俗在生活中的表现形式多种多样,主要有婚丧嫁娶、节日庆典、社交礼仪,等等。

习俗首先起源于人们满足生存需要的活动。它最初是人们适应自然环境、获取食物等基本生活资料的文化模式。我国的春节习俗,源于古代腊祭,每年年底祭保护庄稼和赏赐收获的各种自然物:堤防、水井、禽兽、土地等。习俗又是人类在其早期形成社会生活时逐渐产生的一些规定,渐渐成为习惯,代代相传。人们总是按自己固有的习俗对后代接生喂养,按自己的习俗教养子女。可以说人们总是接受固有的习俗,按已有的习俗开始生活的。习俗不但是个人行为的惯用方式,而且也是一定社会和群体认可的、自己同意的方式。习俗具有地区性和民族性,它往往是区分民族的重要标志。习俗还是人们社会生活条件的反映,一定的社会生活条件产生一定的风俗。我国南方与北方、东部与西部、山区与平原、沿海与内地,由于自然条件及社会经济条件的差异,分别形成了一些不同的习俗特点。

习俗是人类生活中最早产生的一种社会行为规范。原始社会,人类处在蒙昧状态,还没有判断是非善恶的道德观念,更没有法律。但原始社会生活也是有秩序的,这就是习俗在起作用。习俗是调整人们社会行为的规范体系,又是最普遍的社会控制形式。它在社会生活各个领域发挥作用,其作用范围没有任何一种社会意识形态和社会规范体系可以与之相比。法律和道德等调整不到的社会行为,习俗仍然可以发挥作用。无论什么人,在何时何地,一举一动都受到他们所处的特定环境中习俗的影响,从而自觉不自觉地遵从它。从这个意义上看,习俗可以加强一定地域内人们之间的亲近感与凝聚力,起整合作用。由于习俗是内化了的人们的习惯行为,因此,习俗的作用是在没有外来强制力量的情况下发生的。正因为如此,习俗的改变需要一个长期的过程。试图仅仅通过强制力量来改变习俗的做法往往收效甚微。

习俗有优劣之分,良好的习俗是民族的优秀文化传统,它有利于社会进步。陈规陋习则体现着落后的观念和行为方式,阻碍社会的进步。因此,习俗的社会控制作用有积极与消极之分。

2. 道德

道德是社会用以调整个人与个人以及个人与社会之间关系的行为规范。道德自成体系,主要由道德原则、道德规范和道德后果三个部分构成。道德原则是关于如何处理个人与社会之间关系的原则,例如,坚持个人主义原则还是集体主义原则。道德规范是以道德原则为基础形成的一系列有关行为善恶的具体准则,例如,是非、善恶、尊卑、荣辱、诚实和虚伪、义务和责任等等。道德后果包括道德评价和道德责任。道德评价和道德责任可以引起个人对自己的道德行为的正确认识,同时又能形成社会舆论,扬善惩恶。

在阶级对立的社会里,不同阶级有不同的善恶标准、有不同的道德观念。因此,道德具有明显的阶级性。道德标准又随着社会的发展在不断变化,因此,道德又有历史性。道德的标准与一个民族的传统习惯和人类共同的需要密不可分,因此,道德还有民族性和全人类性。

道德靠社会舆论、传统习惯和内心信念来控制人的思想、行为和关系,从而维持一定的社会秩序。与风俗相比,道德的社会控制作用比风俗要强。道德调整的是那些与社会生活关系更紧密的社会行为。因此对维护社会秩序来说,道德更为重要。历来统治阶级都把道德作为维护本阶级利益的重要工具。另外,习俗可以遵守,也可以不遵守。不遵守习俗不会引起社会太大的关注,不一定要对这种行为作出评价,但违反道德就严重得多,社会舆论会干涉不道德的行为,对之进行谴责。道德借助社会舆论对一定的社会成员的关系和行为进行导向与制约,将道德准则灌输给社会成员,引导其内心产生某种道德信念,指导其今后的道德行为的选择。

3. 宗教

宗教是一种与神或神圣物相联的信仰和规范体系,是社会控制的一种特殊手段。

目前世界上占人口相当大比例的人是信教的。其中以信奉基督教、犹太教、佛教和伊斯兰教的人数最多。有些国家和地区把某种宗教奉为国教,例如,印度教是印度的国教,伊斯兰教是穆斯林诸国的国教,梵蒂冈是典型的天主教国家。在这些国家和地区,宗教生活是人们社会生活的重要内容,许多重要的活动和宗教有直接的联系,人们的社会行为受宗教教规的制约,凡教徒,在社会生活的各个方面都要遵守教规。

宗教的社会作用,从总的方面来说是使教徒安于现状,逆来顺受,勿以暴力抗恶。对于恶人自有上帝或神去惩罚,而受害者是不应当反抗的。宗教信仰使人注视来世而忽视现今世界上的不公平,甘心接受社会的不平等。因此,在存在着阶级剥削、阶级压迫的社会里,宗教往往成为剥削阶级欺骗和麻痹劳动人民、保护统治阶级利益的工具。因此,从本质上讲,宗教对于社会发展的作用是消极的。

宗教对社会生活的影响是很大的。宗教的教义能给社会的准则和价值观以神道的支持,维护现行的社会制度,控制社会越轨行为。通过礼拜仪式和奉行神圣的权力,宗教把整个社会结合在一起,它使处于不同社会地位、有着不同利益和愿望的个人或团体能够在一个社会中生活,起着社会整合的作用。此外,宗教规范及其组织对于加强社会交往与文化交流也具有一定的作用。如在农村地区,人与人之间的联系较少时,宗教以其信仰与规范的凝聚力,以及寺院对社会各阶层的吸引力,成为沟通社会联系的重要渠道与场所。

我国也存在着多种宗教。佛教、伊斯兰教、基督教、道教及其他宗教在我国一部分人的社会生活中发挥着作用。历代统治者也利用宗教统治人民。新中国成立后,我国实行尊重和保护宗教信仰自由的政策。"文革"动乱中,正常的宗教生活一度受到破坏。改革开放以来,正常的宗教活动在我国得到恢复和尊重。

4. 纪律

纪律是国家机关或社会团体规定其所属成员共同遵守的行为准则。它是机关或团体用来指导和约束自己的成员,使其承担一定的责任和义务,以实现组织目标的手段。我们平常所说的党纪、政纪以及职业纪律和规章制度都是纪律性的行为准则。纪律大致可分成三类:一是政治纪律。比如,要坚持党的四项基本原则,执行党的路线、方针和政策等等。二是组织纪律。比如,个人服从组织,少数服从多数,下级服从上级,全党服从中央,严守组织机密等等。三是职业纪律。它是指根据各行各业的需要和特殊性而制订的既有共性又有各自特性的规章制度。从根本上说,纪律是由人的社会性所决定的,它体现了人们的社会关系,是介于道德和法律之间最常见的行为规范。

纪律作为一种行为规范,具有明显的强制性和约束力。与道德不同,纪律要求服从并通过一定的行政手段来推行。对少数违反纪律的行为会采取一定的制裁措施,如批评或者处分等等。但纪律的社会控制作用并不仅仅是制裁,它更要求成员自觉遵守。遵守纪律不仅被看作是一种美德,而且被认为是产生力量的源泉和事业成功的保证。因此,任何组织或团体都十分重视纪律教育。另外,不同的组织和团体,因其性质、任务及所处的环境不同,其纪律的严明程度也不同。一般说来,组织任务越艰巨,环境越恶劣,组织对其成员的纪律约束也就越严格。

5. 法律

法律是由国家立法机关制定或认可,由国家政权保证执行的行为规则。包括法令、法案、条例、决议、命令等具体形式。法律是最权威、最严厉、最有效的社会控制手段。它的主要特点是：第一，法律是由国家机关制定、以国家政权作后盾，有强有力的司法机构保证实施。第二，法律的规定是严明的，它对违法行为的度量界限明确。第三，国家的法律一经制定实行，就对其国民普遍适用。所以，现代国家都特别重视法律的作用，注重法制建设并极力将统治阶级的意志转变为法律。

法律的社会控制作用主要表现在三个方面：第一，教育作用。法律的真正权威和效力并不仅仅在于强制服从，而首先在于教育。因为教育可以使全体公民无一例外地具有法律意识，遵守法律规范，以维护一定的社会秩序。第二，威慑作用。法律的威慑作用主要体现在对少数处在违法犯罪边缘的不安定分子，或存有侥幸心理准备犯罪的人的威慑，从而触发每个人内在的自发性控制，打消犯罪的念头或停止犯罪活动，预防潜在的不稳定社会因素的出现和发展。第三，惩罚作用。社会上总有少数成员无视法律规定，不顾后果，做出违法犯罪行为。国家就要追究其法律责任，对其进行制裁，强迫其遵守法律。

随着社会生活的日益复杂化，法律在社会生活中的作用在加强。现代国家越来越多地将社会生活纳入法律的轨道，并逐步走向法制化。

6. 政权

政权是统治阶级实行阶级统治的权力，是国家一切权力的基础。政权的基本职能是对外防止别国侵略，保卫领土完整，对内保护一定的物质生产资料的占有方式，维持现行政治制度和社会秩序。统治阶级通过建立行政体系，设置各级统治机构和官员来实现对内的管理任务。它运用宣传教育手段，通过向国民灌输统治阶级所认可的价值观念，使其自觉地按国家政权认定的规则行事。它凭借军队、警察、法庭、监狱等国家专政工具，对损害国家利益、严重危害社会秩序的行为进行制裁。总之，国家政权可以从政治、经济、文化、教育等各个方面来全面控制社会。因此，国家政权是一切控制手段的基础和最强有力的控制力量。

三、社会舆论

社会舆论是一种十分独特的社会控制手段。它作为一种软控制力量，渗透在风俗、道德、政权等一切控制手段之中，发挥着广泛的作用。因此我们有必要对它的特点和作用单独进行分析。

社会舆论是社会大众对某一事件、人物或问题的议论、意见和评价。这里的大众指参与议论、评价的人群。以此来划分，有的舆论是全国性的，有的是地方性的，有的是群体性的。参与议论的人群范围大小与议论的事件或问题的传播范围及人们对它感兴趣的程度有关。

社会舆论作为一种社会现象有如下一些基本特点：

（1）大众性。社会舆论是社会中具有相当数量的公众对某事物的意见。只有相当数量的人参与某一问题的议论，形成了一种或几种意见，包括赞同的、犹豫的、偏颇的、反对的等等，并最终形成一种占主导地位的倾向性意见，为相当范围的人所赞同，才能形成社会舆论。个别或少数人的意见不能称为舆论。

（2）现实性。社会舆论是人们针对现实问题的议论或评价。通常，当某一社会现象关系到许多人的利益、或引起他们的注意，才能引发他们的意见，发展成社会舆论；社会现象与人们的利益关系越直接，越容易引起人们的议论。因此，社会舆论是时势的晴雨表。

（3）大众传播。社会舆论是靠大众传播形成和扩散的。由于某一社会现象引起大家的兴趣，于是众人纷纷成为此一社会现象的评论员、宣传员，社会舆论不胫而走。社会舆论总是要通过人们之间的互相交流，意见的互相碰撞才能形成。这里，大众传播工具起着十分重要的引导作用。它覆盖面广，信息传递速度快，影响力大，因而成为现代社会越来越重要的宣传舆论工具。

（4）软约束性。社会舆论对人们行为的约束力不具有明显的强制性。在舆论的指责面前，有的人可以我行我素。但是社会舆论的这种软约束力量是强大的，它可以使当事人产生巨大的心理压力，从而不得不约束或改变自己的行为。

社会舆论有自上而下、自下而上两种形成方式。自下而上的舆论首先产生于少数群众，然后通过众人传播被更大范围的人群、社会组织机构、大众传播媒介乃至政府所了解，并就此发表意见，逐渐形成地区性或全国性的舆论。自上而下的舆论是政府通过大众传播媒介等途径发出而在群众中传播的一种意见。政府为了推行某项政策，有组织、有计划、有步骤地通过报纸、广播、电视、文件加以宣传，形成地区性或全国性舆论，借以组织、发动群众。社会舆论的形成一般要经过一个复杂的交流、争论、选择、接受和扩散的过程。社会上发生了超乎常规的事情，引起人们的注意，出现众说纷纭的现象；在各种议论中，凡能够符合人民群众愿望的，立刻就会被社会上部分成员所采纳；与此同时，由于宣传，不久就会在更大范围内再次扩散，被社会上大多数人所接受，形成社会舆论。

社会舆论既然是社会上或者是一个组织团体内许多人的共同意见，因而对个人、集体和社会都会产生重要的作用。这种作用主要体现在以下几个方面：

（1）社会变革的先导作用。革命舆论是社会变革的先导，是推动社会前进的巨大精神力量。毛泽东同志指出："凡是要推翻一个政权，总要先造成舆论，总是要先做意识形态方面的工作。革命的阶级是这样,反革命的阶级也是这样。"①革命舆论是适应社会变革的需要产生的,是社会变革在观念上的反映。它能够揭露旧制度的弊端,指明社会发展的方向和道路,从而为新制度的诞生鸣锣开道。马克思主义的诞生和传播,为社会主义战胜资本主义做了舆论准备。20 世纪 70 年代末,在我国开展的关于实践是检验真理的唯一标准的大讨论,为改革奠定了思想基础。

(2) 社会行为的导向作用。社会舆论往往暗示出特定社会的价值规范和行为准则,对个人而言,当他来到一个陌生的环境不知所措时,往往因得到社会舆论的指导而能应付自如。对于一个集体,若能尊重众人的意见,便能增强内聚力和提高工作效率。

(3) 社会行为的约束作用。社会舆论是一种公意,反映了大多数人的意见。因此,对少数人的与众不同的言行或越轨行为具有一定的压力。俗话说:"千夫所指,无病而死。"少数人为了缓解这种压力,会改变甚至放弃自己原来的言行,表现出顺从的态度,与众人保持一定程度的一致。

社会舆论的上述社会作用有积极与消极之分。积极的社会舆论可以为人们提供正确的行为导向,遏制社会不良现象的发生和发展,增强群体的凝聚力。消极的社会舆论可以为人们提供错误的行为导向,抑制人们的积极性和创造性,阻碍新生事物的产生和发展,削弱群体的凝聚力。社会舆论的不同作用与后果主要取决于两个因素,即一定范围内的群体成员的素质及群体的氛围。

第三节　越轨行为的社会控制

前面从广义的角度讨论社会控制,这里专门从狭义的角度讨论对偏离社会规范的越轨行为进行的社会控制。

一、越轨行为概述

越轨行为又称偏离行为,是指偏离或违反社会大多数成员公认的社会规范的行为。越轨行为随着社会规范和文化类型的不同而变化。在某种文化中被认为是越轨行为,在另一种文化中则被认为是正常行为。例如,在实行一夫一妻制的社会中,一夫多妻被认为是越轨行为;但在实行一夫多妻制的社会中,则不被看作是越轨行为。婚前性行为在中国被看作越轨,在西方社会则属正常行为。个人所属的群体不同也会导致对越轨行为的不同认定。飙车行为被执法部门认作越轨,但在

---

① 转引自《红旗》杂志 1967 年第 9 期社论:《伟大的真理,锐利的武器》。

飙车人及所在的团体看来,则是一件快事。不同的情境对同一行为是否越轨也会作出不同判断。例如,身穿三点式健美服出现在公共场所,会引起非议;而出现在健美运动场所或健美比赛场中,则属于正常行为。所以,判断一个人或一个群体的行为是否越轨,要考虑许多具体因素,包括具体社会、具体文化、具体价值观、具体群体,以及具体的时间、地点、情境、所属阶级等。

对越轨行为,根据不同的标准可以进行不同的分类。例如,根据越轨行为的主体可以把越轨行为分为个体越轨、群体越轨和法人越轨。个体越轨是指具体的个人在社会生活中做出的各种违反社会规范的行为;群体越轨则是若干个社会成员形成的群体或团伙所进行的越轨行为;法人越轨则是指一种组织越轨。又如,根据越轨行为的社会后果可以把越轨行为区分为积极越轨、消极越轨和中性越轨。积极越轨也叫创造性越轨,是指人们根据社会发展的需要所从事的各种创造性行为,这种行为虽然不符合现有的社会规范,但它对社会生活和社会发展具有积极作用。如各种移风易俗行为、改革行为等。消极越轨是指那些不符合社会发展需要,对社会生活和社会发展具有破坏性或阻碍作用的行为,如各种违法犯罪行为等。中性越轨行为是指那些与社会发展无直接的利害关系,对社会发展的作用方向不明显的越轨行为,如男青年留长发,穿奇装异服等等不符合传统生活方式和审美观念的越轨行为等。

对越轨行为的最常见的分类是按照越轨行为所触犯的社会规范的性质进行分类。即把越轨行为区分为违俗行为、违德行为、违纪行为、违警行为和违法犯罪行为。违俗行为指违反风俗习惯的越轨行为,这种越轨行为在生活中经常发生,通常也不会受到直接的"惩罚"。违德行为是指违反社会道德的越轨行为,包括违反社会公德(公共场所道德)、违反公民道德、违反婚姻家庭道德、违反职业道德的各种越轨行为。违反道德的越轨行为比违俗行为要严重得多,通常要受到社会舆论的非议与谴责,并使越轨行为者感受到巨大的社会压力。违纪行为是指违反组织纪律的行为,它发生在各种社会组织内部,这种行为一旦发生,通常要受到相应的组织纪律处分。违警行为是指违反警察部门为维护社会治安和公共秩序所作出的各种禁止性规定的社会行为。严重的违警行为有可能转化为违法行为。违法行为是指违反国家法律规定的行为,通常包括刑事违法、民事违法和行政违法。其中刑事违法行为也就是犯罪行为,它是一种触犯国家刑律,应受刑罚处罚的越轨行为,因而也是最严重的越轨行为。

一般而言,越轨行为总是对社会秩序的威胁,因而首先成为社会控制的对象。消极的越轨行为对社会的消极破坏作用主要表现在以下几个方面:

第一，直接破坏社会秩序，危及社会稳定。社会有机体的正常运行，依赖于社会各组成部分、各种社会角色间的分工与合作。如果角色不按规范行事，在其位而不谋其政，就可能危及社会系统的有机运转，甚至导致社会组织解体。

第二，破坏人们遵守社会规范的自觉性。社会生活中存在着大量越轨行为。如果对种种越轨行为不予惩罚，就会减少越轨风险，并对那些遵守社会规范的一般成员产生诱导和误导作用，降低人们遵守社会规范的自觉性。

第三，降低群体和社会的凝聚力。一个群体或社会的发展需要人们真诚团结与合作。如果在社会交往中出现欺诈等越轨行为，会降低人们之间信赖的程度。如在一个单位，领导以权谋私，会极大地挫伤职工的工作积极性，严重者，会导致组织的崩溃。

越轨行为的社会作用并不都是消极破坏性的。积极的越轨行为具有积极的社会功能，即使是那些消极的越轨行为从另一种角度来看，也对社会具有某种潜在的正面作用。概括地说，越轨行为的正功能有以下三点：

第一，积极的越轨行为能促进社会发展。每一社会、每一个群体都有一定的规范，规范的产生基于一定的历史条件。当社会条件发生变化时，原有的规范就不符合社会的发展要求，于是打破常规的标新立异就有利于社会发展。而社会变迁也可以使今日的越轨行为成为明日合乎社会准则的行为。

第二，越轨行为有助于明确社会规范。有些社会规范以法律的形式明确体现出来，但更多的社会规范则融于具体的社会生活之中，是含混不清的。只有发生了越轨行为时，众人的反应才使规范明确起来。

第三，越轨行为从反面督促人们遵守社会规范。对那些违警、违法犯罪者实行惩罚，可以使人们从反面吸取教训，反省自己的言行，增强遵纪守法的意识。

二、犯罪行为的社会控制

在所有的越轨行为中，犯罪是程度最严重的。所谓犯罪是指触犯国家法律，对社会造成危害，应当受到刑罚处罚的行为。犯罪行为是违反刑事法律规范的行为，这种行为严重侵犯了国家及社会利益，给社会秩序和人们的正常社会生活秩序带来严重危害。因此，必须予以强制惩处。同时，社会因此也要采取各种防范措施，预防和控制犯罪的发生。

近年来，我国在经济和社会迅速发展的同时，犯罪现象出现了增长的趋势，主要表现在：重大刑事案件骤增；经济犯罪成分增加；青少年犯罪占越来越大的比重，等等。上述犯罪现象的发生原因，概括起来有以下几个主要方面：

（1）对经济利益的追逐，诱使犯罪行为增多。改革开放以后，我国社会由于市场经济的负面因素、利益矛盾尖锐等促使某些人为了实现自身的利益而不择手段。某些人公然违背社会主义社会中公认的价值标准和行为准则去干一些有害于社会或他人的事情,所有这些使得犯罪尤其是经济犯罪行为增多。

(2) 剥削阶级腐朽思想和生活方式的影响。一方面,在我国政治、经济和意识形态等方面都大量存在着封建主义的残余,导致一些已被消灭的犯罪现象又有发生。例如,卖淫、嫖娼、拐卖妇女等。另一方面,随着改革开放,西方文化中的腐朽思想和生活方式也开始涌入中国,侵蚀人们的灵魂,促成一些人的犯罪。例如,贩毒、经济诈骗等。

(3) 市场经济发展造成的人、财、物大流动,也使犯罪分子有机可乘。市场经济发展带来原有生产要素、资源的流动与重新组合,许多犯罪分子正是借人、财、物流动之机,钻新旧体制转换的空子,挖社会的墙角,中饱私囊。

(4) 原有的管理体制和方法手段不适应变化了的形势。在新形势下,原有的管理体制难以适应,思想政治工作出现薄弱环节。一些干部的官僚主义和腐败作风又直接导致一部分人有机可乘,从而诱发犯罪。另外,执法部门的原有体制和执法手段难以有力打击各种违法犯罪现象。

(5) 教育的失误。近十多年来,从家庭、学校到社会对少年儿童的培养教育在一些方面发生偏差,如只重视智育而忽视德育。加上来自某些成年人、大众传播媒介、社会风气的不良影响,相当数量的少年儿童的社会化不成功,人格的发展受到了扭曲。因此,教育的失误是造成青少年犯罪率居高不下的重要原因之一。

由于犯罪现象的产生是多种因素综合作用的结果,因此对犯罪问题必须通过综合治理的方式才能有效地加以解决。这一问题我们将在下面的社会问题一节中一并加以阐述。

三、聚众行为的社会控制

"聚众行为"一词是由美国社会学家罗伯特·E.帕克提出的。在他看来,聚众行为是一种共同的集体冲动行为。人们在参与聚众行为时,通常对某种行为有一个共同的态度,并且表现出类似的行动。我们的理解是,聚众行为是指一种无组织、无领导、不受正常社会规范约束的、无明确目标和行动计划的群众性行为。其形式主要有骚乱、暴动、狂欢、恐慌等等。

一般说来,聚众行为具有以下显著特征:

(1) 自发性。聚众行为是一群无组织的人采取的无组织、无计划的活动。参加聚众行为的是在现场临时凑集起来的一群人,他们在遇到某些突发事件时只是临时采取了大体一致的行为,这种行为的发生与发展,都是临时根据众人的激情决定的,既无事先计划,也无个人与组织负责发动与协调。

(2)突发性。聚众行为常常是现场突发的群众行为。由于某一因素的刺激,人们彼此在情绪上感染,而引发出类似的共同行为。譬如,在赛场上,许多观众同时感觉到裁判的不公,发出的嘘叫乃至攻击裁判的行为,是一种现场突发的群众行为。

(3)狂热性。单独的个人通常是有理性的,其行为或多或少是按照别人期望于他的行为表现的。但是他一旦卷入聚集的人群之中,处于集体激动中,感情容易夸张和激动,容易产生强烈的情绪冲动,情绪热烈奔放与尽意发泄。

(4)非结构性。在平常的状态中,人们受种种社会规范的制约,表现出来的行为大都是规则的。但是,聚众行为却不受现有规范的约束,表现为打破常规的不规则行为。聚众行为的参加者没有固定的联系,他们聚集在一起,主要靠情绪和对共同关心的事物的态度连接,缺乏持久的联系纽带。

(5)非个性化。尽管每个人在人格方面可能有许多不同,但是在聚集的人群中,他们就会像"最小公分母"那样去思考和活动,参与者的原有个性特征完全屈从或埋没于集体之中,成为"去个性化"的个体。且聚众行为里,个人处于"匿名"状态,责任分散和模糊,尽管人人有份,但任何一个成员都不需要为一个聚众行为承担主要责任,自我约束能力便大为下降。

(6)暂时性。聚众行为缺乏明确的目的,是靠强烈的激情所推动的,而任何人都不能长久地保持强烈的激情,所以聚众行为不会长久。聚众行为结束的途径主要有:参加聚众行为的人情绪发泄完便结束;聚众行为冲破现有规范又找到新的规范,并为社会接纳;聚众行为转化为有组织有领导的社会运动。

大多数聚众行为开始发生时,往往经历一个人们互相接触和感染的过程,在这个过程中,情绪高昂,在相互激励之下,形成一种暴力的和具有破坏欲的集体爆发,这种现象称为骚乱。骚乱的人群是一些临时集合起来的人群,他们的行为都是极端地违背社会常规的,缺乏结构性、目的性和统一性。骚乱除了制造混乱以外,没有什么特定的目标。骚乱可能涉及不同地区的几个不同群体,这些群体的行为接近,但并不一定完全一致。骚乱的产生常常是因为环境的突然刺激及愤怒、惊恐或其他冲动的驱使所致。骚乱的程度常因环境刺激的性质及阻碍人们愿望的状况而定。如果刺激或环境状态严重,骚乱有可能发展成为暴乱。

恐慌是指公众在社会危机状态下,面对现实的或想象的威胁作出的不合作和不合理的心理与行为反应。

引起恐慌的原因是复杂的,其直接原因通常是由某种耸人听闻的流言或传闻,或某种即将来临的潜在社会威胁引起的。譬如,关于地震的传闻、通货膨胀、商品短缺,使没有思想准备的大众陷入迷惘和惊恐状态,加之相互间的感染和刺激,使恐惧情绪上升,导致为群体性的大发作。现代社会由于生活节奏加快及竞争带来的紧张焦虑感,易于在某种意外的刺激下,以恐慌的形式表现出来。

恐慌最重要的特征是不合作性和不合理性。不合作指人们在恐慌中的行为打破了相互合作的社会关系,并反而使情境增加了对人们的威胁。譬如,火灾发生时,每个人都挣扎着逃命,结果常常是既挡住了别人又妨碍了自己。不合理性指在恐慌状态下,人们的行为与他们期望达到的目的正好相反。火灾发生时,人们希望有组织地、有秩序地疏散以逃生,但行为上却表现为混乱地争先恐后逃命。

引起聚众行为的原因是相当复杂的,概括起来主要有以下几个方面:

(1) 急剧的社会变革、相互冲突的价值观导致聚众行为的发生。在社会急剧变动期,通行了多年的生活模式受到了冲击,但新的生活模式和规范又没有及时建立起来,一些人在背离原来的行为规范和生活方式时,盲目探索一种新的生活方式和行为规范,互相模仿,成为一种聚众行为。急剧的社会变革还造成不同的价值观和规范之间的冲突,也会引起聚众行为。如社会现代化的过程伴随着某些传统观念的消亡,新观念的产生及外来文化的介入,价值观念的冲突会使一些人对现行的社会制度产生不满,而产生反社会的聚众行为,影响社会的稳定。

(2) 社会控制力减弱,导致聚众行为的发生。在社会急剧变动时,旧的控制模式已经瓦解,新的控制模式作为整体尚未脱颖而出。这时,社会控制手段是新旧模式的混合体,这就带来了一系列的矛盾。因为新旧模式从根本上讲是对立的,它们的并存就可能互相抵消各自的积极作用,使整个社会的控制能力弱化,甚至出现控制"权力真空"。当控制机制减弱时,人们可能对这个社会制度失去信心从而试图通过聚众行为来改革或重建它。而且,新旧控制模式的并存将引起社会各个层次、各个方面的摩擦与冲突,导致聚众行为的发生。另外,当社会控制的严厉措施突然放松或者当个人与社会结构的正常联系松弛时,也容易导致聚众行为的发生。

(3) 社会的不平等引发聚众行为。社会的不平等是一些聚众行为发生的根本原因。因为社会不平等是引起人民的不满、愤怒和反抗的根本因素。社会不平等一旦公开化和表面化,就会导致聚众行为的发生。例如,白人警察殴打一名黑人青年,引发黑人聚众示威和游行。管理人员奖惩不公,人们在期待和报酬之间出现了差距,随着这种差距的扩大,挫折感和敌意就会上升。而当人们认为某些不公平的事没有得到官方正式纠正时,则试图通过聚众行为来解决。

(4) 权力斗争引发聚众行为。聚众行为,可以被用来作为一种政治策略。比如为达到某种政治目的而举行的群众集会和示威。这些活动的动机和目的至少事件的组织者是清楚的。但是,这些事件很容易发展成盲目的骚乱和暴力行为。集体暴力的形式因各个社会不同的政治组织形式而不同。例如,械斗和掠抢是氏族或地区之间利益冲突的聚众暴力形式。

(5) 突然事件引发聚众行为。突然事件的发生常常是产生聚众行为的一个重要原因。突然发生的某种事件,例如,地震、政变等大的灾难和事件发生,出乎人们的意料之外,由于没有准备,已有的经验和通行的规则、办法又难以应付突然事件,人们不知所措,情绪激化,从而形成骚动、惊慌等。

聚众行为的发生一般包括如下过程:

(1) 众人互相接触和摩擦。许多人为了一个共同感兴趣的问题聚集在一起,然后互相接触,互相摩擦,摩擦的结果是极易接受刺激和作出极快的反应,这种反应属于感情的冲动,是非理智的。

(2) 众人的情绪感染。集体的力量不只在人数的多少,而且在他们的情绪与行为的昂扬。在人群密集的场合,情绪极易感染,而且呈循环式的连锁反应。个人的情绪会在他人的身上引起同样的情绪,这种情绪反应又会反过来加强个人的情绪,刺激他作出更强烈的反应。这样人们互相刺激,并且强化彼此的反应,一直达到白热化的程度。

(3) 集体激动。每个成员的感情被充分激发出来,形成一个激动的人群。集体激动使人更容易受发自内心冲动的支配,行为显得不稳定和不负责任。在集体激动的前提下,成员们冲破现有的行为规范的控制,做出一些非规范的行为和事情来,并导致指向外界一定目标的具有破坏作用的行为。

聚众行为是任何社会形态里都会发生的一种社会现象。由于发生的原因和种类不同,所以对社会所起的作用也就不同。有些聚众行为,如谣传、骚乱等会造成现存社会的不安和动乱,破坏社会秩序。而有些聚众行为,如反对社会不平等的示威、集会等,则具有某种警世作用。还有些聚众行为是群众中不满情绪或不安的能量累积到一定程度的产物,这种聚众行为的发生可以宣泄群众的不满情绪,减缓社会结构、社会制度的某些不协调的紧张状况,提醒人们对某些失调现象加以关注和改革。

第四节　社会问题及其综合治理

现实生活中,社会结构并不总是协调的,尽管采取各种社会控制手段,在社会运行过程中,还是会不断产生各种矛盾,出现各种社会问题。研究社会问题将有助于社会的良性运行和协调发展。

一、社会问题的含义

在社会学界,对社会问题的说法不一。我国早期社会学家孙本文在 1947 年出版的《现代中国社会问题》一书中指出:"社会问题就是社会全体或部分人的共同生活或进步发生障碍的问题"。台湾社会学家龙冠海在他的《社会学》一书中,认为社会问题就是社会关系的失调。例如,亲子关系失调。父母对子女的教育方式不当,或溺爱、或打骂,导致未成年人犯罪现象增多。美国社会学家默顿则认为,社会问题概念的首要和基本的构成因素,是广泛持有的社会标准与现实的社会生活状况之间的根本不一致。一般地,只有当社会中"许多人"或者"多数人"认为某一社会事态背离了他们的准则时,才可断定这种事态为一社会问题。[1]在米尔斯的笔下,社会问题就是"公众问题"。米尔斯区分了"局部环境中的个人困扰"和"社会结构中的公众问题",他认为个人困扰具有个人的特点,只关系到个人直接体验的有限的社会生活领域。而"公众问题"所涉及的事件超出个人的生活区域,威胁到公众所共同珍重的价值。综合上述看法,我们认为,所谓社会问题就是指由于社会结构或社会关系失调,导致社会全体或部分成员的正常生活和社会进步发生障碍,需要依靠社会力量加以解决的问题。

社会生活中的具体问题、具体矛盾层出不穷,并非所有这些问题都可以称为社会问题。社会问题具有以下几个主要特征:

1. 产生的多因性

社会问题的产生不可能只是由于某一种原因,而是由多种复杂因素造成的。社会问题的产生往往是社会结构与社会关系失调的结果,因此某个具体的社会问题往往与一个社会的政治、经济、文化、人口、环境等因素都有关系。例如,教育领域普遍存在的片面追求升学率问题,仅仅从教育领域本身去寻找原因,就很难获得解决问题的正确答案。

2. 存在的普遍性

社会问题存在的普遍性主要是指,它不是范围较小的局部领域存在的个别现象,而是较大范围的社会领域普遍存在的现象。例如,一些高校出现的少数大学生弃学从商行为,只能算是一种社会现象。但如果这种弃学从商的现象与日俱增,越来越具有社会普遍性,那么这一现象就发展成了社会问题。

---

① [美]罗伯特·默顿:《社会研究与社会政策》,生活·读书·新知三联书店 2001 年版,第 53—76 页。

3. 影响的广泛性

社会问题会给社会运行和人们的社会生活带来广泛的影响,从而引起人们广泛的关注。例如,人口增长过快,影响了积累,制约了经济发展,从而引起就业困难、住房紧张、交通拥挤,人民生活水平提高不快等一系列问题,给全体社会成员以直接或间接的影响。社会问题是在社会矛盾发展到一定程度而未能得到解决的情况下形成的,因此它会较深入、较广泛地影响到人们的正常生活,使整个社会运行发展障碍。

4. 治理的综合性

正因为社会问题产生的原因是复杂多样的,它的影响是广泛的,要解决社会某一个具体领域中反映出来的社会问题,单靠与这一问题直接有关的单位和部门的力量是不行的,一定要依靠与此问题有关的所有部门的通力协作甚至全社会的力量才能得到解决。

总之,只有那些由于多种复杂的社会原因造成的,在社会上普遍存在的,对人们的社会生活产生了广泛影响的,只有通过社会上各个有关部门的通力合作甚至全社会的力量才能解决的问题才能称之为社会问题。

社会问题并不能简单地看成是社会病态的和反常的现象。因为在社会运行过程中,社会结构与社会关系的失调现象是经常会发生的。特别是现代社会,社会变迁速度加快,社会系统的结构与社会关系经常会失衡,由此引发众多的社会问题,这是社会发展进程中必然会产生的一种正常现象,是社会前进中的问题。当然,由于社会问题会对人们的社会生活和社会的正常运行造成障碍,所以我们对社会问题决不能掉以轻心,必须及早预防和认真加以治理。

二、社会问题的理论研究

自社会学创立以来,社会学家们对社会问题开展了广泛的研究,形成了丰富的理论,每种理论都包含着对社会运行机制的一般假设,并在此基础上试图阐明社会问题的起因和实质。而不同的理论视角对社会问题的界定和解释是有差异的。当我们面对具体的社会问题时,这些理论有助于我们从不同的角度理解社会问题的实质,设法找到解决问题的合理途径。关于社会问题的理论主要有:社会整合论、结构功能主义、冲突论、互动论、社会建构主义、后现代主义等等。

1. 社会整合论

最早提出社会整合思想并致力于研究社会整合的是法国社会学家迪尔凯姆,社会整合是指社会不同的部分结合成一个协调统一的社会整体的过程。后来美国社会学家帕森斯进一步发挥了社会整合概念并将其纳入了结构功能主义理论体系。

迪尔凯姆的社会整合论主要分析了社会整合形成的原因、社会整合与个人之间的关系、团体意识对社会和个人的作用等三个问题。他认为社会整合有两种基本类型:一是机械团结,二是有机团结。传统力量统治的社会靠机械团结来维系,现代社会的整合方式是有机团结,其整合要求比传统社会更高。

迪尔凯姆认为,社会问题的产生与社会整合程度的高低有密切关系,社会问题的性质存在于客观的社会性事实中。他采用实证主义的研究路线分析社会问题。运用社会整合理论,迪尔凯姆对自杀这一社会病态现象做了精辟的分析,认为自杀的原因在于社会整合程度的不同,社会整合程度过高或过低都容易引起自杀,只有适度的社会整合才是有利于社会生活的。

2. 结构功能主义

20 世纪 40 年代结构功能主义成为西方社会学占主导地位的理论和方法论,主要代表人物有帕森斯、默顿等。在结构功能主义看来,社会是一个由各组成部分构成的统一整体,社会的各部分都以各自的特殊功能维系社会整体的均衡、秩序。均衡是社会系统的常态和本质特征,当受到外部环境的干扰或系统内部发生变化时,原有的均衡被打破,社会系统内部便实行调整以达到新的均衡。

结构功能主义认为社会问题是社会变迁或社会分化导致的社会功能失调状态,是社会的失常状态。结构功能主义由于过分强调价值的一致性,夸大了亚体系之间的结构整合性,忽视了社会结构的冲突而受到批评。而且,帕森斯的理论体系过于宏观,缺乏对具体社会问题的解释力。但结构功能主义提出的功能失调概念却可以用来分析社会设置无法满足社会系统的需要所导致的社会问题。

默顿反对帕森斯结构功能主义的社会功能统一性观念,提出了反功能、显功能和潜功能等概念,并在迪尔凯姆失范论的基础上,提出结构紧张理论。默顿认为,当文化规定的作为普遍追求的合法目标与社会结构所能提供的实现目标的社会认同手段之间存在冲突或紧张时,越轨就有可能产生。应当指出,默顿所指的目标是占主导地位的阶层所倡导的目标,并不是所有的阶层、群体都应遵从的目标。因此,当一个社会的价值观趋于多元化时,合法的目标、手段难以达成一致,越轨行为的界定就会变得非常困难。

3. 冲突论

冲突论的思想渊源来自马克思和齐美尔,主要代表人物是达伦多夫、科塞等人。冲突论反对结构功能主义关于社会整合、一致和秩序的假设,认为社会体系是一个各部分都被矛盾连结在一起的整体。由于不可调和的冲突是社会生活的基础,因而,社会变迁是必然的。社会冲突的根源不在于社会经济关系,而在于社会中权力分配的状况以及人们对权力再分配的欲望。社会冲突是无所不在的,所有社会成员并不共享共同的价值和目标,因此社会问题折射的正是特定阶级关系和利益冲突,而社会问题的解决则要回到问题的根源。

冲突论认为社会分化为阶级、阶层,而阶级、阶层之间存在着社会冲突,有权有势的阶层、群体在整个社会利益格局中处于强势地位。整合群体利益的社会规则和法律是在社会权势参与下制定的,社会规则主要反映的是占主导地位的阶层和群体的利益及其价值观,因而,社会弱势群体在这种规则下被确定为越轨的频率就较高。

社会冲突论启发了人们对社会问题主观性质的思考。社会问题的定义不是一个学理问题,而是一种重要的社会现实,社会问题的定义权不是由权威的社会学家,而是由权威的社会机构运作的。换句话说,社会规则的制定、社会问题的确定只不过是统治阶级的一种社会控制手段,是阶级冲突的一个特殊表现层面。

4. 互动论

互动论的代表人物是米德、托马斯等人。互动论注重社会的微观层面,研究个人和小的群体而不是大规模的社会结构,认为行动者是处在互动的生活世界之中,行动者是社会世界的创造者。在互动论的视野中,个体在社会情景及其意义的建构和解释过程中是一个积极的能动者。要理解某个行为,就要对行动者赋予其活动的意义做出解释。一方面,意义的确定有赖于互动的背景和情景;另一方面,在某种程度上,意义是在互动过程中通过双方的协商而确定的。它既不是预先已经决定的,也不是一成不变的,而是在互动过程中产生、修正、发展和变化的。

互动论强调社会问题建构的主观意义,社会或群体成员的反应是建构社会问题的重要手段。正如托马斯所宣称的:"如果你将情景定义为真,它就是真的。"这表明人们在互动过程中实现的理解是把握社会问题的关键所在,由此说明不同的人群对同一情景可以有不同的理解,局外人和局内人的区分可能形成不同的后果。互动论中影响最为广泛的就是亚文化论和标签论,其代表人物分别是刘易斯和贝克尔。亚文化论认为群体成员在密切的交往过程中逐步形成与主流文化有差别的文化特性,刘易斯在 20 世纪 50—60 年代对墨西哥和波多黎各的贫民窟居民进行了一系列研究之后认为,贫困本身实际上表现为一种自我维持的文化体系,也就是贫困文化。穷人由于长期生活于贫困之中,结果形成了一套特定的生活方式、行为规范和价值观念。标签理论认为,越轨行为的原因在于人们的反应中,"社会通过创造新的准则而创造了越轨"。[1]互动论关注社会问题演变的微观机制,一定程度

---

[1]　(美)杰克·道格拉斯:《越轨社会学》,河北人民出版社 1987 年版,第 153 页。

上可以解释人们会以不同的方式理解情景并产生不同的后果，以及如何通过对情景的重新定义来摆脱困境。

5. 社会建构主义

社会建构主义发端于伯杰和鲁克曼的《现实的社会建构》一书，他们在书中提出人类通过自己的实践创造和维持社会现实，认为所谓的现实只不过是社会互动过程中人们建构出来的，知识同样经历一个建构、维持和解构的过程。所有这些过程都具有一定的文化和历史特殊性，所有的认知方式和思考方式都要受到文化和历史的影响。社会建构主义对日常生活中习以为常的知识和实践持质疑态度，并不断反思自己的立场或隐含的价值取向。

建构主义理论对社会问题的研究，在很大程度上不同于对社会问题的常识性理解和传统的研究视角。传统的视角侧重研究问题的真相或事实是什么，社会建构论则研究问题为什么是问题，即问题的构成过程。建构主义理论认为社会问题的社会学研究主题不是"有问题的"客观事实或状态，而是这些事实或状态被宣称成为社会问题的活动和过程，经由这些活动和过程，社会问题建构性地存在着。研究社会问题，只需研究问题宣称的这种活动过程及机制，不必对所宣称的对象——事实状况进行描述和解释。社会学家应在参与还是研究社会问题活动之间做出区分——作为参与者，社会学家与其他社会成员一样，可进行问题宣称活动；作为研究者，社会学家研究某一状况是如何被宣称成为社会问题的活动过程，研究不同行动者包括社会学家对这一过程的参与及其影响作用。

随着时间的推移，社会建构主义逐渐进入社会问题理论研究的主流学术话语中。在性、性别、精神健康等诸多领域有着深远的影响，与此同时，它使人们重新审视习以为常的理念和行为。

6. 后现代主义

自20世纪60年代以来，后现代主义进入人类的理论视野。后现代社会理论家宣称现代性已经终结，人类正迈入后现代社会。后现代思潮的核心运作原则是去中心化、解构、差异等等。后现代社会理论批评现代社会及其缺陷，对已有理论的连续性提出质疑；谴责现代社会以及它在实现自己的各种承诺方面所遭遇的失败；质疑人们如何能够相信现代性确实给他们带来了进步以及对一个更加光明的未来的希望。后现代主义者倾向于批评与现代相连的许多方面，拒斥所谓的世界观、元叙事、宏大叙事和整体性等等一类的东西。认为人类只能发现"微观的小故事"，试图寻找模式化的关系和宏观的历史规律是不可能的；强调社会与历史中的非连续性，注重前现代的若干现象，赋予各种前现代的现象如"情绪、感觉、直觉、风

俗、暴力、巫术、神话"等以更大的重要性。反对现代社会在各门学科之间、文化与
生活之间、虚构与理论之间、想象和现实之间所设置的界线。后现代主义者排斥现
代学术中审慎的理性的风格。后现代主义理论家将注意力转向了社会的边缘地
带。让人们更加注意第三世界、贫穷、女权、种族中心主义、环境等问题,后现代理
论对现代社会的批评使人们致力于对发展的反思与探索,后现代主义者所创造的
众多理论观念正逐步融入主流社会学的理论之中,向人们提供了一种关于社会问
题的全新的解析方式。

应该承认,每一种理论都有其特定的存在价值,然而,每一种视角只能提供对
事物认识的独到之处,若过于执著于一种理论视角,往往会成为其自身的一个认识
盲点。理论的目标只能是永远逼近现实而不可能完全等同于现实。在现实世界面
前,应将不同理论视角加以融合,才能更好地认识和解决社会问题。

三、社会问题的分类

由于社会问题所涉及的范围与社会生活领域一样广泛,因而很难用一个统一的
标准对它作确切的分类,一些学者从不同的角度对社会问题作了不同的分类。如:有
的把社会问题分为个人病态、社会病态、经济关系失调、社会制度失调等4类;有的把
它分为经济秩序问题、政治制度问题、犯罪问题、教育体系问题、宗教组织问题、社会
道德问题、家庭问题等7类;还有的把它分为人口问题、人力和劳动力问题、老年问
题、残疾和病患问题、成年和少年犯罪问题、乡村问题、都市问题、家庭问题、经济问
题、工业与劳工问题、教育问题、政府和政治问题、卫生与医药服务问题、民族和种族
问题、文化接触问题、国际关系问题等16类。这些见解都是有一定参考价值的。我
们认为,可以从社会问题产生的原因这一角度,把社会问题大致分为以下三大类:

第一类,由于社会基本构成要素相互关系的失调造成的社会问题。如:人口问
题、生态问题、环境污染问题、贫穷问题、民族和种族问题、社会文化冲突问题(如:
价值观的冲突问题、社会道德问题)等等。

第二类,由于人们的社会关系失调以及各种类型的人的社会生活发生障碍引
起的社会问题。如:婚姻家庭问题、老年人问题、独生子女问题、残疾人问题、青少
年犯罪问题等等。

第三类,由于制度和体制的失调带来的社会问题。如:物价问题、教育问题、劳
动就业问题、住房问题等。

由于社会问题产生的原因是十分复杂的,所以上述分类只具有相对的意义。

四、社会问题的解决途径

根据社会问题产生的原因及其特点,社会问题的解决必须遵循以下几个原则:

（1）大力发展社会生产力并使生产关系及其他社会关系与生产力的发展状况相适应。社会问题产生的原因是错综复杂的。但是，生产力的发展状况以及生产关系及其他社会关系与之不相适应，是其中带有根本性的起决定作用的原因。社会问题的产生从根本上说是由于经济的发展水平不能满足人民群众日益增长的物质文化需要，经济因素与其他社会因素相互关系不协调而引起的。所以，大力发展生产力，并使生产关系及其他社会关系与生产力的发展水平相适应是解决社会问题的根本途径。

（2）加强宏观调控，实行综合治理。由于社会问题具有多因性、广泛性和综合性的特点，社会的某一具体领域中反映出来的社会问题，单靠与这一问题直接有关的单位和部门的力量是解决不了的，一定要依靠与此问题有关的所有部门，甚至是全社会的力量才能加以解决。这就要求社会加强宏观的协调和控制，而这一任务只有各级政府部门才能担当起来。所以，各级政府部门在解决社会问题方面起着重要的作用，解决社会问题是社会管理的重要任务之一，也是各级政府部门的一项重要职能。

（3）着眼于制度、体制的改革与完善。社会制度、体制是人们社会关系的反映，对人们的社会行为和社会生活起着直接的制约和调节作用。因此，人们的社会关系的失调和社会生活的障碍，其直接根源都可以归结到制度与体制的失调问题上。所以，要解决社会问题，除了必要的思想教育等形式以外，更重要的是必须着眼于各种制度、体制的改革与完善。只有从制度与体制的改革入手，社会问题才能得到切实的解决。

（4）建立社会"安全阀"机制。社会"安全阀"机制包括利益表达机制、利益采纳机制和利益协调机制，旨在协调个人之间、个人与群体之间以及群体与群体之间不同的利益要求，减少和化解不断积聚的不满和冲突因素，使个人和群体的不满情绪及时得到疏导。"安全阀"机制允许以不公开威胁群体团结或社会稳定的方式，以合法的意见表达方式来松弛因内部外部矛盾和冲突而产生的紧张，防止矛盾和冲突的过度压抑和聚集，避免对社会秩序、社会稳定的大破坏。

第五节 网络社会中的社会控制问题

一、网络社会问题

与现实的社会系统一样，网络社会作为一种社会系统，其性质及相应的功能后果，是正负功能兼备的。网络在给人们生活带来种种便利的同时，其所带来的网络社会问题也越来越多,它向人类提出了多方面的挑战。

网络社会问题是一种在网络社会的运行过程中产生的、被人们普遍而广泛感受和认识到的网络病态社会现象。从网络社会问题存在的范围来看,它是一种关涉整个网络社会与所有网络行动者的问题;它超越了网络行动者个人直接的网络社会生活的具体情境,延伸到整个网络社会生活空间之中。从网络社会问题所造成的功能后果来看,它不仅妨碍了网络社会中大部分或一部分网络行动者的正常的社会生活轨道和秩序,而且也对整个网络社会生活造成了较大的影响,并在一定程度上影响了网络社会正向变迁过程的形成。[1]造成网络社会问题的原因是网络社会结构自身的缺陷或网络社会变迁过程中出现的行动失序、关系失调、功能障碍和整合错位等。网络病毒、网络色情、网络黑客、网络沉溺等是网络社会问题的几种主要表现形式,它们对网络社会生活造成极大的破坏或危害。

(1)网络病毒。电脑病毒是一种隐藏在可执行程序或数据文件中的具有自我复制和传播能力的干扰性、破坏性电脑程序,主要依靠盗版软件和网络传播。因其具有可潜伏性和可激发性,并借助网络而具有传播范围的广泛性和传递速度的快捷性,故对网络社会中的行动秩序和安全性等构成了严重威胁和危害。

(2)网络色情。各种与性和色情有关的网站、新闻、BBS在互联网上比比皆是,有关统计显示:互联网上非学术性信息中,47%与色情有关。目前社会上不少"网吧"因缺乏有效管理,导致"电子毒品"乘虚而入,腐蚀网民特别是青少年。对这些网上"红灯区",尽管我国四大互联单位在国际出入口进行封堵,但网上黄毒可谓防不胜防。

(3)网络黑客。Hacker原意指"热衷于从事计算机程序设计者"。现指破译计算机系统密码并将重要的绝密资料向外界传播的不明身份者。黑客主要由青少年构成,14岁被视为黑客的黄金年龄。黑客大致分为两类:第一类黑客向别人"宣布"他们可以进入别人进入不了的站点,以炫耀自己的能力。他们往往只是攻击计算机的安全系统,以提醒网站管理员他们的网站存在安全漏洞。第二类黑客则恶意攻击网站,使网站瘫痪或删除重要信息、获取重要情报、窃取用户信息等,这类黑客最危险。目前互联网有3万多个黑客网站,别有居心者可以从网上下载相当复杂的攻击程序和指南。正是由于网络黑客的攻击,网络安全问题经常出现,利用黑客进行的网络战争和恶意商业案件正不断威胁着人们正常的生活。这种新形式的恐怖主义,不但破坏力强,而且易引起众人仿效,而网络的隐蔽性

---

[1]　冯鹏志:《"数字化乐园"中的"阴影":网络社会问题的面相与特征》,《自然辩证法通讯》1999年第5期。

使追查攻击者的工作相当困难,远程操作为黑客们提供了极好的保护伞,使他们得以逍遥法外。因此,网络安全问题的重要性尽管早已被人们认识并提上议事日程,但真正实现网络安全依然任重道远。

(4) 网络沉溺。指在网络行动者进入和沉浸到虚拟化的网络空间的过程中,由于不能很好地实现其在现实社会和网络社会两个不同的生活世界的角色转换和行动协调,而造成的一种行动变异、心理错位乃至生理失调的状况。主要表现为网络上瘾和网络孤独。网络上瘾是指人们完全沉浸在网络社会那虚拟化的生活世界之中而不能自拔,并在极端的情况下演变为一种独特的网络社会问题——网络上瘾。上瘾者将网络视为生命的全部。一些"网虫"可以没有家庭,可以辞去满意的工作,可以抛弃身边的亲人,甚至可以按照网上的旨意去自杀,但他们决不能没有网络。这种互联网成瘾综合征(IAD)在国外较为常见,我国也有不少对网络"一往情深"者,特别是一些青少年,一天不上网就感到手足无措,甚至发展到放弃学业的地步。

除了以上几种主要的网络社会问题以外,还存在着其他几种比较普遍的网络犯罪行为,如网络盗窃、网络诈骗、网络洗钱等等。

网络社会问题具有以下几个特征:第一,存在范围的全球性;第二,形成机制上的高技术性;第三,主观认定上的文化差异性;第四,功能后果控制上的软弱性。

二、网络社会对传统社会控制手段提出的挑战

网络的发展是一把"双刃剑",在它为人类社会进步提供历史机遇的同时,也对传统社会控制的方式与手段提出了严峻的挑战。

1. 现有道德控制手段失灵。以全球性、开放性互联网为基础的"网络社会",正在动摇传统社会道德的基础。在网络社会这个虚拟世界里,每个人都可以成为"隐形怪杰",其身份、行为方式、行为目标等都能够得到充分隐匿或篡改。一个白发老翁可以在网上将自己装扮成红颜少女,罪犯也可自称警察而难被发觉,由此,网络行为主体的隐匿性使网络社会的道德规范已难以再放到传统意义上的社会关系、社会实践中加以认识和传播。这样,一方面,建立在现实社会基础上的传统的道德规范由于不适应网络运行的新环境而受到巨大的冲击,使之约束力明显下降而形同虚设;另一方面,面对新的网络领域,又一时没有形成新的规范,从而大量的网上行为处于既不受既有道德规范制约,又无新规范可依的状态,从而引发了大量的道德失范行为。

2. 现有法律控制手段失灵。现行的法律难以控制互联网网络行为。究竟能否将互联网纳入现行法律的实际应用范围,以及这些法律、法规是否适应互联网的特点,都存在很大的疑问。互联网的每条信息都被分解成许多小数据包,它们各自寻找网络上的传递途径,并在接收者那里重新组织起来。所以,互联网没有中心。无论是服务器的经营者还是骨干网的拥有者,都同样对互联网的运行起作用。每个提供者都可以把超文本联接纳入自己的供应之中,而且把自己的供应同别人的供应联接起来,从而也成了某种经营者。另外提供者与使用者之间的界限是模糊不清的。每个使用者只要花少量投资就能编制自己的主页,于是他在形式上也成了提供者。这就为收集犯罪证据带来了很大的困难。法律对网络控制的手段的发展,似乎总是慢于网络本身的发展,而且法律控制的手段需要技术的支撑。正是现有法律控制手段的失灵,才使得网络发源地美国的网络犯罪问题层出不穷。

3. 市场机制控制手段失灵。网络正在被商业化。市场机制在网络中的控制存在一对矛盾。即对信息产品的生产者与销售者而言,一方面希望其产品广泛传播、使用而获取最大利润;另一方面又希望依赖于保密系统而获得长久保密。对信息产品的技术保密引发网络上相应的出现不负责任的故意泄密、制造谣言和恶性竞争,对此,我们甚至可以说市场机制非但不能有效控制网络社会问题,而且可能会使网络社会问题越演越烈。

4. 民族国家控制能力的弱化。不同国家和地区在对网络社会问题认定上的文化差异以及相应的法律差异等方面问题的存在,是导致网络社会问题控制弱化的一个重要原因。网络社会问题来源于网络空间的全球性或世界性,并因全世界范围内不同国家和地区对其认识上的不一致而得以扩展甚至泛滥。由于每一国家实际上都有事实上的否决权,所以要想对网络问题提出某种统一的、强制的禁止性法律,是很难的。即便各国的控制目的是一致的,但控制手段却仍有不同,国际法也阻止一个国家将自己的控制目的和控制手段强加于他国,限制各国将本国法律用于处理超出国土范围的跨国情况。各国享有领土主权是现代国际法的基础,但领土主权对互联网尚难以发挥有效的作用。

5. 技术保护措施的失灵。无论多么庞大的检察机关,都无法检查互联网所提供的全部内容是否遵守了一定的标准。所有的保护性技术封锁,都可能被网迷们破解。美国有一个网迷小组,每月公布一次克服已知的封锁的最新和最简单的方法。通过封锁通道的途径,只会达到这样的结果,就是大的网上经营者把他们的市场份额让给了小提供者,而小提供者所提供的其实仅是一个互联网接口。若法制今天禁止了一家提供者或迫使他关闭互联网的某些部分的内容,明天就会又有一家新提供者只花少量投资便在市场上出现。另外,利用在互联网的入口安装电子过滤器的技术方法也存在缺陷,如将包含有"乳房"的文字当作色情信息加以封锁,会使得妇科医生所需的医学信息服务和向做过乳房手术的病人提供安慰的网上讨论受到妨碍。同时，人们只要将文字密码化，就很容易逃避这种电子过滤器。①

三、建立适应网络时代的新的社会控制机制

网络社会的虚拟化、隐匿性、开放性等特点决定了网络社会中的社会控制具有以下几个主要特点。

1. 社会控制的开放性。由于网络的覆盖面极广，信息传递四通八达，所包含的内容也极其广泛，因此对不适当网络信息和网络行为的社会控制必然是广泛的和开放的。这与传统的社会控制模式中控制对象局限在一个相对封闭的地域空间内的情况判然有别。

2. 社会控制的智能化。由于互联网的运作是建立在高科技和智能化的基础之上的，因此对具有高智能特质的网络行为实施社会控制，也必须具备高科技化和智能化的特点，否则社会控制将是徒劳的。

3. 社会控制的艰巨性。由于导致网络社会问题产生的网络社会的基础结构和人们网络行动的特殊性如虚拟性、全球性、瞬时性和异地性等因素的存在，使得在网络社会问题的控制上，还远远达不到像人们能够对现实的社会问题进行有效控制的程度。而且，无论是在理论方面还是在实践方面，网络社会控制中都存在反向工程，即反社会控制的企图和实践努力，而这些反向工程都有可能导致社会控制的失败或削弱。这样使得网络中的社会控制比现实社会中的社会控制具有明显的脆弱性。为了达到对网络社会的控制目的，建立和保持控制的技术措施是昂贵的和耗时的。同时，由于各国之间在网络控制的规范上差异颇大，目前尚未有成型的国际条约和双边条约来支持对网络行为的社会控制，所以社会控制的难度很大，需要人们长期的努力。网络社会控制的难度还表现在，从社会发展的角度看，需要信息的广泛传播和应用，以此带来社会效益，而社会控制又可能不利于信息的广泛传播与应用；对信息产品的生产者与销售者而言，由于市场控制手段的失灵，他们既希望通过网络的社会控制保护其利益，又不希望社会控制对其行为作过多的干涉，这是一对矛盾。要处理好这对矛盾并非易事。

互联网为人类提供了一种迅速传递信息的现代化手段。从技术角度讲，任何组织、任何个人都可以在任何地方发布和接收任何信息。正因如此，互联网这种无国界、无政府的特点向各个国家的管理者提出了挑战。如何在充分利用它给人类带来的巨大好处的同时，有效地防止那些损害国家利益、危害社会公德、破坏社会

---

① （德）Ch.恩格尔：《对因特网内容的控制》，《国外社会科学》1997 年第 6 期。

秩序的有害信息,是目前世界各国面临的重大问题。网络行为和其他社会行为一样,需要一定的规范和原则。网络发展的趋势及其所带来的许多伦理道德问题和法律问题,正在成为人们关注的一个新课题。

1. 网络社会中的道德控制机制。在互联网上,使用者"隐身"为一个代码,在网络法规尚不健全的情况下,"网德"规范的权威性因素减低,自律因素显得更为重要。青少年是道德修养尚不成熟的人,在自我炫耀的心理支配下,往往在不知不觉中成为网络环境的破坏者。技术革命涉及如何重新评价人和环境的关系,如何驾驭和控制技术,充分发挥人的潜力以及人的道德素质等问题。网络技术的发展必须有与之相适应的道德约束轨道,离开这一轨道,技术必然成为一匹脱缰之马。

国外一些计算机和网络组织为了规范网络行为而制定了一系列的规则。这些规则涉及网络行为的方方面面,如电子信件使用的语言格式,通讯网络协议,匿名邮件传输协议。比较著名的是美国计算机伦理协会为计算机伦理所制定的十条戒律,具体内容是:(1)不应用计算机去伤害别人;(2)不应干扰别人的计算机工作;(3)不应窥探别人的文件;(4)每一个网络用户都必须认识到:在接近大量的网络服务器、地址、系统和人时,自己最终必须为自己的行为负有责任,不应用计算机进行偷窃;(5)不应用计算机作伪证;(6)不应使用或拷贝没有付钱的软件;(7)不应未经许可而使用别人的计算机资源;(8)不应盗用别人的智力成果;(9)应该考虑所编程序的社会后果;(10)应该以深思熟虑和慎重的方式来使用计算机。美国的计算机协会是一个全国性的组织,它希望它的成员支持下列一般的伦理道德和职业行为规范:(1)为社会和人类作出贡献;(2)避免伤害他人;(3)要诚实可靠;(4)要公正并且不采取歧视性行为;(5)尊重包括版权和专利权在内的财产权;(6)尊重知识产权;(7)尊重他人的隐私;(8)保守秘密。美国南加利福尼亚大学网络伦理声明指出了六种网络不道德行为的类型:(1)有意地造成网络交通混乱或擅自闯入网络及其相联的系统;(2)商业性地或欺骗性地利用大学计算机资源;(3)偷窃资料、设备或智力成果;(4)未经许可而接近他人的文件;(5)在公共用户场合做出引起混乱或造成破坏的行为;(6)伪造电子邮件信息。①这些伦理规范的出现代表了人类社会为规范网络行为而进行的新的探索。

2. 网络社会中的法律控制机制。作为大众通信手段的互联网,对社会生活的影响和发展已经达到了要求通过调节与互联网活动有关的法律形式进行国家干预

---

① 参见陆俊、严耕:《国外网络伦理问题研究综述》,《国外社会科学》1997 年第 2 期。

的程度。为了确定这种调节的方向，应通过有关法律，制定互联网上的行为规范。加拿大等国率先制定了在互联网上活动的行为规范，其目的是帮助互联网服务联合会的成员使自己的活动符合法律标准，不传播故意违法的内容，提供保护个人信息的模拟规范。法国的官方文件《因特网宪章》，确定了互联网用户和信息服务提供者及信息产品生产者自愿遵守的原则。此外，"互联网保护法"的目的是支持互联网的发展，最大限度地避免国家限制和对网上活动的监督。"保护互联网上个人信息法草案"要求禁止主管部门通过互联网获取有关个人的秘密凭据。"家庭接入互联网法"的目的是为父母提供监督孩子通过互联网可能获取的信息内容的手段，要求互联网服务部门提供实施这种监督的程序保障。"禁止在互联网上进行冒险赌博法"禁止公民利用互联网进行赌博、抽彩和其他洗钱活动。①

1997 年，经我国国务院批准，公安部发布的《计算机网络国际联网安全保护管理办法》中也规定，禁止任何单位和个人，未经允许进入或破坏计算机信息网络。公安部会同信息产业部、文化部及国家工商局联合下发了《关于规范"网吧"经营行为加强安全管理的通知》。我国在 1999 年修订的《刑法》中，增加了对非法侵入重要领域计算机信息系统行为刑事处罚的明确规定。上述有关法律法规及规范性文件的出台标志着我国开始了对网络社会的法律控制。随着互联网的迅速发展，我国有必要建立和健全有关信息保护法、通信法、计算机和资料库程序保护法等相关法律，及时完善法律条文，不断分析法律的效率并采取措施提高网民的法律知识，提高护法机关工作人员的有关网络法律法规的业务水平，以保障互联网安全、健康、高效地运行，在社会发展进程中发挥更大的作用。

3. 行政权力在网络社会中的作用。为了使互联网不致成为脱缰之马，危害国家安全与社会稳定，各国政府加强了对互联网的控制，并开始与知识、技术联姻，借助知识和技术，建立和加强行政权力，吸收和动员掌握知识和技术的知识分子参与行政权力的运作和行使。

我国国务院于 2000 年 4 月成立网络宣传管理局，负责统筹协调全国互联网络新闻宣传工作；规划国家互联网络重大新闻宣传活动和开发重点信息资源；研究互联网络新闻宣传的舆论导向；拟订互联网络新闻宣传管理方针、政策和法律法规；对开办新闻宣传网站或栏目进行资格审核，组织搜索互联网络重要信息，抵御互联网络有害信息的渗透。此举说明我国在对网络行政权力控制的组织建设上开始行动并着力于专业化的管理。

---

① 参见（俄）梅柳欣：《国外调节因特网的经验》，《国外社会科学》1998 年第 6 期。

4. 技术控制手段。上述道德控制手段、法律控制手段及行政控制手段都需要技术手段的配合。如果没有技术手段的配合,上述三种控制手段在现代网络社会将显得苍白无力。掌握高科技的黑客只需一台电脑,就可以轻而易举地、有目的地进入军事、商业禁地,破坏数据、窃取机密,使一个国家的通讯、飞机、导弹等系统陷入瘫痪。"网络战争"①提出了一个新的国土疆界概念即虚拟疆界。许多国家和政府已经注意到网络安全直接关系到国防安全,网络战争所造成的破坏和损失不亚于一场核战争,因此不少国家已加强了网络保护技术的研究,以防止来自网络的入侵。如制作特殊"防火墙",运用在特定条件下对入侵信息进行破坏的"逻辑炸弹";模仿生物体免疫系统的"三合一"(防火墙、感应器、杀毒系统)防护措施也已出现。在电脑和网络迅速发展和普及的今天,网络技术控制水平的提高,是对网络社会进行有效的道德,法律和行政控制的基本前提条件。

思考题:

1. 什么是社会控制? 它有哪些社会功能?

2. 试比较习俗、道德与宗教三种社会控制手段作用的异同。

3. 试分析社会舆论的社会控制作用。

4. 什么是越轨行为? 简述越轨行为的不同类型及所产生的不同后果。

5. 什么是社会问题? 它有哪些主要特征?

6. 网络社会问题有哪几种主要类型? 网络社会控制与传统社会控制相比有哪些新的特点?

---

① 网络战争就是利用黑客窃取敌对方军事商业秘密、破坏对方信息网络系统的一种没有硝烟的战争。

第十五章 社会保障

社会的存在和发展,依赖于物质资料的生产和人类自身的生产。为了确保这两种生产的正常进行,社会必须对其成员的生活和生产提供必要的保障。自古以来,社会保障的思想和措施就随着社会的进步而出现和发展起来,只是在不同的社会里它有着不同的性质、形式和发展水平罢了。现代意义上的社会保障,是伴随着资本主义大工业的产生而发展起来的,它成为稳定和调节人们社会生活的重要社会制度。我们在建设有中国特色社会主义现代化国家的过程中,改革和完善社会保障制度是社会主义制度建设的一项重要内容。

第一节 社会保障概述

一、社会保障的概念和特点

社会保障(social security)一词,最早使用于 1935 年美国的《社会保障法》。随后,1941 年《大西洋宪章》也两次使用了这一概念;1944 年,第 26 届国际劳工大会发表《费城宣言》,表示国际组织正式采纳"社会保障"一词。从此,社会保障这个概念逐渐被广泛使用。

由于不同地区、不同国家对社会保障的理解不尽相同,因而对社会保障的概念存在着不同的看法,有的学者从广义上进行阐述,而有的学者则从狭义方面进行论述。我们认为,所谓社会保障是指国家在国民收入的分配与再分配的基础上,通过立法来保证全体社会成员的基本生活权利,达到调适人们社会关系的一种制度。这个定义包括如下几个方面的内容:

第一,社会保障的主体是国家或政府,任何个人、单位和团体都不能单独扮演社会保障主体的角色。

第二,社会保障的物质基础来自一定时期的国民收入,是社会财富分配的一种形式,其实质是国民收入的分配与再分配。

第三,社会保障是经过国家立法加以保护,使其成为国家和社会的一种责任和制度。

第四,社会保障的对象是社会的全体成员。

第五,社会保障的主要目标是为社会成员的基本生活权利提供安全保护,以确保社会成员不因遇到诸如暂时或永久丧失工作能力、失去工作机会、收入不能维持必要生活水平等特定事件的发生而陷入困境。社会保障的根本目标在于调适社会关系,使社会得以稳定、协调发展。

社会保障作为一种事业和制度,它具有如下几个特点:

1. 社会保障事业的社会化

社会保障是一种高度社会化的事业,这一特点主要表现在:(1)它区别于自给自足的自然经济条件下社会成员个人或家庭的自我保障,而是由政府、社会来承担社会成员的基本生活保障;(2)它不是局部性的,而是以全体社会成员为社会保障的对象;(3)它不再是由某些社会组织、慈善机构来进行,而是由作为社会代表的国家直接出面组织。

随着社会生产力的发展,社会保障的社会化程度也会随之不断地提高。这是因为社会生产力的提高和生产社会化程度的提高,使作为生产力最重要成分的劳动者的社会生活需求也不断提高。实现这些需求,是发展生产力、维持社会平衡和安定、使再生产能顺利进行的重要条件。但劳动者的许多需求不是劳动者个人能够解决的,也不是企业所能完全解决的,它们必须由社会来承担,并在社会规模上加以解决。例如,科学技术的进步和生产力的发展,要求劳动者受更多的教育,有更高的文化水平,掌握更新的专业技能和科学知识。这个需求,不论劳动者家庭或个别企业,都难以满足,这就不能不由国家给予资助,并在社会范围内加以组织。又如,随着社会的进步,妇女逐步得到解放,越来越多的妇女走出家庭,参加工作,这就要求社会承担对产妇的照顾和对年幼子女的抚育等任务。再如随着人口的增加和平均寿命的延长,老年人的生活保障问题日益突出,成为一个重大的社会问题。凡此种种,都迫切需要由国家出面,在社会范围内加以解决。

2. 社会保障成员之间的互济性

在社会保障体系中,社会保障成员的互济性,是指人们在社会生活中互相接济。它包括自发的和非自发的相互帮助,以及参与者的利益合作。这种互济性主要表现为,当社会成员处于为社会创造财富时期,在获取自身和所属家庭成员的基本生活费用的同时,每月或每年为社会整体缴纳一定数额的保险金。这些保险金既为本人今后遇到意外事故提供保险,也为其他社会成员解决临时性困难提供帮助。每一个社会成员的一生都处于既为他人提供物质帮助,又享受他人为自己提供物质帮助的互济过程中(除先天残疾不能从事劳动者外)。社会保障成员之间的这种互济性,有的是直接的,有的是间接的。

社会保障的互济性具体表现在两个方面。一方面,社会保障由政府统一管理和实施,其资金来源于社会多种渠道,而享受保障待遇却只能是一部分特定的对象。如失业保险基金来源于所有企业及员工缴纳的保险费,但只有失业的员工才能享受保险待遇。另一方面,在社会保障中,互济性贯穿在整个基金的筹集、储存和分配过程中,并在保障的范围内进行地区之间、企业之间或强者与弱者、老年者与年轻者之间的调剂。

3. 社会保障措施的强制性

社会保障是通过国家立法加以保护,使其成为国家和社会的一种责任和制度。社会保障措施的强制性表现在:第一,国家要求社会中的每一个成员,只要符合社会保障有关法律的规定,都必须参加社会保障。第二,社会保障机构无权拒绝社会成员享受其权利的要求或随意变换项目,也无权接受社会成员自由选择参加社会保障项目。第三,凡符合有关社会保障税法或社会保障基金统筹法令、法规的交纳条件的个人和团体,都必须按要求纳税和交费。否则将追究其法律责任,给予法律处罚。

4. 社会保障结果的福利性

无论在哪个时代,福利的授予都是社会再分配的过程。早期的慈善事业是粉饰残酷剥削的一种杯水车薪的再分配方式,而现代的福利国家则是通过国家政权来强制实行较大规模的社会再分配。社会保障给社会成员带来的结果具有福利性,其具体表现在:第一,每个社会成员都能够在年老、疾病、灾害等引起劳动能力暂时或永久丧失的情况下,从社会再分配中,真正享受到从国家和社会获得物质帮助的基本权利。第二,国家通过普及义务教育,改善环境卫生,实行国民健康服务等,为国民提供各种福利。社会保障结果的福利性,充分体现了个人、家庭、社会和国家在物质、文化和道义上的责任分工,具有直接的社会经济意义和社会道德意义。

二、社会保障的作用

社会保障作为一种社会安全网络,对社会的稳定发展具有重要的作用。

(1) 建立和完善社会保障制度,有利于经济的持续稳定发展。

在国家这个大系统中,经济发展和社会保障是两个重要的子系统,经济发展在整个大系统中发挥着动力机制的作用,而社会保障则发挥着稳定机制的作用。一旦社会保障机制遭到破坏,国家这个大系统就会出现失调、失控现象,直至导致社会动荡不安,从而影响经济的持续稳定发展。因此,必须建立和健全以社会保障为重要内容的社会稳定机制。社会保障与经济发展这一动力机制相结合,对创造一个良好的经济社会发展形势,形成一个高效率的经济社会发展运行模式,促进经济的持续稳定发展,都具有重要的作用。

(2) 建立和完善社会保障制度,有助于协调各种利益关系,缩小社会成员收入分配的差别,调适人们的社会心理,避免社会震荡。

社会保障制度可以通过调节高收入者与低收入者之间的收入分配,改善社会成员之间的最终收入分配状况,使整个社会的收入分配趋于公平。从而可以有效地调节人们的社会心理,避免因贫富悬殊而带来的社会矛盾,增进社会的安定团结,有利于经济与社会的协调发展。

(3) 建立和完善社会保障制度,有利于经济体制和其他各项改革事业的深入发展。

我国从20世纪80年代开始的以发展社会主义市场经济为主要目标的各项改革事业正在向纵深发展。改革是一项十分复杂的系统工程,它需要各种社会条件的配合与支持,社会保障制度的建立与完善就是其中一个必不可少的重要条件。国有大中型企业建立现代企业制度的改革、就业制度与人事制度的改革等等都需要有健全的社会保障制度与之相配套,比如失业保险制度、养老保险制度、医疗保险制度等等。这些社会保障制度的建立与完善与改革的成败直接相关,对各项改革事业的不断深化起着至关重要的制约作用。

但是,必须看到,社会保障对社会的经济发展也有着负面的作用。第一,由于社会保障项目繁多,国家"包"的也多,致使国家财政负担沉重,入不敷出,影响和制约了国家的经济发展。这一类问题主要发生在西方的"福利国家"。我国的公费医疗保障等也存在着同样的问题。第二,由于社会保障制度本身尚存在着互不协调、管理不善的弊端,助长了一些人所谓"人人为自己,国家为人人"和"吃大锅饭"的懒汉思想。

三、社会保障的管理

社会保障管理是为确保社会保障制度的正确实施,在保障项目设置、组织机构建立、管理人员配备、保障基金筹集使用等方面所进行的活动。

社会保障管理的大量工作是由社会保障管理机构组织实施的,其管理的主要内容包括行政和业务两大方面。

社会保障的行政管理,主要包括以下几方面的内容:(1)社会保障立法。涉及全国性的统一法规和针对各项目、各对象和各种具体问题的单行法规,以及有关规定、意见、办法、决定等,形成系统的法律保证体系。(2)对社会保障政策和法令实施过程的监督和检查。主要是纠正和解决各级办事机构在社会保障政策和法令的实际执行过程中出现的问题。(3)受理社会保障方面的申诉,调解和裁决社会保障方面的纠纷。这样做是为了保持社会保障法令的严肃性,充分保护劳动者的切身利益不受侵犯。(4)对管理人员进行配备和培训。目的在于不断提高在职管理人员的理论业务水平。

社会保障的业务管理,主要包括以下几方面内容:(1)建立社会保障的档案管理制度。包括正确计算工龄;正确确定供养直系亲属;详细记录职工工资收入和缴纳保险费及领取保障金的情况。(2)建立严格的财务管理制度。包括做好社会保障的财务计划工作;搞好社会保障基金的日常财务管理;搞好社会保障基金的财务分析工作。(3)建立社会保障待遇的申请、资格鉴定和审批制度。(4)做好社会保障管理中的群众工作。包括加强社会保障的宣传教育;做好群众性的伤病预防工作;开展群众性的伤病慰问和互助活动;加强社会保障服务设施的建设和管理。

社会保障的行政和业务管理范围庞大,内容多而工作程序复杂,是一项必须联系广大群众,群策群力才能完成的事业。因此,只有在国家政策法规的指导下,充分发动群众,在不断完善制度的同时,促进广大劳动者积极参与社会保障的管理,才能取得更大的成效。

第二节　社会保障的历史演变

一、西方社会保障制度的产生与发展

现代意义上的社会保障事业产生于欧洲,它是伴随着资本主义工业革命的产生而产生的。

16—17 世纪,欧洲开始了资本的原始积累。大批农民背井离乡流向城市,失业和贫困现象成为日益严重的社会问题,由教会或私人慈善机构主办的各项慈善事业已无法满足社会的需求,于是从 17 世纪初开始,资本主义各国就不得不由政府出面,干预社会保障事业。1601 年英国的伊丽莎白一世女王颁布了世界上第一部《济贫法》(The Poor Low)。由于这种济贫仍未摆脱教会义务的性质,故不能看作现代社会保障。随着资本主义机器大工业的发展,工人的劳动条件和生活条件日益恶化。为了维护自身的利益,劳动者开始组织起来进行斗争。愈演愈烈的工人运动严重地威胁着统治阶级的利益,迫使当时德国的俾斯麦政府不得不从镇压工人运动转而采用安抚政策,试图通过国家立法来兴办社会保险,以缓和阶级矛盾。俾斯麦政府于 1883—1889 年间,先后实行了疾病、工伤和老年三项保险,成为

世界上首次以国家立法的形式实行社会保障制度的范例。后来,欧洲各国迫于工人斗争的压力,也纷纷仿效德国,先后实行了不同项目的社会保险。英国政府于1911年通过了《国家保险法》,开办了失业保险、老年保险和疾病保险。瑞典政府于1891—1913年间实行了疾病、工伤和老年三项保险。法国政府于1898—1910年间实行了工伤、失业和老年三项保险,1928年又制定了有关养老金和疾病强制保险的计划。美国政府在1930年,由罗斯福总统主持制定了美国的《社会保障法案》。它是美国历史上第一个由联邦政府承担义务的、全国性的、以解决老年、残疾和失业问题为主的社会保障立法。

第二次世界大战后,社会保障制度在西方各国迅速普及。其中具有典型意义的是瑞典、挪威、丹麦等"福利国家"的出现。第一个建立现代"福利国家"的是英国。1945年英国工党上台后就着手实行国家化的社会保险政策。历届政府前后颁布并实施了社会保险、工业伤害、家庭补助、国民保健、住房、国民救济以及免费教育等法律法令。瑞典、挪威、丹麦这三个北欧国家更是建立了"从摇篮到坟墓"的一整套几乎是无所不包的福利制度,成为"福利国家"。

进入70年代后,西方资本主义国家发生了严重的经济衰退,社会固有矛盾进一步激化,失业剧增,人口老化,通货膨胀,社会问题日益严重,"福利国家"陷入了欲进不得,欲退不能的困境,严重阻碍了这些国家经济的进一步发展。

纵观资本主义国家建立和发展社会保障制度的历史,其社会保障制度的产生与发展具有两个重要的社会条件。其一,社会保障制度的产生与发展,是工业化和市场经济发展的必然结果。资本主义工业化和市场经济的发展,给社会带来了巨大的财富,为社会保障制度的产生奠定了物质基础;同时,工业化和市场经济的发展,也给人们的工作和生活带来了前所未有的风险。因此,客观上需要建立一种社会性的保障机制,帮助人们对付来自自然界和社会的灾祸和困难的种种威胁。以维持"两种生产"的正常进行。其二,社会保障制度的产生与发展,是社会矛盾尖锐化的必然结果。西方资本主义国家的社会保障制度,大多是在本国经济面临困境、阶级矛盾和社会矛盾激化时建立起来的。频繁爆发的经济危机,使得失业、贫困、犯罪等社会问题日益严重,阶级矛盾日益尖锐,工人阶级为捍卫本阶级利益的斗争直接威胁到了资产阶级的统治。在这种情况下,资产阶级国家为了安抚工人阶级,缓和阶级矛盾和社会矛盾,就不得不制定和实行社会保障制度。社会保障制度的建立和发展,对缓和社会矛盾、稳定社会局面,确实也在一定程度上起到了"安全网"和"减震器"的作用。

对西方社会保障的性质、作用及未来发展,目前有两种不同看法。米尔顿·弗里德曼等人指责福利国家这种社会保障制度,认为它剥夺专业知识阶层和中产阶级人士的所得,磨灭穷人节俭和自立的美德,挫伤富人从事慈善事业的积极性,鼓励依赖,嘉奖懒惰,扩张政府权力,削弱个人自由。而社会保障形式的辩护者则认为,现代社会保障形式加强了社会对于资源的合理利用,减轻了现代工业技术社会给工人生活带来的风险,减少了阶级冲突,促进了社会公平,维持了社会的稳定发展。

我们应该看到,资本主义社会保障制度的建立和发展对于缓和社会矛盾、维持社会稳定、促进经济发展确实起到了一定的积极作用。但是这种作用是十分有限的,它不能从根本上解决资本主义社会的贫富两极分化,以及它所带来的日益严重的社会矛盾和社会问题。

二、中国社会保障制度的历史沿革

中国现代社会保障制度的历史可以说从国民党统治时期就开始了。在帝国主义、封建主义和官僚资本主义三座大山的压迫下,中国人民长期处于水深火热之中,军阀混战,经济崩溃,灾害频繁,人民生活痛苦不堪,阶级矛盾十分尖锐。为了缓和阶级矛盾,维持自己的统治,国民党政府也不得不在社会保障方面做一些工作。比如,国民党第一次会议通过的"劳工政策要目初稿",其中规定:要创办劳工保险,并先办健康保险及伤害保险。第二次和第三次会议所通过的"劳工政策纲领草案",也规定了要创办劳工保险,先办健康保险;第四次和第五次会议通过的"劳工政策纲领草案"中,增加了要逐渐推行老残保险及失业保险,在劳动保险未举办前,应厉行灾害赔偿及伤亡抚恤。国民党政府也公布过一些有关劳工的法令。如:1923 年 3 月,农商部颁布过《暂行工厂通则》,其中第十九条规定:"厂主对于伤病之职工,应酌量情形,限制或停止其工作。其因工作致伤病者,应负担其医药费,并不得扣除其伤病期内应得之工资。"1926 年 10 月,国民党中央及各省区联席会议通过的《国民党最近政纲》中也曾规定:制定劳动保险法,并设工人失业保险、疾病保险及死亡保险机关。1929 年 12 月 30 日,国民党政府公布了《工厂法》,并于1931 年 8 月 1 日经过修订公布施行。

国民党政府颁布的各种社会保障法令,对当时国民党统治区的工人生活和社会秩序,起到一定的安定作用,但是,由于全国各地的战乱、政治局势的不稳定和国民党政府的腐败无能,社会保障制度并未能真正实施。

新中国的社会保障制度与旧中国相比发生了质的变化。新中国的社会保障制度的建设,大致经历了四个阶段:

1. 创建阶段(1949 年 10 月—1957 年)

这个阶段的社会保障制度的建设,主要抓了如下几方面的工作:

建立职工社会保险制度。劳动部和全国总工会于 1950 年末拟定了《中华人民共和国劳动保险条例》草案（以下简称《保险条例》），由政务院于 1950 年 10 月 27 日第 56 次会议决定予以公布，组织全国职工讨论。劳动部会同中华全国总工会，根据各地区、各部门报送的意见，对草案作了认真修改后，报请政务院第 73 次会议批准，于 1951 年 2 月 15 日正式颁布实施。

建立国家工作人员社会保险制度。我国国家机关、民主党派、人民团体和事业单位的工作人员（以下简称国家工作人员），因为工龄计算办法和工资标准都同企业不一样，因而不实行《保险条例》。这方面的社会保险制度，是以颁布单项法规的形式逐步建立起来的。最早颁发的国家工作人员社会保险法规，是《革命工作人员伤亡抚恤暂行条例》。这个条例于 1950 年 12 月 11 日经政务院批准，由内务部公布施行。1952 年、1953 年和 1955 年，分别对这个条例做过修改。1952 年 6 月 27 日，政务院颁发了《关于全国人民政府、党派、团体及所属事业单位的国家机关工作人员实行公费医疗预防措施的指示》。1955 年 12 月 29 日，国务院颁发了《国家机关工作人员退休处理暂行办法》和《国家机关工作人员退职处理暂行办法》。

建立社会福利机构和设施，开展优抚安置工作和社会救济工作。1950 年第一次全国民政会议制订了《革命军人牺牲病故抚恤暂行条例》等五个条例，经政务院批准，内务部于 12 月 11 日颁布施行。1949—1957 年，政府在建设职工福利机构和设施，做了多方面的工作：一是颁布了一系列方针、政策，指明了创建和发展职工福利事业的方向和原则；二是国家拨款，为建立职工福利事业提供条件。1949—1957 年，全国建立了生产教养院、养老院等救济事业单位 920 个，收养孤老残幼近 15 万人，安置了孤老残幼 24 万余人。

1949—1957 年是我国社会保障制度的奠基阶段。由于党的指导思想正确，国民经济的恢复和发展比较快，社会保障的各项业务工作进展也比较顺利。需要建立的制度相继得到建立，社会福利事业也有了很大发展，这些都大大激发了职工的劳动积极性和对社会主义的热爱，对促进社会主义生产建设起到了积极作用。

2. 发展完善阶段（1958—1966 年）

根据党的八届三中全会的精神和周恩来总理对社会保险工作的指示，劳动部会同中华全国总工会等有关部门，对我国的社会保障制度的发展完善，进行了大量的工作，取得了一定的成果，其具体表现在：

统一退休规定。劳动部草拟的《国务院关于工人、职员退休处理的暂行规定（草案）》，在全国 11851 个重点企业 310.3 万名职工中征求意见后，经全国人大常委会 1957 年 11 月 16 日原则批准，由国务院于 1958 年 2 月 6 日第 70 次会议修改通过,1958年2月9日公布施行。

统一退职规定。为了妥善处理退职问题,劳动部草拟了《国务院关于工人、职员退职处理的暂行规定(草案)》,经全国人大常委会1958年3月7日第94次会议原则批准,由国务院公布施行。

改进医疗制度。新中国成立以后,党和政府对企业职工和国家工作人员分别作了劳保医疗和公费医疗的规定。1966年4月,劳动部和中华全国总工会又曾联合发出《关于改进企业职工劳保医疗制度几个问题的通知》,对职工的公费医疗制度作了改进。

在这一时期,国家还制定了批准职工病伤生育假期办法;调整了学徒的社会保险待遇;规定了被精简职工的社会保险待遇;建立了异地支付社会保险待遇的办法;规定了职业病范围和职业病患者处理办法;建立了农村合作医疗制度等。在此期间,我国社会保险制度得到了进一步完善和发展,取得比较突出的成就,但是,由于受"左"倾思想的影响,也存在着一些问题。

3. 遭受干扰和破坏阶段(1966—1976年)

我国的社会保障制度,在十年"文革"中受到干扰破坏,主要表现在:(1)社会保险被作为"修正主义毒瘤"横加批判;(2)社会保险工作的管理机构被撤销;(3)企业职工社会保险金统筹制度被迫废除;(4)正常的退休、退职工作被迫中止;(5)异地支付办法被迫停止执行;(6)疗养、休养事业遭到严重削弱;(7)职工福利事业受到冲击;(8)社会福利事业遭到否定等。

4. 改革前进的新阶段(1976年末以来)

1978年12月召开的党的十一届三中全会,作出了把全党工作的重点转移到社会主义现代化建设上来的战略决策。在实事求是的思想路线指导下,重新确定了社会保障制度的地位和作用,逐步明确了社会保障的发展方向,使社会保障工作取得了新的成绩,其具体表现在:

修改退休退职规定。国家劳动总局会同有关部门,起草了《国务院关于安置老弱病残干部的暂行办法》和《国务院关于工人退休、退职的暂行办法》,经党中央和全国人大常委会原则批准,由国务院于1978年6月2日颁布实行。这两个暂行办法同1958年的规定相比较,有以下几点变化:(1)对干部和工人分别对待,分别规定办法,便于执行;(2)放宽离职休养条件;(3)适当提高退休待遇标准;(4)提高退职生活费标准;(5)工人退休、退职后,可以招收其一名符合招工条件的子女参加工作等。

修改国家工作人员病假期间生活待遇的规定。1981年2月6日,国务院发布了《国家工作人员病假期间生活待遇的规定》。这个规定,主要是提高此项待遇标准。

修改有关优抚的项目及内容。财政部于1980年2月3日发出了《关于国家机关、事业单位工作人员死亡遗属生活困难补助暂行规定》的通知,提高了此项补助标准。

自1990年起,全国人大加强了与社会保障相关的立法工作,先后通过了《残疾人保障法》、《妇女权益保障法》、《老年人权益保障法》、《劳动法》、《公益事业捐赠法》等;国务院则在继1991年发布《关于企业职工养老保险制度改革的决定》后,不仅制定了失业保险条例、农村五保户供养工作条例、城镇最低生活保障条例等法规,还制定了下岗职工基本生活保障制度及深化养老保险、医疗保险、城镇住房福利制度改革政策,制定并实施了大规模的"八七"扶贫攻坚计划等,我国的社会保障制度由此走上改革创新的发展道路。

1993年至2002年,社会保障制度作为社会主义市场经济体制框架的五大支柱之一,被确认为是市场经济正常运行的维系机制,重点是城镇职工的养老保险和医疗保险制度改革和扩大制度覆盖面以及建立城镇居民最低生活保障制度。

2003年10月,党的十六届三中全会通过了《中共中央关于完善社会主义市场经济体制若干问题的决定》。明确提出了要统筹兼顾、协调好改革进程中的各种利益关系,要保障非公有制经济职工和流动人口的合法权益,做好农村居民有关社会保障制度的建设规划等;明确提出统一相关社会保障制度的要求,体现了统筹城乡社会保障制度建设和共享社会保障制度改革成果的基本取向。

2006年10月,党的十六届六中全会通过的《中共中央关于构建社会主义和谐社会若干重大问题的决定》,提出了到2020年构建社会主义和谐社会的目标和主要任务,其中就有"覆盖城乡居民的社会保障体系基本建立"。

2007年10月,党的十七大报告进一步提出,"必须在经济发展的基础上,更加注重社会建设,着力保障和改善民生,推进社会体制改革,扩大公共服务,完善社会管理,促进社会公平正义,努力使全体人民学有所教、劳有所得、病有所医、老有所养、住有所居,推动建设和谐社会"。"加快建立覆盖城乡居民的社会保障体系,保障人民基本生活","要以社会保险、社会救助、社会福利为基础,以基本养老、基本医疗、最低生活保障制度为重点,以慈善事业、商业保险为补充。"

2011年,《中华人民共和国国民经济和社会发展第十二个五年规划纲要》明确提出要"坚持广覆盖、保基本、多层次、可持续方针"。《纲要》强调"可持续"意指探索建立长效机制,即把解决现实突出问题、历史遗留问题和解决长远体制机制问题有机结合起来,这表明困扰社会保障制度改革多年的"碎片化"问题有望彻底解决。《纲要》还指出未来五年社会保障发展的重点在农村,"十二五"期间社会保障工作的重心和财政投入的重点都将向农村倾斜,以求逐步缩小城乡社保在各方面的差距,新农合、新农保、低保、救助等各项支出都将有较大增长。

2012年6月,国务院又印发了《社会保障"十二五"规划纲要》,进一步提出要深入贯彻落实科学发展观,"以增强公平性、适应流动性、保证可持续性为重点,加快建立覆盖城乡居民的社会保障体系,使广大人民群众得到基本保障,共享经济社会发展的成果,促进社会主义和谐社会建设"。

2012年11月,党的十八大报告进一步提出,社会保障是保障人民生活、调节社会分配的一项基本制度。要坚持全覆盖、保基本、多层次、可持续方针,以增强公平性、适应流动性、保证可持续性为重点,全面建成覆盖城乡居民的社会保障体系。改革和完善企业和机关事业单位社会保险制度,整合城乡居民基本养老保险和基本医疗保险制度,逐步做实养老保险个人账户,实现基础养老金全国统筹,建立兼顾各类人员的社会保障待遇确定机制和正常调整机制。扩大社会保障基金筹资渠道,建立社会保险基金投资运营制度,确保基金安全和保值增值。完善社会救助体系,健全社会福利制度,支持发展慈善事业,做好优抚安置工作。建立市场配置和政府保障相结合的住房制度,加强保障性住房建设和管理,满足困难家庭基本需求。坚持男女平等基本国策,保障妇女儿童合法权益。积极应对人口老龄化,大力发展老龄服务事业和产业。健全残疾人社会保障和服务体系,确实保障残疾人权益。健全社会保障经办管理体制,建立更加便民快捷的服务体系。

由上可见,近20年来,我国社会保障制度改革逐渐向纵深发展,社会保障覆盖面从城镇向农村拓展、从正规就业群体向灵活就业人员延伸,覆盖城乡居民的社会保障制度体系框架基本形成。开启了一种从效率优先兼顾公平向更加注重公平和共享转变的社会保障制度安排。各级财政的"公共性"在社会保障领域得到切实体现,对农村社会保障制度建设投入明显增加,同时实现了保障资金的多渠道筹集。中国社会保障制度建设进入了一个思路明晰、速度加快的时期,一个覆盖城乡居民的社会保障体系已经初步形成。

第三节　社会保障的主要内容

第二次世界大战以后,世界各国的社会保障制度发展很快,实施范围越来广。但是，由于不同国家实行社会保障制度的历史有长有短，经济发展水平有高有低，又受本国社会结构、文化传统和政治力量对比关系的深刻影响，各国之间的社会保障制度的内容存在不少差异，这里介绍的是世界各国普遍实施的社会保障内容。

一、社会保险

社会保险是国家以立法形式，对丧失或暂时丧失劳动能力以及失去工作机会的劳动者，按照权利与义务在劳动上的对等原则，实行确保其基本生活需要的一项社会保障制度。它包括医疗保险、老年保险、失业保险、家庭补贴等内容。

1. 医疗保险

医疗保险包括国民保健、健康保险和特种疾病保险等不同形式。

英国、瑞典、丹麦和意大利等国先后实施了国民保健制度。这种制度的特点是范围广泛，原则上本国全体居民和外国居民均可享受医疗保险。国家医疗机构免费供应医药和治疗。医疗保险预算每年经议会辩论通过，经费来源主要靠国家税收。国家通过社会事务部，集中管理和协调全国的医疗卫生业务。

法国、德国、比利时、荷兰等国实行健康保险制度。这种制度的资金来源主要靠投保人交纳的社会保险税。其共同特点是病人可以自由选择医生；同时有公立医院和私人医院两种保健体系；医生以看病收入为主，不从政府机构领取工薪。各种健康保险制度包含的范围和公费医疗程度有很大差别。

2. 老年保险

老年保险制度包括退休、养老和遗属补贴，形式多种多样。从基本制度上划分，老年保险有普遍保险制度和职工保险制度两种形式。

北欧国家和英国对老年实行普遍保险制度。这种制度强调的原则是"援助已经不能依靠劳动满足自身需要的老年公民（或居民）"，对所有老年人实行普遍保险。这种普遍保险制度的资金来源不一样，有的主要靠国家财政补贴，有的主要来自投保人交纳的社会保险税。

法国、德国、意大利等国实行老年职工保险制度。这种制度强调要帮助有劳动能力的人事先安排好自己的退休生活，以保证在退休后享有同退休前收入水平相应的生活水平。它主要是面向工资收入者的，非工资收入者另有独立的养老金制度。老年职工保险制度的基金主要来自投保人和雇主交纳的社会保险税，国家的财政补贴仅占很小的比重。退休金的标准是按照本人退休前的工资收入来确定的。

普遍保险和职工保险这两种退休制度都有其欠缺和不足。前者发放的退休金太少,远远低于在职者的最低工资收入水平,难以维持生活;后者保险的范围有限,有许多人,如老年家庭妇女无法享受这种保险。因此,西方有些国家又建立了一些补充退休金制度。

补充退休金制度可大致分为两种类型:一种是企业范围内的补充退休金制度,另一种是整个产业或行业实行的补充退休金制度。企业实行补充退休金制度的目的在于利用这种"特殊待遇"稳定本企业职工,实际上成了管理劳动力的一种手段。按产业、行业或部门实行的补充退休金制度由企业主、产业工会和政府三方代表谈判决定,国家可以进行一定程度的干预。

3. 失业保险

西方现行失业保险制度主要有强制性失业保险、自愿失业保险、双重性失业保险、特种职业失业保险和一次性失业救济等形式。

英国、意大利、奥地利、瑞士等多数西方国家实行强制性失业保险,保险范围广泛,包括了大部分工资收入者。这种保险制度的资金来自投保人、雇主交纳的保险税,不足部分由中央政府或地方政府予以财政补贴或低息贷款。

德国、荷兰、法国实行强制失业保险与自愿失业保险相结合的双重制度。有些雇员参加产业工会的自愿保险制度,其他雇员只能参加普遍强制失业保险。

瑞典、丹麦、芬兰等国建立了自愿失业保险制度。这种制度一般是由产业工会办的,由工会所属的失业资金会负责管理。工业、商业、手工业、运输业的职工和独立劳动者都可自愿参加,但工会会员强制参加。目前实行自愿失业保险制度的国家中,已有三分之一到二分之一的工资收入者参加了这种保险。

此外,许多国家对建筑、码头、铁路、海运等特种职业,以及政府公务人员制订了专门的失业保险制度。还有些国家规定由政府或雇主对失业工人发给一次性失业救济费或解雇费。

4. 家庭补贴

家庭补贴在西方国家的社会保障制度中是与医疗保险、老年保险以及失业保险的作用略有不同的一种保险项目,其目的是为了鼓励生育,扩大社会劳动力的再生产。家庭补贴是对有子女的家庭给予定期支付的津贴。比如,比利时规定,对生育4个孩子的家庭,政府要予以表彰,并发给17万比利时法郎的免税家庭补贴。法国鼓励生3个孩子,给予高额补贴。补贴的项目很多,大致包括产假补贴、单亲补贴、入学补贴、孤儿补贴、特种教育补贴等。但一般数额都不大。此外,对负担较重的家庭还发给住房补贴,可减免一部分税收和家庭旅行车票减价等。西方国家对家庭生活发生特殊困难的发给临时补贴或救济,标准不一,要视申请补贴或救济者的家庭收入多少和困难性质而定。对无法享受任何社会保险者,提供"社会援助",以便帮助他们克服面临的困境。"社会援助"无需事先申请,按规定发放,但有时要向责任肇事者或领取社会援助金者的近亲索取赔偿。"社会援助"可以说是家庭补贴的最后一种方式。

以上所说的种种社会保险与人们在生活中经常碰到的金融保险是不同的。因为,第一,立法范畴不同。社会保险是以社会立法形式出现的,因而具有强制性,而金融保险是根据契约自由的原则建立的,因而具有任意性。第二,基本属性不同。社会保险是按照权利与义务在劳动上的对等原则实行的,因而具有福利性;而金融保险是一种以营利为目的的商业活动,以经济损失为前提,并根据投保额来决定补偿额,多投多保、少投少保、不投不保。第三,资金来源不同。社会保险的资金来自个人、企业和有收入的事业单位及国家财政补贴;而金融保险的保险金系全部由投保人员负担。第四,对象和作用不同。社会保险的对象是面向整个社会的劳动者,目的在于保障他们在老、病、伤、残、失业或待业时的基本生活需要;而金融保险的对象是投保人,受保护人根据自己生命的不同阶段,身体的不同部位,以及财产的多寡、贵重程度等情况进行投保,以期发生意外时获得一定的经济补偿。第五,管理体制不同。社会保险由政府经办,属于行政管理体制;金融保险则由国家银行领导,保险公司作为相对独立的经济实体,自主灵活地经营,属于财政金融体制。当然,社会保险与金融保险虽然有区别,但也有联系,如二者都具有经济安全保障的属性和作用。由此可以说,金融保险是社会保险的必要补充。

二、社会福利

对什么是社会福利,目前尚有不同理解。有人认为,社会福利是指国家对盲聋哑残和鳏寡孤独这类社会成员的扶弱济困的慈善性活动;而另一部分人则认为,社会福利是指国家和社会为改善和提高全体社会成员的物质生活和精神生活所提供的福利项目、福利设施和社会服务的统称。前者主要解决最困难人的最困难问题,因而可称为狭义的社会福利;后者是为了满足最大多数人的最大幸福,即在发展生产的基础上使人民的合理需要得到最大的满足,因而可称为广义的社会福利。

我国的社会福利包括:以解决鳏寡孤独、盲聋哑残以及老幼等的生活保障为主的社会福利事业;以安排残疾人劳动就业为主的社会福利生产。下面分别介绍这两方面的内容。

1. 社会福利事业

我国是社会主义国家,又是发展中国家,因而我国的社会福利事业有自己的特点:第一,自力更生、艰苦创业。我国的各种福利事业,无论是国家办的,还是工矿企业单位办的,往往都在经济状况很差的情况下经过从无到有、从小到大、从少到多逐步发展起来的。第二,多层次、多类型、多渠道。无论是儿童福利事业,老年人福利事业,还是其他各种福利事业、福利设施,都是以国家为主体,包括国家、集体、个人等社会力量的努力,大、中、小型并举,通过各种不同的渠道多方面、多层次发展起来的。第三,群策群力,共同办好福利事业。我国社会福利事业从机构设置到计划管理、生活管理、财经管理,都充分体现了人民群众是主人,依靠群众民主管理的特色。

我国的社会福利事业,主要分为如下几类:

第一类是老年人社会福利事业。

新中国成立以来,我国的老年人事业已基本上做到了"老有所养、老有所为、病有所医",使老年人的生活有了保障,并且已经形成了一套具有中国特色的管理办法。老年人福利事业是一种社会性的综合事业,它包括老年人的社会作用的发挥、老年人医疗保健、老年人生活安排、老年人社会活动、老年人生活福利、老年人兴趣爱好的培养等各个方面。当前老年人的福利事业要着重抓好两项工作:一是广泛开展群众性的敬老活动,形成良好的敬老、尊老、爱老的社会风尚;二是办好孤寡老人的福利设施,例如社会福利院、养老院、敬老院等。

第二类是儿童福利事业。

儿童是人类的未来和希望,保障儿童健康成长是关系人类的发展与社会进步的大事,因此,发展儿童福利事业是全世界所有国家的重大责任。我国政府历来重视儿童福利事业。《宪法》规定:儿童受国家保护,禁止虐待儿童,国家培养儿童在品德、智力、体质等方面全面发展。新中国成立以来,我国的儿童福利事业有了很大发展,其表现在:第一,儿童的医疗保健条件得到了巨大改善,婴儿死亡率由解放前的千分之二百,下降到千分之十二(城市)和千分之二十(农村);第二,为儿童创造了良好的活动条件,城市和发达的乡村普遍建立了托儿所、幼儿园、少年之家、少年宫、儿童公园、儿童乐园等。第三,儿童教育得到普及。新中国成立前儿童入学率在百分之二十以下,新中国成立后,城市儿童的入学率达100%,农村儿童的入学率也达到93%以上。第四,孤儿和伤残儿童同其他儿童一样,得到生活保障和抚养。新中国成立以来,在接收改造旧的"慈善"单位基础上,国家创办了儿童福利院,专门收养城市孤儿与弃婴。农村则由敬老院与群众代养两条渠道安置,从而保障了孤儿以及他们中的伤残儿同其他儿童一样受抚养,一样受教育,一样得到健康成长。

第三类是残疾人福利事业。

在旧社会残疾人是受歧视、受欺侮者，只是在中华人民共和国诞生后，才有残疾人福利事业的出现。新中国成立后，我国的残疾人福利事业主要开展了如下几方面的工作：第一，建立残疾人康复科学研究，提倡心理康复、体疗康复、利用假肢与矫形器康复、职业康复等办法促进残疾人康复；第二，建立假肢厂以扶助残疾人康复。1979 年，民政部还重建了北京假肢科学研究所。第三，举办盲人按摩训练班、聋哑人技术学校、残疾人工艺美术训练班等，进行职业训练。第四，近几年来，我国又建立起残疾人协会、福利基金会，设立残疾人福利基金，为更好地多方面地发展残疾人福利事业创造了新的条件。

2. 社会福利生产

我国的社会福利生产，属经济领域的企业范畴，但又是一种不同于一般企业的特殊企业。它具有两重属性：一是具有构成企业的基本要素，是经济实体，有法人地位，具有一般企业所具有的企业属性；二是由于它是以组织安置残疾人生产劳动，适应残疾人从事生产劳动为前提，所以又具有区别于一般工业企业的特殊属性。

社会福利生产的这种特殊属性，是同残疾人的社会保障紧密相关的。搞好社会福利生产，是为了保障残疾人的劳动和生活，使他们能够参加社会，创造财富，获得与健全人平等的权利和社会地位，并能自食其力，减轻家庭、社会和国家的负担。

残疾人参加生产的问题，是当今世界普遍存在、却尚未很好解决的社会问题。不少国家，例如北欧一些国家还只是采取发残疾金办法。经医生鉴定确认为残疾人的，由国家发给残疾金，以维持生活，残疾人根本没有劳动的机会。日本虽然通过立法，规定每个工厂都必须安排一定比例的残疾人参加生产，但并没有得到完全的执行。

我国的残疾人生产问题，虽然还没有完全解决，但是我们已经开始找到了解决残疾人生产劳动问题的可行方法，这就是除努力安排残疾人从事劳动就业外，专门组织了社会福利生产，为残疾人创造了从事生产劳动的条件。国家为了照顾残疾人生产，保证残疾人的劳动，对社会福利生产这种企业实行了特殊的照顾政策。即凡残疾人比例达到 35％的社会福利性生产单位，国家免征所得税；残疾人达到50％的福利生产单位，免征营业税、产品税、增值税等"三税"。这是适合我国的国情，具有中国特色的解决残疾人生产问题的方法。

三、社会救济

社会救济是对遭受自然灾害和其他不幸事故的受害者，以及不是主观因素引起的生活在贫困线以下的困难户提供物质帮助的赈济性活动。

　　中国历史上曾经有过社会救济,包括有官办救济和民办救济两大类。沦为半殖民地半封建社会以后,又有帝国主义插手举办、资助,搞所谓"慈善救济"。历史上社会救济的内容主要有:第一,施舍和赈济粮、钱、布帛、衣、物和借贷粮、钱;第二,设立救济设施,从事社会救济。像宋代的赈贷粮仓、惠民仓(政府出粮放贷)和义仓(民办备荒仓),收养孤寡赤贫的安济坊、居养院等;第三,租种农田土地的周济。两汉时期有给公田、借给田,以后有减免田赋等。

　　中国历史上的社会救济,是在剥削阶级主持下进行的,这种社会救济的存在有其客观和主观的原因:第一,剥削阶级害怕被剥削的贫民贫极造反,起来革命,使剥削制度受到冲击。第二,剥削阶级搞社会救济,是为了笼络民众,争取民心,有助于缓和阶级矛盾。第三,中国两千多年的封建社会和近百年的半殖民地半封建社会,基本上都是灾荒和贫穷直接相连。剥削制度产生贫穷,贫穷无力抵御和躲避灾荒,故又加重贫穷。灾荒和贫穷相伴为害社会与人民。在这种情形下,剥削阶级为了维护生产和剥削,不得不保护被剥削者的生存,给予救济。

　　新中国成立之后,社会救济事业得到了迅速发展,它同中国历史上的社会救济更有了本质的区别:第一,新中国的社会救济事业,是在人民群众成为国家主人条件下的社会救济,这是保障公民生活,体现公民权利的社会救济,它同剥削阶级的"恩赐"救济根本不同。第二,新中国的社会救济,是党和政府关心群众疾苦,扶助群众解决疾困的重要政策和措施。它是在政府直接领导下,采取国家、集体、个人或政府、群众、社会力量三结合的办法所进行的逐户解决治穷致富问题的渠道。它同剥削阶级把社会救济作为剥削阶级统治的一种手段和工具的性质根本不同。第三,新中国是社会主义制度,举办社会救济事业的目的,就是为了帮助社会中的贫困户改变面貌,脱贫致富。与剥削阶级搞社会救济仅仅是为了安定社会秩序,缓和阶级矛盾的目的也有根本的区别。

　　社会救济在我国有两种主要类型,即定期定量救济与临时救济(指国家发放救济费救济,不包括群众互助互济)。定期定量救济的主要是三种人:一是无依无靠、无生活来源的孤老病残人员;二是1957年底以前参加工作,于1961—1965年6月期间精简退职的老弱残职工(按原工资40%救济);三是特定救济补助人员(国民党起义、投诚人员与宽大释放的国民党党政军特人员等)。临时救济的主要有四种情形:一是因灾害造成生活困难;二是因急重疾病等不幸事故与特殊情况造成生活困难;三是无固定收入的个体劳动者季节性的生活困难;四是年节与换季季节救济。

　　我国在传统社会救济形式的基础上又发展起了一种新的社会救助形式,也即扶贫。扶贫,是扶持贫困户改变贫困面貌的简称。它的基本涵义是:帮助贫困对象摆脱贫困,以实现治穷致富、共同富裕的社会主义要求,保证所有中国公民都能享受到社会发展的成果。

扶贫是我国人民群众的一个创举,是世界各国所没有的。我国的扶贫,是在总结社会救济的历史经验的基础上发展起来的,它与社会救济有联系,但也有区别:第一,扶贫与救济的目的虽然都在于根除贫困,但不同的是:扶贫旨在从根治贫困入手,以"治本"为主。而救济旨在从保证基本生活入手,以"治标"为主。第二,扶贫较救济具有更大的主动性与计划性。扶贫是有计划实施的,它要具体落实扶持对象,分年按月地帮助贫困户减轻或摆脱贫困,走向富裕。而救济只能被动地、如同急救输血补液似地给予补助救济,不可能具有扶贫的主动性与计划性。第三,扶贫较之救济具有更广泛的内容,它不仅能解决燃眉之急,着眼衣、食、住,还包括生产、文化、技能,甚至医疗、保健等多方面的帮助与扶持。扶贫的内容较之救济的内容丰富得多。

四、社会优抚

社会优抚是国家和社会依法对优抚对象实行优待、抚恤及其他物质照顾和精神鼓励的一种社会工作。

优抚工作的性质,是一种社会性的行政工作,其具体表现在:第一,优抚工作的推行与实施,历来都是运用行政手段,采取行政措施。例如我国在革命战争年代,由中华苏维埃临时中央政府颁布的《红军优待条例》,以及于 1950 年 7 月颁布的《革命军人牺牲病故褒恤暂行条例》等,都说明优抚工作是运用行政手段来执行的。第二,优抚工作中有许多内容,本身就具有行政管理工作的属性。例如,烈士的认定、审批、褒恤;残疾的确认、残疾等级的划分与确定;优抚政策的制定;烈士纪念碑、塔、馆、亭的建立、审批等等。第三,古今中外,优抚都属行政管理。凡有军队的国家均有军人伤残抚恤、阵亡将士抚恤,以及其他优待抚恤的规定,这些都属行政管理。

无论战时或平时,我国的优抚工作的具体任务有如下几项:第一,妥善安排好所有优抚对象的生产、生活与劳动,保障他们的生活;第二,密切军政军民关系;第三、烈士褒恤、抚恤与伤残抚恤;第四,加强广大人民群众拥军优属的观念,发扬优良传统,培植拥军优属的社会风气。

我国目前的优抚对象主要是:第一,服现役的在役军人;第二,复员、退伍军人(包括老红军、老抗联战士、带病回乡复员军人等);第三,革命伤残军人;第四,烈属;第五,现役军人家属(包括军官家属);第六,军队离、退休干部等。此外,从拥军优属的意义上说,军队转业干部也应为优抚对象,只不过一般均按干部待遇,不另作优抚对象对待。

我国的优抚工作已开展了 60 多年。经过由实践到认识,又由认识到实践的循环往复,摸索总结出了优抚工作的基本经验是:国家抚恤和群众优待相结合。2013年第十三次全国民政工作会议提出了"着力推进优抚安置与经济社会发展相协调"的方针。这个方针体现了优抚工作的安置与发展相互制约、相互联系、相互作用的关系。

第四节　中国特色社会保障体系的建立与发展

一、中国特色社会保障体系及其特点

从上述我国社会保障制度的历史沿革可以看出,我国的社会保障制度的建立与逐渐完善,经历了一个从计划经济时代到改革开放和现代化建设时代的曲折发展过程。

在新中国成立到改革开放的 30 年间,我国建立起了与计划经济体制相匹配的社会保障制度。这一制度对保护职工身体健康、保障职工在年老、疾病、伤残不能劳动时的基本生活,减轻职工困难,方便职工生活,都起了重要作用,体现了社会主义制度的优越性。但是,由于原有的社会保障制度是在高度集中的计划经济模式下逐渐形成的,它已越来越不适应迅速发展的经济与社会改革形势,暴露出了明显的不足之处。其主要表现为:

(1) 社会保障事业的社会化程度低,国家和企业负担沉重,严重制约了国民经济的发展速度。原有的社会保障事业基本上由国家包揽,没有实现全社会性的互助互济。而且国家式的保障是落实到具体的企业单位,体现为"企业保障"。企业除了抓生产,还要办社会,管职工的生老病死。这种状况随着劳动力数量的不断增多,人口老化,退休职工人数的逐年增加,暴露出了极大的弊端。企业的经济效益得不到如实反映,新老企业负担不一,苦乐不均,尤其是一些老企业负担沉重,严重制约了企业的生产和整个国民经济的发展。

(2) 社会保障事业的覆盖面小,不适应城乡经济体制改革的需要,不利于全社会的安定团结。我国原来的社会保障制度主要适用于全民所有制单位和区、县以上的城镇集体所有制单位。在城镇中尚有为数众多的区、县以下集体职工、合同工、临时工以及个体劳动者没有享受到各种保障待遇。在广大农村,则基本上仍然以传统的家庭保障为主。随着城乡经济体制改革的不断深入和多种经济成分的长

期并存发展,社会保障事业的覆盖面必须扩大。只有使全体社会成员都获得了一定的生活保障和安全感,才能促进劳动人事制度的改革和人才的合理流动,才能促进多种经济成分的发展,才能实现全社会的安宁与稳定。

(3)职工的自我保障意识和参与社会保障的义务观念淡薄。由于原有的社会保障制度对全民所有制和区县以上集体企业职工实行了从就业到退休的几乎是无所不包的工作与生活保障,职工逐渐养成了单纯依赖国家和企业的习惯,形成了生老病死理应由国家和企业包下来的心理,而自我保障意识和参与社会保障的义务观念则越来越淡薄。职工群众的这种社会心理状态反过来进一步强化了原有的社会保障制度,在一定程度上成了社会保障制度改革的阻力。

(4)管理体制不顺,立法滞后,缺乏有效的监督机制。我国原有社会保障体系的运作与改革,涉及财政、劳动、人事、卫生、民政、工会、银行、保险等诸多部门,缺乏一个统一的权威性的机构进行规划协调,造成政出多门。往往是有利可图的事多头插手,无利可图的事互相推诿,影响了社会保障事业的声誉。有的政府部门自己制定政策,制定标准,自己经办执行,政事不分,缺乏必要的监督制约机制,以致挪用、侵吞国家救灾、救济款项的腐败行为屡有发生。与此同时,立法工作大大滞后于实际生活的要求,至今还没有制定出一部统一的权威性的社会保障法,使得社会保障工作还缺少法律依据和有力的法律保障。

以上这些问题说明了,我国原有的社会保障制度已经越来越不适应经济与社会迅速发展的需要。为适应并促进我国社会主义市场经济的健康发展、加快社会主义现代化建设进程,原有的社会保障制度必须改革。

从20世纪80年代开始,随着我国进入改革开放和社会主义现代化建设的新的历史时期,我国的社会保障制度也进入了一个改革与发展的新阶段。经过30多年的改革与发展,一个具有中国特色的新型社会保障体系已初步形成。这一社会保障体系包括社会保险、社会福利、优抚安置、社会救助和住房保障等内容。①

1. 社会保险

社会保险是社会保障体系的核心部分,包括养老保险、失业保险、医疗保险、工伤保险和生育保险等。

(1)养老保险。我国建立了统一的全国城镇企业职工基本养老保险制度,实行社会统筹与个人账户相结合。基本养老保险的覆盖范围扩大到了外商投资企业、城镇私营企业和其他城镇灵活就业人员。政府通过多种渠道筹集基本养老保

---

① 参见:《中国社会保障状况和政策》白皮书,finance.ifeng.com/topic/news/yanglao … 2009-5-25。

险基金,实行企业和职工共同缴费,增加财政对基本养老保险基金的补助,建立全国社会保障基金。政府大力推进多层次养老保险体系建设,在按规定参加基本养老保险的基础上,有条件的企业可为职工建立企业年金。国家还鼓励开展个人储蓄性养老保险。

根据农村经济社会发展特点,国家在农村实行与城镇有别的社会保障办法。按照"个人缴费为主、集体补助为辅、政府给予政策扶持"的原则,建立了个人账户积累式的养老保险。

(2)失业保险。城镇企业事业单位及其职工必须参加失业保险,城镇企业事业单位招用的农民合同制工人也参加失业保险。

(3)医疗保险。我国实行社会统筹与个人账户相结合的城镇职工基本医疗保险制度。这一基本医疗保险制度原则上实行属地管理,并逐渐扩大统筹的层次和范围。各地区根据实际情况,普遍建立了大额医疗费用补助制度。国家逐步建立主要由政府投入支持的社会医疗救助制度,为特殊困难群体提供基本医疗保障。

为保障农民的基本医疗需求,减轻农民因病带来的经济负担,缓解因病致贫、因病返贫问题,政府于2002年开始建立以大病统筹为主的新型农村合作医疗制度,由政府组织、引导、支持,农民自愿参加,政府、集体、个人多方筹资,让广大农村居民也能享受到基本医疗服务。

(4)工伤保险。国家规定,各类企业和有雇工的个体工商户均应参加工伤保险,为本单位全部职工或者雇工缴纳工伤保险费,劳动者个人不缴费。

(5)生育保险。生育保险制度主要覆盖城镇企业及其职工,部分地区覆盖了国家机关、事业单位、社会团体、企业单位的女职工。

2. 社会福利

政府积极推进社会福利事业的发展,通过多种渠道筹集资金,为老年人、孤儿和残疾人等群体提供社会福利。国家为儿童提供教育、计划免疫等社会福利,特别是为残疾儿童、孤儿和弃婴等处在特殊困境下的儿童提供福利项目、设施和服务,保障其生活、康复和教育。为残疾人康复、教育、劳动就业、文化生活、社会福利等提供法律保障。

3. 优抚安置

优抚安置制度是我国政府对以军人及其家属为主体的优抚安置对象进行物质照顾和精神抚慰的一种制度。对于烈士遗属、牺牲和病故军人遗属、伤残军人等对象实行国家抚恤。对老复员军人等重点优抚对象实行定期定量生活补助。对义务兵家属普遍发放优待金。残疾军人等重点优抚对象享受医疗、住房、交通、教育、就业等方面的社会优待。对退出现役的伤残军人,在就业、生活等方面给予适当照顾。对军队干部(含士官)退出现役,分别实行复员、转业和退休等安置办法。

4. 社会救助

我国政府从国家发展的实际出发,最大限度地对生活困难的城乡居民实行最低生活保障,对受灾群众进行救济,对城市流浪乞讨人员予以救助,提倡并鼓励开展各种社会互助活动。(1)城市居民最低生活保障。凡共同生活的家庭成员人均收入低于当地城市居民最低生活标准的,均可从当地政府获得基本生活物质帮助;对无生活来源,无劳动能力,无法定赡养人、扶养人或者抚养人的城市居民,可按当地城市居民最低生活保障标准全额救助。(2)灾害救助。国家建立了针对突发性自然灾害的应急体系和社会救助制度。(3)流浪乞讨人员救助。按照"自愿受助、无偿援助"的原则,对在城市生活无着的流浪乞讨人员给予关爱性的救助。(4)社会互助。国家鼓励并支持社会成员自愿组织和参与扶弱济困活动,推动社会捐赠制度建设,建立健全经常性的捐助工作机构、工作网点和仓储设施,随时接受各种社会捐赠。基层政府通过兴办社区服务业,为贫困对象提供照顾和服务。各级工会组织积极开展互助保障活动。

在农村地区,从 20 世纪 50 年代开始至今,一直实行五保供养制度,即对无法定扶养义务人,或者虽有法定扶养义务人,但是扶养义务人无扶养能力、无劳动能力、无生活来源的老年人、残疾人和未成年人实行保吃、保穿、保住、保医、保葬(未成年人保义务教育)的五保供养。为解决部分生活不能自理五保老人的照料问题,农村中普遍建起了敬老院,将这些人员集中供养。从 2007 年开始,国家建立起了全国农村最低生活保障制度。保障对象是家庭年人均纯收入低于当地最低生活保障标准的农村居民,主要是因病残、年老体弱、丧失劳动能力以及生存条件恶劣等原因造成生活常年困难的农村居民。保障标准由县级以上地方人民政府按照能够维持当地农村居民全年基本生活所必需的吃饭、穿衣、用水、用电等费用确定,并要随着当地生活必需品价格变化和人民生活水平提高适时进行调整。

5. 住房保障

国家建立了住房公积金制度,即政府为解决职工家庭住房问题而建立起来的政策性融资渠道;经济适用住房制度,即由政府提供政策优惠,限定建设标准、供应对象和销售价格,具有保障性质的政策性商品住房;廉租住房制度,即各地政府在国家统一政策指导下,结合当地经济社会发展的实际情况,因地制宜为城镇最低收入家庭提供廉租住房。

从已初步形成的具有中国自身特色的新型社会保障制度体系来看,这一制度显示了以下几个特点：

（1）广覆盖。是指我国建立起了世界上涉及人口最多、规模最大的一张社会保障网。通过改革，我国社会保障的覆盖面从城镇向农村拓展、从正规就业群体向灵活就业人员延伸，从而实现对全国城乡居民的全覆盖。全国建立了兜底性的城乡最低生活保障制度，从制度设计上实现了最低生活保障对城乡居民的全面覆盖。2010年，实现了在全国建立基本覆盖农村居民的新型农村合作医疗制度的目标，从制度设计上实现了基本医疗保险对城乡居民的全面覆盖。2012年基本实现城镇居民养老保险制度全覆盖，从制度设计上又实现了养老保险对城乡居民的全面覆盖。

（2）低水平、保基本。我国的社会保障制度以基本养老、基本医疗、最低生活保障制度为重点，保障城乡居民的最低生活需要。我国是一个发展中国家，同时又是一个人口大国，目前仍处于经济起飞阶段，这样的基本国情决定了我国的社会保障水平不可能很高，一般来说只能保证最基本的生活需要，尤其要将社会保障工作的重心和财政投入的重点向农村倾斜，以求逐步缩小城乡社保在各方面的差距。

（3）多层次。是指社会保障水平的多层次性以及社会保障类型上的多层次性。首先，由于我国的城乡之间、东西部地区之间的经济社会发展存在着显著的差异，故虽然社会保障制度已实现了全国城乡的全覆盖，但保障水平还不可能做到整齐划一，还必然会存在差异和高低不同的层次。这在现阶段以至今后相当长一段时间都会存在，尽管这种差异会随着社会经济的发展而逐步缩小。其次，从社会保障的类型上看，也存在着多层次性。从各国的经验和我国过去的实践来看，社会保障制度可以分为三个不同的层次，每个层次的目标不同，保障对象不同，资金来源和管理办法也不同。第一个层次是社会救助，这是国家对无生活来源、无家庭依靠并失去工作能力的人以及收入在最低生活标准以下的个人和家庭的一种无偿救助，这是最低层次的社会保障，一般来说，这种保障对象的人数不多，并应该随着经济的发展日益减少。这是一种无偿的社会保障，体现了国家和全体纳税人对弱者的无私的社会救助，这种社会救助只能以最低生活需要为目标。其资金来源是各级政府的财政支出。第二个层次是社会保险，这是社会保障的基本组成部分，覆盖对象是人口的最主要部分——全体劳动者，当劳动者在年老、失业、疾病、伤残以后，能通过社会保险制度获得一定的收入补偿，保障基本的生活需要。其资金来源一般采取个人和单位共同负担的办法，参加者得到的保险金给付水平与其过去年代所缴纳的保险金多少、时间长短正相关，既要体现社会互济，又要体现按劳分配的原则。第三个层次是社会福利，指国家免费或低价为职工提供的一些服务，如义务教育、住房补贴、特殊人员的优抚政策、发放实物、各种生活补助等,这是社会保障的更高层次,它的资金来源也是直接或间接由国家负担的。

这里需要特别指出的是,在社会日益现代化的今天,家庭、亲友、邻里的互助互济作为一种社会保障形式,具有一定的局限性。但是应该看到,我国是一个农业人口占绝大多数的国家,自给自足的自然经济长期占主导地位,在此基础上形成了以家族、邻里之间和家庭内部的互相尊重、互相帮助、互相接济的优良传统,这种在中国国土上长期形成的优良传统,至今仍然维系着人与人之间的关系,它还将长期发挥重要的保障作用。特别是在倡导和践行社会主义核心价值观的过程中,充分发挥其作用,具有长远的重要意义,它是我国社会保障体系体现中国特色的不可忽视的因素。因此,我们在充分发挥政府和社会力量在社会保障中的作用的同时,要继续大力开展多种形式的家庭、亲友和邻里的互经活动,使中华民族在长期生存斗争中所形成的这一优良传统得以发扬光大。

(4) 国家、单位和个人共同分担社会保障资金。一个国家的社会保障制度是由经济发展来支持、以经济实力作为基础的。一般来说,各国的社会保障水平是与本国的经济发展水平相适应的。在现阶段,我国的综合国力虽然已得到很大提升,但国家还不具备包揽全部社会保障资金的实力。在改革我国的社会保障制度时,我们吸取了我国以及其他国家通过几十年实践得来的宝贵经验教训。国家的社会保障措施和资金逐步由"全部包揽"向"国家、单位、个人"三方负担转变,实现社会保障资金来源的多渠道筹集。这些渠道主要有:一是财政拨款。包括国家财政和地方财政共同负担,以地方财政为主;二是企业的公益金、福利基金;三是社会捐赠;四是个人收入中为社会保障进行的各种扣除;五是社会福利事业以及福利工厂生产经营有偿服务收入的一部分,等等。

二、我国社会保障制度改革与发展的基本原则与基本方向

我国社会保障制度改革的基本原则是:

第一,经济发展与社会保障水平相适应。

社会保障是国民收入再分配的一种形式,它的建立和发展取决于经济的发展。一定时期的社会保障体系只能与当时的经济发展水平相适应,既不能超前,也不能落后。尤其是在我国,由于农村人口占大多数,城乡社会保障水平在短期内不可能完全一致,因而必须从各地区、各部门的实际情况出发,量力而行,循序渐进。当前,我国的经济力量按人均看还比较薄弱。不可能像西欧国家那样实行"从摇篮到坟墓"的全包政策,更不能用牺牲财力、增加赤字的办法来满足人民对生活的需要。只能在发展生产增强经济实力的基础上,逐步改善、逐步满足人民对文化生活和物质生活的需要。

第二,公平与效率相兼顾。

社会保障是以国家为主体的一种国民收入再分配形式,因此,它应该是公平的、一视同仁的、无歧视的对待所有的公民。

社会保障制度是否具有生命力,是否有利于经济发展和社会稳定,关键是处理好公平与效率的关系。这里说的公平,不是数量上的绝对平均主义,而是权利的平等,是法律面前的平等,是机会的平等。按劳分配也是公平,分配的公正、合理、公平,可以激励劳动者,提高效率,进而达到更高水平的公平。公平与效率相兼顾主要体现在:(1)各阶层和社会利益群体所享受的社会保障水平要大体相当,不能有太大差距。由于历史的和现实的原因,我国各阶层和社会利益群体所享受的社会保障水平还存在着较大差距,这不符合社会主义的本质要求。随着我国经济的发展与社会的进步以及社会保障制度改革的深化,原有的各种社会保障制度必须逐步整合、并轨,使全体劳动人民都能享受到大体相当的社会保障待遇。(2)保障水平的适度。社会保障在本质上是一种国民收入再分配,这种分配在某种意义上带有一些"按需分配"的性质,因而现阶段一定要适度,要避免因分配不当造成的鼓励懒惰机制。对生活困难者的救助,要以保障最低生活水平为目标。(2)权利与义务的统一。在社会保障中还应体现在公民享受社会保障的权利与缴纳费用义务对等的原则。社会保险的待遇和给付标准,既要与个人保险金的缴纳水平和缴纳时间长短挂钩,又要体现社会互济的原则,既要切实保障职工的基本生活水平,又要有利于激励广大在职职工的积极性。此外,公民享有的社会保障的权利,应该与社会贡献及交费水平对等,而不应该受行业、所有制等因素的限制。

第三,现实状况与理想目标相统一。

如前所述,我国是一个人口大国,地区之间、城乡之间经济社会发展水平存在显著差异,我国还处于并将长期处于社会主义初级阶段,这是我国所面临的基本国情。这些基本国情也决定了我国社会保障制度的基本特点与水平。现阶段我们的社会保障制度只能是低水平的,只能保基本的生活保障,而不能像西方某些发达国家那样实行"从摇篮到坟墓"式的高水平的福利国家型的社会保障制度。我们的社会保障制度只能是多层次的。在城镇居民与农村居民,在东中西部不同的地区之间,在不同职业群体之间,社会保障待遇和水平还存在着显著的差异,这些差异不可能在短期内完全消除。我们的社会保障资金还只能由国家、单位、个人共同分担,而不能像西方某些发达国家那样全由国家包揽,等等。我们在正视社会保障制度所面临的现实局限性的同时,决不能安于现状而不思进取。随着我国经济的进一步发展、国家综合实力的增强和人民群众生活水平的日益提高,我们的社会保障水平也必然会逐渐提高,城镇居民与农村居民之间、东中西部不同的地区之间、不同职业群体之间的社会保障水平的差距必然会逐渐缩小,不同层次的社会保障制度必然要走向"并轨",国家对社会保障方面的资金投入必然会逐渐加大。我们既要立足现实,看到现有社会保障制度的阶段性与某些现实合理性,又要认清和坚定理想目标,通过不断深化改革的艰苦努力,使我国的社会保障制度不断完善与发展,让全国人民群众都能享受到改革发展带来的红利,以充分体现我国社会主义制度的优越性。

《中华人民共和国国民经济和社会发展第十二个五年规划纲要》规定,未来几年我国社会保障制度改革与发展的基本方向是:坚持广覆盖、保基本、多层次、可持续方针,加快推进覆盖城乡居民的社会保障体系建设,稳步提高保障水平。[①]

(1) 加快完善社会保险制度。实现新型农村社会养老保险制度全覆盖。完善实施城镇职工和居民养老保险制度,全面落实城镇职工基本养老保险省级统筹,实现基础养老金全国统筹,切实做好城镇职工基本养老保险关系转移接续工作。逐步推进城乡养老保障制度有效衔接。推动机关事业单位养老保险制度改革。发展企业年金和职业年金。扩大工伤保险覆盖面,提高保障水平,健全预防、补偿、康复相结合的工伤保险制度。完善失业、生育保险制度。发挥商业保险补充性作用。继续通过划拨国有资产、扩大彩票发行等渠道充实全国社会保障基金,积极稳妥推进养老基金投资运营。

(2) 加强社会救助体系建设。完善城乡最低生活保障制度,规范管理,分类施保,实现应保尽保。健全低保标准动态调整机制,合理提高低保标准和补助水平。加强城乡低保与最低工资、失业保险和扶贫开发等政策的衔接。提高农村五保供养水平。做好自然灾害救助工作。完善临时救助制度,保障低保边缘群体的基本生活。

(3) 积极发展社会福利和慈善事业。以扶老、助残、救孤、济困为重点,逐步拓展社会福利的保障范围,推动社会福利由补缺型向适度普惠型转变,逐步提高国民福利水平。坚持家庭、社区和福利机构相结合,逐步健全社会福利服务体系,推动社会福利服务社会化。加强残疾人、孤儿福利服务。加强优抚安置工作。加快发展慈善事业,增强全社会慈善意识,积极培育慈善组织,落实并完善公益性捐赠的

---

① 参见:《中华人民共和国国民经济和社会发展第十二个五年规划纲要》,news. xinhuanet. com/politics/2011-03/... 2011-3-16。

税收优惠政策。

（4）健全医疗保障体系。健全覆盖城乡居民的基本医疗保障体系，进一步完善城镇职工基本医疗保险、城镇居民基本医疗保险、新型农村合作医疗和城乡医疗救助制度。逐步提高城镇居民医保和新农合人均筹资标准及保障水平并缩小差距。提高城镇职工医保、城镇居民医保、新农合最高支付限额和住院费用支付比例，全面推进门诊统筹。做好各项制度间的衔接，整合经办资源，逐步提高统筹层次，加快实现医保关系转移接续和医疗费用异地就医结算。全面推进基本医疗费用即时结算，改革付费方式。积极发展商业健康保险，完善补充医疗保险制度。

思考题：

1. 如何正确理解社会保障的含义？
2. 社会保障的作用体现在哪些方面？
3. 简述西方社会保障制度的形成和发展。
4. 简述我国社会保障体系的基本内容。
5. 试述中国特色社会保障制度的特点及社会保障制度改革的基本原则。

第十六章　社会学研究方法

社会学的研究方法在社会学的发展和应用中占有重要地位。没有一套科学的研究方法,社会学将无法发展。社会学的研究方法自成体系,讲求科学、实用,并在实践中不断地得到丰富、发展。社会学的学习,既要重视掌握基础知识,又要重视了解科学方法,才能全面深刻地理解这门学科。

第一节　社会学研究的方法论

一、社会学研究的方法体系

每一门学科在其发展过程中,都会形成一套适合于自己的方法体系。社会学研究的方法体系是由社会学研究的方法论、各种具体方法以及研究技术三个层次构成的。

社会学研究的方法论是它的最高层次。在这个层次上最有影响的方法论是马克思主义哲学方法论、实证主义方法论和非实证主义方法论。马克思主义哲学方法论,是运用马克思主义哲学理论特别是历史唯物主义观察和处理问题的根本方法的理论体系,它从哲学世界观和方法论高度指明社会学研究的方向和道路,构成社会学研究方法体系的基础。实证主义方法论的基本观点表现为:第一,社会学的研究对象和自然科学的研究对象一样,都是纯客观的,社会现象背后存在着必然的因果规律。第二,社会现象既然是有规律的,因而是可以被感知、被概括的。经验是科学知识的唯一来源,只有被经验证实了的知识才是科学。第三,作为一门科学的社会学,它的任务在于说明社会现象是什么,而不是应该或必须是什么。第四,自然科学的方法适合于研究社会。非实证主义方法论是在与实证主义方法论的挑战、争论中形成的。其特征可以概括为三点:第一,强调在自然现象和社会现象之间作出区分,突出社会现象的特殊性、不可重复性,要求社会学使用与自己研究对象的特点相适应的方法,反对把自然科学方法绝对化;第二,突出社会行动者的主体性、意识性和创造性,反对把人当作非人格的物化现象;第三,主张借助"价值关联",理解人的主观意识在社会认识上的重要作用。

社会学研究方法的中间层次是具体方法。这个层次的主要内容有社会调查法、实验法、统计法。其中社会调查法包括普查、典型调查、抽样调查、个案调查等方式，另外还有观察法、访问法、问卷法等具体方法。

社会学研究方法的最低层次是各种专门技术和工具。专门技术包括观察、访问、定量分析和定性分析等方面。观察和访问属于收集资料方面的技术，而定量分析和定性分析则属于分析资料方面的技术。工具包括观察记录表、问卷表、测量表、统计表等量度工具，以及照相机、录音机、录像机、电子计算机等辅助工具。

社会学研究方法体系的这三个层次是相互联系、相互制约的。方法论是整个社会学研究方法体系的基础，它为具体的研究提供认识原则和理论指导，决定着具体研究方法的运用。而具体研究成果的积累、具体研究方法和专门技术的进步也必然促进方法论本身的发展。社会学研究方法体系正是在这种相互影响和相互制约的过程中不断完善，从而构成为一个严密的科学体系。

二、社会学研究方法的原则

社会学是研究社会整体结构及其运行规律的社会科学，它只有在历史唯物主义指导下，才能变成科学。马克思主义以前的社会学家，往往用主观主义、形而上学的方法研究和分析社会现象，因而他们不能对其作出科学的说明，不能提出解决社会问题的正确方法。马克思和恩格斯创立了辩证唯物主义和历史唯物主义，把这种科学的世界观和方法论应用于社会研究，从而把社会学置于科学的基础之上，为社会学的研究开辟了正确的途径。列宁说过："马克思和恩格斯称之为辩证法（它与形而上学方法相反）的，不是别的，正是社会学中的科学方法，这个方法把社会看作处在经常发展中的活的机体（而不是机械地结合起来因而可以把多种社会要素随便搭配起来的一种什么东西），要研究这个机体就必须客观地分析组成该社会形态的生产关系，必须研究该社会形态的活动规律和发展规律。"①

具体说来，我国社会学的研究，必须遵循如下几个方法论原则：

1. 理论研究与社会实践相结合的原则

在西方社会学的发展过程中，社会学研究曾出现过两个极端。20世纪以前，孔德、斯宾塞等人注重的是理论模式的研究，忽视了经验研究；20世纪以后，经验研究受到了重视，而理论概括却又被忽视了，当前西方社会学普遍存在着"理论危机"。马克思主义社会学坚持理论研究与社会实践相结合的方向。研究社会问题不能把自己关在书斋里，要想得到科学、完整、系统的社会知识，必须走出书斋，到群众中去，到社会中去，到火热的斗争实践中去。马克思为了写作《资本论》，恩格

---

① 《列宁选集》第一卷，第32页。

斯为了写作《英国工人阶级状况》等书,都曾亲自到英国政府机关、工厂、工人住宅区等地进行实地调查,收集了大量第一手资料。当然,仅有社会调查还是不够的,社会调查只是理论研究的基础。要把丰富的实际材料上升到一定的理论高度,还必须进行科学的理论研究,没有科学的理论研究,就不能从中寻找出客观事物的内在联系和发展规律,社会调查就将成为浮于表面的活动。

2. 实事求是原则

实事求是是马克思主义的根本方法,也是社会学研究的根本方法。社会学研究要面对现实,只有尊重客观事实,一切从实际出发,才能取得预期的结果。毛泽东同志说过:"我们是马克思主义者,马克思主义叫我们看问题不要从抽象的定义出发,而要从客观存在的事实出发,从分析这些事实中找出方针、政策、办法来。"[1]又说:"按照实际情况决定工作方针,这是一切共产党员必须牢牢记住的最基本的工作方法。我们所犯的错误,研究其发生的原因,都是由于我们离开了当时当地的实际情况,主观地决定自己的工作方针。"[2]实事求是是马克思主义的基本原则,是毛泽东思想和邓小平理论的精髓,也是科学的社会调查的根本指导思想。

3. 科学化原则

科学化是当代社会学研究的重大特征。第二次世界大战以后,由于科学技术的迅猛发展,人们对自身及社会生活的了解能力日益增强。尤其是系统论、信息论、控制论等现代科学方法论的出现,使人们对错综复杂的社会现象的科学研究成为可能。社会学研究的科学化,是指社会学研究为了适应现代化的需要,在其实施过程中,充分吸收、利用当代科学技术的新成果,不断优化社会学研究的方法,充实新的内容,使社会学研究的理论、方法和手段不断现代化。

在科学技术日益进步的推动下,社会学研究除了运用一些行之有效的传统的研究方法和技术手段外,又创造性地运用了一系列科学研究方法和先进的技术手段,如系统分析、功能分析、要素分析、结构分析、相关分析、回归分析、因径分析、可行性分析、目标选择与科学预测、电子计算机的数据处理等。这些科学的方法和先进的技术手段运用于社会学研究中,使定性分析与定量分析相结合、单因素分析与多因素综合分析相结合,既提高了社会学研究的科学性,又显示了社会学研究的时代性,有效地帮助人们更好地认识社会生活规律,解释社会生活现象,指导社会变革。

三、现代社会学研究方法的特点

随着现代科学技术的不断发展,社会学的研究方法也在不断地改进和创新。现代社会学研究方法有如下三个主要特点:

---

① 《毛泽东选集》第三卷,第 853 页。
② 《毛泽东选集》第四卷,第 1308 页。

1. 定量化

定量化研究是社会学研究方法的一个重要特点,它是用数学方法对社会现象进行数学分析的科学分析方法。近代数学的发展,尤其是新的数学工具和方法(泛函分析、抽象代数、拓扑学、概率论)的出现和电子计算机的产生,打破了历来那种无法对错综复杂、变幻莫测的社会现象进行应用研究的局限,为现代数学方法的运用开拓了全新的领域。

在社会学研究中运用定量分析方法,可以使人们对社会现象的认识趋向精确化。同时,从量上对各种社会现象进行分析,是进一步准确把握事物发展内在规律性的必要途径,它对人们从理论到实践的飞跃,具有一定的预见性和指导性。当然,我们既要看到数学方法的发展,尤其是电子计算机的出现,使定量研究成为社会学研究的重要方法,也要看到定量研究同样有其自身的局限性,即它必须与定性研究有机地结合起来,才能达到对社会现象深刻、全面、准确、科学的认识,才能正确认识社会现象,准确把握社会发展的客观规律性。

2. 整体性

社会学研究与其他社会科学研究的共同之处在于他们都是以社会现象作为自己的研究对象,而区别只在于其他社会科学都是以某一方面、或某一领域的社会现象作为自己的研究对象,而社会学则是以整个社会为对象,从多方面、多角度来进行研究。我们知道,任何一种社会现象都不是孤立存在的,它的产生、变化和发展是与错综复杂的社会网络紧密联系在一起的。因此,社会学的研究并不停留在某一个具体的社会现象,而是在吸收各门社会科学对某一具体社会现象研究成果的基础上,从整体上考察各种社会现象的产生、变化和发展的内在统一性,即对社会现象既要作纵向的考察,又要作横向的比较;既要有平面性的扫描,又要有立体性的透视;既要有静态的分析,又要有动态的把握。这样,才能对各种社会现象的互动性演变作出合乎规律性的科学论述,为社会问题的综合治理提供客观依据。离开了对社会现象的整体性研究,社会学的研究将丧失自身存在的价值。

3. 技术性

运用一套特有的、科学的研究技术对社会现象进行研究,这是社会学研究方法的又一重要特点。在对错综复杂的社会现象的研究过程中,如何确保真实、有效地收集资料,正确无误的资料分析,及时、准确地对研究成果作出科学的评价,这是社会学研究的一个重要问题。为了避免在研究过程中失真,以及在失真的情况下能及时地加以纠正,社会学在其长期的发展过程中,不断吸收、引进并形成一套科学的研究技术。比如问卷设计技术、统计设计技术、抽样设计技术、社会特征的测量技术、观察技术、访问技术、实验技术、投射技术、记录技术等。这些技术的正确使用,对于社会学研究的深入开展,发挥着重要作用。社会学研究技术的不断完善和发展,是保证社会学研究得以顺利进行的重要手段,也使社会学研究形成了自己的特点。社会学研究的历史证明,要想在社会学领域中科学地进行研究、探索,就必须认真地掌握这些技术手段。

第二节　社会学研究的基本程序

社会学的研究程序主要包括:选题阶段、设计阶段、实施阶段和总结阶段(见图 16-1)。

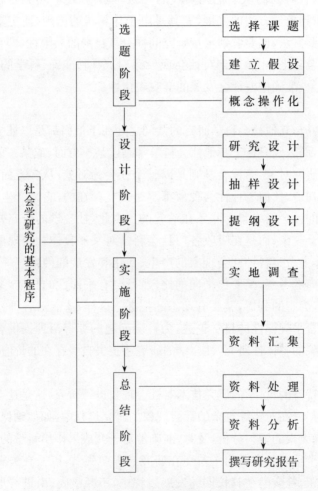

图 16-1　社会学研究的基本程序

一、选题阶段

选题阶段包括选择课题、建立假设、概念操作化三个阶段。

选择课题是社会学研究的第一步。课题选择是否恰当,关系到整个研究工作的成败。因此,进行课题选择时要注意选题的类型,以及选题的针对性、可行性。

社会学研究的类型一般可分为两类:一类是应用研究,另一类是理论研究。应用研究是为了制定社会政策或解决社会问题而进行的研究。而理论研究则是在应用研究的基础上,对大量相互联系的社会现象进行理论概括和论证,从中找到规律性的东西。也就是说,应用研究侧重于解决实际问题,而理论研究则侧重于对实际问题的分析和概括。因此,在选择课题时要根据所要研究的方向进行课题类型选择。

社会学研究具有错综复杂性,因此,研究课题的选择需要注意可行性问题。从客观条件上看,选题必须考虑到人力、物力、财力和时间等因素。从主观条件上看,研究者本人的知识结构、能力等因素也是选择课题时必须考虑的。因此,选择课题必须根据主客观条件的许可与否,遵循可行性原则。另外,选择的课题要有针对性,要从中国国情以及当时当地的实际情况出发,抓住能够切中时弊的问题进行调查研究。要善于发现那些对国计民生、社会主义现代化建设有重大影响的课题,或者是社会科学领域亟待攻关的项目,这样的课题才具有现实意义和社会价值。

课题初步确定后,研究有了一定的方向和目标,但还不能直接进入实际研究,还必须建立一系列的假设。假设是关于事物现象及其规律性的一种不完备的、尚待实践证实的命题。它是社会学研究中不可缺少的一种方法。

假设的类型很多,如果仅从研究方面来考察,一般分为两种类型:描述型假设和关系型假设。描述型假设主要是说明某些社会现象存在的状况,是对事物现状的一种描述或叙述。比如,在对独生子女问题研究中,我们发现独生子女的生活自理能力普遍较差。于是我们假设:独生子女的生活自理能力比非独生子女差。这样的假设可称为描述型假设。关系型假设,是用来说明社会现象之间的关系的。例如"发展市场经济会带来道德滑坡"这一假设就属于关系型假设。在社会学研究中,无论采用什么类型的假设,都要根据实际研究的问题的性质而定,并且应符合如下几项要求。

首先,假设是以一定的经验事实材料为基础的。假设不是随意的猜测,它既与毫无事实根据的猜想、传说不同,也和缺乏科学论据的冥想、臆想有区别。其次,假设必须是可验证的,不能被实际资料证明或否定的就不能称为假设。再次,假设必须具有通用性。假设是用来说明一系列同质现象的,而不是用于某一特例的。因此,它的成立不需要其他附加条件,这样才是真正能验证的假设。假如在某一个别事例中,还需要附加种种条件,形成假设中的假设,这必然影响原有假设的科学性。最后,假设必须具有一定的想象力。如果假设没有一定的想象力和创新精神,只是简单重复过去已被证实过的结论,那么它的价值就会大大降低。

概念操作化是选题阶段的第三步。假设建立之后,还必须对假设中所涉及的主要概念进行定义。定义一般分为理论定义和操作定义两种。理论定义是对于一种事物的本质特征或一个概念的内涵的简要的说明。比如"环境保护"这一概念的理论定义是这样下的:保护自然环境(如人、空气、土壤等),防止其受到破坏和污染,使之能更好地适合于人类劳动、生活和自然界生物的生存。理论定义的概念,在社会学研究中,要能被实践活动所验证,并运用于实际观察和操作,使之变为操作定义。概念的操作定义是指用可具体观察和测量的变量对一个概念的内涵和外延的确切而简要的说明。比如,环境保护这一概念是通过空气污染的程度,水资源污染的程度,绿色地面积等变量具体反映出来的。环境保护的好坏,不能靠使用词汇来描述,而只能依据具体调查测量的数据来揭示。

二、设计阶段

设计阶段包括研究设计、抽样设计和提纲设计三个小阶段。

研究设计要求研究人员在已选定的研究课题和研究假设的基础上拟定调查研究的具体方案。内容包括调查研究的方式,收集和分析资料的具体方法和技术手段,调查研究的基本程序和时间安排,以及研究过程中可能遇到的各种内外影响因素及其控制手段。

抽样设计和提纲设计是研究设计的具体化。设计的优劣关系到整个调查研究的质量和水平,因此,设计出一个科学、合理的抽样方法和调查提纲,是设计阶段的一项重要工作。

三、实施阶段

当一项研究项目完成了课题选择、建立假设、提纲设计等程序后,就进入了实施阶段。实施阶段的主要工作是根据研究方案进行实地调查和资料收集。

实地调查首先要确定具体的调查对象和调查范围。由于实地调查的具体方法各不相同,因而调查范围和对象必然各有差别,要根据所使用的调查方法来确定调查对象。实地调查的方式有个案调查、普查、抽样调查和典型调查等。具体方法有实地观察、访谈、填答问卷、集中座谈等。调查对象和范围要根据不同的方法而定。

调查对象和范围确定之后,就进入收集资料的阶段。收集资料是整个调查研究中最艰苦、最基本的工作。没有资料，调查研究就会成为无源之水、无本之木。资料的来源可分为两类：一类是原始资料，这是直接从资料来源处获得的资料，这种资料的特点是未经整理而保留着资料的原始状态。原始资料一般是通过访问、填答问卷和开调查会等方法获得。另一类是次级资料，次级资料是经他人整理简化了的资料。如统计资料以及各种档案资料都属于次级资料。次级资料一般是通过文献法获得的。

四、总结阶段

总结阶段是将实施阶段中所收集的资料进行整理、分析，然后从中得出规律性的结论。

资料整理的主要任务是对收集来的资料进行系统的科学加工，使资料能反映研究对象的总体特征。整理资料的主要工作一是核对和检查原始资料有无错误或遗漏。如有误差应及时修正和补充，使资料具有客观性、完整性和可靠性。二是对原始资料进行科学分类，使资料系统化和符号化。

资料分析是提供社会调查研究成果的最重要阶段。通过资料分析，可以发现研究对象的总体状况、事物之间的联系以及发展变化的规律性。资料分析的方法包括理论分析方法和统计分析方法两大类。理论分析方法要遵循的基本原则是：以辩证唯物主义和历史唯物主义理论为依据，运用对立统一的辩证思想，从现象的相互联系上，对研究对象作出全面、正确、生动的描述和分析。统计分析方法包括单变量描述统计、多变量相关分析、推论统计等方法和技术。

撰写研究报告是整个研究过程中的最后一个步骤。它既包括对研究过程的一般概况和资料分析结果的说明，也包括对研究所作出的理论贡献和实际贡献的说明。研究报告的类型多种多样，采取何种类型要根据研究的性质和作用而定。从研究性质来划分，研究报告可分为描述性报告、解释性报告和预测性报告。从调查报告的作用来划分，研究报告可分为学术性调查报告和应用性调查报告。

研究报告尽管种类繁多，但基本结构都必须包括如下几方面：一是向读者简要说明研究的缘由、背景、任务、目的和意义。二是简要地介绍调查研究的时间、地点、对象、范围、过程、主要的研究方法和基本程序。三是对调查研究的主要内容给予客观的描述，对主要的事例、数据和图表进行简明扼要的介绍，使读者明了"是什么"。四是根据获得的丰富资料，进行科学、系统的分析，提出主要理论观点或结论，使读者明了"为什么"。五是根据前面的描述和分析，从结论中引出一定的建议，使读者在阅读报告后明了应该"怎么办"。

第三节 社会学研究的具体方法

社会学研究的具体方式、方法很多,有普查、抽样调查、典型调查、个案调查等方式及观察、访问、问卷等方法。这里重点介绍观察法、个案法、抽样法和问卷法。

一、观察法

在社会学的所有研究方法之中,观察法是一种最基本、最常用的方法,是社会研究方法的"细胞"。所谓观察法,是指观察者根据研究课题,有目的地利用眼睛、耳朵等感觉器官直接或间接地对研究对象进行观察,以取得有关资料的方法。

观察法的优点在于:首先,观察者可以到现场观察了解事情的来龙去脉,获得可靠的第一手资料,具有直接性。其次,由于观察者深入现场,因而可以获得调查的具体细节,尤其是获得一些文字所难以表达的生动的感性材料。

要使观察工作顺利进行,要注意如下几方面的问题:首先,要根据研究目的确定好观察对象,并做好组织工作,做到有目的、有组织、有科学性和系统性,避免观察的盲目性。其次,观察者必须置身于被观察对象之中。如果被观察对象是个人或某种群体,还要注意与被观察者交往过程中的方式和方法,从中取得对方的支持与合作。再次,要尽可能借助科学的观察工具,比如照相机、录像机、录音机等,以便准确、详细、真实地记录结果。最后,观察的记录如果是人工记录,还必须当场核对,加以证实,避免观察者的个人感情渗透其中,以保证观察的客观真实性。

观察的类型很多,但通常分为参与观察与非参与观察两种类型。参与观察,是指观察者直接深入被观察对象之中,熟悉了解他们,在共同的活动中收集和研究有关资料的一种方法。美国人类学家摩尔根深入印第安人部落是参与观察的一个典型事例。参与观察的优点在于,能深入观察客体内部,从而获得从外部观察得不到的宝贵资料。缺点是,由于观察者与被观察者较长时期生活在一起,观察者容易受到影响,因而使观察产生偏误。因此,参与观察者要做到:消除被观察对象的戒备心理,尊重对方的风俗、习惯,与被观察者打成一片,成为其集体中的一员,不被当作外人;在集体生活中应保持中立态度,多听、多观察、少发言、少评论。

非参与观察,是指观察者不参与被观察者的活动,仅从外部对研究对象进行观察的一种方法。这种观察方法是在观察者无法进入被观察者内部或无须介入被观察活动时采用的。比如费孝通教授和王同惠女士在20世纪30年代对花蓝瑶少数民族的调查就是属于非参与观察。由于在非参与观察中观察者是处于观察对象之外,不参与被观察事件的发展过程,不提出任何问题,只是如实地记录事件发展的自然过程，因而被观察对象不易受观察者的影响。但是，这种观察也有局限，即不全面、不深入，对被观察者的主观态度、价值取向等无法全面了解，容易渗进观察者的主观因素，影响结论的正确性。

观察法有优点，也有缺点。因此，观察方法需要与其他方法结合起来，才能发挥更大的作用。

二、个案法

个案法是在医学对于个别病例的研究方法的启发下发展起来的一种社会学和人类学的研究方法。在社会学中，个案法是指对某个特定的社会单位做深入细致的调查研究的一种调查方法。任何一种社会现象，一个人、一个家庭、一个团体、一个事件，只要是被当作研究的基本单位，都可以当作个案来进行详尽的研究，作出社会诊断，并加以治理。

个案法的特点主要体现在：第一，对特定对象的研究深入、具体、细致。这一特点主要表现在纵向上，即要对调查对象作历史的研究，进行较详细的过程分析，以弄清其来龙去脉，具体而深入地把握个案的全貌。它一般还要求作追踪调查，以掌握其发展变化的情况和规律。例如，对一个人进行个案调查，就要多方面收集有关这个人的资料，如个人的经历，物质生活、精神生活状况，心理特征，个人习惯，爱好，各成长阶段的表现，家庭环境甚至遗传因素等。第二，个案研究的目的主要不是用来说明它所能代表的同类事物，而是为了了解和认识个案本身的问题。它重在对一个个的对象进行深入的个别研究，以认识事物本质的诸个方面。所以，个案的研究一般不存在是否要考虑它有没有代表性的问题；个案研究所得出的某些结论一般也不能用来推论有关总体。只有通过各个个案的综合研究，才能从中推导出总体性结论。第三，采用个案法，研究者可采取的方法也比较多样，有观察、访问、文献法等形式，都可灵活运用。

由于个案法的上述特点，它在社会学研究中适用范围比较广。尤其适用于以下情况：

（1）广泛应用于社会、经济的调查中。常见的有城市建设个案、农村社区个案、企业个案、学校个案、妇联个案，等等。通过对在社会经济活动中起各种不同作用的社会团体的个案调查，掌握其内在规律和发展趋势，促其更好地发挥自己的作用，提高社会经济活动效益。

（2）应用于同社会福利工作有关的专门机关和部门。诸如，社会福利机关、救济机关、精神病院、劳教机关等。常见的有：老年个案、儿童个案、青少年个案、妇女个案、伤残人员个案、医疗个案，等等。由此可以认识各类人员的生活、心理特征和社会需要等问题,以利于有关部门有的放矢地开展工作。

(3) 应用于对社会生活中各种社会问题的专门性调查研究,以把握有关问题的性质、作用、现状和发展趋向,消除社会变革进程中的障碍,促进社会协调发展。在这方面较多的是对给人们正常社会生活造成障碍,或对人们的社会生活产生较大影响的离婚、犯罪、吸毒、自杀等形形色色的社会问题进行专门性研究,由此提出综合治理的依据,为人们的正常社会生活创造一个良好的环境。

三、抽样调查法

抽样调查是按照随机的原则,从全部研究对象中抽取一部分单位进行调查分析,以达到对全部研究对象的认识的一种调查研究方法。

抽样调查可以分为随机抽样和非随机抽样两大类。

随机抽样,是指排除研究者的主观意志,按照概率均等的法则,从调查对象的总体中抽取样本的一种方法。它有四种类型。

1. 简单随机抽样

简单随机抽样又称纯随机抽样。它是按照随机的原则,直接从总体 M 个单位中抽取 N 个单位作为样本的一种抽样方法,是一种最简单、最基本的抽样方法。其基本做法是,抽样调查之前,先确立总体范围,并对总体的每个单位进行编号,然后用抽签的方法或根据"随机数表"来抽选必要的单位数。抽签方法一般适应于群体小、个体单位少的调查对象。比如抽样调查对象有 30 个,我们需要从中抽取 6 个样本,那么,先把 30 个单位统一编号,分别写在同质同形的小纸条上,并揉成小团放入暗箱中彻底混乱,然后任意挑出一个,把号码记下。为了使每一个单位被抽中的机会均等,可以把抽中的单位放回去再抽。再抽时如有重复,要把重复的除掉,直到抽足 6 个为止。如果群体大、个体单位多,抽签法不方便,最好借助"随机数表",先将调查群体中的所有个体统一编码,根据编号的最大位数确定使用若干列数字,然后任意地决定某行、某列的数字为起点,向任意一个方向数过去,遇上与个体编号相同的号码就记下来作为样本单位。如果选用不重复抽样方法,在遇到重复号码或大于个体总数的号码时不予抽取,再查下一个号码,一直到抽足预定的数量为止。

下面我们用一个简单的例子来说明。

假定我们从 300 个总体单位中抽取 6 个单位,首先将总体单位按 1—300 编码,最多是三位数字。然后从随机数表中任意取三列作为计算单位,假设为 7、8、9 列,从 587 开始,顺序往下数,出现 110、224、149、075、133、008,都在编码范围内,这就是所要抽取的 6 个单位。

随机数表（局部）

	1	2	3	4	5	6	7	8	9	10	11	12	13	14	15	16	17	18	19	20	21	22
1	1	2	5	4	2	8	5	8	7	3	5	8	4	0	2	4	3	6	8	4	8	4
2	5	4	4	3	4	9	1	1	0	9	2	2	7	1	3	4	4	7	9	8	1	3
3	3	2	6	2	2	3	2	2	4	1	1	2	9	8	7	7	4	7	7	6	4	5
4	7	8	0	9	0	2	9	7	8	9	5	6	2	1	5	8	7	7	8	0	0	7
5	6	8	6	2	4	1	9	4	3	5	9	6	5	0	7	2	4	4	7	3	3	0
6	9	1	7	9	3	8	1	4	9	1	5	3	2	1	7	6	7	4	5	9	6	
7	5	3	1	7	0	9	8	6	0	6	3	3	6	4	8	0	4	8	3	4	8	7
8	0	1	2	6	4	7	7	7	8	0	3	4	9	2	1	7	2	1	2	8	2	2
9	2	3	7	2	7	7	7	4	9	4	4	6	7	1	7	8	4	0	3	3	9	
10	0	3	5	7	5	2	7	6	3	9	9	0	2	6	3	9	8	7	8	4	9	
11	7	8	5	5	7	0	7	5	2	9	4	2	6	3	9	8	7	8	4	9	5	
12	2	2	1	0	4	2	5	4	1	5	4	3	0	2	2	4	0	1	1	2	6	5
13	6	6	3	9	1	9	1	3	3	1	2	0	9	1	4	9	6	1	4	5	5	8
14	6	7	6	9	1	4	3	5	9	1	0	7	4	0	9	0	2	3	7			
15	4	5	2	7	8	0	0	0	8	6	4	8	3	6	6	7	9	4	5	4	8	
16	5	6	9	9	9	8	3	2	4	6	0	9	3	4	1	3	2	6	6			
17	4	1	6	0	1	4	4	5	2	8	8	7	0	7	2	4	1	2	9	4	8	9
18	5	0	6	2	4	7	4	3	0	7	7	2	0	6	4	0	7	1				
19	4	6	4	5	0	6	1	3	9	8	4	6	4	4	5	8	5	6	6	6	7	6
20	6	6	8	6	3	5	4	4	9	8	2	8	9	1	8	7	0	5	0	6	6	4

　　简单随机抽样的优点是可以避免研究人员的主观偏见。局限是：（1）当总体包括的单位多，编码工作就会十分繁重。（2）抽到的单位一般比较分散，有时会给实际调查工作带来很大的困难。（3）这种方法没有利用关于总体中的一些已知的信息，因而抽样调查方案的有效性会受到影响。比如，在进行农村家庭收入调查时，沿海与内地是有较大差别的，不注意这一点就会影响结果的真实性。由于简单随机抽样存在以上局限，所以在实际工作中很少单独采用。

　　2. 分层抽样

　　分层抽样又称类型抽样。它是一种按照被研究对象的主要特征，事先把总体的所有单位分成几个类型或组别，再在各个类型或组别中随机抽取适当的单位数目并合成一个样本的抽样方法。分层抽样还可以分为等概率分层抽样和不等概率分层抽样两种。等概率分层抽样，是指各类别中的单位被抽中的机会是相同的。

不等概率分层抽样,是指各类别中的单位被抽中的机会是不相等的,在这一类别中可能是 10% 的机会,而在另一类别中则可能是 5% 或 1% 的机会。比如,在某市老年人、中年人和青年人中进行抽样,如果三组中抽出的比例相同,假定 100 个抽 10 个,这就是等概率分层抽样。如果在老年人中每 100 人抽取 10 人,而在中年人组中每 100 人抽取 5 人,在青年人组中每 100 人抽 15 人,那么这就是不等概率分层抽样。

3. 系统抽样

系统抽样又称机械抽样或等距抽样。它是把总体中的全部调查单位按某一标志排列起来,按固定顺序和间隔抽取样本的一种抽样方法。要在 2 000 名工人中抽 100 名工人进行班组优化组合的调查,可将这些工人依次编码,用全部工人数除以要调查的工人数,计算出抽样间距为 20。抽样的起点可从第一组 20 个人中用简单随机抽样法确定。然后每隔 20 个人抽一个人。如第一组中抽中的编码是 7,则要抽的 100 个人的编号依次是第 27,47,67,87……,直到抽满 100 个人为止。

需要指出的是,用作总体各单位顺序排列的标志,可以是无关标志也可以是有关标志。所谓无关标志,是指排列的标志与单位变量数值的大小无关或性质不同。如调查城市居民户的收入或消费情况,沿着街道门牌号码等距抽取居民户;进行工业产品质量检查,每间隔一定生产时间抽取少量产品进行质量检查;人口普查中的抽样检查,包括生育率、性别比率的抽样调查等,均按登记册上的习惯次序编号排队进行等距抽样等等。在按无关标志排队的情况下,各调查单位的位次排定,并不等于各单位的调查标志值也按同一次序排定。所以,这种等距抽样实质上相同于简单随机抽样,只是抽样形式不同而已,完全符合随机原则。所谓有关标志是指排列的标志与单位变量数值的大小有密切关系或性质相同。如,职工或农民收入调查,以本年人均收入为调查变量,就以往年人均收入作为排队的标志,抽取调查户。农产量调查,以本年平均亩产为调查变量,以往年已知平均亩产作为排队的标志抽样调查。由此可见,按有关标志排队实质上是运用类型抽样的一些特点,有利于提高样本的代表性。如果在调查前取得与调查项目有关的标志的全面资料,用以作为排队抽样的依据,可以提高样本单位的代表性。在我国国民经济各部门,都建立了全面的统计制度,为抽样调查的划类、排队提供了有利条件。因而按有关标志排队等距抽样的方法应用较广泛。

等距抽样的主要局限性:一是调查总体的单位不能太多。因为使用这种方法时,要有一个按某一标志排列的完整的花名册,这在总体单位数太大时难以实施。二是当调查总体按照某种标志排列后,其抽样间距如果接近个案类别的间隔时,可能会形成周期性偏差。如统计某条街道公共汽车客流量,每隔几小时抽样,其间隔恰好与上下班时间重合,这就要影响样本的代表性。之所以会出现上述情况,是因为等距抽样比起简单随机抽样"自由度"小,一旦确定了抽样起点,一个样本就只有一个可能,不可能有其他的选择。因此,采用等距抽样法,应避免抽样间隔和研究对象本身的节奏相重合,而发生系统性或周期性偏差。

4. 多阶段抽样

多阶段抽样是指把抽取样本的过程分为两个或两个以上的阶段进行的一种抽样方法。它常常在调查对象数目庞大、分布很广、很难直接抽取调查单位的情况下使用。如要在某县抽取若干居民户进行调查,可按乡—村—居民户的顺序,分三个阶段抽样。第一阶段,从全县的所有乡中抽出若干个乡。第二阶段,从已抽出的乡中抽出若干个村。第三阶段,从已抽出的村中抽出若干个居民户。每一阶段都必须严格按随机原则抽取样本。这样抽样的主要优点:一是抽样前不需要总体各单位的完整名单,各阶段的名单数较小,故抽样工作较简便易行,适用于较大范围的、样本数较多的抽样调查。二是使用这种方法抽出的样本相对集中,便于调查的组织和调查工作的展开,节省人力、物力、财力和时间。三是采用多阶段抽样,可以使抽样方法更加灵活和多样化。抽样调查的各个阶段可以根据具体情况分别采用各种抽样方式。例如,可以在上面抽大单位时用等距抽样,下面抽小单位时用简单随机抽样。其中任何一种方式,都可以用于任何一个阶段。各个阶段的抽样数目和比例,也可根据实际情况来决定。尽管如此,多阶段抽样法也有缺陷。主要是代表性比较差,精确度比较低。

非随机抽样又称非概率抽样或立意抽样,它是指根据研究者个人的方便或以个人的主观经验、有选择地抽取样本的方法。非随机抽样的方法主要有三种:一种是判断抽样,又称目的抽样,即由调查者根据主观判断选取样本的方法。它类似于我们常说的典型调查法,不同之处主要在于判断抽样对样本数量有一定的要求。由于判断抽样是凭抽样者所认可的样本来作为判断的标准,故它不可能计算抽样误差。换言之,在这种抽样中,凡总体中的具有代表性的单位都可作为样本,个别单位被抽取的概率是无法确定的,其抽样结果的精确度也无法判断。所以,这种判断抽样的准确程度取决于调查者对调查对象的了解程度以及调查者的判断能力。如果调查者具备相应的能力,则判断抽样可望有代表性,因而有利用价值;反之,样本可能会出现各种偏差。第二种是偶遇抽样,又称任意抽样,即指调查者根据其方便,任意抽选样本的方法。调查者可在车站附近、戏院门口、办公大楼前、街道上等公共场所访问群众,取得资料。它的优点是方便;缺点是样本的代表性差,有较大的偶然性。第三种是定额抽样,是指把总体按一定标志分成若干类,在每一类中确定一定的抽样数目,然后按方便原则任意抽取样本进行调查。这种方法与分类随机抽样法有点相似。不同的是,抽样时它并不遵循随机的原则。由于这种方法在抽样前将总体各单位作了分类,故其样本的代表性比简单的判断抽样要大一些。在实际工作中,常将定额抽样广泛应用于民意测验。定额抽样有其局限性,即没有严格按随机原则抽样,故只能用来大体上推断总体的状况。

总之,非随机抽样简单易行,并能通过样本大致了解总体的某些特征,见效快,通常在时间较紧,人力、物力不足的情况下采用。由于非随机抽样的科学性较差,对总体的代表性较低,其抽样误差的控制和估算也很困难,故以非随机抽样调查的结果推断总体须十分谨慎。

科学方法的实施,必须具有合乎它自身规律的要求。因此,在进行抽样调查之前,要进行科学、周密的设计,并按照一定的步骤进行,才能获得预期的效果。其步骤为:确定调查目标,即对调查目标作出一个明确的规定,使调查有的放矢;界定总体,确定调查对象的范围;选择适当的抽样方法;确定抽样单位,编制抽样框;确定样本的大小;收集、整理和分析样本资料等。

四、问卷法

问卷法是调查者根据研究的问题和研究的方案,通过设计一套要求被调查者回答的问题表来收集资料的方法。问卷法不仅是社会学研究中广泛应用的方法,而且也逐渐为其他学科的研究,如政治学、心理学、传播学等普遍使用。

问卷一般分为开放式和封闭式两种。开放式问卷是在问卷中只列问题而不列可能的答案,被调查者可以根据自己的情况,针对问卷中提出的问题自由作答。比如,要调查工人的基本状况,可以设计如下的问题:

(1)您在哪一个工厂工作? (2)您工作的工厂是属于国有企业、乡镇企业、合资企业还是私营企业? (3)您工作的工厂每年收入和支出情况如何? (4)请说明您所在工厂的工人和干部目前最关心的问题是什么? (5)请说明您所在工厂男女职工的比例,等等。

封闭式问卷是调查者根据所要调查的问题,事先罗列出若干可能的答案,被调查者根据自己的情况选择其中的一个或若干个。例如:

您对自己目前的工作是否满意? ①不满意②不太满意③无所谓④比较满意⑤满意。

无论是封闭式问卷,还是开放式问卷,二者各有其优缺点。在开放式问卷中,被调查者可以充分发表自己的意见,但答案多,事后较难归类整理。在封闭式问卷中,由于答案标准化,比较容易填答和归类整理,但限制了被调查者发表自己看法的自由。在一份问卷中往往可以将两种形式结合起来。

问卷一般包括以下几方面的内容:(1)个人的基本情况。个人的基本情况主要包括调查对象的年龄、性别、文化程度、职业、婚姻状况、父母的情况及家庭人口数、收入等项目,均为基本的自变量。在调查过程中,对于这些基本自变量的选择,要充分的考虑,以能满足研究假设的需要为适宜。如果选择太少的自变量,不利于调查后期的分析研究。但是,基本情况的项目选择也并非多多益善,例如,如果了解所有的被调查对象都是未婚者,那么就不必设计婚姻状况这一项目了。如果被调查者都是大学生,那么学历一项也应放弃。总之是应根据需要来选择个人的基本状况项目,力求做到凡是选择的项目都有效用。(2)行为方面的问题。即调查所要研究的反映被调查者行为方面的客观状况的问题。如大学生课余时间的安排情况,消费情况,城市居民闲暇时间的利用情况,等等。(3)态度方面的问题。即反映被调查者的观念、意见、感情倾向等主观方面的问题。这是问卷调查的主要特色所在。由于态度具有针对性的特点,故其调查结果一般只能用来说明当时的情况。另外,对于态度问题的调查,仅用一两个指标是很难说明问题的,通常要用一组题目来测量。在上述三方面内容的顺序安排上,一般为个人基本情况、行为资料、态度资料。问卷的结构一般包括指导语、问题及答案、编码等。

在问卷的使用过程中要注意:(1)在问卷表上可以要求留下被调查者的姓名,也可以不写姓名,要尊重被调查者的意见,不能强迫命令。(2)填写问卷前必须加以指导,向对方详细说明问卷的填写方法。(3)要认真审核回收的问卷表,发现遗漏的或错误的,要及时找填答人订正,如无法订正的,可把这类表单独归类,并观察其分布情况。

问卷设计要遵循如下基本原则:(1)要按照正确的理论及假定提出问题,以便使搜集的资料能够与研究目标相符合。(2)问卷要简明扼要,使受访者能够看懂,容易回答。问卷不宜过长,填写问卷最好控制在 15 分钟以内。(3)问卷的措词和语言要准确、不可太抽象,格式要整洁美观。(4)问题和答案的设计要有真实性、中立性和可排误性。答案的设计须相互排斥,不可交叉。问题不能带有诱导性,要保持中立,这样才能确保收集到填答者的真实意见和想法。

第四节　社会学研究的统计分析方法

收集资料是社会学研究的起点,要想从所收集的资料中得出科学的结论,必须进一步对所获得的资料进行科学的分析。分析是获得科学结论的重要环节。在社会学研究中,分析的方法是具体多样的,这里仅就社会统计分析方法作一个简单的介绍。

一、统计指标和指标体系的设计

社会统计是从社会现象的质和量的辩证统一中研究它的数量关系,而这种研究是通过指标来反映社会现象的规模、水平、范围等,并进一步阐明该社会现象的本质和规律。因此,这里首先要弄清楚统计总体和统计指标等基本概念。

1. 统计总体和统计指标

所谓统计总体,是指根据一定的目的要求统计所要研究的全部事物的总体。构成总体的基本单位或细胞的个别事物,就是总体单位。比如,要研究我国教育发展状况,全国的教育系统就是统计总体,而其中的每一个教学单位(学校)就是总体单位。社会统计是从研究总体出发,通过对大量的总体单位调查资料的登记、整理和分析,以综合的数字来说明总体现象的性质和特征。

统计总体确定后,就要根据统计总体的性质和特征,制定说明总体的统计指标。所谓统计指标是指反映总体现象数量特征的概念和具体数值。比如世界银行按人均国民生产总值,把世界分为低收入国家、中等收入国家和高收入国家三种类型。该行在1990年的"世界发展报告"中规定:1988年人均国民生产总值在545美元及以下的国家为低收入国家;545美元以上,6 000美元以下的国家为中等收入国家;6 000美元以上的国家为高收入国家。上面列举的人均国民生产总值就是统计指标。统计指标一般包括6个构成要素:指标名称、计量单位、计算方法、时间限制、空间限制、指标数值。社会学研究除了采用各学科通用的指标,如度量单位、货币单位外,还有自己特殊的指标,如测量人们的态度、观念、关系、行为等。

统计指标的类型繁多,主要有如下几种:从统计指标所说明的总体现象内容的不同,可分为数量指标和质量指标。数量指标,是指那些反映总体绝对数量多少的统计指标,具有实物的或货币的计量单位。比如学生数、工资总额等。质量指标,是指那些说明总体内部数量关系和总体单位水平的统计指标。比如学生的年龄构成、学习成绩的高低等。从统计指标的作用和表现形式来讲,可分为总量指标、相对指标和平均指标。总量指标,是指那些反映统计总体规模或水平的统计指标。比如一个省在一定时期内的工农业总产值,一个学校在某一学期的学生在校人数等。相对指标,是指应用对比的方法,来反映某些相关事物之间数量联系程度的综合指标。比如人口密度、国民经济各部门之间的比例关系等,都是相对指标。平均指标,是按某个数量标志说明总体单位一般水平的统计指标。比如学生的平均成绩、家庭的平均收入等。这里讲的是一些主要的分类,这些分类不是各自孤立的,而是相互联系的,同一个统计指标也可以从不同的角度来理解它。

2. 统计指标体系

社会现象是互相联系、互相影响的。要研究某一地区的政治、经济和文化生活的现状和发展趋势,不仅要研究每一类事物的总体,而且要对该地区的各个方面和各个过程,进行全面的综合研究。用若干个相互联系的统计指标组成一个整体,全面反映社会现象的各个方面和各个过程,就称为统计指标体系。比如自然资源可以用许多指标来反映,如土地面积、森林面积、矿产储量、海产资源、江河湖泊面积,等等,这就组成了自然资源指标体系。

统计指标体系是有具体对象的,是反映指标之间相互联系的概念。而统计指标是泛指一般性的概念。因此,统计指标体系与统计指标相比,前者应用更为广泛和更为重要。

3. 统计指标和指标体系的设计

统计指标体系是由若干个统计指标所组成的,二者在设计内容和设计原则上是密切联系的。统计指标和指标体系设计的内容是多方面的,一般包括确定统计指标体系由哪些统计指标构成,哪个指标是指标体系的核心指标,以及各统计指标之间的相互联系;确定统计指标的名称、含义、内容和计算范围;确定统计指标的计量单位;确定统计指标的计算方法;确定统计指标的空间范围和计算时间。

统计指标和统计指标体系的设计要遵循如下基本原则:一是客观性原则。要能正确反映客观事物的内部联系。比如,在研究职工家庭收支情况时,只有计算平均每户和每一家庭成员的收入额,才能够反映职工家庭的生活水平。如果去计算每一职工的平均收入额,就失去了统计的意义。二是统一性原则。即坚持统计指标的名称、含义、内容、计算方法、质量单位的统一性。这样,才能保持不同地区、不同时间、不同结果的可比性。三是需要与可能相结合的原则。即指标设置要从实际情况出发,切勿超过当时客观条件的许可范围。四是稳定性与灵活性相结合的原则。即指标的设置要注意各地区、各部门的一致和不同时期的相对稳定。在坚持稳定性的同时,还要注意指标设置的灵活性,即根据客观实际的变化,适时地作出相应的调整。五是效度与信度相统一的原则。效度和信度是一个优良的社会指标必须具备的两个主要条件。指标效度,是指指标对于测量对象和研究课题的相关程度。指标信度,是指指标所测得的数据资料的稳定性和可靠性。效度是以信度为基础的,即有效的测量一定是可信的测量;但是,可信的测量不一定是有效的,即信度很高的指标不一定是效度很高的。因为信度只解决资料的真实可靠性问题,而没有解决该资料与研究对象是否相关,以及相关度的大小。因此,指标设计时要使指标的效度和信度都达到最佳程度。

二、统计分组

统计指标与统计分组是构成统计的两个基本要素,是对统计对象的量与质的反映。统计分组揭示统计要研究的对象"是什么",而统计指标则揭示研究对象"怎么样"。因此,在设计统计指标、进行统计调查之后,在统计整理阶段,必须对调查资料加以科学的分门别类的加工整理,这就需要研究分组方法。

所谓统计分组,就是按照一定的标志把被研究的总体分成若干组成部分的一种统计方法。统计分组同时具有两个方面的含义:对总体而言,是"分",即将总体区分为性质相异的若干部分;对个体而言,是"合",即将性质相同的个体组合起来。统计分组主要是在统计总体内部进行的一种定性分类。

统计分组的作用是不能忽视的,它对区分社会现象的不同类型,研究总体的内部结构,分析事物之间的数量依存关系是非常重要的。

统计分组一般分为两步:

第一步,分组标志的选择。所谓分组标志,就是对事物进行分类时所依据的标准。这是统计分组的核心问题。分组标志选择正确与否,决定着统计结论的正确与否。分组标志一般可分为品质标志(或称属性标志)和数量标志两种。品质标志,是反映事物质量属性的标志,都是用文字形式来表示的。例如人口的性别、职业、籍贯、民族、文化程度等。数量标志,是反映事物数量多少的标志,都是用数字表示的。例如,学生的人数、年龄、学习成绩等。这里需要指出的是,对客观事物进行分组时,有时仅用一种分组标志是不够的,需要用两种或多种分组标志。其中,最能表现本质因素的标志是主要标志,其他则为辅助标志。比如研究人口问题,仅有人口的数量和质量的分组标志还不够,还需要有性别、民族、籍贯、婚姻状况、年龄结构标志等。

第二步,确定分组的界限、组距和组数。分组的界限,是指不同类分组之间的边界划定。由于类型与类型之间往往存在着许多中介形态,在实际工作中各组的边界很不容易划分。因此,对于复杂的分组界限,要根据统一的划分标准进行。比如,城市与乡村的界限就必须根据"关于城乡划分标准的规定"进行。划分组数是把同一类型的事物分为若干组,这是按品质标志分组时必须采用的。比如中国人口按民族划分,就可分为汉、藏、回、蒙等50多个组数。划分组距,是按数量标志分组时必须采用的方法。比如,某班学生的考试成绩可分为:50—60分;60—70分;70—80分;80—90分;90—100分五组。每组变量的最大值称为上限,最小值称为下限。上限与下限之差称为组距;上下限的中间值,称为组中值;组距的大小、组数的多少与反映总体中类型的特点有关系。因此,组距和组数的确定要从研究对象的具体情况出发,不能生搬硬套。

三、统计分析

统计分析就是运用统计学的方法,对调查资料进行数量分析,以反映社会现象之间的本质联系的一种研究方法。按照统计学的主要功能来划分,统计分析有两个方面的内容,即描述统计和推论统计。

描述统计在于对调查获得的大量数据资料进行系统的描述。在调查过程中,往往要接触大量的数据资料,我们很难直观地去感受或看出其价值及其规律性。因此,研究者想知道资料究竟反映了什么,就必须通过描述统计,使之从不同方面反映出大量资料所包含的数量特征和数量关系。这就要通过次数和比率、平均数、标准差、相关系数等等计算方法对原始数据进行整理、分析,制作图表,计算集中趋势和离散程度,测定两个或两个以上的现象变量之间的关系等等。通过计算可以得出有代表性的统计值,将大量纷繁复杂的数据简化,使其中蕴含的信息清晰地呈现出来。在描述统计中,只揭示单个变量数量特征的,称为单变量描述统计,测定两个或两个以上变量之间关系的称为双变量或多变量描述统计。

1. 单变量描述统计

单变量描述统计主要有集中趋势统计法和离中趋势统计法两种。所谓集中趋势,就是指一组数据向某一个典型值或代表值集中的情况。通常用集中趋势统计值来反映总体在一定时间、地点条件下的一般水平。实际上,集中趋势的概念就是"代表值"概念。集中趋势值的意义在于,第一,可以用来说明一组数据整体的共性和平均水平。第二,可以用来估计或预测某一调查总体中各具体单位的数值。第三,可以用来进行两组数据间的比较,以判断一组数据与另一组数据的数值差别。第四,可以用来分析不同社会现象之间的依存关系。使用集中趋势统计值,必须注意调整对象的同质性问题,即集中趋势只有在具有某一相同特征的总体中才有代表性,否则,利用集中趋势统计值不仅没有意义,甚至会出现错误。代表集中趋势的统计值主要有:平均数、中位数和众数。

离中趋势是与集中趋势相对应的次数分布的另一个重要特征。对两组数据分布来说,我们只有既了解其集中趋势,又了解其离散程度,才能比较其分布的异同。对一组数据来说,离中程度与集中趋势关系也很大。离散程度值越大,则集中趋势值的代表性越小;反之,离散程度值越小,集中趋势值代表性越大,所以认识离中程度也有助于对集中趋势的理解。代表数据分布离散程度的统计值主要有全距、异众比率、四分位差、标准差等等。

2. 双变量描述统计

双变量描述统计中较为常用的是相关分析和回归分析。相关分析的主要任务之一是要检验两个变量间是否存在相关关系以及两变量之间相关程度的强弱。通常采用的方法有 χ^2 检验的方法、φ 相关、列联相关（c 相关）、等级相关（R）、皮尔逊（Pearsion）积差相关等测定方法。在使用以上方法时要注意，相关关系不是因果关系，相关系数仅说明变量间的相关程度。在建立相关关系时，还应当依据有关的科学理论，通过观察或实验，在对现象进行定性分析的基础上才能确定，并且还要通过理论上、实践上的检验，才能得出有科学意义的结论。

回归分析是在确定两变量之间存在相关关系后，根据研究目的，把两个变量之间的变动关系加以模型化，即建立回归方程，来近似地表达变量间的平均变化关系，以便依据回归方程对未知情况进行估计和预测。回归分析由于增加了因果性，又具有预测的功能，因此它比相关分析更进了一步，作用也更大了。

回归分析和相关分析有着密切的联系。它们是同一个问题的两个不同方面。相关分析是研究两个变量之间是否存在相关关系并寻找合适的数值来反映相关关系的紧密程度；回归分析则是在确定了两现象间的相关关系之后，根据一现象的变化去预测另一现象的变化，因而具有推估预测的功能。从方向上说，相关分析是双向的，而回归分析则是单向的。但是相关分析与回归分析又有密切的联系。两个变量相关程度越高，即相关系数值越大时，越容易从其中一个变量较为准确地预测另一个变量。反之亦然。

3. 统计推论

所谓统计推论，简单地说，就是利用样本的统计值对总体与之对应的各种参数值进行估计。它主要包括两个方面内容：一是区间估计，一是假设检验。

区间估计就是在一定的标准差范围内设立一个置信区间，然后联系这个区间的可信度将样本统计值推论为总体参数值。其实质是在一定的置信度下，用样本统计值的某个范围来"框"住总体的参数值，即以两个数值之间的间距来估计参数值。区间估计通常采取如下的表达方式："我们有 95％的把握认为，今年全市职工的月平均工资收入在 600 元至 800 元之间。"这里的 600 元至 800 元之间就是一个区间，区间（即范围）的大小反映了估计的精确度问题，而 95％的把握则是一个可靠性问题，它可以作这样的解释：如果从总体中重复抽样 100 次，约有 95 次所抽样本都落在这个区间内。

区间估计范围的大小，取决于我们在估计时所要求的置信度与精确度。从置信度来说,在样本大小相同的情况下,区间愈大,置信度愈高;反之愈低。但另一方面,就精确度来说,区间越大,则精确度越低;区间越小,则精确度越高。在社会调查的统计分析中,常用的置信度为 90%、95%、99%,相应的误差(α)为 10%、5%、1%。置信度常用 $1-\alpha$ 来表示。置信度可以通过标准正态分布表查出它所对应的临界值即 Z 值。上述置信度的 Z 值分别是 1.65、1.96、2.58。置信度确定后,就可计算区间大小。其中总体均值和总体百分比的区间估计计算公式如下所示。

总体均值估计:$\overline{X} \pm Z_Q(1-\alpha) \dfrac{S}{\sqrt{n}}$

其中:$\overline{X}$ 是样本平均数;$Z_Q(1-\alpha)$ 是置信度所对应的 Z 值,下标$(1-\alpha)$是置信度;S 是样本的标准差;n 是样本数。

总体百分比的估计:$P \pm Z_Q(1-\alpha) \sqrt{\dfrac{P(1-P)}{n}}$

其中 P 是样本中的百分比。

所谓假设检验,就是先对总体的某一参数作一假设,然后用样本的统计值去验证,以决定该假设是否为总体所接受。这里的假设不是理论假设,而是依靠抽样调查的数据进行验证的经验层次的统计假设。

例如,假设某地区人均住房面积为 11.5 平方米,为了证实这一假设是否可靠,须从该地区随机抽出一组样本作调查。样本的均值有可能正好是 11.5 平方米,也可能是 11 平方米或 12 平方米等一些数值。就是说,样本调查的结果与原先的假设之间,有可能相符合,也有可能存在一定差异。这种差异究竟是由抽样误差引起的,还是由总体的假设错误引起的? 这就需要对假设进行检验。如果这种差异是由抽样误差引起的,就应该承认原先的假设;如果是由总体的假设错误引起的,就必须推翻假设。这一判断过程就是假设检验。我们将根据对总体特征的初步了解而作出的假设称为虚无假设(H_0),又称零假设或无差别假设,将根据抽样调查资料作出的假设称为研究假设(H_1)。这两个假设是绝对对立的,即 $H_0 \neq H_1$。研究者从虚无假设开始,希望用样本数据表明虚无假设是假的,从而证明研究假设是真的。

假设检验的根据是概率论中的小概率原理,即"小概率事件在一次观察中不可能出现"的原理。所谓"小概率事件"通常指概率不超过 0.05 或 0.01 的事件,它也称之为显著性水平。在现实观察中,如果小概率事件恰恰在一次观察中出现了,那该如何判断呢？一种判断认为该事件的概率仍然很小，只不过不巧被碰上了；另一种判断认为该事件概率未必很小，它可能根本就不是小概率事件，而是一种大概率事件。后一种判断正是代表了假设检验的基本思想。

概括起来，假设检验的步骤是：

第一步：建立虚无假设和研究假设；

第二步：根据需要，选择适当的显著性水平 α（即小概率的大小），通常有 $\alpha = 0.05$，$\alpha = 0.01$ 等，并查出临界值；

第三步：根据样本数据计算出统计值；

第四步：将临界值与统计值的绝对值进行比较，若统计值小于临界值，则接受虚无假设；若统计值大于临界值，则拒绝虚无假设。

思考题：

1. 社会学的研究方法有哪几个层次？它有哪些特点？

2. 建立假设必须符合哪些要求？

3. 问卷的内容有哪几方面？设计问卷要注意哪些问题？

4. 什么是社会统计？统计分析的基本方法有哪些？

图书在版编目（CIP）数据

现代社会学/吴增基,吴鹏森,苏振芳主编. —5
版. —上海：上海人民出版社,2014
ISBN 978—7—208—11949—9

Ⅰ. ①现… Ⅱ. ①吴…②吴…③苏… Ⅲ. ①社会学
–研究 Ⅳ. ①C91

中国版本图书馆 CIP 数据核字(2013)第 287133 号

责任编辑　李　卫
封面装帧　王晓阳

现代社会学

（第五版）

吴增基　吴鹏森　苏振芳 主编

世 纪 出 版 集 团

上海人氏出版社出版

(200001　上海福建中路 193 号　www.ewen.cc)

世纪出版集团发行中心发行

常熟市新骅印刷有限公司印刷

开本720×1000　1/16　印张27　插页2　字数 466,000
2014 年 2 月第 5 版　2014 年 2 月第 1 次印刷
ISBN 978—7—208—11949—9/C・452

定价 48.00 元